国家社科基金
GUOJIA SHEKE JIJIN HOUQI ZIZHU XIANGMU
后期资助项目

中国古代"文人"身份认同与个案研究

A Study
of the Identity of Ancient Chinese Literati
and Cases

熊湘　著

天津出版传媒集团
天津人民出版社

图书在版编目(CIP)数据

中国古代"文人"身份认同与个案研究 / 熊湘著. --
天津 : 天津人民出版社, 2025. 1. -- ISBN 978-7-201
-20910-4

Ⅰ. K825.4

中国国家版本馆 CIP 数据核字第 20241FU720 号

中国古代"文人"身份认同与个案研究
ZHONGGUO GUDAI "WENREN" SHENFEN RENTONG YU GEAN YANJIU

出　　版	天津人民出版社
出 版 人	刘锦泉
地　　址	天津市和平区西康路 35 号康岳大厦
邮政编码	300051
邮购电话	(022)23332469
电子信箱	reader@tjrmcbs.com
责任编辑	岳　勇
特约编辑	李　楠
美术编辑	汤　磊
印　　刷	天津新华印务有限公司
经　　销	新华书店
开　　本	710 毫米×1000 毫米　1/16
印　　张	23.5
字　　数	404 千字
版次印次	2025 年 1 月第 1 版　2025 年 1 月第 1 次印刷
定　　价	88.00 元

国家社科基金后期资助项目
出版说明

　　后期资助项目是国家社科基金设立的一类重要项目,旨在鼓励广大社科研究者潜心治学,支持基础研究多出优秀成果。它是经过严格评审,从接近完成的科研成果中遴选立项的。为扩大后期资助项目的影响,更好地推动学术发展,促进成果转化,全国哲学社会科学工作办公室按照"统一设计、统一标识、统一版式、形成系列"的总体要求,组织出版国家社科基金后期资助项目成果。

全国哲学社会科学工作办公室

序

    熊湘君的《中国古代"文人"身份认同与个案研究》即将出版，至为欣慰，可喜可贺。

    人类以形而下为基建构了形而上的层面，于实体世界之外创造了互联网虚拟世界。作为学者，我们的研究亦常常是在史实、文献与当下事实的基础上爬梳思考、顺藤摸瓜、求证论述、推导结论、营造体系的结果。而此书便是典型的体现。文人身份认同是有关文学与文学主体的重要和基础性课题，厘清古代文人身份认同，把握其内涵与历史演变的轨迹，不仅具有历史意义，而且有其现代和现实意义。当然，要做好这个课题殊为不易。古代文人的身份认同的确存在过，但它又是观念性的东西。它并非纯属目视可见、为历史详明记载的事实，而是存在于历史上社会群体与文人个体心目中的认知、意念，期待与自期，是存在于群体/个体（类乎黑箱的）主观世界，时或隐约于文字的某些思绪，某种理念。正如老子《道德经》所谓"视而不见名曰夷，听而不闻名曰希，抟之不得名曰微"。要从海量文献中探颐索隐，将草蛇灰线、偶露一鳞一爪的意识及其演进搞清楚并且勾勒出来，真可谓是无中生有，向虚求实。在熊湘君提出和确定这个课题时，我们都认定，这是一个具有挑战性的课题，选择和完成它需要勇气和思力，需要坚韧不放弃的心志，更要有特别宁静的心灵。与熊湘君同游二十年，深知他的沉静与热诚，勇毅和坚持，此书的完成与出版便是一个表征。

    随着人类社会从蒙昧时代演进到文明时代，人的身份与社会职业分工也在不断由简到繁，踵事增华。因为历史发展和社会分工的缘故，我们现代人可以有作家、学者、教师、医生、科学家、军人、干部等职业归属，而在中国漫长的古代社会生活中，作为历史现实的存在，作为特殊群体的"文人"，其概念的内涵外延实在庞杂而模糊，文人的职业指向与阶层归属也有其沧桑变化。"文人"到底是什么人？其有怎样的社会期待与自我期许？有怎样的历史责任与命运？文人的"足迹"横跨朝野，其组成从帝王将相到贩夫走卒、僧道渔樵。"盖文章经国之大业，不朽之盛事。"（曹丕《典论·论文》）"为生民立道，为去圣继绝学，为万世开太平。"（张载《张子语录》）"上马击狂胡，下马草军书。"（陆游《观大散关图有感》）己饥己溺、救国救民、文韬武略、忠孝两全、兼善天下、君子固穷、琴棋书画、诗酒生涯、箫心剑气、书痴书籍、医国之手、仁心仁术……这一切词汇，都属于文人。文人所与周旋、文人所作所为，都持续佐证着文人的身份认同。苏轼曾说自己："上可以陪玉皇大帝，下可以陪卑田院乞儿。"（高文虎《蓼花洲闲录》）张岱《自为墓志铭》增为："上陪玉皇大帝而不谄，下陪卑田院乞儿而不骄。"其言诚不我欺。然不谄不骄，谈何容易。定义"文人"，厘清古代特殊和庞杂的群体"文人"的身份认同，也谈何容易。熊湘君是勇毅静思、心有真爱的人。这不是曾为老师的偏私之语，而是被往事所证明，我相信也必将得到来日的验证。

何为文人本色？其实，文人就是人，文人的本色，也就是人的本色。文人的光华和光彩就是人类的光华和光彩，文人的猥琐与卑下也是人类的猥琐与卑下。只不过文人之心比常人更敏感更尖锐，感情更细腻更深广。其哀乐往往有过于常人。作为特别有才情的人群，文人不断地在现实更在虚拟的世界里为人类突破着人性的天花板和地狱的深渊。中国古代第一部诗集，既有"桃之夭夭，灼灼其华。之子于归，宜其室家"（《诗经·周南·桃夭》）的新嫁娘形象，和"蒹葭苍苍，白露为霜。所谓伊人，在水一方"（《诗经·秦风·蒹葭》）的永恒意境，也有"溥天之下，莫非王土；率土之滨，莫非王臣"（《诗经·小雅·北山》）的官家代言。第一次读到以桃花盛开状写一位女子在最美丽灿烂的时刻于归的诗句，就想起儿时看新娘子的情景，感受到古今共通的诗心。试想，若世上没有这样美丽的生命之花，那岂不太无趣了。我讲《诗经》，从来只讲前者，只字不提"溥天""率土"。没有那些美丽的女子，西楚哪有霸王，红楼岂能成梦，历史没有色彩，现实暗淡无光，文人的笔，侠客之剑，也无丝毫意义。这或许就是宝玉先生"意淫"之所由来。走在西子湖畔，西泠桥上，可见苏小小墓，想到古代诗人为她，为虞姬、昭君、杨贵妃等美丽女子赋诗者代不乏人，于此驰骋其才情思致。杜甫殷勤，让一轮明月相伴昭君的芳魂飞返故里的行程[《咏怀古迹》（其三）]；长吉多情，一曲《苏小小墓》，以满目凄迷的冷色调奏响人间最温暖晶莹的乐思。而这与"致君尧舜上，再使风俗淳"（杜甫《奉赠韦左丞丈二十二韵》）"男儿何不带吴钩，收取关山五十州。请君暂上凌烟阁，若个书生万户侯"（李贺《南园十三首》其五）一样，都是文人本色不同侧面的表征。多少传说中的美女，成为男人出卖的筹码和辜负的对象，唯有文人，一代代为之唱叹咏歌，为之殷勤作传。一直到《红楼梦》的作者，声称其才子之笔，只为当日所有之闺阁女子而作。他们的文笔，没有埋没了佳人，更给这心中与身外的世界增添了如此美丽多彩的颜色。如果说，一撇一捺支撑了"文"，而"伊人"情结属于那一撇，那么"尧舜"情结，就属于这一捺。那一撇，境界韵致，意味无穷，这一捺，雨雪风霜，锈迹斑斑。一撇一捺构成了一个闭环，回环往复了几千年。

笔者如此感性的畅想容易，而理性的论述却甚难。

本书将古代"文人"的概念、文人身份的认同，以及相关批评与书写作为研究对象。从先秦"文人"概念，早期文人身份演变的分析发端，以王充著作《论衡》中所显现的文人观与自我身份认同为重心，深入探讨和梳理"文人"与"德"的内在关联，"文人"概念由指向德行世用到指向文本的演进线索，揭示其"文人"概念及相关批评方式和原则。继而从史学、儒学、德行、文艺四个维度入手，并结合韩愈、宋濂、王世贞三位文家的个案论析，展现不同视角和立场下的文人身份批评，以及传统观念、身份结构、主体心态在文人身份认同中所起到的作用，及其在文学批评史上的意义。在历时性的梳理与理论阐释的基础上，作者又回归文学本位，把文学作品视作文人展现其角色的特殊舞台，就别集序中的"文人"认同与书写，诗歌中"诗""诗人"的生成逻辑与理论内涵，和"余事作诗人"的本意与误读等方面，细致入微地分析公共、私人不同空间下"文人"不同的认同机制，揭示身份认同与空间转换互动所形成的微妙体认及其阐释学意义。最后，通过对《荆潭唱和诗序》和《文章九命》的解读与辨析，探究文人身份批评与文本逻辑、书写传统的关系问题。全书思理清晰，路径合理，结构谨严，述论可观，时有新意，发前人所未发。

作者的论述与书写，始终着眼着力于审视和还原历史的真实，这是作者为文的第一原则。作者认为：

> 在理解先秦"文人"一词时，就不应不加辨析地照搬汉儒的说法，只有原文语境才是解开问题的钥匙。所以，抛开主观观念（甚至是常识性观念），以进入原语境的方式来探讨"文人"概念，是本书秉持的一个原则。我们不关心"文人"一词应当具有怎样的含义，也不主张用自认为正确的"文人"意涵去衡量古人的文人观，我们关注的是古人如何看待他们视野中的"文人"概念，如何在这一原生概念下潜藏他们真实、深刻的人生体验与身份认同。

"对'文人'及相关概念进行科学分类，并在此科学分类的基础上展开讨论"，是作者立论的又一个原则。作者认定："面对宽泛和不稳定的'文人'概念，研究者不能用模糊不清的话语来阐释。相反，任何杂乱模糊的东西，都应当有内在的秩序和结构,就连模糊情况的出现,也当有其可清楚把握的规律和边界。"字里行间有以科学理性为基础与内核的自信。作者清醒地认识到:

> "文人"是一种亟待深化认识的身份。任何人都是多重身份的集合体,古代文人往往兼有官员、儒者、僧道等其他社会身份。以往的一些研究在谈及文人身份或文人角色时,所说的其实不是文章创作者或文化人这一身份,而是创作主体的其他社会身份。从角色学的角度来说,文人是文章创作者所扮演的本位角色,而官员、儒者、僧道等只是创作主体的背景角色(或曰外在角色)。创作行为本身只能说明创作主体是作者,是文人,而作品的内容、风格才有可能反映出创作者是官员、儒者,还是其他社会身份。重视外在身份,忽视本位身份,乃以往研究和相关论述中常见的现象。

作者在绪论中于注重还原历史真实的同时,也时时有关顾当下的现实感。诚如文中所述:本课题既关乎"古代文学史终局时期文人身份批评的一个重要方面",也涉及"现代学术史发端阶段文人的文学史书写及身份研究的重要环节"。"持平民、大众立场的论者所审视的对象除了古代的文人士大夫,还有当时的知识分子,这两方面有着内在的共通性。"绪论第一节部分如下的阐释也体现着作者作为学者的理性与良知,历史感与现实感:

> 就整体情况言之,如认为平民文学能启发儿童智力,令人抒情悦性;文人文学僵滞成人的灵性,使人麻木昏睡。就具体文体而言,平民乐府高于文人拟乐府,民间诗歌优于文人诗歌,这些都是时人常论及的话题。推而广之,"平民—文人"二分法引发了人们对文学体裁、形式的归类,由此形成许多高下有别的概念组合。

读来尤其令人感慨。这样的二分对立模式和褒贬抑扬意识,与当时与后来的阶级对立斗争的学说之间,似乎有着内在的某种联系。矫枉过正以后,高下有别便是自然而然的事了。及至后来,文人便成了思想改造的对象。高下,便是人格的不平等和不对等。在激进的革命洪流滔滔汩汩之中,人与人的平等和谐,民众和解,各阶层的和谐相处便成了奢望。在传统语境中,人的独立地位从来没有真正意味上实现过。试看文、武与士和与人的组合有多么的不同。很可惜,当时,甚而时至今日,这个问题依然没有得到彻底解决。值得注意的是,作者指出:"胡适反对的并非传统文人的身份属性(知识分子),而是传统文人的表达属性,即强调文学表达方式与表达内容的民众化,而始终对文人主体的去知识化倾向保持警惕。"虽然没有充分展开论述,但作者显然敏锐地注意到了胡适的主张所包含的合理因素,胡适所论,实际上蕴含着人人平等的理念,文人与平民,只是现代职业分工的不同,没有高下之别。

作者的古代文人身份认同研究,建立在历时性与共时性相统一的基础之上。在文本解读和个案分析中,亦充分关注古代文家具体的外在身份(包括政治身份),紧密联系其所处的具体环境、所面临的人生境遇,由表及里,抽丝剥茧、寻踪觅迹,进行梳理还原。字里行间,见出作者合理的想象力和敏锐的发现能力,推论的逻辑性和严密的思辨能力。也正是上述价值观念和文体本位导向下的身份批评原则,使作者跳出过往"以文人无行的事例为探讨对象和内容"的研究方式,仅仅从话题这个角度来梳理其发展过程。在以韩愈等为个案的研究中,作者就韩愈等文人如何在儒学场域内融合儒者与文人双重身份进行了深入的分析,设身处地地理解文人所处空间和生存压力,更准确地把握作品原意与文本指涉,从文史、文道等关系和角度进行重新解读与审视。作者发现,明代王世贞等人对"文人不护细行""文人多陷轻薄""文人相轻""文人无用"等污名的反驳,在频率和强度上都是前所未有的,在王世贞以后也没有找到如此集中的文人认同表述,因而单独作为个案来探讨,以回应文学和文学批评史上将文人污名化的负面批评。这体现了作者很强的问题意识和学术敏感。本书的精彩不仅在其所得出的结论,更在于其对"文人"这一概念在不同历史时期,不同文家论述中的具体运用和书写进行了有条有理的还原、思考、梳理和阐释。全书既有总体思考和宏观把握,又有深入细致的个案分析,既有文学批评理论概念的系统梳理,又有文学文论史细节的精彩呈现。各章节前后呼应,多层次多侧面地切实探讨了文人身份这一话题中所蕴含的丰富层次,构成了较为完美的有机整体。论述中征引材料详实准确和规范,文笔流畅,显示作者扎实的学术功底。本书的出版,是一项具有突破性意义的可喜创获。

如果说还想有什么补充的话,笔者以为,文人的身份认同,既有群体的相对共同性,也有具体个人的特殊性;就个体而言,既随其身份定型而成型,有其相对稳定性,又随身份的变化而变化,或有其前后不同的特定差异。就其稳定成型者而论之,固为题中应有之义;然就其变化演进者而观之,也是理所当然,且饶有意味之举。同时,文人既与武夫并提,文臣又与君王相对,抑或可作相较对比。倘有后续,是否可以选择由文臣而为君王,或由君王而遇变故而失势者,和既有文韬,亦有武略者而论之。如曹操、萧衍、李煜、范仲淹等,或当亦颇有可观。

笔者与熊湘君较为特殊的师生之缘,因于两个方面。我对学子,向来一视同仁,以为造化生人,必有一人之用,认可个个有才思,人人可成才。如果说有所偏爱与偏私,除了共同游学的时间和经历之外,一是因为喜欢《楚辞》,对来自潇湘楚地的学生有一见如故的亲近感,二是因为感念贵州尤其是遵义父老乡亲在抗战最艰苦的岁月对战乱流离中于地理上、学海中艰难跋涉的我浙大师生支持、接纳和周济的大恩大德,对来自贵州的学生(熊湘君便是),我更会尽力关照一些。还有一个方面,由于在那个特殊时期接受教育的偏缺,本人当年没能选择报考理工科,而是考上了中文系,虽然从此喜欢上了文学,但做一个理工男也便成为我的一份执念,一个永远无法实现的梦,所以,对来自理工科的考生学子,我也会特别注意一些。熊湘君便是兼具这两方面背景的学子之一。让我欣慰的是,我运气是如此之好,所有来自楚、黔诸地的学子都是那么优秀、要好、自为且有所作为,让我特别欣慰。与熊湘君相与至今已二十年。四校合并以后,我开设了面向全校的公选课《中国古典文学欣赏》,选课的理工科学生很多,记得那时在玉泉校区晚上课后,我常常和同学们月下漫步,谈诗论文。有天下午,在校园遇到物理系的熊湘君,他提出打算报考我们古代文学专业的研究生,我与他在校区绕了两三圈,很坦率地谈了我的想法。劝他说,专业研究文学与文学欣赏不是一回事,我挺羡慕理工科同学的,觉得学好本行之暇,欣赏欣赏如同路边风景的文学,不是很好吗?我对自己的孩子,也是引导他选读了理工科。熊湘君还是坚持并如愿考上了我校古代文学研究生,并成为同侪中最优秀的学子之一。我也记得,2015年暑假,与友人和二三学子一同参观遵义浙大西迁纪念馆,那天是周一闭馆,当值的工作人员知道我们从浙大而来,破例开门让我们参观,看到竺校长在寒江破船上商议西迁事宜,看到老校长夫人张侠魂和爱子竺衡病逝于西迁途中,看到遵义父老乡亲在极其困难的条件下节衣缩食,周济我浙师生,不禁伤心泪目。作为浙大人,心中永远铭刻这样的记忆,长怀此份感恩之情。

最近在为祖怡师编《学记》,想起从先生游的情景。现在草拟此序,耳边回响的是我们浙大校歌的永恒旋律和隽永的诗句:"大不自多 海纳江河……昔言求是 实启尔求真……"愿我们的一切书写与表达,都合乎我们求是求真的宗旨和追求。记得熊湘君入读硕士之初,我们一起参加浙大传统毅行活动一路长谈的情景。我嘱咐他心无旁骛,沉潜学海,硕士阶段后继续攻读博士、博士后,争取留校工作。我看好熊湘君,也一直想着留一位读书种子在学校，只为回报我的老师，我的学校。其实，这也只是一份执念罢了。世界很大，学海无涯，神游心内与身外的宇宙，熊湘君必当有所作为。人生并无坦途，最美的花，常开在奇险高峻寂静偏僻之处。过往可念，未来可期。想起苏子雪泥鸿爪之诗，我辈从文从教之人，亦当效法先贤，风雨兼程，不惧道途崎岖，不辞路长人困，既珍惜至情，又豁达超脱。以此来书写此"文"此"人"，终不愧做人。熊湘君其勉之！

孙敏强
2025年1月

目　录

绪　论　20世纪以来文人身份的学术史建构

第一节　社会思想变革下的文学史重估
与文人文学视域的演进

20世纪初的社会变革带来了文化学术的大爆发,在众声喧哗的思想世界中,反对传统文化与社会格局的声音不绝于耳。许多知识分子以异于古人的眼光来审视古代文学,并将文学的价值搭建在社会改革的严肃话题上。从提倡平民文学,到提倡无产阶级大众文学,普罗大众被赋予了文学创作的最大权力。文人与文人文学随之成为需要重新审视和改造的对象。对本课题来说,这既是古代文学史终局时期文人身份批评的一个重要方面,也是现代学术史发端阶段文人的文学史书写及身份研究的重要环节。持平民、大众立场的论者所审视的对象除了古代的文人士大夫,还有当时的知识分子(作家当然也包括在内),这两方面有着内在的共通性。古代文学的描述模式、文人文学的观照视域就在平民大众、古代文人士大夫与当时的知识分子之间逐步展开。

一、平民文学视角下的"文人"及其文学史书写

20世纪初期,白话文运动与民间(平民)文学思潮的兴起使得贵族文学、文人文学、平民文学、民间文学、白话文学、通俗文学等成为当时文艺批评的关键词。胡适等人针对的主要是以古代贵族、官僚、文人士大夫为主体构建的上层文学①,这些上层文学因运用僵化的语体、缺乏平民精神而被理所当

① 与西方不同,20世纪初期中国的民间(平民)文学概念侧重的是下层性与现代性。上层文学对民间(平民)文学的压制,以及民间(平民)文学的内在生机与对上层文学的颠覆,成为五四学者论述的重点。对此,参见吕微:《现代性论争中的民间文学》,《文学评论》,2000年第2期,第124-134页。

然地作为平民文学的"垫脚石"。比之于文人士大夫,贵族最能够体现与平民的阶层对立,故成为陈独秀、胡适等人攻击传统文学、推翻古代文学话语权力的最佳靶子。同时,我们也必须意识到,传统文人士大夫(包括贵族)的生活方式与文学态度,才是文学革命攻击的全部主体。

强调平民立场的文学革命理论随即带来了审视过往文学的一种视角与方法。尽管不少推崇平民文学的人也认识到平民文学未必都是好的,但这丝毫不会动摇"平民文学优于贵族文学"的基本判断。胡适在《白话文学史》中充分强调贵族文学与平民文学的对立,"庙堂的文学终压不住田野的文学,贵族的文学终打不死平民的文学"①云云,凸显出平民文学的内在活力与革命性意义。与之类似,文人文学与平民文学也会被看成一组互相对立的范畴。陈光垚《编著中国民众文艺全书之意见》以实际效用之大小、与人生关系之多少为评判文艺价值的标准,得出"中国旧日文人的文艺是有价值的民众文艺之反对者;所以中国旧日文人的文艺大体是没有价值的;所以中国旧日文人的文艺是可以排斥的"②等一系列结论。陈光垚将文人文学(而非贵族文学)作为评判的对象,再次反映出文学革命的真正目的——不仅要反对贵族文学,还要反对旧日文人文学。

通过评判文人文学来抬升平民文学,此种方式遍及文学的各个层面。就整体情况言之,如认为平民文学能启发儿童智力,令人抒情悦性;文人文学僵滞成人的灵性,使人麻木昏睡。③就具体文体而言,如平民乐府高于文人拟乐府,民间诗歌优于文人诗歌,这些都是时人常论及的话题。推而广之,"平民—文人"二分法引发了人们对文学体裁、形式的归类,由此形成许多高下有别的概念组合。如周作人将童话分为民间童话与文学童话,指出前者源于民间,后者乃文人创作。他在一定程度上肯定了安徒生、王尔德童话(文学童话)的地位。但赵景深致信周作人,指出安徒生、王尔德的文学童话比之于民间童话离儿童更远了。④言下之意,是要严格划分民间童话与文学(文人)童话之高下。虽然他们对文学童话的价值认识不同,但平民文学高于文人文学,已经是当时很多人潜在的观念,并成为划分文学作品(体裁)

---

① 胡适:《白话文学史》,上海古籍出版社,1999年,第13页。

② 陈光垚:《编著中国民众文艺全书之意见》,陈光垚:《民众文艺论集》,启明学社,1933年,第16页。

③ 陈光垚:《编著中国民众文艺全书之意见》,陈光垚:《民众文艺论集》,启明学社,1933年,第14页。

④ 对此,分别参见周作人:《王尔德童话》,周作人:《自己的园地》,北新书局,1930年,第81-85页;赵景深:《童话论集》,开明书店,1929年,第73-74页。

高下的重要标准,以至于谜语与灯谜、歇后语与藏头诗、格言与谚语等较小的文学形式,都被统摄到"平民—文人"的框架之中。①

为了框定平民文学的范围、树立标杆,"平民—文人"二元模式须尽量覆盖所有文学体裁和文学形式。每一个持平民文学主张者,心目中都有一个以文人、平民划分的古代文学整体图谱,所以上述带入式的具体批评就很容易扩展到对古代文学脉络、框架的观照与分析上,从而脱离了零散、细碎的批评模式,具有文学史层面的革新意义。徐嘉瑞《中古文学概论》将中国文学分为"文人文学"与"平民文学",又将"文人文学"分为"贵族文学"和"平民化的文学",他概括了这几类文学的位置及优劣(见图1)。②

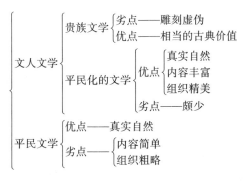

图1　徐嘉瑞《中古文学概论》对中国文学的划分

徐嘉瑞试图以此来建构中古文学史的叙述框架,文人与平民的对立联系成为其中最重要的基点。贵族文学处于文人文学的顶端,盖可视为最纯粹的文人文学。以今人眼光视之,文人文学高于平民文学的地方,在于知识与修辞。这不代表文人文学(特别是贵族文学)就一定不具有真情实感。但该书

---

① 如周作人指出谜语不同于"以纤巧与双关及暗射见长"的文人灯谜,"谜语是原始的诗,灯谜却只是文章工场里的细工罢了"。(参见周作人:《谜语》,周作人:《自己的园地》,北新书局,1930年,第48页。)陈光垚认为歇后语源于民间,是平民文学;藏头诗乃"文人们炫才的一种技巧玩艺儿",是贵族文学。(参见陈光垚:《再谈谈歇后语》,陈光垚:《民众文艺论集》,启明学社,1933年,第144-145页。)任访秋区分格言与谚语:"格言是文人学士们笔之于书的东西,而谚语则是属于一般民众的。"(任访秋:《谚语之研究》,任访秋:《任访秋文集・集外集》,河南大学出版社,2013年,第244页。)

② 参见徐嘉瑞:《中古文学概论》,上海亚东图书馆,1924年,第4页。为方便呈现与论述,笔者根据原表内容整理成关系图示。原表中,与"文人文学"并列的是"民间文学",但从上下文来看,徐嘉瑞所言"民间文学"即为"平民文学",图1为了与正文论述相统一,将原表的"民间文学"改为"平民文学"。

将真实自然作为平民文学特有的本质属性，以突显平民文学的价值优势，而文人文学真实自然的部分（如唐代诗歌）也被认定为文学平民化的结果。这就是研究者在时代因素及文学思潮影响下有意为之了。

曹聚仁《平民文学概论》将文学分为贵族文学、病态文学、平民化文学、平民文学、人的文学五类。①陈光垚转录的版本为：贵族文学、古典文学、山林文学、平民化文学、民众文学、人的文学六类。②结合徐嘉瑞的列表、曹氏的分类和陈氏的转录，可以看出，文人文学与平民文学的叙述模式正是贵族文学与平民文学叙述模式的完整化形态。一来，贵族文学与平民文学还不足以"瓜分"整个古代文学领地，文人文学的出现正好可以填补二者之间的空白。病态文学、平民化文学、古典文学、山林文学等，都可纳入文人文学之范畴。二来，贵族与平民的阶层对立固然能够突显文学革命的意义，但比之于"平民文学优于贵族文学"这类静态的分类与判断，"平民文学如何影响上层文学""如何带来文学的进步"等动态层面的考量才能更好地切合新的时代背景下文学发展、文学进化的主题。在这方面，文人文学比贵族文学具备更多的言说空间。

从文学史发展的角度视之，平民文学在以下两个方面的意义被"五四"以来的学者反复强调：第一，它是文学史的起点，所有文学均来源于平民文学。如陈光垚就说："A（民众文艺）无论在何国何处，都是元始最古的文艺；而B（文人文艺）则全是由A（民众文艺）中产生出来的胎儿。"③第二，它是诸多文体的源头，蕴含文学的生机与原动力。如徐蔚南《民间文学》就指出，依靠民间文学，文人才产生了许多动人的文学作品④；杨荫深《中国民间文学概说》也说："民间文学可以说是文人文学的先进，文人文学是跟着民间文学而来的。"⑤总之，不论是在文学的源头，还是在文学发展过程中，文人文学都受到平民文学的影响。而贵族文学对平民文学的影响，往往被视为不利于文学的发展与进步，所以胡适极力提倡文学的民众化，反对民歌的文人化。鲁迅在致姚克的书信中表述得更加犀利："歌、诗、词、曲，我以为原是民间物，文人取为己有，越做越难懂，弄得变成僵石，他们就又去取一样，又来慢慢的

---

① 参见曹聚仁：《平民文学概论》，上海梁溪图书馆，1926年，第1页。

② 参见陈光垚：《编著中国民众文艺全书之意见》，陈光垚：《民众文艺论集》，启明学社，1933年，第15页。

③ 陈光垚：《编著中国民众文艺全书之意见》，陈光垚：《民众文艺论集》，启明学社，1933年，第13页。

④ 参见徐蔚南：《民间文学》，世界书局，1927年，第17—18页。

⑤ 杨荫深：《中国民间文学概说》，华通书局，1930年，第8页。

绞死它。"①文人吸收平民文学的体裁,从积极的方面言之,反映出平民文学对文人文学的影响与促动;从消极的方面言之,预示着平民体裁有被文人化、被僵化的危险。

　　该思路使平民文学与文人文学之间的互动得到了进一步的关注与探析。如果说徐嘉瑞的《中古文学概论》还停留在静态的文学格局的框定,那他后来出版的《近古文学概论》则留意于不同阶层文学之间的作用力,真正将平民文学的生机与原动力嵌入整个古代文学史的发展逻辑中。该书以婴儿期、成年期、壮年期、衰老期、死亡期五个阶段对应平民文学、文人文学、贵族文学。详言之,婴儿期、成年期及壮年期之一部分为平民文学;壮年期之另一部分与衰老期之一部分,乃平民化文学、文人文学、贵族文学交杂的阶段,反映文学由极盛到硬化的过程;衰老期之另一部分与死亡期为贵族文学。该体系勾勒出三类文学逻辑上的关系与演变。同时,徐嘉瑞也指出,上古、中古、近古时代,都存在这三类文学形态。从平民到文人再到贵族,越往上越趋于硬化。与《中古文学概论》相比,《近古文学概论》更加注重文人文学的可塑性,"文人常立于民间文学与古典(贵族)文学之间,受两大势力之吸引"②。在贵族文学影响下,文人文学向上运动,有硬化、死亡的倾向;在平民文学作用下,文人文学向下运动,则具有鲜活的生机。由此,文人文学成为贵族与平民展示自己影响力与作用力,推动文学向上或向下发展的平台。而曹聚仁所提及的病态文学、平民化文学恰可被看作文人文学在贵族文学与平民文学作用力下的两种导向。基于这一思想,徐嘉瑞描述了古代文学史上平民文学与文人文学的五次合流,每一次合流都为古代文学注入了新鲜的血液。他将《离骚》、汉赋、乐府、唐宋诗词、戏剧传奇纳入这一叙述系统中予以阐释。如屈原在《九歌》等平民文学影响下创作的《离骚》属平民化文学,随后的汉赋却走向了古典化(贵族化)。③经徐嘉瑞的阐释,古代文学史被建构为各种文学形式在"动力体系"推动下不断发展、演变的过程。

　　从突出贵族文学与平民文学的对立,到将贵族文学扩展为文人文学,再到以平民文学、文人文学、贵族文学三个基点来建构古代文学史框架。这一过程体现出文学革命主题下学者们对古代文学审视与反思的不断推进。文学革命带来了文学史书写的很多改变,诸如将民歌作为文学史叙述的源头,改变了以六经为文学源头的传统模式;秉持平民文学的主体性以及由诗到

---

① 《鲁迅书信集》(上册),人民文学出版社,1976年,第492页。

② 徐嘉瑞:《近古文学概论》,北新书局,1936年,第10页。

③ 参见徐嘉瑞:《近古文学概论》,北新书局,1936年,第一编,第二、三、四节。

词、由词到曲的文学进化观念，极度重视元明清戏曲小说，而对元明清诗文创作惜墨如金；甚至像谭正璧《中国文学进化史》那样，将整个古文都撇除在文学发展之外。此类举措均未脱离"平民—文人—贵族"的思维框架，可以说，文人文学与平民文学之间的对立、互动与影响，实已成为此后文学史研究难以回避的话题，"文人"一词也在这一思潮推动下获得了独特的时代意涵。

二、从作家到文艺战士，再到进步作家

《中古文学概论》的分类概括（见图1）看似公允，实际上，以"雕刻虚伪"为贵族文学的劣点，已然表明"重民间而轻贵族"的立场。该书正文更是有意突出平民文学的地位与价值，贬抑贵族文学，即便对于劣点颇少的平民化文学，作者也极少着墨。胡适在该书的序文中大力赞扬"重平民而轻贵族文人"的文学态度，但对徐嘉瑞只用三千字叙述唐代文学（即平民化的文学）表示不满。[①]胡适作《白话文学史》固然有为白话文学张目呐喊的目的，然就主要动机来看，他提倡白话文运动是要为新文学的发展立一旗帜，以回应"社会变革下的知识分子如何改造旧有文学"这个严肃的问题。所以胡适将民间文学、白话文学视为文学发展的生机与动力的同时，在《白话文学史》中纳入诸多文人的白话诗（即平民化的文学），就不仅仅是为了扩大白话诗的版图，而潜藏着"文人文学如何吸收白话文学而获得生机"这一现实考量。徐嘉瑞区分贵族与平民的标准之一，即研究对象是否属于知识阶级；在文人与平民的对立关系中，知识分子亦归属于前者。创作《两只蝴蝶》的胡适，与创作打油诗、诙谐诗的古代文人在主体身份上并无二致。[②]可见胡适反对的并非传统文人的身份属性（知识分子），而是传统文人的表达属性，即强调文学表达方式与表达内容的民众化，而始终对文人主体的去知识化倾向保持警惕。

早在1917年，胡适就说道："若今后之文人不能为吾国造一可传世之白话文学，则吾辈今日之纷纷议论，皆属枉费精力，决无以服古文家之心也。"[③]以白话运动改造文人文学，使之区别于传统的贵族文学，被胡适视为文学革命之目标，其间无不透露着文学运动先锋的昂扬姿态与知识分子（文人）的自觉意识。在家国动乱之际，文人的柔弱无能往往会被放大，但文人作为知

---

① 参见胡适：《中古文学概论序》，徐嘉瑞：《中古文学概论》，北新书局，1924年，第8-9页。
② 胡适在《白话文学史》中指出，文人的打油诗、诙谐诗是白话诗的四个来源之一。参见胡适：《白话文学史》，上海古籍出版社，1999年，第132-133页。
③ 胡适：《历史的文学观念论》，《胡适文集》（第2册），北京大学出版社，1998年，第28页。

识分子所具有的开拓风气、警醒世人的社会担当也会充分突显出来。李大钊在1915年就曾发文盛赞文学与文人之价值："社会之乐有文人，为其以先觉之明，觉醒斯世也。……设无文人，应时而出，奋生花之笔，扬木铎之声，人心来复之几久塞，忏悔之念，更何由发，将与禽兽为侣，暴掠强食以自灭也。"①这几句话体现出时人对文人身份价值的重新发掘。因此我们可以说，胡适、周作人等人在清理传统文化和审视自我的过程中，进行着从旧文人到新文人的革命性转变，成为"文人集团的现代版本"②。新旧之间，显性的对立与隐性的传承居于同样重要的地位。茅盾将旧文学家与新文学家相对而论，突出新文学家的时代责任③，这未尝不是对文学家（文人）身份价值的重新肯定。陈平原说："作为新文化人的周作人和胡适，其自我定位和社会期待均属于'文人'兼'学者'。"④从新文学革命的角度视之，此言也丝毫不差。

然而，文学的个人性创作与集体性创作存在着明显的差异，"文人""作家""文学家"等词语因都体现着文学创作的个体性而成为三个互通的概念。知识分子难以将自己变成真正的平民，他们吸收民间文学、白话文学特质后的创作只能算是平民化的（文人、作家、文学家）文学。对这些创作者而言，民间文学的集体创作属性只有在搜集与研究层面才具备足够的适用度和可行性。同时，语体的欧化、"雅化"与内容的先锋性、严肃性也加大了新时期作家白话文学与平民文学之间的隔阂。⑤此类情况的出现也说明胡适诸人的创作姿态、身份自认注定使他们不能与民间文学真正地融为一体。

个人意识与集体意识之间的复杂关系在大众文学、革命文学中颇受关注。20世纪30年代初期，在"左联"的推动下，许多学者围绕大众文艺展开热烈讨论。1932年，郑振铎发文提出："所谓大众化，究竟是说文人们'为大众'而写作呢，还是应该'大众'自身出来创作。"⑥这是文艺大众化必然面临的问题。郑振铎对文人及文人文学的弊端有着深刻认识。早在1921年，他就指出中国新旧文人对文学的根本误解在于将文学视为消遣、游戏的工

① 李大钊：《厌世心与自觉心》，《李大钊文集》（上册），人民出版社，1984年，第152页。原载《甲寅》杂志第1卷第8号（1915年8月10日）。
② 陈国球：《文学史书写形态与文化政治》，北京大学出版社，2004年，第82页。
③ 参见茅盾：《现在文学家的责任是什么？》，《东方杂志》（第17卷第1号），上海商务印书馆，1920年，第95页。
④ 陈平原：《作为学科的文学史》，北京大学出版社，2011年，第120页。
⑤ 参见曾平：《文学革命与"平民文学"的意义重构》，《中华文化论坛》，2009年第2期，第48-58页。
⑥ 郑振铎：《文学大众化问题征文》，《郑振铎全集》（第3册），花山文艺出版社，1998年，第481页。

具。①1934年,他在《"文人"的面目》一文中指出,"文人"之所以变成一个不祥的名词,原因就在于"文人"与"士大夫"融为一体,成为统治阶级,导致文学成了登庸的"阶梯"。②此类表述代表了彼时相当一部分评论家对文人及文人文学的态度,但郑振铎因此而否定文人作家"为大众的文学",观点稍显偏激。事实上,他所期待的"真正的大众文学"(即"大众自己所创作的文学"③)并不能一蹴而就。面对此种情况,取消作家、知识分子高高在上的个体属性与身份姿态,让他们转变思想,走进群众,在创作上与大众融合,成为文艺大众化思潮中广被认可的一种观念。④

无产阶级文学导向下的理论主张也在往"走进大众"这个方向发展。1942年,毛泽东《在延安文艺座谈会上的讲话》明确提出对作家、知识分子进行思想改造的要求,指出"大众化"就是"文艺工作者的思想感情和工农兵大众的思想感情打成一片"⑤。这使得无产阶级文学艺术成为"整个革命机器中的'齿轮和螺丝钉'"⑥,文学家、作家成为文艺战士。关于文学创作者从作家到文艺战士的转变,戚学英《作家身份认同与中国当代文学的生成(1949—1966)》一书已有详尽的分析。⑦这里需要指出的是,"到大众中去"的实际行动包含了"唤醒大众"与"成为大众"两重因素,更蕴含着大众文学、革命文学论者为打破文人(作家、知识分子)与大众之间的壁垒而做的努力。

郑振铎站在大众文学立场批评"文人"的同时,也表示了对具有反抗精

---

① 参见郑振铎:《中国文人(?)对于文学的根本误解》,《郑振铎全集》(第3册),花山文艺出版社,1998年,第423-424页。

② 参见郑振铎:《"文人"的面目》,《郑振铎全集》(第3册),花山文艺出版社,1998年,第514-516页。

③ 郑振铎:《大众文学与为大众的文学》,《郑振铎全集》(第5册),花山文艺出版社,1998年,第212页。

④ 郑伯奇就指出在大众中间产生作家不是一件容易的事,并认为应该欢迎智识阶级的作家发展为大众的作家。参见郑伯奇:《关于文学大众化的问题》,文振庭编:《文艺大众化问题讨论资料》,上海文艺出版社,1987年,第15-16页。

⑤ 毛泽东:《在延安文艺座谈会上的讲话》,《毛泽东选集》(第3卷),人民出版社,1966年,第808页。

⑥ 毛泽东:《在延安文艺座谈会上的讲话》,《毛泽东选集》(第3卷),人民出版社,1966年,第822页。

⑦ 参见戚学英:《作家身份认同与中国当代文学的生成(1949—1966)》,华中师范大学出版社,2013年。

神与正义意识的"伟大的文人"①的推崇。"伟大"二字极具时代内涵,它表明郑振铎对文人的评价超出了语体选择、文学审美的范围,将文人文学的价值放到政治语境下来判断。进而言之,无产阶级大众文学的观念没有对传统文人及文人文学全盘否定,它以"人民性"为出发点,形成了衡量古代作家、作品的一套标准。一些作家经此标准的筛选,地位和意义得到充分突显和重视。为区别于一般意义上的文人,他们被冠上"伟大的""爱国""现实主义""浪漫主义"等头衔。如北京大学中文系文学专门化1955级集体编著的《中国文学史》目录中就列出"伟大爱国诗人屈原""伟大的浪漫主义诗人李白""伟大的现实主义诗人杜甫""辛弃疾及其他爱国词人"等章节题目。这一思路既展现了"人民性"对文学史书写的介入,又以进步作家为标杆,重新勾勒了古代文人文学的图谱。

综上,不论是文学革命,还是革命文学,他们对古代文学的审视与重估基本建立在阶层二元对立的格局之上。贵族文学与平民文学的冲突、纠缠,以及由此引起的一系列争论,都集中于文人文学这一主体。所以徐嘉瑞构建的贵族、文人、平民互动原理和叙述框架具有非常广泛的适用性。作为古代上层代表的士大夫精神维持着少数人的精英意识和个体质性,形成由上而下的观照立场,文士成为以文学践行士人精神的群体。而平民、大众文学所获得的话语权进行了由下而上的颠覆,在挑战贵族文学的同时,努力同化着当时的文人与作家。文学领域内的文人认同与书写正是当时知识分子自身遭遇与思想变化的映射。以学术发展的眼光观之,平民、大众文学一方面充分展现其持续的话语惯性和影响力,另一方面,在20世纪80年代后,"重民间而轻贵族"的思路也时常面临研究者的重新审视与反思。直至今日,我们还能看到研究视野和重心向文士传统的复归。由此,摆脱时代思潮的影响,立足于古代文化原语境的文人身份、文人文学研究也就成为学术发展的必经之路。

第二节　多重身份的研究进路及其观照下的"文人"

社会思潮、政治意识介入下的文学史书写虽然强调平民、大众文学,但也没有否认古代文人文学的客观存在。事实上,文人士大夫占据了传统文

---

① 郑振铎:《"文人"的面目》,《郑振铎全集》(第3册),花山文艺出版社,1998年,第516-517页。

化的核心层,从政治、历史、社会、文学任何一个角度来看,士人都是倍受青睐的群体。1940年,顾颉刚在《责善半月刊》第1卷第7期上发表《武士与文士之转换》①,勾勒出中国早期的士由武士到文士的演变过程。该文篇幅虽小,但对士人阶层与其身份、职能变化的探究,具有不可忽视的意义。钱穆《国史大纲》也于同年出版,该书指出汉代士人的政治地位逐步提升的现象,并叙及士人政治社会势力的诸种表现及其与两汉政治社会之关系。20世纪50年代,身居海外的张仲礼在《中国绅士:关于其在十九世纪中国社会中作用的研究》(The Chinese Gentry: Studies on Their Role in Nineteenth-century Chinese Society)一书中对19世纪的中国绅士阶层结构、社会功能以及身份获取等问题进行了分析,从宏观层面把握绅士这一阶层的角色地位。以上论著说明"士"很早就获得了学界关注,并呈现出不同于文学革命、革命文学的,回归学术本位的研究路数。"士"的职能、阶层性质及其与社会结构的关系一旦被纳入研究视野,士人的身份特性与角色呈现——前者是士人地位的表征,后者指涉与士人地位相连的一套规范②——自然成为学者探讨的内容。士人往往通过不同的身份、角色与社会发生关联,因此相关研究无法绕开"多重身份之间的牵制与影响"这个学术问题。文人(文士)被当作"士"的分支或衍生物,也就顺势介入多重身份的研究进路当中。

一、被制约的"文人":外在身份的规训

所谓多重身份,最简明的表现形式就是:同一主体(个人、群体、阶层等)具有多种称名方式,每一种称名在意义和指向上都各有侧重。主体的多重身份实乃常见现象,学术研究关键在于如何看待这一现象,是否将其作为视角与方法,去剖析古代士人阶层。吴晗曾说"官僚、士大夫、绅士,是异名同体的政治动物"③,他的立足点在于"同"的方面,强调三者在阶级、政治层面的同一性。由此,他认为"官僚、士大夫、绅士、知识分子,这四者实在是一个东西"④,而未从"异名"的角度看待这几种身份之间的关联。相较而言,像顾

---

① 此文后改名《武士与文士之蜕化》,收入《史林杂识初编》,于1963年由中华书局出版。
② 关于角色的定义,参见秦启文、周永康:《角色学导论》,中国社会科学出版社,2011年,第34页。身份与角色在概念上虽稍有差异,但所指涉的对象基本是相同的。士大夫身份与士大夫角色没有本质差异。实际上,研究者在论述士人时,身份与角色二词常常是可以互用的。故本书也不拟从社会学角度对身份、角色予以严格的区分和界定。
③ 吴晗:《论绅权》,吴晗、费孝通等:《皇权与绅权》,上海观察社,1948年,第49页。
④ 吴晗:《论士大夫》,吴晗、费孝通等:《皇权与绅权》,上海观察社,1948年,第66页。

颉刚《武士与文士之转换》分别将文士、武士与儒、侠相联系,略微触及士人多重身份的问题。另,费孝通《中国士绅》(*China's Gentry*)的第二章"学者当官"("The Scholar Becomes the Official")也从社会结构角度出发,考虑到了学者与官员身份的重叠。20世纪80年代后,士大夫研究进入蓬勃发展的时期,多重身份问题逐渐成为士人研究的重要切入点。其中最为突出的要数阎步克《士大夫政治演生史稿》。该书开篇便强调士大夫具有学者与官员"二重角色",这一角色组合模式对中国古代政治文化产生了深远影响。综观整个古代史,二重角色并非一成不变,阎步克也指出:"一身二任的士大夫,是较晚的时候才出现的,并非自初如此。"①即便如此,该书的研究视角和路径依然具有很好的示范性。

阎著论述时段止于魏晋,我们把焦点转移到宋代,则会发现:士人受到空前的重视,学者与官员已经不能全面展现士大夫的角色,文人(文章家、作家)角色在宋代政治、文化中起到了极为重要的作用。北宋古文运动即是研究角色重叠的极好案例,早在中国文学批评史建立的初期,郭绍虞就从道学家、古文家、政治家三种角色出发,来探讨"文"与"道"之关系。学术的发展使得研究者对宋代士人的身份问题有了更为深刻的认识,包弼德的《斯文:唐宋思想的转型》将唐宋两朝士的组成作为重点讨论对象,指出由世家大族向科举之士的转型是唐宋政治社会转变的一大趋势,宋代的很多文人,首先是"思想家,其次是作家"②。王水照明确指出:"政治家、文章家、经术家三位一体,是宋代'士大夫之学'的有机构成。"③沈松勤的《北宋文人与党争——中国士大夫群体研究之一》以此为切入点,"考察党争与学术、文学在相互渗透、交互影响中的正面和负面效应"④。全书展现出北宋时期党争、学术、文学三者相互联系的总图景,而内中体现的却是士大夫三重角色的关联,这对认识古代士人的多重身份及其演变不无启发。

其实,中国古代文史研究自发端期开始,就无法回避政治、文章、经术之间的协同与冲突,王水照等学者只是将此种关系用身份术语标识出来,进而在文学研究中引入身份视角及相关的分析手段。那么,在政治家、文章家、经术家(也即官员、文人、儒者)三重身份的组合形态中,文人被研究者置于何种地位来审视呢?

要回答这个问题,须先考虑一个客观事实。官员是政治体系中的基本

---

① 阎步克:《士大夫政治演生史稿》,北京大学出版社,2015年,第12页。

② [美]包弼德:《斯文:唐宋思想的转型》,刘宁译,江苏人民出版社,2001年,第184页。

③ 王水照主编:《宋代文学通论》,河南大学出版社,1997年,第27页。

④ 沈松勤:《北宋文人与党争——中国士大夫群体研究之一》,人民出版社,1998年,第367页。

元素,儒者也有发扬理道、辅佐政教与维护社会伦理的本职要求。他们都具有统摄古代社会与文本世界的力量,其身份的认定也与外在的政治、社会紧密挂钩。而文人时常被理解为擅长、喜好作文章之人,依此,文人身份完全是由个人兴趣与质性决定的。但文章的书写权力——包括文章内容与形式的选择——时常轮不到文人身份来决定。居于官僚体系中的词臣、"大手笔",凭借其官员的政治身份来创作各种文章,主体所属的社会阶层、集团属性也会成为文章创作的潜在指挥棒。在古代社会,能够充分展现文人身份的场合要么被排斥在强大的政治空间与儒学场域之外,要么被分解成很多附属于政治、儒学的碎片化空间。

文人身份受制于官员与儒者身份。这一思路往大了说就是:文人身份受制于创作者的政治立场、阶层性质、社会地位等,而这些正是传统社会结构的映现。社会结构以个人和群体的立场、地位为触手,向文本施展着它的控制性力量。于是,我们似乎得到了这样一幅图景,传统文化、政治权力等外在因素通过"作家"表达了它们的某种状态,占据了文学文本的话语权。"作家""文人"几乎成了媒介,成了传统文化、政治权力的传声筒。与结构主义视域下"没有人的历史"相同,结构性的控制力也有造成"没有文人的文学史"的危险。福柯宣称作家被作品杀死,这恐怕在中国古代文学史上不乏其例。如果我们不用"死亡"这个刺眼的词,那下面这句话或许对我们更有启发:"是谁在说话又有什么关系?"①

上述客观事实使得学者非常关注文人背后起操纵作用的身份及话语力量。在1928年,傅斯年《文人的职业》就通过史掾、清客、退隐、江湖客等外在的社会状态来定位文人群体。②20世纪50年代,王瑶分析魏晋文学,指出:"我们很容易看出了建安正始,或太康永嘉底作风和内容的不同,但很不容易分析'建安七子',或'三张二陆'底作风和个性的差别;特别是在所表现的思想内容上。"③其原因就在于当时的文士大多具有同一种类型的身份和地位——名门大族。此类文学的共性表现已被很多学者关注。再如,汉赋的主要创作者是梁园宾客和汉王朝的言语侍从之臣,正因为这一社会角色,使得汉赋获致"为体无他,颂扬也"④的评价。对此,郭英德评说道:"汉赋的

---

① [法]米歇尔·福柯:《什么是作者?》,[美]唐纳德·普雷齐奥西主编:《艺术史的艺术:批评读本》,易英、王春辰、彭筠等译,上海人民出版社,2016年,第307页。

② 参见傅斯年:《中国古代文学史讲义》,上海书店出版社,2008年,第40-48页。

③ 王瑶:《政治社会情况与文士地位》,《王瑶全集》(第1卷),河北教育出版社,2000年,第43页。

④ 慕容真点校:《林纾选评古文辞类纂》,浙江古籍出版社,1986年,第442页。

题材、体制、构思、风格,在二百多年中并无明显的变化与差异,共性远多于个性。司马相如和扬雄分别处在西汉的极盛时期和衰亡时期,而《子虚》《上林》与《甘泉》《羽猎》却几乎同一面目。王褒、班固、张衡的品格志趣颇不相同,而《甘泉》《两都》《二京》诸赋却殆无二致。政治兴衰与作家个性对文学的影响,在汉赋中几乎被湮没无存了。"①

总之,政治、社会对文人、文学的规训是已被研究者捕捉到的历史事实。我们时时听闻的"文人是失意的官员"等话语,意味着不论是在很多古人眼中,还是在今人眼中,政治身份与社会角色比纯粹的文人身份更有分量。此观念折射出一种研究思路:将文学置于政治社会背景中来观照,以社会身份、角色为尺度来审视文人与文学。在这里,文人毋宁说是创作主体的代称,而未被视为一种身份(正如傅斯年《文人的职业》所反映的那样)。以唐代文学为例,马自力《中唐文人之社会角色与文学活动》(中国社会科学出版社2005年版)着重分析中唐翰林学士、郎官、谏官、刺史等社会角色与文学的关系;吴夏平《唐代文馆文士社会角色与文学》(中国社会科学出版社2012年版)以学官、史官、秘书省郎官、校书、正字、学士等几类社会角色为研究对象,探讨社会角色对文学的影响;丁放、袁行霈《宫廷中的诗人与盛唐诗坛——盛唐诗人身份经历与创作关系研究之一》(《文学遗产》2009年第1期)主张将盛唐诗人分为宫廷诗人、地方任职的诗人、在野诗人,不同的职位意味着创作主体需要扮演不同的角色,而不同的角色必然会反映在诗歌创作风貌上。该文又将宫廷诗人分为三类,通过详细论述,说明了宫廷诗对整个诗歌风气的触动作用;万伯江《盛唐诗坛的演进趋势:诗人身份下移与诗歌地理分布扩张》(《北方论丛》2013年第2期)指出在开元天宝年间,诗人的身份经历了由高层官员到下层官员与布衣的变化,作者将这一过程视为身份下移,并将其与诗歌地理分布联系起来论述。扩而言之,如杨金梅《南朝文人身份的文化阐释》(《中共浙江省委党校学报》2007年第1期),石中华《论中国古代文人的身份与创作》(《河南社会科学》2011年第6期),石中华《作者身份与中国古代文学活动》(华中师范大学博士学位论文,2012年),杨允、许志刚《汉代辞赋作家的身份及其文学创作管窥》[《中南民族大学学报》(人文社会科学版)2013年第3期]等论文虽然在行文中也注意到个人的文学修养、文学喜好等主观因素,但名之曰"文人身份""作家身份",实际着重的却是世家大族、官员、侍从之臣等政治、社会身份。

外在的社会身份成为考量古代文学的重要尺度,由此,作为身份的文人

---

①　郭英德:《中国古代文人集团与文学风貌》,北京师范大学出版社,1998年,第44页。

的存在感势必减弱,甚至被掏空。用最直白的话来表述这一现象就是:什么样的人创作什么样的文章。这个"什么样的人"往往不包括文人。外在身份对文学书写的介入,很容易转换为政治、社会等对文学的影响。正如"学官的日常活动进入诗歌创作领域"①所指示的那样,任何人都可以将自己所属身份的相关活动带入文学创作。上述研究基本没有脱离这一基本思维和叙述模式。再如郭艳华《"格物致知"和"诚斋体"——理学、禅学对杨万里文学思想的影响》[《宁夏大学学报》(人文社会科学版)2006年第1期]在指明杨万里具有诗人与理学家双重身份的基础上,分析其理学思想与诗歌创作,说明通过诗人这一主体,学理精神能够渗透到文学思想当中;王德明《宋代士人教师身份与意识的凸显与诗歌理论的转型》[《河北师范大学学报》(哲学社会科学版)2009年第1期]从宋代士人的教师身份出发,探讨此种身份模式对诗歌风貌的影响;李志远《论明清戏曲序跋的作者身份与序跋写作特点的关系》(《中华戏曲》2010年第2期)将明清戏曲序跋作者的身份分为学者、文学家、道学家、官员、出版家、藏书家等六类,阐明不同身份的作者会导致序跋在内容以至风格上的差异;蔡丹君《西汉赋家的郎官身份对其赋作的影响》(《文学遗产》2013年第5期)探究郎官地位的变化所引起的赋作风貌的转变。总之,文学被视为外在世界的一个缩影,文学创作就是将政治、社会与人生经历搬上文本舞台的过程。

以擅长、喜好文章创作的人为文人,只是一种纯粹且狭义的概念界定方式。文章在政治表达、社会交际中起到的作用,一定程度上会被内化到文人的身份特性中。也就是说,文人、诗人、词人等身份会因其文体的社会功能,而被赋予超脱于纯文本之外的含义。②研究者也多从这一角度来切入,如杜若鸿《诗之"尊唐抑宋"辩——从〈沧浪诗话〉说起》[《浙江大学学报》(人文社会学版)2004年第1期]在承续以往学者的论述角度,强调宋代诗人角色转型外,又将文学家的身份细分为诗人、散文家、词客三重属性,以此来理解诗文互参现象:诗歌和散文与政治有不解之缘,因而诗人与文人身份的重叠,形成二者创作思维的互化。实际上,该文所云"诗人""文人"已经是诗文在政治规训下的一种人格化表达。董希平《论宋儒人格塑造背景下词人的重新定位》认为在宋人眼中,"诗人与词人二者是统一的,但是有主次。对于一名标准的士大夫来说,具有诗人之才和诗人之志,是其基本素质;诗人是第

---

① 吴夏平:《唐代文馆文士社会角色与文学》,中国社会科学出版社,2012年,第57页。

② 对此,本书第一章第三节将有详细的分析。

一角色,词人是第二角色"①,把诗人与词人对举,对分析两种角色之间的关系、定位颇有助益,但其论述的根本仍旧是宋代士大夫眼中的诗词在功用、意义上的高下之别。胡大雷《"立言不朽":从个人到朝廷文化建设——兼论文士身份的定位》(《学术月刊》2016年第1期)从政治化与普及化两个维度来解释"立言不朽",并以之作为文人身份定位的基础。政治与儒学施加在文学与文人身上的影响,使文人身份产生质的变化。如果我们固守前述那种纯粹且狭义的文人(诗人)概念,那么将文章、诗歌的政治、儒学属性作为文人、诗人身份内在标准的做法,其实就是儒者、官员身份对文人、诗人身份更高层次的介入和制约。

可以说,从外在身份入手探讨古代文人及其创作,并将焦点集中于外在身份对文人身份的制约上,是以往常见的,甚至主流的研究思路。其表现大致可归结为以下三类:一是把政治社会结构性力量对文人的消解带入文学史研究与书写。二是以外在身份作为分析、考量文人文学的标尺与维度。三是将某些政治、儒学因素内化为文人、诗人的身份属性,并以此来审视古代创作者。因为政治、社会对文学的制约是必然现象,在现实世界与文本世界中,文人身份的存在与凸显终究是有限度的。但这不能成为主张外在身份无所不包,而忽视文人身份存在意义的理由。基于此种学术反思,另一种研究思路逐渐凸显。即聚焦于文人身份所隶属的特定空间与场合,将其与儒者、官员所隶属的空间区别看待,进而挖掘文人身份本身的社会内涵与文学意义。公共空间与私人空间的划分可为推进此问题提供某种参照。宇文所安在《机智与私人生活》中着重提到私人天地(包含在私人空间之中),在此之下的创作者不受外在的、公共空间的干扰,从而宣告私人书写与私人视角的成立。②与"强调外在身份对文人的制约"相比,此类研究考虑到了官员、儒者身份及其空间的有限性,更重视不同空间下角色的转换,使得文人身份得到凸显,其与创作者私人性表达的关联也能得到充分关注。相关论著如杨海明《"角色转换"与唐宋词之人生意蕴》(《学术月刊》2002年第5期)划分出文人士大夫的两个领域,在台前是官吏和儒生,在台后是才子与词客。由台前到台后,由台上到台下,词人角色的转换造成了不同的人生意蕴,也形成不同的词作风格,其中既有才子词客的作用,也有官吏儒生的身份影响。杨氏另一文《角色转换与"词为艳科"》(《文学遗产》2004年第2期)

---

① 董希平:《论宋儒人格塑造背景下词人的重新定位》,《南京师范大学文学院学报》,2004年第4期,第155页。

② 参见[美]宇文所安:《中国"中世纪"的终结:中唐文学文化论集》,陈引驰、陈磊译,生活·读书·新知三联书店,2006年,第67-86页。

与上文同一理路。方星移《以歌妓为参照的词人身份——兼谈苏轼、柳永的自我选择》(《湖北社会科学》2003年第12期)将词中之我与词外之我联系起来,视为词人的双重身份,实与杨氏之论无太大差异。吕肖奂《宋代诗人酬唱圈研究》(《国学学刊》2012年第3期)将集群酬唱分为偏于社会身份角色交往、个人情感交往和文学身份交往(及才艺认同)三类。作者承认在实际酬唱过程中,三者因常常混为一体,难以区分,故很少运用到具体研究中。但这种分类方式确实关注到了固定场合下文学身份所能起到的作用,是值得继续推进的分析思路。

需要指出的是,以个人精神与政治权力、社会结构的矛盾为焦点,形成诸如情与理的对抗、政治要求与个人性情的对立等分析路数,在以往的研究中极为常见。类似问题并不是一定要从身份角度切入才能得到很好的解释,因此多重身份的研究路数必须建立在解决以往难以解决的问题、更新研究者视野与方法的基础之上,才具有意义。另外,海外的汉学研究者也注意到了作家的多重身份,如华莉莉(Hwa, Lily)的博士学位论文《元稹:诗人兼政治家,其政治与文学生涯》[*Yuan Chen(A. D. 779-831): The Poet-Statesman, his Political and Literary Career*]、阿拉斯(Arase, Judith Kieda)的博士学位论文《曹丕的三重身份:皇帝,批评家和诗人》[*The Three Roles of Ts'ao P'ei(A. D. 187-226): Emperor, Literary Critic, Poet*]等。此类研究多从个案出发,分析某个作者的多重身份,以及多重身份对其文学的影响,基本不出上述研究思路,故不再赘述。

二、概念与身份:作为研究对象的"文人"

从重视文人背后的政治、社会力量,到关注文人自身的表达空间,文人研究呈现出一条"回归"的线路,也使得"以历史还原的视角分析古代'文人'的概念、意涵"成为学术研究的必然走向。这一点后文再谈,先要指出的是,"文人"概念极具普泛性,可以说学者对它的探讨从古代文学学科建立以来随时都在进行。因为"文人"没有唯一且明确的界定,每个人依据自己的认识来进行分析,从而呈现各不相同的文学史叙述。五四学者以"平民—文人"来框定古代文学作品及其创作主体,文人被视为知识阶级中的非集体创作者,其概念等同于作家。依此,屈原理所当然成为文学史上第一个文人,他的《离骚》也成为文人文学的最早代表。徐嘉瑞《近古文学概论》在"中国文学异源合流"的图表中就展示得十分清楚。①这一视角恰可与钱穆相比较，钱穆在1958年《新亚学报》第3卷第2期上发表《读文选》，把无意于施用的纯文学创作者视为文人。他认为纯文学作品当自《离骚》始，但屈原乃政治家，无意于做文人，也无意于创作文学作品。要到枚乘、司马相如才算是有文人之格，文苑立传后，才有文人之称。②

可见，以"文人"为探测口，不同的孔径所得到的文学史图像是不一样的。不管孔径是否统一，对"文人"概念进行抽象的、学理性的认识与归纳，自是必要之举。徐嘉瑞、钱穆等人对"文人"的认识就是凭借主观经验的一种抽象提炼。钱锺书《论文人》以"诗歌、散文、小说、戏曲之类的作者"为"文人"③，亦是如此。对"文人"概念进行学理性归纳且颇值得注意的，是日本学者村上哲见《文人·士大夫·读书人》一文。该文从人文教养（包括古典素养和作诗文的能力）、治国平天下的使命感、尚雅精神三方面来界定文人、士大夫、官僚文人。详言之，士大夫身份成立的条件是兼具人文素养与治国平天下的使命感；文人身份成立的条件是兼具人文素养与尚雅精神；三者兼备的则是官僚文人。④这种分析虽然能够观照到三重身份的融合（如宋代士大夫），但在区分与界定古人身份方面难以起到有效的作用。村上哲见自己也承认士大夫与文人是很难区别的。另外，刘泽华《战国时期士考述》将文士作为武士的对立身份予以阐述，其涵盖面颇广。⑤陈宝良《明代文人辨析》指出文人的广义与狭义之分：广义的文人与武士相对，进而扩大到"从事一切文化实践及知识活动的人"⑥，即知识分子；狭义的文人即诗文小说等文学作品的创作者。总的来说，除了村上哲见这样专文分析文人士大夫身份条件外，大多数学者只是局部的，甚至只言片语的表达。结合前人的论述，笔者以儒士、文官等几种身份为参照，对不同层次的"文人"进行简要概括（如图2⑦），我们可以依此对前人的研究视角进行清晰的归纳。

---

① 参见徐嘉瑞：《近古文学概论》，北新书局，1936年，第14页。
② 参见钱穆：《中国学术思想史论丛》（三），东大图书有限公司，1981年，第97-133页。
③ 钱锺书：《论文人》，钱锺书：《写在人生边上　人生边上的边上　石语》，生活·读书·新知三联书店，2002年，第52页。
④ 参见[日]村上哲见：《文人·士大夫·读书人》，[日]村上哲见：《中国文人论》，汲古书院，1994年，第46-47页。
⑤ 参见刘泽华：《战国时期士考述》，吴廷璆等编：《郑天挺纪念论文集》，中华书局，1990年，第12-54页。
⑥ 陈宝良：《明代文人辨析》，《汉学研究》，2001年第19卷第1期，第187-218页。
⑦ 面对纷繁复杂的古代社会与话语体系，任何分类都难免失于严谨，故本图示只是提供一个大致的框架，以便于展开我们的思考和论述。

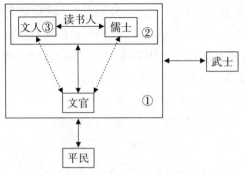

图2 "文人"概念的三个层次

"文人"概念大致包括三个层次:

第一层次的指涉最为广泛,包括文官、儒士与第三层次的文人。从文武分离的角度来看,它与武士相对,顾颉刚《武士与文士之转换》一文就立足于此;从上下阶层来看,它因与平民相对,而成为平民文学论者所批评的对象。此外,像赵敏俐《读书仕进与精思著文——论汉代官僚士大夫与文人文学之关系》认为"文人"是"以儒家读书人为主体的汉代官僚士大夫及其预备队的另一种特殊称谓"①,这也是从第一层次来认识"文人"概念的。

第二层次包括儒士与第三层次的文人,与文官(文吏)相对。这类文人,往低了说是"读书人",往高了说是"文儒",类似于今人所说的"知识分子"或"知识人"。马自力《中唐文人之社会角色与文学活动》、吴夏平《唐代文馆文士社会角色与文学》所云之"文人""文士"实可泛指"读书人",再如斯定文(Stephen J. Roddy)的 *Literati Identity and its Fictional Representations in Late Imperial China*(斯坦福大学出版社,1998年)一书,从学术、文学、艺术三个层面概括文人身份,包括学者、诗人、画家和文章家。杜松柏《中国近代文人生存状态与小说研究》(电子科技大学出版社,2010年)则采用"读书能文之士"这一界定方式。他们所关注的,都是第二层次的文人。另,汪篯最早明确提出唐玄宗时期的"吏治与文学之争"②,以身份的角度视之,实为官吏与文儒之争。相关研究有葛晓音《盛唐"文儒"的形成和复古思潮的滥觞》(《文学遗产》1998年第6期)、臧清《唐代文儒的文学与历史承担——从张说到孙逖》[《郑州大学学报》(哲学社会科学版)2004年第4期],刘顺《唐前期的文儒与吏能之争》(《安徽史学》2009年第

---

① 赵敏俐:《读书仕进与精思著文——论汉代官僚士大夫与文人文学之关系》,《文学遗产》,2013年第3期,第4-16页。

② 参见汪篯:《唐玄宗时期吏治与文学之争——玄宗朝政治史发微之二》,唐长孺等编:《汪篯隋唐史论稿》,中国社会科学出版社,1981年,第196-208页。

5 期)等,这里的文儒基本等同于第二层次的文人。①

第三层次是立足于文学本位的界定方式,即诗文的创作者。王水照等学者揭示的宋人三重身份中的"文章家"即是如此。这个层次的文人可向文艺概念转化,成为诗词书画创作者的指称,进而发展成为文雅之士、文化人。龚鹏程《中国文人阶层史论》就说道:"文人,亦遂从一个文学人的身份,逐渐成为一种以文学为主,而又且具有广泛文化艺术涵养的人。是一种文化人。"②该书将文人群体视为由先秦之"士"分化出来的一个阶层,从"才""性""德""艺""学"等角度,阐释文人阶层的发展及其在不同时代的具体表现,体现了超出第三层次"文人"概念,并宏观把握文人阶层的研究态势。同时,作者对文人风雅极为关注,他勾勒出文人与文艺人士、文学人、文化人之间的关系及变化过程。作者本人具有人文风度,盖是以当代文人自诩者,故能从自身的体会、认知来挖掘古代文人的外在存在形态与内在审美趣味。其所言文人之才、艺术创作技艺、文人与优伶、文人与妓女、文人与燕饮,都可说是文人风雅的重要成分。李春青《"文人"身份的历史生成及其对文论观念之影响》一文虽然对龚鹏程将文人视为独立阶层的做法有异议,但以"文学家兼艺术家"为文人身份之内涵,则大致延续了《中国文人阶层史论》的思路。李春青以"文人趣味"为文人身份确立的标识,认为散体大赋没有个人情趣,其作者是士大夫(或云宫廷文人)而非真正意义上的文人,而《古诗十九首》才标志着文人身份的最终形成。③此与钱穆的主张略微有些差异。由此,文人怡情悦性的自我陶醉与士大夫建功立业的身份自觉构成难以调和的矛盾。李春青《在"文人"与"士大夫"之间——略论中国古代知识阶层的身份冲突》(《船山学刊》2013 年第 3 期)、《汉魏之际"文人"身份冲突及其文学表征》[《北京师范大学学报》(社会科学版)2014 年第 2 期]等文对此问题进行了深入阐发。在纯文学观念、文学自觉的理念下,文人脱离士人身份的束缚,以建立自觉的身份意识,是文学史上值得大书的一笔。龚鹏程、李青春等人的研究都蕴含着这一层因素,洪然升《汉末"士人"与"文人"对立的社

---

① 需要指出的是,图 2 所显示的身份对立其实更为多样化,因为第一层次的"文人"概念最广泛,故与第一层次的文人对立,就必然与第二、三层次的文人对立,那论者也自然可以从第二、三层次出发来探讨文人与武士、平民的关系问题。如澳大利亚学者雷金庆《男性特质论——中国的社会与性别》在文与武的基本模式下,以"文人"为"被文一化(wen-ised)了的男人,有教养、有品味"([澳]雷金庆:《男性特质论:中国的社会与性别》,刘婷译,江苏人民出版社,2012 年,第 86 页。),这一界定基本等于第二层次的文人。

② 龚鹏程:《中国文人阶层史论》,兰州大学出版社,2004 年,第 27 页。

③ 参见李春青:《"文人"身份的历史生成及其对文论观念之影响》,《文学评论》,2012 年第 3 期,第 200-208 页。

会意义——以"鸿都门学"为论述核心》(《兴大中文学报》2012年第32期)也是从这两种身份的关系切入,指出文人只有抛却士人政治上的执着,其身份才得以成立。此外,文人与士大夫的关系也可从其他角度切入,如冯玉荣《消解易代:从〈同郡五君咏〉看清初士人的身份认同》[《华中师范大学学报》(人文社会科学版)2011年第2期]关注了易代之际文人与士人身份的关系,认为"文人"的身份认同消解了士人身份的焦虑与纠结,逃避了易代所带来的政治与道德上的不合。

总之,不同的研究者会选择"文人"不同层次的含义展开相关论述,这种选择虽然不会置文学史原貌而不顾,但难免隐藏着研究者的主观趣尚和动机,从而使得建构之功大于还原之力。比如,汉代的人是否都以纯文学、文学趣味的凸显作为文人的标识来辨识和描述文人身份呢?答案显然是否定的。面对上述部分研究显露出来的以今人之眼光审视古人的倾向,从历史还原的视角入手,分析古代文人身份、文人阶层、文人观念的产生与发展,成为二十年来(特别是2010年之后)该项研究的重要趋势。前述陈宝良、龚鹏程、李春青等学者的论著已经涉及这方面的内容。再如于迎春《中国早期历史中文学、文人的形态和观念》从先秦两汉"文"之内涵出发,描述了艺术性地使用文字的"文人"从士中脱胎出来的过程,并指出文人"不同于士却又隶属于士"①的双重性质。《论汉代"文人"的复合性》(《中国典籍与文化》2019年第2期)进一步论述汉代"文人"在"士"的笼罩下,获得多重身份和角色的过程。李宜蓬《从文德之人到文章之徒:中国古代文人观念的演变》(《理论月刊》2019年第5期)梳理了从先秦时期强调品德到魏晋时期强调写作能力的文人观念演变过程。周兴陆《才性与事功:中古"文士"观念的确立》(《中国人民大学学报》2020年第3期)分析了汉魏"文士"观念的形成及魏晋南北朝的"文士"论,指出中古时期文士身份的非独立性(即与社会政治结构继续保持紧密的内在联系)。吴承学、沙红兵《身份的焦虑——中国古代对于"文人"的认同与期待》[《复旦学报》(社会科学版)2020年第1期]在梳理古人对文人身份正反两种认同态度基础上,较为全面地剖析了文人身份焦虑产生的内在根源。

除了吴承学、沙红兵的论文属全时段的宏观研究之外,上段提及的论著研究时段基本集中于先秦至魏晋南北朝,且多关注到政治制度、社会环境对文人身份的塑造作用。可以说,唐前(特别是先秦汉魏)乃研究者考察"文

---

① 于迎春:《中国早期历史中文学、文人的形态和观念》,《中国学术》,2001年第1期,第148-179页。

人"概念及身份、文人阶层、文人观念的重要阶段。在前述论著的综合性探讨之外,学者对先秦汉魏"文人"概念及身份的研究还集中在以下两个个案上。

一是先秦"文人"之含义解释。如王齐洲《中国文学观念的符号学探原》(《中国社会科学》1999年第1期),李春青《论"周文"——中国古代"文"的历史之奠基》[《北京师范大学学报》(社会科学版)2012年第5期],陈詠红《"文人"概念起源考释》[《广州大学学报》(社会科学版)2014年第5期]等。对此,本书第一章第一节会有分析,这里不细论。

二是王充《论衡》中的"文人"概念探析。如于迎春《汉代文人与文学观念的演进》第五章《王充对"文人"及其写作活动具有时代开创性的认识》(东方出版社,1997年),蔡长林《从"文学"到"文人"——汉代"文章"的经学底蕴》(《东华人文学报》2007年第10期),黄雅雯《王充〈论衡〉显现的文人意识》(《淡江中文学报》2009年第20期)等。对此,本书第一章第二节会有分析,这里不细论。除王充之外,因曹丕《典论·论文》有与文章、文人相关的表述,故也成为研究者讨论的对象,如于迎春《曹丕文学不朽的新意识及其"文章"、"文人"观念》(《学术研究》1996年第2期)等。

附带一提,日本学者中嶋隆藏的《中国の文人像》(研文社,2005年)是最为集中地探讨古今名人的"文人"概念的一部著作。该书以列举文献和概括性的勾勒为主,对王充、曹丕、葛洪、刘勰、颜之推、姚察、白居易、司空图、苏轼、陆游、胡应麟、顾炎武、章学诚、赵翼、周作人、高凤谦、李大钊、胡适、林语堂、蒋廷黻、瞿秋白、钱锺书等人的"文人"表述进行了散点式介绍。总的来说,研究者对唐前"文人"概念关注较多,这应当是唐前文献极为有限的缘故。唐以后文献增多,"文人"一词的数量在典籍中更是翻倍增长,大量随意的运用使得很多线索变得隐蔽难寻。因此,唐以后的文人身份认同与批评,是本研究需要拓展的地方。

第三节　本书的研究路径与方法

以上分别从社会思潮和文学史、学术史等视角对"文人"研究进行了梳理和归纳。其作用在于,一方面能够为本书提供学术思想层面的源头和基础,另一方面也能通过总结以往"文人"研究的角度、广度与深度,来探究其局限与问题,并引申出本书所当借鉴与运用的研究方法。本书将概念、身份、批评与书写视为围绕于"文人"的四个要素,它们相互勾连又各有侧重。

我们在梳理学术史过程中产生的疑问,对"文人"研究路径与方法的思考,都可以通过这四个要素反映出来。下面就从概念、身份、批评与书写三个方面进行讨论。

首先,"文人"是一个极其不稳定的概念。往小了说,它仅指文章创作者;往大了说,它可以包含所有的文化人。在一些语境下,它可以有确定的含义和指向;在另一些语境下,其内涵又可能模糊不清。其原因在于,古人大多不会把"文人"当作严格的概念来看待,它只是一个常用词。除了少数论者外,大多数人不会对其进行集中的探讨和明确的界定。所以"文人"一词在人们脑子里形成的是一种核心明确、边界模糊的经验性印象。其范围广阔、指涉内容不稳定等特性使得每个人都可以按照自己的偏好理解"文人"概念,从而只能看到或呈现某一个侧面。有的人关注文人的创作能力,有的人聚焦于文人的学问品格。经历亡国或战乱的人,感叹文人之无用;接受纯文学思想影响的人,欣赏文人的文艺气息。此种情形,古今无异。当今人以文艺创作者这一内涵来界定"文人"概念,并用它来观照古人的相关表述(即以今释古)时,免不了会出现理解的错位。唯有将"文人"还置于原始语境,从原文语脉句意、论说者的思想主旨等来解读其概念(即以古释古),方能消除今人主观视角带来的理解偏差。

进一步说,在把握古代"文人"概念的过程中,不仅今人(包括我们自己)的主观认知不可靠,就连古人(该论说者之外的其他人)的理解也未必可信。以古释古最本质的意义在于摒除古今论者的主观阐释,借助原文及其论说者的相关言论,探求论说主体对"文人"概念的真实印象。比如在理解先秦"文人"一词时,就不应不加辨析地照搬汉儒的说法,只有原文语境才是解开问题的钥匙。所以,抛开主观观念(甚至是常识性观念),以进入原语境的方式来探讨"文人"概念,是本书秉持的一个原则。我们不关心"文人"一词应当具有怎样的含义,也不主张用自认为正确的"文人"意涵去衡量古人的文人观,我们关注的是古人如何看待他们视野中的"文人"概念,如何在这一原生概念下潜藏他们真实、深刻的人生体验与身份认同。

面对宽泛和不稳定的"文人"概念,研究者不能用模糊不清的话语来阐释。相反,任何杂乱模糊的东西,都应当有内在的秩序和结构,就连模糊情况的出现,也当有其可清楚把握的规律和边界。因此,归纳"文人"概念的内在层次是必要之举。村上哲见、陈宝良等学者已在这方面做过尝试,本书前一节也搭建了"文人"概念框架。这便于我们清晰地把握古人言论中"文人"一词的意义指向,促使我们以全面、客观的姿态来审视这一概念。同时也能为本书客观、合理地使用"文人"一词提供保障,避免与古人的论述产生不必要的纠缠与混淆。因此,对"文人"及相关概念进行科学分类,并在此科学分类的基础上展开讨论,是本书秉持的又一个原则。还需指出的是,本书在推求古代"文人"概念时,遵循还原原始语境的方法。但在使用、论述"文人"概念,探讨身份认同、批评、书写的时候,又必须以"文章的创作者"为基点,因为这个基点是"文人"最狭义和最稳固的一层意涵。

其次,"文人"是一种亟待深化认识的身份。任何人都是多重身份的集合体,古代文人往往兼有官员、儒者、僧道等其他社会身份。以往的一些研究在谈及文人身份或文人角色时,所说的其实不是文章创作者或文化人这一身份,而是创作主体的其他社会身份。从角色学的角度来说,文人是文章创作者所扮演的本位角色,而官员、儒者、僧道等只是创作主体的背景角色(或曰外在角色)。创作行为本身只能说明创作主体是作者,是文人,而作品的内容、风格才有可能反映出创作者是官员、儒者,还是其他社会身份。重视外在身份,忽视本位身份,乃以往研究和相关论述中常见的现象。正如前节所述,把政治社会结构性力量对文人的消解带入文学史研究与书写,以外在身份作为分析、考量文人文学的标尺与维度,将某些政治、儒学因素内化为文人、诗人的身份属性。这三方面充分体现出学术研究中外在身份对文人身份的制约。我们不否认这种制约在一定程度上符合历史原貌,但是我们也不得不怀疑,这种研究导向是否掩盖了文人本位身份所能起到的作用,并留下一些未发之覆。更重要的是,即便外在身份具有强大的统摄力和话语权(如儒学的正统价值观念),我们也应当合理地安排这两种身份的主次与本末。以文人身份为研究对象,立足点必然是作为创作者的本位身份,故必须在对这个立足点有充分研究和理解的基础上,才能展开外在身份的操控、批评等问题。如此既能把握论述的核心,又能更为清晰地分析各种外在身份的批评思路和操控路径。

从身份视角来研究"文人"的好处还在于,我们能借助身份的性质、功能,更为全面、深刻地认识这一研究对象。

第一,身份具有标签化作用。在日常交流中,人们往往通过身份来认识彼此,并根据对方的身份标签来确定自己待人的方式与分寸。身份标签的重要性是无可置疑的。"文人"作为古代学术文化领域最典型的身份标签,一方面包含着文章创作者、读书人、文化人等客观、中性的概念;另一方面,还会进入不同的空间、场合,引发人们的批评,从而使得古人对"文人"一词的认识超越了客观的概念界定,带有明显的主观色彩。此类颇具主观性的评价很自然地聚集到"文人"这个身份标签之下,在丰富"文人"意涵的同时,也促成了脸谱式、刻板化的身份认知方式。这种刻板化认识乃古代文人身份批评的典型体现,也是我们分析古代"文人"意涵的重要抓手。

　　第二,职能与行为是身份属性的本质体现。如:掌控和治理国家与皇帝身份,处理官场事务与官员身份之间都存在着内在的必然联系。从这个角度来说,所谓身份,就是主体通过某种行为而扮演出来的某种角色。戏剧表演中的人物定位或许是"角色(role)"给予我们的第一感观,也是其最常见的用法。当社会学研究者将社会生活视为最大的舞台表演时,"角色"便自然被纳入研究范围,形成一套角色学理论。其中,戈夫曼(E. Goffman)的角色扮演理论——包括舞台设置、前台选择、道具、剧班、表演者等要素——颇有借鉴性。①他给我们的启发是:其一,角色需要扮演,而扮演行为需要道具。就狭义的文人角色来说,他所要扮演的行为是创作文章,核心道具是作品。同样,广义的文人角色也对应着一套扮演行为和道具,如弹琴、下棋、书法、作画、读书、吟诗等。这种理性而直接的判断方式对我们认识古代文人角色性质具有极大帮助。若以此来审视古代的文人观则会发现,古人是否将创作文章这个行为及作品这个道具与文人身份挂钩,本身就是一个值得深究的问题。其二,社会是个人展现自我角色的舞台,那文本又何尝不是呢? 文本这个舞台是否遵循着社会舞台的角色扮演规则与呈现方式? 其中,作为创作者的文人身份与其他外在身份以何种路径呈现? 这又成为映现在我们眼前的重要问题。

　　第三,不论是身份还是角色,其成立的前提除了职能行为与道具之外,还有一个不可忽视的要素——空间。戈夫曼所言之舞台其实就是角色扮演所需要的空间。只有在特定的空间下,某种身份才能得以充分展现,如宫廷之于皇帝,朝堂之于臣子,寺院之于僧人,闺阁之于女子,等等。同样,我们在分析文人身份的时候,也不能忽视空间的重要意义。空间本身可以分出几个层次,对此,西方空间理论已经有丰富详尽的分析。就本书的研究对象而言,以下两个层面的空间最值得关注:一是客观空间。包括强调客观边界的物理空间(如宫廷、寺院、闺阁等)、某种群体共同营造的场合(如朝会、使聘等政治场合,宴饮、送别等交际场合,等等)。二是精神空间。彰显文人身份的客观空间很多,如亭台楼阁、山川田园、雅集场景等,它们与文人之间产生强烈的互动效果,促使文学精神空间的萌发。如果考虑到客观空间下的作品自己也构成了独立的文本空间,文本中的人物成为该空间下的某种身份主体,那就能察觉空间与文人身份产生了复杂而多维的互动作用,其中蕴

---

　　① 参见[美]欧文·戈夫曼:《日常生活中的自我呈现》,黄爱华、冯钢译,浙江人民出版社,1989年。

含的认同心理和批评机制正是探究文人身份时应当密切关注的一项内容。

最后，古人的文人认同通过身份批评与书写体现出来。研究者往往聚焦于文人身份批评所蕴含的立场与观念，而没有充分意识到"批评形式本身也是值得关注与研究的对象"。一旦关注到批评形式就会发现，身份批评所借助的话语表达方式很可能比所表达的内容更能体现古人的结构性观念。打个比方，评论者A批评作者B所作的文章为"文人之文"。从批评形式（也即话语方式）的角度来说，我们并不关心A的言论是否正确，也不关心B的文章是否真的是"文人之文"，我们关注的是A为什么要用"文人"这个词来形容B的文章，为什么要选取这种批评方式。再用非批评领域的事例打个比方，面对一个唐写本，我们可以研究其书写的字词、内容，也可以从写本的形式和书写的格式角度进行探究，而后者潜藏着长时段或大范围的结构性支撑。与之类似，批评话语就是人类社会结构和观念结构的外在体现。因此，文人身份批评形式、话语结构及其内含的批评原则必须被纳入我们的研究视野。

身份认同、身份批评与文学书写的密切度不言自明，以往研究者已经分析过官员身份（谏官、阁臣、郎署等）对文学书写的影响与介入，同样，探讨古人的文人认同观念，也不能忽视文人身份与文学书写之间的互动作用。诗歌、诗话、集序成为考察古人文人身份认同的主要文本依据，在提取、总结其中的思想观念的同时，我们也当认识到，这些文体隶属于不同的表达空间和书写传统。将相应的书写模式和行文策略纳入考察，一方面，可能对传统的观念分析起到纠偏的效果，另一方面，文本的书写未尝不预示着更高层次的身份批评。认同与书写是一个极为宏阔的话题，所涉及的广度与深度，亦非本书所能囊括，因此本书不拟作面面俱到的论述。在宏观把控的前提下，以个案的形式代替全面的铺展，是本书所要采取的研究路径。

以上我们从概念、身份、批评与书写三个方面阐述了本书所要探究的路径与方法。简言之，一是将"文人"概念放回原语境中进行分析，以去除古人和今人观念的影响。二是建立客观合理的"文人"概念架构，并在此架构下展开具体讨论。三是以文人本位身份为核心和立足点，在此基础上展开其他身份对文人影响的研究。四是从身份与习性、身份与空间的互动关系中去挖掘文人的内在意蕴和认同机制。五是把握并探究身份批评这一重要形式，合理处理它与文学书写的关系。需要补充的是，尽管"文人"概念宽泛而不稳定，但"文章创作者"是理所当然的核心内涵，因此它必然与"诗人""词人"等概念发生关联。在创作者这个意义上，文人、诗人、作家是相近的，而在凸显文人身份的文学性这个主题上，诗人更具有表现力和说服力。因此本书以文人为主体，实际上也包含了诗人，在某些章节也会以诗人为主题进行相关论述。

本书的章节结构有机地贯穿了以上五个方面,具体研究内容如下:

第一,对"文人"概念做一番推源溯流的工作。首先,考察先秦金文、《尚书》、《诗经》等文献中"文人"的含义,揭示"文""文人"与"德"的必然关联,并梳理先秦至汉初文人身份的演变过程。其次,探究《论衡》中"文人"的两层含义,揭示王充文人观的特殊性,及其对"文人"之"德"与"力"的重视。最后,分析文本视角下的"文人"及批评原则,勾勒出"文人"概念由指向德行世用到指向文本的粗略线索。当"文章的创作者"成为"文人"的共识性概念后,古人对文章的认识(如价值观念、文体性质等)就成为塑造文人身份的重要因素,由此衍生出的批评方式、批评原则也需要在这部分予以阐释。

第二,探讨史学、儒学、德行、文艺批评视角下的文人身份批评,阐述其发展逻辑和理论内涵。史家、儒者对文人的批评呈现出有迹可循的发展线索,这部分重在厘清该线索,并在此基础上剖析史家、儒者、文人身份级差的形成机制,以及"文人"与"文"之间意义割裂与价值错位的关系。古人对文人德行有着深刻的认识和丰富的表述,我们将以话题为切入点,揭示不同时代文人德行话题的接受方式、阐释维度、内涵特点。文艺批评视角下的"文人"认同与前三者相比稍有不同,它既有对文人尚奇与失实的负面评价,也有对文雅风流形象的积极塑造。文学及书画领域的文士身份批评有何特质,蕴含着怎样的文艺观念,将是这部分拟讨论的重点问题。

第三,以具体人物为个案探究古代文人身份认同与批评。儒学场域下的文人批评尚未解决"古代士人如何处理文与儒之矛盾,塑造完整士人形象"这个问题。因此这部分选取韩愈、宋濂两个研究对象,分析他们对文人身份的态度及自我身份的塑造过程,借以揭示古代士大夫的角色组合模式与政治环境、学术思潮以及个人创作心态之关联。在古代文学史上,王世贞对文人污名的反驳最为集中、强烈。这部分结合王世贞个人经历、中晚明政治生态等因素,探讨王世贞及周围士子的文人认同心理,阐释其在文人身份批评史及中晚明文学史上的独特意义。

第四,从文学书写角度探讨不同文本中文人(诗人)的角色表现与认同机制。在分析文人(诗人)通过文本呈现的角色图景和接受范式基础上,分别以别集序中的文人(诗人)认同与书写、诗歌中"诗""诗人"的书写为对象,探讨公共空间、私人空间下文人(诗人)两种不同的认同机制,揭示空间、身份与文本书写的多重关联。继而通过对"余事作诗人"本义和后人接受的考察,分析空间与身份的错位所带来的对诗句及诗人身份的误读,揭示其在阐释学上的意义。

第五,以文人命运论的典型批评篇章为案例,分析文人身份批评中的观念表达与文本逻辑、书写传统的关系问题,进而审察相关话题的文本传播特质及其蕴含的理论价值。首先,以韩愈《荆潭唱和诗序》为对象,通过两种读法的比较,分析"穷苦之言易好"的立论机制,以及集序这一文体在文人命运论传播中的作用。其次,以《文章九命》为对象,在版本辨析的基础上,梳理它在明末清初的文本接受及其与身份认同之关联,进而探讨诗话类作品的书写传统,以及其中的知识聚合型文本对文人命运话题的推动作用。

第一章　"文人"早期概念及其文本指涉

研究文人身份,首先须做一番推源溯流的工作。尽管已有学者对先秦两汉"文人"概念进行了详细分析,但一些关键的地方尚需辨明。《尚书》《诗经》《论衡》对"文人"一词的使用表明先秦及汉代论者对文人的德行世用有着强烈的关注。这一点虽未被后人广泛接受,却是早期"文人"概念的重要组成部分,且能为后文探讨文人世用与德行问题提供历史背景层面的参照。汉代以后,"文章的创作者"已成为"文人"概念的共识性意涵,古人对文章价值、文体性质的认识随之进入文人身份塑造、批评的过程中,衍生出颇具体系性的批评方式与批评原则。由外在的世用德行、内在的文本性质构建的"文人"认同、批评框架由此得以呈现。所以,抓住"文"这个核心以及"文人"概念由指向德行世用到指向文本的粗略线索,厘清先秦两汉"文人"概念及身份演变;并以文本为立足点梳理古代"文人"概念的多重含义,揭示文人身份批评现象与原则,是本章将要讨论的内容。

第一节　先秦"文人"释义与早期文人身份演变

任何职业、身份的产生,都是为了满足、适应社会发展或人们生活的某种需求,文人亦是如此。从词义上看,文士比文人更能体现身份的来源,即文士乃由先秦的士阶层分化而来。在承认此一判断的同时,我们也要看到,"文"才是文人、文士的共同要素,它确立了文人、文士身份的特质与内涵。对"文"之含义及其与创作者关系的不同认识,直接导致我们对文人、文士身份生成时期的不同判断。①倘若我们对"文人""文士"概念采取一个宽泛的界定,将关注面扩展到"文"的承担者或行为主体,那"文"的丰富内涵自然被纳入考虑,"文人""文士"及相关术语的关联和演变也能得到连贯的认识。

一、先秦"文"褒美之意的形成

"文"是"文人"一词的核心,"文人"概念在很大程度上依附于"文"而存在。对于甲骨文、金文中的"文"字,已有学者进行考释。严一萍指出,甲骨文中"文"的用法主要有二:一为方国地名,二为殷商先祖庙号文武丁之类。②后者与本节所述相关。甲骨文中有"文武丁""文武帝""文武"等辞例,对于其称名原因是什么、所指何人,学界有不同的说法。③吴其昌据彔丞卣之"文",认为:

> 盖"文"者,乃像一繁文满身而端立受祭之尸形云尔。……从文身端立受祭为尸之遗俗而推演之,则此"尸"者乃象征主祭者之祖若父也。故经典及宗彝文中触目皆"文考""文母""文祖""文王""文公""前文人"之语矣。"文考""文妣""文父""文母"者,尸之饰父母者也,"文且"则尸之饰祖者也,"文王"则尸之饰"大行皇帝"者也,"前文人"则尸之饰"历祖历宗"者也。④

---

① 就文学内部而论,学界对文人与文人文学产生的时期大致有以下三种判断:一是以屈原为代表的楚国辞赋家为最早的文人。如傅斯年就说:"古代的文词演化到屈原,已经有'文人'了。"(傅斯年:《中国古代文学史讲义》,上海古籍出版社,2012年,第110页。)钱志熙以屈原、宋玉、荀卿等为代表的楚国辞赋家群体为"中国文学史上第一个文人群体"。[参见钱志熙:《文人文学的发生与早期文人群体的阶层特征》,《北京大学学报》(哲学社会科学版),2009年第5期,第43-54页。]二是以枚乘、司马相如为代表的西汉赋家为最早的文人。如钱穆认为屈原并无文人身份意识,而"汉代如枚乘司马相如诸人,始得谓之是文人"。[参见钱穆:《中国学术思想史论丛》(三),东大图书有限公司,1981年,第97页。]三是将文人身份的形成确定在东汉中晚期。如李春青从个人情趣合法化、文人趣味形成等视角出发,对龚鹏程将"文人"的出现定在东汉的中晚期表示赞同。(参见李春青:《趣味的历史:从两周贵族到汉魏文人》,生活•读书•新知三联书店,2014年,第194页。)

② 参见严一萍:《释文》,台湾大学文学院古文字学研究室编:《中国文字》(第9册),1962年。

③ 如常玉芝《说文武帝——兼略述商末祭祀制度的变化》便认为文武帝、文武丁、文武均指文丁。参见常玉芝:《说文武帝——兼略述商末祭祀制度的变化》,《古文字研究》(第4辑),中华书局,1980年,第205-233页。

④ 吴其昌:《殷虚书契解诂》,武汉大学出版社,2008年,第226-227页。

此外也有不少学者将"文"视为先王的谥号，或后人对先王的美称。①其实这与吴其昌之说并不矛盾。因为一旦确认尸者的文身与先祖存在某种联系，便可"推测'尸'身上的'文'有对'先人'的评价和褒美之义，具有某种'谥'的意义"②。

　　吴其昌依据的材料主要是金文，金文中"文王""文祖""文父""文考""文母"等语十分常见，"文"的修饰对象主要是祖先。③从语境上看，"文"是加于称名之前的惯用修饰，至于是从哪些方面褒扬先祖、褒扬的程度有多深，我们均不得而知。但可以明确的是，钟鼎的属有者都是帝王之类有地位的人，故"文"的修饰对象也是极有身份者。早期的"文"不会拥有很丰富的内涵，故除了对"文武丁"之"文"作一"美称"的推测外，不应强作索解。④如吴其昌所言，"文祖""文父""文母"之"文"可能具有一般惯用语的性质，在承认这一点的同时，我们也当注意，"文"不可能一直停留在尸祝文身的层面，而必然会被赋予某些含义，发展成特定场合和语境下的用词。

　　在周王的谥号中，"文""武""成""康"等均是追美先人的讳称。西周初期的美谥不仅仅是以讳祀神的美名，还与帝王的行状有一定的联系。杜勇认为周初文、武、成、康以美谥成分居多，晚期厉、宣、幽等谥号已含善恶褒贬，就"不仅仅是为了以谥易名，以讳事神，而是真正与被谥者的行状联系起来了"⑤。以恶谥加之昏乱的帝王，能表明谥号与帝王行状的联系，但不能表明这是善恶褒贬之始。文、武、成、康美谥成分居多，诚为客观之言，然终不能认定西周早期的美谥与帝王的行状完全无关。我们大致可以这样说，文、武、成、康等美谥褒扬了西周早期帝王的功业，但尚未形成清晰明确的谥号名称与体系。作为谥号的"文"在春秋战国时期运用更加广泛，童书业说道：

---

① 如屈万里《谥法滥觞于殷代论》指出，商王号中的文、武等，是死后加的谥号，是根据帝王的行事特征追命的。[参见屈万里：《谥法滥觞于殷代论》，《历史语言研究所集刊》（第13本），商务印书馆，1948年，第219-226页。]黄奇逸《甲金文中王号生称与谥法问题的研究》认为文、武等是已死帝王的美称。[黄奇逸：《甲金文中王号生称与谥法问题的研究》，《中华文史论丛》（总第25辑），上海古籍出版社，1983年，第27-43页。]

② 陈飞：《古"文"原义——"人本"说》，《文学评论》，2007年第5期，第156-161页。

③ 关于金文中"文"的修饰范围，参见张再兴：《"文""皇"考辨》，《中国文字研究》，2007年第2期，第100-107页。

④ 潘敏、孙全满《商王庙号及商代谥法的推测》认为文武丁，计数之法省去"有"字，出现附记气象之辞，有学习仪礼的地方，故后人表之以"文"。（参见潘敏、孙全满：《商王庙号及商代谥法的推测》，《河北学刊》，1995年第1期，第85-91页。）此说将"文"理解为文辞、礼仪，并加诸殷商之世，恐未安。

⑤ 杜勇：《金文"生称谥"新解》，《历史研究》，2002年第3期，第3-12+190页。

西周中叶以来，列国君臣以至周天子谥号，多与其人之德行、事业以至考终与否大略相当。如谥为"文"者，多彼时所谓令王或有功烈者，晋文侯有宁王室之勋，秦文公有逐犬戎之劳，楚文王有县申息、强楚国之功，卫文公复兴卫国，晋文公为霸主，鲁文公、宋文公、郑文公、邾文公皆令主，鲁季文子、臧文仲、齐陈文子、晋赵文子等，皆有令德之大夫。即鲁文姜虽被"淫乱"之名，然实参与鲁庄国政，与强齐周旋，亦大有造于鲁者也。①

如其所言，"文"成了帝王、大夫之德行、事业的概括和褒美之词。更重要的是，德行、事业不仅仅作为谥号的"文"的所指，更融合到先秦"文"的内涵当中，成为"文"内涵发展历程中不可忽视的一环。②

二、先秦"文人"内涵辨析

在上述背景下，我们再来审视金文中之"文人""前文人"。二者都是综括性用语，这里"文"的修饰意义当与"文王""文祖"之"文"相同，与《尚书·大诰》《尚书·文侯之命》《诗经·江汉》中的"文人"也是同一用法（见下文）。由于上古之人没有对其作解释，甲骨文、金文意短字少，难以索解，我们只能从传世文献的相关语句中寻其端倪。

《尚书·大诰》有"予曷其不于前宁人图功攸终"③"予曷敢不于前宁人攸受休毕"④"天亦惟休于前宁人"⑤"率宁人有指疆土"⑥等语，而"宁"实乃"文"

---

① 童书业：《周代谥法》，童书业：《春秋左传研究》，上海人民出版社，1980年，第382页。

② 我们不是说"文"的这层含义一定是由谥号而来的，但能确认的是，谥号的发展是"文"内涵发展、丰富的一个因素和重要表征。

③ 孔颖达：《尚书正义》，阮元校刻：《十三经注疏》（清嘉庆刊本）（第1册），中华书局，2009年，第423页。

④ 孔颖达：《尚书正义》，阮元校刻：《十三经注疏》（清嘉庆刊本）（第1册），中华书局，2009年，第423页。

⑤ 孔颖达：《尚书正义》，阮元校刻：《十三经注疏》（清嘉庆刊本）（第1册），中华书局，2009年，第424页。

⑥ 孔颖达：《尚书正义》，阮元校刻：《十三经注疏》（清嘉庆刊本）（第1册），中华书局，2009年，第424页。

之误。①此四处"文人"均指文王,对于作为谥号的"文",前已提及,不赘述。

周幽王被犬戎所杀,平王东迁,晋文侯辅佐平王并安定之,《尚书·文侯之命》在此背景下而作。平王对晋文侯说道:"汝克绍乃显祖,汝肇刑文、武,用会绍乃辟,追孝于前文人。"②按文意,"显祖"等同于"前文人","追孝于前文人"即追继前文人之志,这与"绍乃显祖"之意相近。晋文侯安定王室有功,平王所言,无非是要文侯继承前代诸侯辅佐王室的德行,使周王朝安定。故孔颖达疏曰:"先祖之志在于平定天下,故子孙继父祖之志为孝也。"③由此可知,《文侯之命》中的"文人"有着平定天下的功劳和志向。

《诗经·江汉》叙述周宣王命令召虎带兵讨伐淮夷之事,第三、四两章主要是周宣王册命召虎之言,"文武受命,召公维翰。无曰予小子,召公是似"④四句言召虎之先祖召公有匡正天下之功,周宣王以此勉励召虎。"釐尔圭瓒,秬鬯一卣。告于文人,锡山土田"⑤四句言及赏赐。这里的"文人"指谁,向来有两种说法。朱熹《诗集传》曰:"文人,先祖之有文德者,谓文王也。"⑥宋严粲《诗缉》曰:"下云于岐周告先王之庙,知文人为文王也。"⑦朱、严二氏犹秉文德之说,而姚际恒则认为"文人,自指文王",《毛传》之说非,《诗集传》之说"杂而复,亦非"⑧。以文人专指文王,说法似太过僵化,朱说则相对融通。《郑笺》曰:"王赐召虎以秬酒一罇,使以祭其宗庙,告其先祖诸有德美见记者。"⑨意谓"文人"乃指召虎之先祖。宋王质《诗总闻》亦曰:"此文人,召虎先世

---

① 清末学者王懿荣、陈介祺、吴大澂、孙诒让等人将传世文献与金石器物相印证,从字形相似的角度,指出"宁"乃"文"之误。裘锡圭指出"文"字讹作"宀"的时代,不可能晚于春秋。具体参见裘锡圭:《谈谈清末学者利用金文校勘〈尚书〉的一个重要发现》,裘锡圭:《中国出土古文献十讲》,复旦大学出版社2004年,第177-185页;张京华:《百年〈尚书〉"文"字考及其意义》,《江南大学学报》(人文社会科学版),2007年第4期,第44-48页。
② 孔颖达:《尚书正义》,阮元校刻:《十三经注疏》(清嘉庆刊本)(第1册),中华书局,2009年,第540页。
③ 孔颖达:《尚书正义》,阮元校刻:《十三经注疏》(清嘉庆刊本)(第1册),中华书局,2009年,第540页。
④ 孔颖达:《毛诗正义》,阮元校刻:《十三经注疏》(清嘉庆刊本)(第1册),中华书局,2009年,第1236页。
⑤ 孔颖达:《毛诗正义》,阮元校刻:《十三经注疏》(清嘉庆刊本)(第1册),中华书局,2009年,第1237页。
⑥ 朱熹注:《诗集传》,中华书局,2011年,第289页。
⑦ 严粲:《诗缉》,《诗经要籍集成》(第9册),学苑出版社,2002年,第450页。
⑧ 姚际恒:《诗经通论》,中华书局,1958年,第316页。
⑨ 孔颖达:《毛诗正义》,阮元校刻:《十三经注疏》(清嘉庆刊本)(第1册),中华书局,2009年,第1237页。

也。"①明季本、朱鹤龄,清陈奂、马瑞辰等人均持此说,朱鹤龄并据诗意驳斥《诗集传》《诗缉》之言。②参以朱鹤龄的分析,郑玄之说较为合理。按上下文意,宣王先述召公之伟业,次言召虎当继承召公之行志,又赐之圭瓒等物,使召虎能祭告于召公。则"文人"很可能指召公,即便不专指召公,召公也应该是"文人"的典型。如果说"文人"之"文"是美称的话,那么它应当有建立功业的成分在内。

可能金文中某些"文人""前文人"还停留在早期的美谥的阶段,但上述几例能够说明"文人"在某些场合、语境下表示有大德行、大事业的人。其德行、事业往往不是面向家庭、私人的,而是面向国家、天下的,其身份往往是帝王、诸侯。诚如陈飞所言,将"文人"还原到具体的过程中,"则文献所载其人的一生德行功业,便成为其'文'的具体内容"③。这正是"文人"一词在先秦发展过程中的重要指向。

对于《文侯之命》和《江汉》中的"文人","文德之人"是最常用的解释。如《孔传》曰:"使追孝于前文德之人。"④《毛传》曰:"文人,文德之人也。"⑤郑玄曰:"其先祖诸有德美见记者。"《孔传》《毛传》《郑笺》的产生年代距《文侯之命》《江汉》何止百年⑥,其解释方式需要我们谨慎对待。换言之,汉儒"文德之人"的解释是否切合先秦"文人"本意,我们对"文德之人"的认识又是否符合汉儒的本意,都是值得留意的问题。中间若是有一环发生错误,都可能导致我们对"文人"的理解不到位。"文德"是先秦便已出现的用语,有人视其为"文王之德"的缩写,也有人认为"文"即是"德",钱锺书指出文德"谓政治

---

① 王质:《诗总闻》,《诗经要籍集成》(第6册),学苑出版社,2002年,第81页。

② 朱鹤龄《诗经通义》云:"按疏云:'以告祭于汝先祖有文德之人。'此盖谓康公也。《集传》以为文王,《诗缉》从之。长发云:若是文王,圭瓒秬鬯,王何不自用之,而以赐虎哉?下言于周受命,此方是就文王庙命之,以告文王耳。诗人立言,自有次第。"[朱鹤龄:《诗经通义》,《诗经要籍集成》(第22册),学苑出版社,2002年,第275-276页。]

③ 陈飞:《古"文"原义——"人本"说》,《文学评论》,2007年第5期,第156-161页。

④ 孔颖达:《尚书正义》,阮元校刻:《十三经注疏》(清嘉庆刊本)(第1册),中华书局,2009年,第540页。

⑤ 孔颖达:《毛诗正义》,阮元校刻:《十三经注疏》(清嘉庆刊本)(第1册),中华书局,2009年,第1237页。

⑥ 据陈隆予《〈尚书·文侯之命〉的写作年代与晋文侯评价探析——读〈尚书·文侯之命〉》推断,《尚书·文侯之命》应为西周晚期作品,而孔传不会早于西汉孔安国。《诗经·江汉》一般认为乃西周宣王时期作品,而《毛传》则出现于战国末至汉初[参见陈隆予:《〈尚书·文侯之命〉的写作年代与晋文侯评价探析——读〈尚书·文侯之命〉》,《郑州大学学报》(哲学社会科学版),2009年第1期,第152-155页。]。

教化，以别于军旅征伐"①，庶几近之。本节无意探讨"文德"的完整意义和用法，仅从以"文德之人"解释"文人"这个路径来看，"文德"之"德"应偏向于德治、德行，而非仅仅指德性。换言之，"德"所表示的是政治上的行为。这样的解释既符合"德"在先秦的含义②，又契合"文人"在具体语境中的用法。因"德"之含义的变迁，研究者在解释"文人"时，或仅止于汉儒"文德之人"的解释而不深究其意，或仅从个人品德的角度去理解"文德之人"，从而造成一定程度上的误解。③故我们在解读先秦"文人"这一词语时，不应只顺从汉儒"文德之人"的说法，更不应单一地理解为有德之人，而应从"文人"的语用和"文德"的内涵中挖掘二者的共通之处，以切合"文人"一词在先秦的历史语境。

三、早期文人身份的演变

随着社会发展，"文"的含义越来越丰富，从指涉"文身""纹饰"延伸到涵盖社会的一切文化制度及其灌注到贵族身上的知识与教养。先秦"文人"之"文"也可被纳入这一广泛的意涵之中。因为先公先王内在的德、外在的行都可以被认为是源于相应社会环境和制度下贵族所获得的知识与教养。《论语·子罕》云："文王既没，文不在兹乎？"④《论语集注》解释："道之显者谓之

---

① 钱锺书：《全北齐文卷二》，钱锺书：《管锥编》（第4册），生活·读书·新知三联书店，2008年，第2339页。

② 很多学者已经注意到先秦文献中的"德"有德行之意。如徐复观认为："周初文献的'德'字，都指的是具体的行为。……作为负责任行为的意，开始并不带有好或坏的意思。……后来乃演进而为好的行为。……好的行为系出于人之心，于是外在的行为，进而内在化为人的心的作用，遂由'德行'之德，发展成为'德性'之德。"（徐复观：《中国人性论史·先秦篇》，上海三联书店，2001年，第21页。）郑开认为："前轴心时期的'德目'大多涉及社会政治行动意义上的'德行'而非道德伦理意义上的'德性'。"（郑开：《德礼之间：前诸子时期的思想史》，生活·读书·新知三联书店，2009年，第331页。）

③ 如王齐洲《中国文学观念的符号学探原》认为"文人"之"文"是对有道德修养和德治仁政的人的赞美"，没有从"文德之人"这个角度来切入。（参见王齐洲：《中国文学观念的符号学探原》，《中国社会科学》，1999年第1期，第134-146页。）李春青《论"周文"——中国古代"文"的历史之奠基》认为"文"是"文德"和"美德"之意，由此得出"'文王'就是有美德的或品德高尚的王"，但又认为"文"因与武王的"武"相对，故具有通过文治得人心的意味。是未细核"文"与"文德"之概念。[参见李春青：《论"周文"——中国古代"文"的历史之奠基》，《北京师范大学学报》（社会科学版），2012年第5期，第66-73页。]陈詠红《"文人"概念起源考释》只据汉儒的解释，认为"文人"指有文德的先祖，也未深究"文人"之意。[参见陈詠红：《"文人"概念起源考释》，《广州大学学报》（社会科学版），2014年第第5期，第81-84页。]

④ 朱熹：《四书章句集注》，中华书局，2012年，第110页。

文，盖礼乐制度之谓。不曰道而曰文，亦谦辞也。"①朱熹说"文"乃谦辞，实未考虑到先秦之语境，但以"文"为礼乐制度，则大致不差。可见"文王既没，文不在兹乎"一语正将褒美"文王"之"文"与文化制度、知识教养关联了起来，表现出春秋时期"文"之内涵的拓展。在此语境下，"文"的承担者或行为主体也就等同于文化制度的建立者、践行者，以及知识教养的拥有者。

文化制度及知识教养的形成过程极其漫长，阶级的产生，贵族垄断文化资源、占有知识权力是最为重要的节点。上古时期的巫在政治、军事、宗教方面均有极高的权威，他们掌握着部落或早期国家的行动权和政治宗教文化的解释权。随着国家职能的丰富和事务的增加，巫逐渐发展为群体和职能部门，并产生一定的分工。从甲骨文可以看出，祭祀中的巫还承担着文辞记录的功能。主持祭祀、运用文辞均意味着巫这一类人对文化的把控。到了周代，巫的职能分化更为突出，《周礼·春官》中便有大卜、卜师、龟人、占人、大祝、小祝等职位。其中，占人的任务之一便是记录占卜之事及其预兆："凡卜筮，既事，则系币以比其命。"②大祝的任务之一是："作六辞，以通上下、亲疏、远近，一曰祠、二曰命、三曰诰、四曰会、五曰祷、六曰诔。"③在巫主导下的文化活动中，出现了文辞的创作和记录行为，但是这样的行为不具备任何独立性，它作为祭祀、占卜活动的一个环节和占人、大祝的本职任务之一而存在。文辞及其创作、记录者的依附性显露无遗。诗歌的创作和展示亦如此。《尚书》记载舜命夔掌管音乐，接着说："诗言志，歌永言，声依永，律和声。八音克谐，无相夺伦，神人以和。"④诗显然被置于与乐、舞合一的大环境当中，《周礼》也记载大师掌六律、六同，同时教六诗。可见诗主要服务于祭祀场合。在此类场合中，乐的等级很可能高于诗。诗的重要性在于进入乐的环节，达到沟通神人的效果，至于诗的作者是谁，如何创作，倒不是首要考虑的问题。

文化与知识教养的传承在贵族阶级内部进行，这维持着贵族对礼乐文化及其话语权的占有，也保证了贵族内部有源源不断的人承担各种文化职位。比如，除了巫之外，史官也是体现贵族知识与文化的职位之一。"从殷商

---

① 朱熹：《四书章句集注》，中华书局，2012年，第110页。

② 郑玄、贾公彦：《周礼注疏》，阮元校刻：《十三经注疏》（清嘉庆刊本）（第2册），中华书局，2009年，第1738页。

③ 郑玄、贾公彦：《周礼注疏》，阮元校刻：《十三经注疏》（清嘉庆刊本）（第2册），中华书局，2009年，第1747页。

④ 孔颖达：《尚书正义》，阮元校刻：《十三经注疏》（清嘉庆刊本）（第1册），中华书局，2009年，第276页。

到周代,巫的势力开始转化为史的势力。"①周王朝有不少史官职位,其职能包括掌管典籍、记言记事等。与巫一样,文辞记录作为史官职能的一项内容而存在。显然,史官所具备的文辞运用能力和知识储备须以相应的教育体系为支撑。再如,诗乐舞相结合的一套文化制度通过官师对国子的教学而不断传承。据《周礼》,师氏以三德教国子,保氏以六艺六仪教国子,另外,传授国子乐舞的还有大司乐、乐师。贵族诗乐素养的形成和维持主要依靠的便是这一类制度化了的教育体系。《国语·周语》记载,邵公劝谏周厉王:"天子听政,使公卿至于列士献诗,瞽献曲,史献书,师箴,瞍赋,矇诵,百工谏,庶人传语……"②献诗的行为大概须依助于贵族(公卿至于列士)在教育中获得的知识和修养。这同时也能反映出,在周王朝,并没有一个专职从事诗歌创作的部门和职业群体。春秋时期,诗歌的运用从祭祀、讽谏扩展到外交场合,《左传》所记载的赋诗言志活动依然强调着礼乐及诗歌教育对上层人士立身行事的重要作用,以及"用诗的意义大于作诗的意义"这一古已有之的观念。

总之,在士阶层形成之前,"文"的承担者和行为主体位于贵族阶层,先秦典籍中"文人"所指涉的有功业德行的先公先王自然是其中的典型,此外巫、史、师氏、保氏、乐官也为其代表。"文"依靠官师合一的教育系统而不断传承。文辞的写作、诗歌的运用主要依附于巫、史、乐官等身份而存在,尚未取得独立性。

研究者若以士为文士的身份来源③,那自然会将研究焦点聚集到士的身份特征和士阶层的形成上。士原本为贵族阶级中的最底层,顾颉刚认为早期的士都是武士,文士乃是从武士蜕化而来。④余英时已指出其中的问题。武固然是士学习的重要内容,但礼乐也是不可忽视的部分,故"古代贵族所受的教育是文武合一的"⑤。以"文士是从士阶层分化而来"的说法替代"文士乃是从武士蜕化而来"的说法,有一定合理性,但还未顾及以下事实。如

---

① [日]内藤湖南:《中国史学史》,马彪译,上海古籍出版社,2017年,第18页。

② 徐元诰:《国语集解》,中华书局,2002年,第11页。

③ 文士来源于先秦的士,基本是学界共识。如于迎春《中国早期历史中文学、文人的形态和观念》认为士是孕育"文人"的母体。[参见于迎春:《中国早期历史中文学、文人的形态和观念》,《中国学术》(2001年第1辑),商务印书馆,2001年,第148-179页。]赵敏俐也认为:"汉代文人群体的远源,是来自于先秦社会的'士'。"(赵敏俐主编:《中国诗歌史通论》,人民文学出版社,2013年,第89页。)

④ 参见顾颉刚:《武士与文士之蜕化》,顾颉刚:《史林杂识初编》,中华书局,1963年,第85-91页。

⑤ 余英时:《士与中国文化》,上海人民出版社,2003年,第18页。

果我们把"文士"之"文"确立在礼乐文化上,就能明确,处于贵族底层的士,恐不能成为礼乐文化的主要代表。也就是说,文士当有着不局限于士阶层的、更为久远的贵族文化渊源。孔子突破王官之学而建立私学,身份地位类似于《周礼》中的师氏、保氏,这也不当以贵族底层的士视之。孔子之后的士人多有一种以道自任的意识,且时常表现出一种教育者姿态。我们当然可以视其为春秋战国新兴士阶层的精神面貌,但须注意,这里面也可能暗含着孔子等人对王官之学中"师"身份意识的继承。私学的盛行代表着官师治教之分离,而官师治教之分离并未完全隔断官(治)与师(教)各自的发展和承续。由此观之,礼乐背景下的文士即为贵族文化精神与底层的士相结合的产物。

章学诚曾清晰地论述了官师相分带来的变化:"盖官师治教合,而天下聪明范于一,故即器存道,而人心无越思;官师治教分,而聪明才智不入于范围,则一阴一阳,入于受性之偏,而各以所见为固然,亦势也。"①又云:"夫文字之用,为治为察,古人未尝取以为著述也。以文字为著述,起于官师之分职,治教之分途也。"②官师治教之分,使得师的文辞可以脱离相应的行政官职、职能而存在,获得独立地位,诸子著述由此而大盛。由此也可看出,上一段对礼乐背景下的文士的界定有很大的局限性。因为突破王官之学的私学,所引发的诸子百家之学,很多已经溢出诗书礼乐的范围。崇尚礼乐,推崇《诗》《书》者主要是儒家,故礼乐背景下的文士很自然地被等同于文学之士或儒士。

如章学诚所言,脱离了官的限制,学术思想大爆发,带有不同学术身份的士随之产生。到了战国时期,各诸侯国对士人的提拔任用成为常态。国君养贤、卿大夫养食客,此类举措激发着士人的用世之心,促使他们各尽其能以发挥效用。士人依据能力、特长、学问而带来的分化也越来越复杂。与该过程相伴随的是"士"的涵盖面越来越广。阎步克指出,春秋后期开始,"士"这个语词的身份意味逐渐淡薄,"时至战国,几乎凡是拥有一德一艺者皆可称'士'了"③。刘泽华曾统计,战国文献中以士为中心组成的称谓和专用名词有百余种。他将其分为七类,前两类便是武士与文士。其所言之文士是以武士的对立面出现的,涵盖面颇广,文学之士、法士、辩士、游士、博士

① 章学诚:《原道中》,章学诚著,叶瑛校注:《文史通义校注》,中华书局,1985年,第132-133页。
② 章学诚:《原道下》,章学诚著,叶瑛校注:《文史通义校注》,中华书局,1985年,第139页。
③ 阎步克:《士大夫政治演生史稿》,北京大学出版社,2015年,第111页。

等均包括在内。①因此,"文士是从士阶层分化而来"这个说法实际上是针对战国士阶层极度扩张,"士"的涵盖面极广泛的背景而提出来的。倘若采取刘泽华的划分方法,那"文"的意涵就从礼乐文化延伸到了所有的学问与言辞,诸子百家中的绝大多数也就都可称为文士。我们找不到充分材料证明战国时期的文士有这样广阔的内涵,故暂且存而不论。将战国庞大的士阶层中擅长文辞的人称为文士,相对来说更有依据。

在战国时期,"文"除了指礼乐制度之外,大概也衍生出了文辞、辞章的含义。在庞大的游士群体当中,依靠文辞方面的能力而成为门客,甚至献智立功的,当有不少。对此有两条材料值得注意。《战国策》卷三载苏秦说服秦惠王用武力并诸侯,吞天下,言当时之世:"约从连横,兵革不藏。文士并饬,诸侯乱惑。"②鲍彪云:"文谓辩也。"③文士与辩士有很大的重合度,都是依靠语言文辞发挥效力的,我们将辩士视为文士,也未尝不可。《韩诗外传》有"君子避三端"之说:"避文士之笔端,避武士之锋端,避辩士之舌端。"④其对文士、辩士的区分颇为清晰,但此论之重点不在于给士阶层分类(否则会让我们陷入不必要的概念纠缠),而在于指出士中的三类(文士、武士、辩士)都能达到攻击他人的效果。从这句话还能看出一种倾向,即战国时期的文士跟武士、辩士一样,以实现效用、达到目的为要务,而不一定具有礼乐道义方面的品格了。

以上两条材料的整理和创作时间虽然都在汉代,但应当符合战国(特别是中后期)文士发展的实情。彼时的文士即为士中擅长言语文辞之人,与辩士有很大的重合度。同时,对文辞的擅长又非辩士所独有,驺奭"修衍之文,饰若雕镂龙文"⑤,被齐人称为"雕龙奭"⑥,正是阴阳家兼善文辞者。故推而广之,文士非某种学术身份,更应被视为士因擅长运用文辞而呈现出来的角色。进而言之,随着社会文化的丰富和知识能力的分化,知识人对文辞及个人性表达的关注是必然的发展趋势。这不仅体现在游士身上,还体现在贵

---

① 参见刘泽华:《战国时期士考述》,吴廷璆等编:《郑天挺纪念论文集》,中华书局,1990年,第15-21页。

② 诸祖耿编著:《战国策集注汇考》(增补本),凤凰出版社,2008年,第118页。

③ 诸祖耿编著:《战国策集注汇考》(增补本),凤凰出版社,2008年,第130页。

④ 韩婴著,许维遹校释:《韩诗外传集释》,中华书局,1980年,第242页。

⑤ 裴骃《史记集解》引刘向《别录》,参见司马迁:《史记》,中华书局,1982年,第2348页。

⑥ 参见司马迁:《史记》,中华书局,1982年,第2348页。

族身上。屈原作为楚国贵族①,创作的《离骚》脱离了对礼乐活动的依赖性,成为表达个人情感志趣且极重修辞的文学作品。从这个角度来说,称屈原为文人②,也不无道理。

到了西汉,随着帝王、诸侯对文化的重视,像先秦那种擅长文辞的角色大量出现。比如梁孝王身边就聚集了不少擅长辞赋的门客,他们不论是在文体风格上,还是在立身行事上,都有着战国游士和文人的影子。不同的是,面对大一统王朝,他们的独立性大打折扣。景帝、武帝对藩王的压制,使得枚皋、司马相如等人重新依附于中央,变成了言语侍从之臣。③这一转变意义重大。言语侍从之臣可以运用自己的文辞能力发挥官员献言献策、润色鸿业等职能,体现文的世用价值。同时,他们对文辞的喜好和纯粹个人性的情感表达又溢出政治世用范围之外,显露出些许趣味性和无用性。由此可以看出文人对官员身份的依附作用,以及两种身份所产生的价值纠缠。注重文辞而又无用也就被视为文人的一个重要义项,遭到汉代不少论者的批评,为其辩白者也希望通过对文人的正名而建立自我的身份认同。总而言之,"文士""文人"的意涵经过先秦漫长的演变,到了汉代,其作为辞章之士的意涵最终明确下来,成为"文人"概念与身份批评发展过程中的早期环节。

第二节　德与力:王充的文人观及自我认同

先秦两汉时期,"文"之含义一方面上行,成为描述德行、功业的用语,进入到儒家德治、教化的话语系统当中;另一方面则落实到文字、言辞层面上来,以指涉篇章、论著。汉代及以后的"文人""文士"称谓主要从后者的角度

---

① 已有学者指出不应当视屈原为贵族,他只是"出生于一个没落了很久的贵族家庭"。(参见浦江清:《无涯集》,百花文艺出版社,2005年,第4页。)正文强调屈原的贵族身份,主要是想表达不宜将战国时期的文士限定在不具政治身份的游士当中。

② 这里称屈原为文人,而非文士,主要是为了将其与一般的游士区别开。实际上,战国时期"士"的囊括面非常广泛。到了汉代,文士与文人已经完全等同,可以互换了。下文将不再强调二者的差异。

③ 相关分析参见徐俪成:《汉魏六朝文人身份的变迁与文学演进》,上海人民出版社,2023年,第28-31页。

言之。①已有学者在"文章创作者"这层概念基础上,对"文人"的意涵进行适当延伸,借以考察汉代文人群体(或阶层)的状况。②这条研究路径有助于还原部分历史事实,但也不可避免地带有"以今视昔"的建构性色彩,勾画出的是今人眼中的古代文人世界。本节主要探究"文人"称谓的指涉和用意,即汉代人的文人观,故须尽量回到"文人"等名词上来。汉代文献中,只有王充《论衡》集中、大量地运用了"文人"一词。以往研究者分析《论衡》中的"文人"概念时,往往强调文章对经学、政治的附庸,借以说明王充笔下的"文人"不代表文学的自觉。③其实这样的判断已然预设了独立于政治之外的纯文学立场,故本节不拟以今人的纯文学观来审视王充,而重在谨慎梳理其"文人"表述,探究"文人"概念与自我认同的内在逻辑,并由此揭示王充笔下"文"与"文人"的价值意义。

一、上书奏记:狭义的"文人"④概念及其身份属性

　　较之于"文人","文士"多了一层身份性表征——士,但在王充笔下,"文人"与"文士"几乎可以互用。原因在于,若聚焦于文章的写作者,就会发现这些"文人"大都摆脱不了士的身份及其影响。于是,我们可以作这样的理解,在两汉的语境中,"文人"等同于"文士",汉以后,这种等同性还在长时间地延续着。何为"文人"? 王充云:"文士之务,各有所从,或调辞以巧文,或

---

①　前代的文献、知识会累积到后代。在审察某一时代的某概念时,应考虑到这一概念在前代所形成的含义。故严格说来,汉代"文人"一词有两种意思:一是"文德之人",即对《尚书》《诗经》中"文人"的解释;二是运用文辞之人。

②　如李春青《"文人"身份的历史生成及其对文论观念之影响》以"文学家兼艺术家"为"文人"身份之内涵。(参见李春青:《"文人"身份的历史生成及其对文论观念之影响》,《文学评论》,2012年第3期,第200-208页。)赵敏俐《读书仕进与精思著文——论汉代官僚士大夫与文人文学之关系》认为"文人"是"以儒家读书人为主体的汉代官僚士大夫及其预备队的另一种特殊称谓"。(参见赵敏俐:《读书仕进与精思著文——论汉代官僚士大夫与文人文学之关系》,《文学遗产》,2013年第3期,第4-16页。)

③　相关的讨论主要有:蔡长林《从"文学"到"文人"——汉代"文章"的经学底蕴》从经学、文章的角度,综合汉代的历史背景,探讨王充笔下的"文人",认为王充对文人的重视不是文学自觉的表现。(参见蔡长林:《从"文学"到"文人"——汉代"文章"的经学底蕴》,《东华人文学报》,2007年第10期,第51-80页。)黄雅雯《王充〈论衡〉显现的文人意识》分析了王充对文人地位的提升,指出"文人""文章"仍旧是政治的附庸。(参见黄雅雯:《王充〈论衡〉显现的文人意识》,《淡江中文学报》,2009年第20期,第165-188页。)

④　以上书奏记为文人,乃是王充一人之见,较为特殊。为避免与一般情况下的"文人"概念混淆,故文中对意指"上书奏记"的文人均加点,以示区别。

辩伪以实事。"①尽管这句话的上下文说的是文辞不应相袭、相类的问题,但从中足可看出文士的两大要务,即雕琢文辞与辩论实务。二者都要以组合文辞、接连字句为基础。故创作文辞篇章,是王充通过对两汉文人的观察而得出的结论,它符合"文章的创作者"这一基本词义,也能够说明运用文辞创作辞章是文人的基本属性。然而,王充明显不满足这种恰当却稍显宽泛的描述,他又说道:"夫文人文章,岂徒调墨弄笔,为美丽之观哉?"②对于文人应该作什么样的文章,王充是有要求的。这并不让人感到意外,自秦汉以降,阐述文章创作观念者不少。王充的不同之处在于,他给予"文人"相应的限定,一定程度上将文章创作要求上升为对文人的身份认同。③

《论衡》一书集中、明确地定义了四类人。《超奇》篇云:"能说一经者为儒生,博览古今者为通人,采摭传书以上书奏记者为文人,能精思著文连结篇章者为鸿儒。故儒生过俗人,通人胜儒生,文人踰通人,鸿儒超文人。"④以上书奏记者为文人,是一个颇为狭窄的定义。儒生、通人、文人、鸿儒四词不始于王充,但四者之别当是他刻意为之。⑤要博览古今,首先要能说一经,故通人建立在儒生的基础之上。"著书表文,博通所能用之者也"⑥,即文人又建立在通人基础之上。王充称周长生是"文士之雄",又言周长生"非徒文人,所谓鸿儒者也"⑦,可见他给鸿儒的赞许更胜于文人。儒生、通人、文人、鸿儒是层层递进的关系,越往上,赞美的程度就越高。有研究者认为:"文吏、儒生分别为王充在官僚、学术体系中所贬抑的对象。"⑧即在官僚体系中,重儒生而轻文吏;在学术体系中,重鸿儒、文人而轻儒生。其实,我们完全可以将它们纳入同一个体系中来分析。对王充来说,从文吏到儒生再到鸿儒,实为一

---

① 黄晖:《论衡校释》(第4册),中华书局,1990年,第1201页。

② 黄晖:《论衡校释》(第3册),中华书局,1990年,第868页。据此本,"夫文人文章"作"天文人文文",按理当为前者。《御览》引作"夫文章岂徒调墨弄笔,为美丽哉",这句话虽未提及"文人"一词,但"文人固不当调墨弄笔"也应是其中应有之意。

③ 需要注意的是,王充使用"文人"这一词,有时是泛指作文辞篇章之人(即时人眼中的文人),有时特指他符合他的评价标准的文人。在涉及具体语境时,当辨明此点,不能一概以相同的眼光视之。

④ 黄晖:《论衡校释》(第2册),中华书局,1990年,第607页。

⑤ 《春秋公羊传注疏》徐彦疏引《繁露》云:"能通一经曰儒生,博览群书号曰洪儒。"[参见何休、徐彦:《春秋公羊传注疏》,阮元校刻:《十三经注疏》(清嘉庆刊本)(第5册),中华书局,2009年,第4760页。]王充所言儒生与之相同,所言鸿儒则与之有别。不论王充是否依循旧说,他明确四者之别的意图是十分明显的。

⑥ 黄晖:《论衡校释》(第2册),中华书局,1990年,第606页。

⑦ 黄晖:《论衡校释》(第2册),中华书局,1990年,第614页。

⑧ 黄雅雯:《王充〈论衡〉显现的文人意识》,《淡江中文学报》,2009年第20期,第165-188页。

个认同度逐渐上升的过程。其评判的标准,就在于(道)德与(文)力(下文将会述及)。所谓的轻视与重视,其实就是在王充的评判标准下,认同度的多与少而已。所以,王充对儒生、通人、文人、鸿儒的判别是在一定的认同态度上进行的。赞扬通人,突出儒生之短,不等于全然否定了儒生;赞扬文人、鸿儒之长,也不等于全然否定了通人。所以对于陆贾、班固等人,王充时而目之以"文人",时而又以"通人"称之。

我们先撇开鸿儒不谈,留意于上书奏记之文人,则会发现,按照一般的认识,上书奏记者应为官员(或者说是士大夫),但是王充没有说上书奏记者为士大夫、官吏,而以文人代之。诵读经书、博览群书是儒生、通人的本职任务,是他们角色内的要求,而上书奏记应当是官吏或士大夫角色内的要求。如此看来,王充对文人的定义就显得意味深长了。他试图将上书奏记内化为文人的本职任务,也即文人角色内的要求。一个人只有扮演了这一角色的时候,王充才目之为文人。回到王充对文人的完整定义,"采掇传书以上书奏记者为文人",由此可能会滋生另一种理解:在上书奏记的人中,只有采掇传书者才能称作"文人"。将"采掇传书"还原到原语境,发现这四个字的功能在于:在四类人中,给予文人相应的定位。文人要有通人的学识,熟知传书,但比之"精思著文"的鸿儒,又稍逊一筹。其实,王充最想强调的不是采掇传书,而是上书奏记,因为后者对实务有助益,能够产生实效。唐子高、谷子云都是敢于上书进谏之文人,故王充说道:"州郡有忧,能治章上奏,解理结烦,使州郡连事。有如唐子高、谷子云之吏,出身尽思,竭笔牍之力,烦忧适有不解者哉?"①他标举周长生为文士之雄,正是因为周长生的上书奏记能够解除州郡之忧。《效力》篇多次谈到"文力之人",上书奏记的文人当属文力之人的范畴。总之,上书奏记、论事议政是文人效力的直接体现,王充所强调者,正在于此。

二、从文人到鸿儒:第二层次的"文人"概念

以上书奏记者为文人,是《论衡》中"文人"概念最为狭窄,同时也最为明确的一个层次。与之相反,《论衡》有时以颇为泛化的含义来使用"文人"这一词,将"调辞以巧文"包括在内,但文人仅饰以华丽之词,又是王充所反对的。以《超奇》篇为据,除了徒饰华词的人之外,我们对创作之人作一个大致的区分:

---

① 黄晖:《论衡校释》(第2册),中华书局,1990年,第613页。

儒生说名于儒门，过俗人远也。或不能说一经，教诲后生。或带徒聚众，说论洞溢，称为经明。或不能成牒，治一说。或能陈得失，奏便宜，言应经传，文如星月。其高第若谷子云、唐子高者，说书于牒奏之上，不能连结篇章。或抽列古今，纪著行事，若司马子长、刘子政之徒，累积篇第，文以万数，其过子云、子高远矣，然而因成纪前，无胸中之造。若夫陆贾、董仲舒，论说世事，由意而出，不假取于外，然而浅露易见，观读之者，犹曰传记。阳成子长作《乐经》，杨子云作《太玄经》，造于助思，极窅冥之深，非庶几之才，不能成也。孔子作《春秋》，二子作两经，所谓卓尔蹈孔子之迹，鸿茂参贰圣之才者也。①

儒生之上有上书奏记之文人（谷子云、唐子高），文人之上有撰写书传之人（司马迁、刘向）、论说世事之人（陆贾、董仲舒），最上则为鸿儒（阳成子长、扬雄）。这几类人虽然高下有别，但都具有一定的价值（效力）。当时人以徒饰笔墨、无益于世用等语批判文人时，王充予以坚决的反驳，但仅以上书奏记之文人为例证，显然是不够的。王充认为"调墨弄笔，为美丽之观"远不能体现文人的身份属性。他在《佚文》篇中说"文人之笔，劝善惩恶"②。此语明确指出了文人核心价值的一个重要方面，同时对文人的描述也超出了上书奏记这层狭窄的含义，因为不是只有上书奏记才能"劝善惩恶"。王充对文人的身份认同相当程度上立足于文章在当时及后世的效用价值（对于这一点，后文还会详论）。正因文章有此价值，王充才会说："文人之休，国之符也。"③以"劝善惩恶"等效用价值为文人的身份属性，那"文人"概念的囊括面就大大增加了，从上书奏记之文人到连结篇章之鸿儒，均可包含在内。故王充称孔子为"周之文人"④，以班彪续《史记》、扬雄作《法言》为文人秉笔公正的代表。我们可将其视为王充在论述过程中所形成的第二层"文人"概念。从文人到鸿儒，具有很多共通的性质。在面对世人责难、寻求自我认同和身份价值的时候，王充往往将他们作为一个整体来看待。文人与鸿儒的差别，是建立在基本的身份认同之上的高下之别。所以，尽管除了提出"上书奏记者为文人"外，王充再没有对"文人"进行明确定义，但第二层次的"文人"概念并不违背王充的观念与主张，且有助于理解、阐述王充的自我认同。

文人与鸿儒，或以文辞发挥效力，或以篇章论说世事，有高下之分，却无

① 黄晖：《论衡校释》（第2册），中华书局，1990年，第607-608页。
② 黄晖：《论衡校释》（第3册），中华书局，1990年，第869页。
③ 黄晖：《论衡校释》（第3册），中华书局，1990年，第868页。
④ 黄晖：《论衡校释》（第3册），中华书局，1990年，第868页。

本质上的差别。此外,《论衡》中还有"文儒"一词,《效力》篇将文儒与儒生相较,认为儒生学识不足,"使儒生博观览,则为文儒"①,但随后又言"能上书白记者,文儒也"②。"文儒"的限定标准并不统一,王充应该并未严格地运用这一称谓。《效力》篇着重阐述个人如何发挥自己的能力和效用,故上书白记更能体现文儒的效力。我们可以这么理解,博览纵观是儒生成为文儒的前提,上书白记则是文儒应当体现的效力,是其身份性标志。如此一来,这便与儒生、通人、文人层层上升的逻辑关系相一致。《书解》篇将文儒与世儒相较,以"著作者为文儒"③,就其含义来说,实又指向鸿儒。前面提到,鸿儒与文人无本质差别,所以文儒也在王充的第二层"文人"概念之中。总之,我们将视野放大到第二层次的文人,会发现王充的文人认同观更加完整、系统。

三、文人之德:身份价值的内在塑造

"疾虚妄"是《论衡》之宗旨,王充在书中也批判了儒者众说的虚假,但不可否认的是,在对"德"的重视上,王充与儒家具有一致性。④《程材》《量知》等篇专述儒生与文吏之优劣,主要的评价标准之一就是"德",正所谓"儒生不为非,而文吏好为奸者,文吏少道德,而儒生多仁义也"⑤。王充所标举的文人高于儒生,《超奇》篇云:"儒生过俗人,通人胜儒生,文人踰通人,鸿儒超文人。"⑥此语虽以"有无世用效力"为标准,但在重视"德"的王充眼中,他褒扬的文人当不至于坏德。

《佚文》篇对"德"稍有微词,此段较为重要,故不避烦琐,录之于下:

> 孔子曰:"文王既殁,文不在兹乎!"文王之文,传在孔子。孔子为汉制文,传在汉也。受天之文。文人宜遵五经六艺为文,诸子传书为文,造论著说为文,上书奏记为文,文德之操为文。立五文在世,皆当贤也。

---

① 黄晖:《论衡校释》(第2册),中华书局,1990年,第581页。

② 黄晖:《论衡校释》(第2册),中华书局,1990年,第581页。

③ 黄晖:《论衡校释》(第4册),中华书局,1990年,第1150页。

④ 徐复观认为:"王充在'自我保护'时,常常提到人伦道德;但在他的人格中,在他的著作中,人伦道德的观念,实际是很薄弱的。"[徐复观:《两汉思想史》(第2卷),华东师范大学出版社,2001年,第357页。]王充不曾入太学,也不以经学、儒学名家,没能展现、发挥儒家的一套伦理道德,这可以理解。但这并不代表王充否认了一般意义的德性、德行,王充在"自我保护"时对"德"的重视与申诉,与儒家的伦理道德观念是相符合的,同时也是他自身观念的一部分。

⑤ 黄晖:《论衡校释》(第2册),中华书局,1990年,第547页。

⑥ 黄晖:《论衡校释》(第2册),中华书局,1990年,第607页。

造论著说之文,尤宜劳焉。何则? 发胸中之思,论世俗之事,非徒讽古经、续故文也。论发胸臆,文成手中,非说经艺之人所能为也。周、秦之际,诸子并作,皆论他事,不颂主上,无益于国,无补于化。造论之人,颂上恢国,国业传在千载,主德参贰日月,非适诸子书传所能并也。上书陈便宜,奏记荐吏士,一则为身,二则为人。繁文丽辞,无上书文德之操,治身完行,徇利为私,无为主者。夫如是,五文之中,论者之文多矣,则可尊明矣。①

从表面上看,王充尊"造论著说",轻视其余四者,似乎蕴含去取之意。其实不然,和对儒生、通人、文人、鸿儒的态度一样,王充对五文的评价也是建立在一个基本认同态度之上的。"立五文在世,皆当贤也"一句,正表明他的基本态度。只是在此之上,他更推崇造论著说。从"发胸中之思"到"则可尊明矣"这部分,王充以是否有益于国家、帝王为标准,将四文批驳一番。对此,我们与其视之为对四文的否定,毋宁理解为:在王充眼中,四文已能当"贤"之名,但仅仅以四文为目的还不够,还应向造论著说靠拢,为文应有世用。②在这个语境下来理解文德之操,就较为顺畅了。王充认为,修个人之德,治身完行,这固然不错,但私德不能发挥效力,不能为帝王、朝廷所用,是其所短。因而,王充并未否定"德"。五经六艺为文,但通五经六艺的人非鸿儒、文人,而是通人(见《超奇》篇)。由此可知王充所言五文,是根据文之概念归纳而出的,他肯定五文皆贤,不是说仅遵照五文中的任何一文,就能成为文人。王充没有将"德"视为文人的显性标准,但是在很多篇章中,他对"德"大加宣扬,使得"德"成为塑造文人角色、自抬身价的内在要求。

---

① 黄晖:《论衡校释》(第3册),中华书局,1990年,第867页。

② 此处,为了褒奖某一方面,王充将自己较为认同的其他方面也相应贬低。这种方式在《超奇》篇中也存在,在将文人、鸿儒与儒生、通人比较时,说前者"世间多有",后者"万不耐一"。在将文人与鸿儒相比较时,又说"鸿儒希有,而文人比然"。此种情况矛盾并不突出,尚可理解。《论衡》立说自相矛盾的问题颇受关注。李伟泰认为其原因在于:王充在思想连贯性方面存在缺陷;为了明哲保身而导致书中的观点产生抵牾;全书写作时间长,立论难免先后不一。(参见李伟泰:《汉初学术及王充论衡述论稿》,长安出版社,1985年,第231页。)邵毅平归纳出《论衡》论文的九种立说基准,指出其间相互补充、接近、矛盾的关系,认为其原因在于王充随事立说的思想方法和潜在的自我中心主义。(参见邵毅平:《论衡研究》,复旦大学出版社,2009年,第327-349页。)如其所言,作为创作者,王充在维护自己及《论衡》的地位。故应在把握《论衡》整体观念的前提下来分析这些局部的文句,不应武断地将王充对某个对象的褒贬看成对它的绝对肯定或否定。如此,方不至于产生误解。

将文人与德联系起来的另一个方面是王充的"文德"说,对此,钱锺书已有较为清晰的归纳。①《书解》篇云:"夫文德,世服也。空书为文,实行为德,著之于衣为服。"②钱先生认为此"文"兼指著述作文,甚确。文与德分指文辞(及其他表现形式)与主体之品行,二者相为表里。德行与德性往往是合二为一的,内在的德性付诸于行动,则为外在的德行。王充讲"实行为德",实际上也是在强调内在的德性。王充作上书奏记③,所著《论衡》也在造论著说之列,可见王充至少是自视为"文人"的。当他因"仕数不耦,而徒著书自纪"④而被质疑时,秉持"文德"胜于功名利禄的观念,并说"身与草木俱朽,声与日月并彰,行与孔子比穷,文与扬雄为双,吾荣之。身通而知困,官大而德细,于彼为荣,于我为累"⑤。孔子的德行、才能不因困厄的际遇而失色,故"行与孔子比穷"的潜台词是"德行与才能要追随孔子的脚步"。王充在《定贤》篇中批驳扬雄的弘丽锦绣之文,故"文与扬雄为双"之"文"应是彰显鸿儒、文人身份的《太玄经》《法言》等著作,而非那些辞藻华丽的文章。王充就曾称赞扬雄创作《法言》时"不为财劝"⑥的德行,并视之为文人秉笔公正的典型。面对文与文人被排除在功名世用之外的情况,"德"成了王充加固文人和自己身份价值的核心要素。尽管他说道"空书为文",但在文德说——即王充推崇的文人观——笼罩之下,不存在无德之文。"德"是"文"不可或缺的内在质素,这使得"文"染上了"德"的色彩,也脱离了"空书为文"的逼仄意义。

四、文人之力:身份价值的外部塑造

从某种程度上说,文为世用等同于文人能够发挥政治、社会的效力。王充重视文人之"德",更重视有德之文人能够得志,产生社会、政治层面的影响,他所轻视的是无德之人占据高位,尸位素餐。王充不像后世许多文人那样,赞同并自持高洁之德操,隐居不仕。他笔下的文人、鸿儒,是要以有助于政治、社会,以建立功业为最高要务的。在西汉,重视政治才能和实行的官

① 参见钱锺书:《全北齐文卷二》,钱锺书:《管锥编》(第4册),生活·读书·新知三联书店,2008年,第2341页。然其未提到《幸偶》篇"晋文修文德,徐偃行仁义"一句,此"文德"意与先秦之"文德"相近,表示政治教化,文等同于德。
② 黄晖:《论衡校释》(第4册),中华书局,1990年,第1149页。
③ 参见《论衡·对作》,黄晖:《论衡校释》(第4册),中华书局,1990年,第1181-1182页。
④ 黄晖:《论衡校释》(第4册),中华书局,1990年,第1204页。
⑤ 黄晖:《论衡校释》(第4册),中华书局,1990年,第1205页。
⑥ 黄晖:《论衡校释》(第3册),中华书局,1990年,第869页。

员对贤良、文学之士曾予以激烈的批判,《盐铁论》记载了不少类似的言论,他们对经术之士的言辞、德行是否有助于政事,持怀疑甚至否定的态度。①此中隐藏的本质问题是:文(德)与实行之间存在着难以弥合、填补的距离,实行往往被认为是产生功效、改变社会最直接、主要的方式。于是,个人的德行仅仅被视为内在修养,文辞被视为实行之外的余事。在这个大背景下,文人必然会遭受非议。按《汉书·叙传》所载,有人责难班固致力于著书,无益于用,班固抬出孔子、孟子,以儒家修德的姿态相答,并说明文辞可与功业并行不悖。《论衡》有好几处以问答体记载了时人对文人的非难,在王充看来,班固就在文人的行列。这里先将非难文人之语作一归纳:

第一,班固、贾逵等兰台令史号称通人,职在文书,但无大用于世。②

第二,文人只能逞笔弄文,国家安危之际,文人不能有所帮助,不能建功立业。③

第三,文辞篇章著作是人们在闲暇无聊或政治失意之时所作,平庸之人在闲暇之时也能作个十篇八篇,故文人才智未必出众。④

第四,著书之人在政治上没有能力,有的甚至遭罹祸患。⑤

王充具体的反驳过程,此不赘述。需要注意的是,他在反驳过程中所标举的人物都是管仲、荀子、商鞅、陆贾、董仲舒等,这些人要么建功立业,要么阐发、传播思想,影响深远。引用名人事例来立论,加固自己的阵营,这是论辩中的常态。但从中也可看出,王充在肯定文人价值方面,是积极向文为世用的方面靠拢的。

正因为强调文人应当产生政治、社会层面的实效,所以王充才会在《佚文》篇中批判修身利己的个人之德。桓谭《新论·求辅》论贤有五品,从“救于家事,顺悌于伦党”的乡里之士,到“图世建功”的天下之士⑥,这种层层向上的指向与王充对文人价值的指向是一致的。作为士大夫,图世建功可以说是其最高目标,但有很多文人不得重用、沉沦下僚。面对这个不争的事实,王充还是没有否定文人的价值。一方面,“德”是文人维护自身价值的重要

① 详见于迎春:《经术之士与事功之士的价值冲突》,于迎春:《秦汉士史》,北京大学出版社,2000年,第160-171页。

② 参见《论衡·别通》,黄晖:《论衡校释》(第2册),中华书局,1990年,第603-604页。此处以班固等兰台令史为通人,应是受到此篇主题限定之故,王充实是将班固等视为文人,《佚文》篇云:“孝明世好文人,并征兰台之官,文雄会聚。”即可为证。

③ 参见《论衡·超奇》,黄晖:《论衡校释》(第2册),中华书局,1990年,第610-612页。

④ 参见《论衡·书解》,黄晖:《论衡校释》(第4册),中华书局,1990年,第1152-1154页。

⑤ 参见《论衡·书解》,黄晖:《论衡校释》(第4册),中华书局,1990年,第1154-1157页。

⑥ 桓谭著,朱谦之校:《新辑本桓谭新论》,中华书局,2009年,第7页。

砝码;另一方面,他认为文人若发挥大的效用,是能够有一番事业的。"周世著书之人,皆权谋之臣;汉世直言之士,皆通览之吏"①,商鞅、鲁仲连、陆贾等人的言辞功用成了文人自我标榜的事例依据,也成了王充对文人世用价值的遥想。

然而,这种遥想毕竟与现实有不小差距,面对现实的文人当如何做呢?首先应回到上书奏记、连结篇章上来。以"文"为据,儒生、通人、文人、鸿儒被分为两种类型,儒生与通人乃学者、知者,文人、鸿儒乃依靠文辞篇章产生影响者。尽管王充也褒奖通人,但他更重视文为世用,将通人比喻为能言之鹦鹉,正表明了王充的取舍。《效力》《超奇》《须颂》等篇都涉及较为具体的文人效力问题,归纳起来,大致包括:①上书奏记有解决实务之效。王充通过谷子云、唐子高、周长生和自己的事例多次言及上书奏记的实用性。②歌颂、彰显王朝、帝王之德行。《须颂》篇言及国家、主上的令德需要有人来记载、彰显,这样的任务自然落到文人身上。王充肯定文人的笔力强健持久,能够传之后代,以此颂扬政德,是文人能为世用的一大要素。其言"文人涉世,以此自勉"②,虽不可避免地含有示好、颂扬汉德的成分,但确实是传统社会体制中较为积极的进取方式。③③造论著说能论世俗之事,论说主张被帝王采纳,甚至能起到辅朝治国、匡正天下的效果。即便文人不被重用,他们的论著中仍然有宏才大略,因此后人才能"观《春秋》以见王意,读诸子以睹相指"④。此外,王充"文人之笔,劝善惩恶"⑤一语既可被看作文人之"德"的体现,也可被视为文人之笔发挥效力的重要方式。

五、内外合一:王充文人观的价值与意义

王充著《论衡》,乃连结篇章,造论著说;撰《备乏》《禁酒》,属上书奏记。所以,王充对文人的标定是与其自我认同紧扣在一起的。自先秦始,"文"便具有多义性,已有学者指出:王充将各种意义的"文"贯通使用。⑥在王充眼中,文人之文固然建立在文辞篇章之上,其价值取向却在文辞字句之外。从

---

① 黄晖:《论衡校释》(第2册),中华书局,1990年,第611页。
② 黄晖:《论衡校释》(第3册),中华书局,1990年,第851页。
③ 关于《须颂》等篇的创作动机,一般认为是歌颂汉德以求免罪,或凭此以达到进身之目的。这在一定程度上反映出王充的功利主义文章观。详见邵毅平:《论衡研究》,复旦大学出版社,2009年,第69—88页。
④ 黄晖:《论衡校释》(第2册),中华书局,1990年,第610页。
⑤ 黄晖:《论衡校释》(第3册),中华书局,1990年,第869页。
⑥ 参见周桂钿:《王充评传》,钟肇鹏、周桂钿:《桓谭 王充评传》,南京大学出版社,1993年,第478页。

进取的方面言之,王充认为文人须用文章来讨论世务、劝善惩恶、颂扬上德,最上则是发展政教、建立功业,这是文人自我成就的理想路径。当进取之路受阻后,王充一方面肯定文人之才能,将不受重用的原因归结为时运不济、无举荐之人;另一方面,他将文人价值回缩到德行上来。"穷则独善其身,达则兼济天下",这是中国古代士大夫处世的常规思路,王充对文人的认同与士大夫的士隐方式一样,也不外乎进取与退守两端。其原因除了个人与国家之间要么进入,要么分离的二元关系之外,还在于文人因拥有士的身份,其价值取向必然与士相同。那么我们可以说,除了上书奏记、连结篇章等表面特征外,向内要有德行,向外要有世用,这才是王充眼中的文人。

前面曾提到,王充在使用"文人""文士"等词汇时,有时泛指文辞篇章的创作者,这应是时人对文人的普遍看法,即文人的本职任务就是在(并且只停留在)文辞篇章上。进一步说,如傅毅《舞赋》云:"文人不能怀其藻兮,武毅不能隐其刚。"①在文学审美逐渐被重视的同时,在某些人看来,辞藻成为文人创作的必然,甚至是必要的呈现。若顺从此种见解,那文就仅仅指涉文辞篇章。文人的德行、世用通通是文人(文辞篇章的创作者)身份以外的追求。文人讲求德行,可能是向儒士身份靠近;讲求事功,则是向士大夫身份靠近。持此见解,才会有"文人无世用"的责难。换言之,文人本身的价值、意义是被掏空的,必须依附于儒者(道德)、士大夫(功业)才能被视为合理的存在。赵敏俐说:"既然'士大夫'是'文人'所要求的真正的社会身份,也是他们要实现自己人生理想的唯一途径,所以,汉代的这些'文人'对自己的'文人'身份自然就不会满意。"②但是王充眼中的文人全然不是这么一回事。不论是上书奏记的文人,还是第二层次的文人,王充都是在强调"文之力"。从这个角度来说,我们可以将第二层次的文人理解为王充所说的"文力之人",文人之作必须含有"力",此"力"不仅仅是"游文于牒牍"③的笔力,更重要的是能够论事议政的才能。"力"发挥出来,则为有助于政教时事的实效;若因外在原因(无人举荐等)没有发挥,则连同"德"一起,成为内在的能力和素养。

内有道德、外有效力,是传统社会对士人价值认同的两个重要方面。王充将"德"与"力"作为文人身份的核心价值,实则是运用传统的评价标准为文人正名。"德"与"力"不是文人才能拥有,但王充推崇的文人却不能缺少这

---

① 萧统编,李善等注:《六臣注文选》,中华书局,2012年,第321页。
② 赵敏俐主编:《中国诗歌史通论》,人民文学出版社,2013年,第91页。
③ 黄晖:《论衡校释》(第2册),中华书局,1990年,第613页。

两个关键要素。创作文辞是文人身份成立的基本前提,然而,不是所有善用文辞的人都是文人,文人身份的质性与价值很大程度上立足于"德"与"力"。同样,"文"的呈现形式是文辞,但"文"之核心、意义均在"德"与"力"。如此一来,则实现了文之本质与文之价值的合一,文人之文的内在要求与外在目的的合一。德行、世用不再是文人身份外的追求,文人也不会不满足于自己的文人身份。一般认为,王充对"文""文人"的表述,正展示出其文学观、文人观的功利性和政治附庸性。①笔者在此想稍作申诉。在文学真正的独立性本体被挖掘出来之前,古人往往不会将我们眼中文学(文章)本质的东西视为他们的文学(文章)的本质。不否认有人十分明确地将文学(文章)视为工具,但换个角度来看,除了将文学的形式视为本体之外,其他文学观或多或少都在将文辞(及文辞的组合)当作达到其他目的(抒发情感、表达意志、歌功颂德等)的工具。所以当以我们的文学观为标准衡量王充的文学观时,就会认为他是在追求文学外部的东西。但是在王充那里,这些所谓外部的东西,其实就是文学(文章)本身的意义与使命。这与后世持儒家立场的论者,将文的价值与意义附着在"道"上面类似。不同的是,后世儒者站在"道"的本职立场,将"文人"连同"华辞丽藻",排斥在文章意义("道")之外,并予以批判和否定。而王充在否定"华辞丽藻"的同时,将"文人"拉到自己的阵营内,注入"德""力"等价值内涵,使之成为值得标举的社会身份。

由此我们可以说,在王充的文人观里,文人之文包含了"德""力"(世用功业)等内容,是在"文"指向文辞篇章的情况下,对"文"之功用、德行意义的回溯。受制于"士"的身份,文人不可能再次成为贴在帝王先祖身上的标签。然而从"文"之意义来看,王充的文人观未尝不可认为是对先秦文人的一种趋近。当然,王充不会像如今的研究者那样客观理性地分析文人的身份特征,以此来断定谁是文人,谁不是文人。他将文人作为一种值得褒扬的社会角色来阐述,其中不免含有强烈且主观的自我认同意识。重视有助于世事、教化的实用文体,轻忽文学的审美趣味,使得王充眼中的文人偏离了我们所

---

① 如邵毅平指出王充的功利主义(世用)文学观"认为文学不是独立自足的存在,而只不过是达成其他目的的工具"。(邵毅平:《论衡研究》,复旦大学出版社,2009年,第366页。)黄雅雯认为王充的"文人文章虽都显现出其价值,但仍皆为政治性之附庸"。(黄雅雯:《王充〈论衡〉显现的文人意识》,《淡江中文学报》,2009年第20期,第165-188页。)

熟知的"文人"概念。①但不可否认的是,正是这种认同意识,使其文人观成为"文人无世用"说的有力反驳。

第三节　基于文本的"文人"概念及批评原则

　　"文"是"文人"一词的核心,将不同内涵的"文"饰之以人或人格化,便会生成意义、指向不同的"文人"。尽管"文"具有来源于先秦,关乎德行功业的宏大、严肃题旨,但到了东汉,篇章、著述(可总称曰文本)毫无疑问地发展为"文"的主要义项。与之同步,"文人"理所当然地被理解为"文本(篇章、著述)的创作者、使用者"。王充的文人观代表着失意者的自我申诉和认同心理,此外也蕴含着如下意图:在东汉"文人"概念偏离德行世用,转向文本的背景下,希望将价值重心拉回到德行世用上。王充立论的与众不同,正说明走向文本已然是"文人"意涵不可避免的发展趋势。至今我们仍能看到,研究者给予"文人"的界定虽宽严有别、重心各异,但几乎都立足于文本这个基本元素。②可以说"文人"的意涵是在与文本的关联过程中丰富起来的,这种丰富性在魏晋南北朝便已得到充分展现。更重要的是,随着上述关联的密切与深入,古人对各类文本价值、特性的认识与态度势必融汇到"文人"(以及"诗人""辞人")的意涵当中,"文人""诗人""辞人"随之发展为各类文本的身份化标签,进而成为古人进行文学批评的关键话语,其中潜藏的批评理念和原则值得深究。因此,本节将通过梳理魏晋南北朝"文人"一词的运用,归纳出这一概念的三重文本指向,并以此为基础,探讨古代文本观念演化过程中"文人"与"诗人""辞人"概念的关系及相关批评原则。

一、诗赋、文笔与典籍:"文人"含义的三重指向

　　汉代文献中的"文人"一词最集中地出现于《论衡》一书,前节已有详论。

---

①　蔡长林指出:"王充笔下的'文人',与今日以纯文学观念所说从事文学创作的文学之士,有很大的差异性。"(蔡长林:《从"文学"到"文人"——汉代"文章"的经学底蕴》,《东华人文学报》,2007年第10期,第51-80页。)但我们完全可以视之为王充在文人身份认同上所做的思考与努力。

②　如钱锺书《论文人》以古人所谓"词章家"为"文人";村上哲见《文人·士大夫·读书人》将"文人"身份成立的条件归结为兼具人文教养(古典素养、创作诗文的能力)与尚雅精神;李青春《"文人"身份的历史生成及其对文论观念之影响》认为"文人"就是"有文才与文采之人",是"文学家兼艺术家"。

对于汉代文章、文学之分，以及由此带来的文章之士、文学之士的区别，也有不少学者论及，这里不再赘言。可稍作申述的是，人们对文学、文章的划分，对文体的初步认识，促进了"文""文人"概念的发展。清刘天惠《文笔考》云："董子工于对策，而《叙传》但称其属书。马迁长于叙事，而传赞但称其史才，皆不得混能文之誉焉。盖汉尚辞赋，所称能文，必工于赋颂者也。……《后汉书》创立《文苑传》，所列凡二十二人，类皆载其诗赋于传中。"①称董仲舒"属书"，司马迁有"史才"，这是班固对二者的认同。班固在相应的文句中未将"文"与"书""史"明确地对立起来，故仅从这个例子，还不能够证明董仲舒、司马迁"不得混能文之誉"。然而，刘氏的观点也非毫无根据。其一，在汉代，修史与能文不完全等同，修史者并不一定都被视为能文。②其二，"所称能文，必工于赋颂"之言虽然过于绝对，但诗赋确实占据了"能文"之"文"的核心位置。

创作诗赋是能文之人最主要的表征，范晔《后汉书•文苑传》、张骘《文士传》都提到了不少文人的诗赋创作。同时，《文苑传》中提及的"能文章""善为文"等，不仅指诗赋，还兼指铭、书、诔、论等文体。《文士传》也记载了一些擅长书、论等文章的创作者。③故善为诗赋的人当然可被视为文人，但不是只有创作诗赋的人才被称作文人。建安七子被曹丕视为文人，《与吴质书》提到徐、陈、应、刘等人时，就特言其诗、论、章表、书记、辞赋等创作。《典论•论文》将文分为四科八体，结合其语境，文人当是能够创作奏议、书论、铭诔、诗赋等的人。文体的细分导致了文人描述的细致化。葛洪《抱朴子外篇•弹祢》云："（刘）表欲作书与孙权，……使诸文士立草。"④常璩《华阳国志》云："二州先达及华夏文士多为作传。"⑤沈约《宋书》："使文士为文词祝策。"⑥又云："使文士苏宝生为之诔。"⑦刘勰《文心雕龙•檄移》云："陇右文士，得檄之体矣。"⑧萧子显《南齐书》云："《永平乐歌》者，竟陵王子良与诸文士造奏

---

① 刘天惠：《文笔考》，《丛书集成初编》（第2623册），商务印书馆，1936年，第13-14页。
② 关于修史与能文的关系，参见第二章第一节。
③ 关于《文士传》对"文士"的定位，参见赵蕾：《〈文士传〉研究》，河南大学硕士学位论文，2004年。
④ 杨明照：《抱朴子外篇校笺》（下），中华书局，1997年，第485页。另，《后汉书》作"表尝与诸文人共草章奏"，参见范晔著，李贤等注：《后汉书》（第9册），中华书局，1965年，第2657页。
⑤ 常璩：《华阳国志》，《二十五别史》（第10册），齐鲁社，2000年，第185页。
⑥ 沈约：《宋书》（第1册），中华书局，1974年，第170页。
⑦ 沈约：《宋书》（第8册），中华书局，1974年，第2306页。
⑧ 刘勰著，范文澜注：《文心雕龙注》（上），人民文学出版社，1958年，第378页。

之。"①魏收《魏书》云:"诏集诸文人撰录国书。"②我们暂不管文人的世用、官职等问题,以上例子表明文人能够参与到各类文体的创作中,这体现了他们的角色承担。六朝时期,文笔之辨逐渐明晰,诗赋等有韵之文为文,章奏公文等无韵之文为笔。不可否认,诗赋等有韵之文的创作是展现文人身份最为重要的行为,也是古人认识文人身份的主要媒介。如萧绎在《金楼子》中点明文笔之分后,所列举的文士如曹植、陆机、谢朓等人均以诗赋见长。但是从上述例子也可看出,"文人"概念没有局限在有韵之文的层面,而是包括了文与笔的。简言之,魏晋南北朝时期,"文人"是一个宽泛的概念,是文辞篇章创作者的总称,囊括了所有文体。

还需注意的是,"文人"概念的宽泛性不仅仅体现在创作层面。在中国古代,很多术语没有固定、明确的义界,其含义是古人在不断地使用过程中丰富起来的。"文人"亦是如此,与"文"相关的活动会被纳入对"文人"的描述当中,随之成为"文人"概念中不可或缺的部分。《中兴书》记载陶侃之言曰:"文士何不读书,武士何不射弓。"③刘勰《文心雕龙•事类》云:"山木为良匠所度,经书为文士所择;木美而定于斧斤,事美而制于刀笔。"④从一般意义上讲,文人均须读书,学者亦须读书。所以,文人与读书人、学者的所指有很大的重叠性。颜之推《颜氏家训•勉学》云:"人生在世,会当有业:农民则计量耕稼,商贾则讨论货贿,工巧则致精器用,伎艺则沈思法术,武夫则惯习弓马,文士则讲议经书。"⑤按现在的理解,讲议经书应当是儒者、经生之职,为什么颜之推许之为文士之业呢?在其列举的六个身份中,文士是相对于武夫而言的。《颜氏家训•诫兵》云:"今世士大夫,但不读书,即称武夫儿。"⑥读书是成为文士的前提。在颜之推看来,"会当有业"之"业"至少能够成为一门技艺,养活自己。故上述六种身份各自有不同的、可以资之以生的技艺。《颜氏家训•勉学》又云:"伎之易习而可贵者,无过读书也。"⑦由此可知,在这六种身份中,颜之推较为推崇文士,即读书人。虽然他在文中没有将文士明确地等同于读书人,但如果我们做出"文士等于读书人"的推论,在文意上并

---

① 萧子显:《南齐书》(第1册),中华书局,1972年,第196页。

② 魏收:《魏书》(第3册),中华书局,1974年,第815页。《国书》乃史书性质。在不考虑文才与史才不同的情况下,作史书也可看作文人之职。这说明,文人所指确有相当的宽泛性。

③ 此语出自《世说新语》刘孝标的注文。参见刘义庆著,刘孝标注,余嘉锡笺疏:《世说新语笺疏》(上),中华书局,2007年,第212页。

④ 刘勰著,范文澜注:《文心雕龙注》(下),人民文学出版社,1958年,第616-617页。

⑤ 颜之推著,王利器集解:《颜氏家训集解》,上海古籍出版社,1980年,第141页。

⑥ 颜之推著,王利器集解:《颜氏家训集解》,上海古籍出版社,1980年,第326页。

⑦ 颜之推著,王利器集解:《颜氏家训集解》,上海古籍出版社,1980年,第153页。

没有什么出入。颜之推批驳"俗间儒士,不涉群书,经纬之外,义疏而已"①,但世人所读之书仍旧以儒家经典为主,其所言"明六经之旨,涉百家之书"正表明了这样的态度。②通观《勉学》篇,可以发现,颜之推的主旨在于教育后辈要通过读书增长见识(博学),修身力行,有用于世务。雕琢文辞、讽诵辞赋是文人之所长,但其几乎无益于世用,恐非颜之推所能推许。故以"讲议经书"(读经书)为文士立身之本,则显得合情合理。依此见解,"讲议经书"的文士已然指涉读书人,其概念重心偏向了儒士、学者,而疏离了"吟诗作赋之人"这层含义。

经过以上分析,我们可以归纳出,魏晋南北朝的"文人""文士"概念所指主要有三类:一是诗赋的创作者,大致等同于有韵之文的创作者;二是文辞篇章的创作者,也即文与笔的创作者;三是以儒士为代表的读书人。文人的文本指涉也就可区分为诗赋、文辞篇章、典籍三个层面。当然,"文"之含义的丰富、复杂势必带来"文人"概念的游离不定和矛盾,也带来"文人"一词使用的混乱。如在不同的语境下,《颜氏家训》中"文人"的所指稍有差别,当颜之推批评"自古文人,多陷轻薄……今世文士,此患弥切"③时,所指的主要是文辞篇章的创作者,而非"讲议经书"的文士。总之,到了魏晋南北朝,"文人"已经是一个极具包容性的概念,其围绕文本而形成的三层意涵基本适用于南北朝之后的时代。

二、文本价值的人格化与"以高行卑"的批评原则

《三国志》记载夏侯惠评论刘劭之语,其中说道:"文学之士嘉其推步详密……文章之士爱其著论属辞。"④文中还言及性实之士、法理之士、意思之士、制度之士等。此乃古人常用的排比手法,并不表明彼时真有如此多的称谓。不过,以"属辞"为"文章之士"的特长,确实符合汉代以来人们对该身份的普遍认识。抛开"读书人"这层意涵,将焦点聚集到"属辞"上面,则会发现除了"文人"之外,文辞运用者尚有"诗人""辞人""词人"等多种身份称谓。这些称谓因渗透了古人对相应文本(作品)的价值判断而介入文学批评当中,成为古人表达文学价值理论的标志性话语。

---

① 颜之推著,王利器集解:《颜氏家训集解》,上海古籍出版社,1980年,第176页。
② 卢文弨曰:"经不可以不明,百家之书,则但涉猎而已。"(颜之推著,王利器集解:《颜氏家训集解》,上海古籍出版社,1980年,第153页。)
③ 颜之推著,王利器集解:《颜氏家训集解》,上海古籍出版社,1980年,第221、222页。
④ 陈寿著,裴松之注:《三国志》(第3册),中华书局,1982年,第619页。

"诗人""辞人"①的价值关系在古代文论中表现得最为突出。"辞人"一词最早出现于扬雄《法言》,在"诗人之赋丽以则,辞人之赋丽以淫"②这句话中,"辞人"与"诗人"相对应,乃描述、界定作品性质的身份术语。关于"诗人之赋"到底何意,学界主要有两种看法:一是指《诗经》中的作品;二是指屈原的作品。③不论如何解释,有两点是肯定不变的:一是扬雄所言之"诗人"当然不包括一般意义上的诗家,而专指《诗经》的创作者;二是扬雄这句话强调的并非《诗经》的"创作者"这么一个称呼,而是《诗经》所蕴含的创作精神。我们可以将"诗人之赋丽以则"与汉宣帝所说的"(辞赋)大者与古诗同义"关联起来看。他们论述的重点都不在于辨明文体,而在于强调赋家要在创作目的和主旨上与"古诗人"趋近。④因此扬雄所说的"诗人"是一个抽象化的身份标签,其内涵是讲求儒家诗教、重视讽谏精神。"辞人之赋丽以淫"类似于汉宣帝所言的"小者辩丽可喜",只不过二人的褒贬态度有异。扬雄在前文评论景差、唐勒、宋玉、枚乘之赋"必也淫",故"辞人之赋丽以淫"显然针对景差之流而发。总之,扬雄这句话明确展现了他的儒者立场,其所谓"诗人"乃符合儒家诗教原则的创作者,"辞人"则是那些沉溺于文辞而不顾及世用、道德价值的辞赋家。二者的意义指向和价值高低显而易见。

　　扬雄此语影响甚大,后世很多论者引用并发挥了这一言论。除扬雄之外,刘勰是较早使用"辞人"概念的批评家。《文心雕龙·情采》云:"昔诗人什篇,为情而造文;辞人赋颂,为文而造情。"⑤《文心雕龙·比兴》云:"炎汉虽盛,而辞人夸毗,诗刺道丧,故兴义销亡。"⑥这两句话中的"辞人"明确指向汉代以来的辞赋家。可见推尊古之诗人、贬低后之辞人,乃刘勰评论诗歌、辞赋的框架与模式。因辞赋与楚辞关系密切,古人讨论辞赋、辞人时,不免会把屈原牵扯进来。《文心雕龙·辨骚》对屈骚有所肯定,但也认为它有异乎经典

---

① 古籍里面的"辞人""词人"时常混用,为避免误解,引文中的"辞人""词人"照原样录入,正文中,表示词(文体)的创作者时均用"词人",其余地方随文使用,不作统一。特此说明。

② 汪荣宝著:《法言义疏》(上),中华书局,1987年,第49页。

③ 汪荣宝便认为:"诗人之赋,谓六义之一之赋,即诗也。"[汪荣宝著:《法言义疏》(上),中华书局,1987年,第50页。]郭绍虞认为:"诗人之赋,指屈原的骚赋。"[郭绍虞编:《中国历代文论选》(第1册),上海古籍出版社,2001年,第93页。]

④ 此中有赋家的身份隐忧,以及政治层面的目的。参见孙福轩、周军:《"源于诗"与"属于诗"——赋学批评的政治内涵和诗学维度之发覆》,《浙江大学学报》(人文社会科学版),2014年第6期,第153-165页。

⑤ 刘勰著,范文澜注:《文心雕龙注》(下),人民文学出版社,1958年,第538页。

⑥ 刘勰著,范文澜注:《文心雕龙注》(下),人民文学出版社,1958年,第602页。

之处，"其衣被词人，非一代也"①一语直接点明屈原对后世辞人创作的深远影响。后世部分论家推崇屈原的人格精神，不愿意将其与汉代辞赋家等量齐观。如宋洪兴祖《楚辞补注》批评萧统《文选》的去取原则："自汉以来，靡丽之赋，劝百而讽一，无复恻隐古诗之义。故子云有曲终奏雅之讥，而统乃以屈子与后世词人同日而论，其识如此，则其文可知矣。"②他认为屈骚尚有古诗之义，在价值上与后世词人之作有高下之别。屈原作品的价值定位当然值得探讨，但我们更关注以下现象：此类探讨可能言人人殊，但它们都延续着由扬雄所开启的，以诗人、辞人这两个身份术语为基础搭建的价值体系和评论框架。

再如，元祝尧《古赋辩体·两汉体上》认为汉代的"词人之赋"犹有"古诗之义"，唐宋以下才是"词人之赋，多没其古诗之义"③，并认为词人之赋与诗人之赋、骚人之赋的差别就在于重于辞而忽于情。《古赋辩体·三国六朝体上》以"古之诗人"对比"今（后）之辞人"，并作了详细阐述：

> 诵者其辞，歌者其情，此古今诗人、辞人之赋所以异也。尝观古之诗人，其赋古也，则于古有怀；其赋今也，则于今有感；其赋事也，则于事有触；其赋物也，则于物有况。情之所在，索之而愈深，穷之而愈妙。彼其于辞，直寄焉而已矣。又观后之辞人，刊陈落腐而惟恐一语未新，搜奇摘艳而惟恐一字未巧，抽黄对白而惟恐一联未偶，回声揣病而惟恐一韵未协。辞之所为，馨矣而愈求，妍矣而愈饰。④

这段文字延续并发挥了扬雄、刘勰的论点。在以古为尚的观念下，诗人、辞人构成了具有高下级差的身份组合，并被安插到"其文代降"的语境中，发展为一种固定的叙述模式。通过《诗经》与辞赋的价值比较来表达褒贬之意，并将相应的价值意涵内化为诗人、辞人的身份属性，实为扬雄、刘勰等人的批评带来的必然结果。

在辞赋这一文体范围内来探讨"辞人"的价值意涵，当然具有合理性，"辞人"确实经常被当作"辞赋家"的同义词来使用。然而我们也要注意，在

---

① 刘勰著，范文澜注：《文心雕龙注》（上），人民文学出版社，1958年，第47页。

② 洪兴祖：《楚辞补注》，中华书局，1983年，第181页。

③ 祝尧：《古赋辩体》，《景印文渊阁四库全书》（第1366册），台湾商务印书馆，2008年，第746页。

④ 祝尧：《古赋辩体》，《景印文渊阁四库全书》（第1366册），台湾商务印书馆，2008年，第778页。

魏晋南北朝,"辞赋家"三个字就已经不能完全涵盖"辞人"的义界,亦不能完全彰显"辞人"的批评史意义。

一方面,古人往往不会固守明确清晰的词义界定,这使得他们对"辞人"一词的运用有时会超出"辞赋家"这一义项。在《文心雕龙》中,以"辞人"指代"辞赋家"的情况颇为常见,如《文心雕龙·诠赋》云:"秦世不文,颇有杂赋。汉初词人,顺流而作。陆贾扣其端,贾谊振其绪。枚马同其风,王扬骋其势。"①但也有例外,《文心雕龙·明诗》云:"至成帝品录,三百余篇,朝章国采,亦云周备;而辞人遗翰,莫见五言。"②这里的"辞人"则特指"诗人"。术语运用的宽泛性在此可见一斑。后世不乏以"辞人"指涉"诗人"的例子,如白居易《序洛诗》云:"予历览古今歌诗,自《风》《骚》之后,苏、李以还,次及鲍、谢徒,迄于李、杜辈,其间词人,闻知者累百。"③

另一方面,仔细分析扬雄、刘勰等人的表述,不难发现,比起"创作辞赋"这一显性的文体要求,"运用丽辞华藻"更能凸显"辞人"的身份特质。这直接将"辞人"从"辞赋创作者"的固定义界中抽拔出来,而赋予它一个颇为宽泛的意涵——"擅长(甚至沉溺于)文辞,运用丽辞华藻"之人。刘勰言屈原"衣被词人",所援引的例子是"枚贾追风以入丽,马扬延波而得奇",又云"中巧者猎其艳辞"④,所言均不脱离文辞之美这层含义。《文心雕龙·正纬》言纬书中的奇幻之事"无益经典,而有助文章。是以后来辞人,采撷英华"⑤,这也是从辞采的角度来描述辞人的。《文心雕龙·序志》云:"去圣久远,文体解散,辞人爱奇,言贵浮诡,饰羽尚画,文绣鞶帨,离本弥甚,将遂讹滥。"⑥一旦将"运用丽辞华藻"视为"辞人"的创作习性,那"辞人"便极容易被塑造为文学价值批评中重要的身份标签,前述"诗人""辞人"的身份级差及批评框架由此得以建立。

摆脱了辞赋这一文体的束缚,"辞人"的批评功能自然可以拓展到诗歌等其他领域,此种批评用语在南北朝之后时有出现。比如,郑覃与唐文宗论诗曰:"诗之工者,无若三百篇,皆国人作之以刺美时政,王者采之以观风俗耳,不闻王者为诗也。后代辞人之诗,华而不实,无补于事。陈后主、隋炀帝

---

① 刘勰著,范文澜注:《文心雕龙注》(上),人民文学出版社,1958年,第134页。

② 刘勰著,范文澜注:《文心雕龙注》(上),人民文学出版社,1958年,第66页。

③ 白居易:《序洛诗》,白居易著:《白居易集》(第4册),中华书局,1979年,第1474页。

④ 刘勰著,范文澜注:《文心雕龙注》(上),人民文学出版社,1958年,第47、48页。

⑤ 刘勰著,范文澜注:《文心雕龙注》(上),人民文学出版社,1958年,第31页。

⑥ 刘勰著,范文澜注:《文心雕龙注》(下),人民文学出版社,1958年,第726页。

皆工于诗,不免亡国,陛下何取焉。"①其逻辑与刘勰等人无异,只不过论述对象由辞赋改为诗歌而已。再如,旧题白居易的《金针诗格》云:"一曰有诗人之诗,二曰有词人之诗。诗人之诗雅而正,词人之诗才而辩。"②《金针诗格》专讲诗歌作法,没有太多的价值判断,故对词人之诗的评价还算客气。可以想见,在正统文学价值观主导下,"才而辩"的词人之诗绝没有"雅而正"的诗人之诗高级。宋黄裳《乐府诗集序》就表达了此种态度:"若夫内蔽于徇己,而失诗之理,外蔽于玩物,而丧诗之志,兹实辞人之诗,岂予所以待君哉。"③再如宋林骃《古今源流至论》评杜诗云:"先辈谓公诗足以历知一代治乱,以为一代之史。则非词人之诗,乃诗中之史也。"④文辞背后的理、志、史比文辞本身更为重要,"词人之诗"因被打上"浮于文辞"的标签而遭到贬抑。

回到作为创作者的"文人"概念(即前一小节所论的第一、二层意涵)上。"文人"因具有"属辞"的特性而与"辞人"构成一对可以互通的概念。曹植《娱宾赋》云:"文人骋其妙说兮,飞轻翰而成章。"⑤萧统《文选序》云:"词人才子,则名溢于缥囊;飞文染翰,则卷盈乎缃帙。"⑥两相比较,"文人"与"词人"的对等关系显而易见⑦。受到彼时文风的侵染,文学的形式之美得到充分重视,同"辞人"一样,"文人"意涵逐渐聚焦于"丽辞""华采"上。葛洪曾给予文人较为明确的定义:"摛锐藻以立言,辞炳蔚而清允者,文人也。"⑧沈约《宋书》云:"延之与陈郡谢灵运俱以词彩齐名,自潘岳、陆机之后,文士莫及也,江左称颜、谢焉。"⑨可以说,把"擅长辞采"当作"文人"的核心意涵,几乎成为时人的共识。《文心雕龙·程器》云:"近代词人,务华弃实,故魏文以为古今文人之类不护细行。"⑩刘勰将"词人""文人"置于同样的位置上来讨论,在肯定

---

① 计有功辑著:《唐诗纪事》(上),上海古籍出版社,2008年,第20页。
② 旧题白居易《金针诗格》,参见张伯伟:《全唐五代诗格汇考》,凤凰出版社,2002年,第359页。
③ 黄裳:《乐府诗集序》,《全宋文》(第103册),上海辞书出版社、安徽教育出版社,2006年,第86页。
④ 林骃:《古今源流至论》,《景印文渊阁四库全书》(第942册),台湾商务印书馆,2008年,第30页。
⑤ 徐坚等:《初学记》(上),中华书局,2004年,第349页。
⑥ 萧统编,李善等注:《六臣注文选》,中华书局,2012年,第3页。
⑦ 由"词"所生发的另一个身份性词汇"词臣",所指为朝廷中以文辞为用的侍从之臣,如翰林学士之类。"词臣"只是在"词人"的基础上,强调"人臣"的社会身份,从文本的角度来说,仍旧可以归入以上论述中,故不再赘言。
⑧ 杨明照:《抱朴子外篇校笺》(上),中华书局,1991年,第536页。
⑨ 沈约:《宋书》(第7册),中华书局,1974年,第1904页。
⑩ 刘勰著,范文澜注:《文心雕龙注》(下),人民文学出版社,1958年,第718页。

二者"务华"的同时，也明确指出他们对世用、德行的偏离或违背。在这里，"词人""文人"都已经成为古人批评浮文丽辞的人格化靶子。

质言之，在汉代，文人因"属辞"的特性而不断遭到世用、道德方面的批评，这种批评随着魏晋南北朝文人"擅用丽辞、华采"印象的强化而不断加剧，并逐渐内化为"文人"的身份属性①，使得它与"辞人"一同演变为界定作品（或创作行为）价值的标签、符号，从而与"古诗人"（符合儒家诗教原则的创作者）拉开了距离。南北朝以后，此种批评话语时有出现，从未断绝。如唐刘禹锡《唐故中书侍郎平章事韦公集纪》云："谨按公未为近臣已前，所著词赋、赞论、记述、铭志，皆文士之词也，以才丽为主。自入为学士至宰相以往，所执笔皆经纶制置财成润色之词也，以识度为宗。"②此语似乎未含褒贬之意，但若以儒家道统和世用的观念来看，以才丽为主的"文士之词"难免会被轻视。再如宋陈师道将古文分为周、七国、汉三等，对此，明姜南又发挥道："周之文，六经孔孟也；七国之文，诸子之文也；汉之文，文士之文也。道失而意，意失而辞。可以见诸子不如六经孔孟，文士不如诸子也。"③受到古代主流价值观引导，文辞远不能与道、意相比，文人也就被理所当然地安排到下等位置。

还须附带一说的是"诗人"一词。作为《诗经》创作者的"诗人"具备风雅精神，价值意义高于文人、辞人。随着诗学观念的不断发展和诗学话语的不断丰富，"诗人"作为一种文体创制者的地位与立场得到强化，与儒家伦理话语下的"诗人"产生一定程度的分离。即"诗人"概念经历了与"风人"稍不相同的，从"圣门"到"诗家"的过程④，由受儒家伦理话语操控的《诗经》创作者，跌落为一般的诗歌创作者。作为一般诗歌创作者的"诗人"不再具有儒学赋予的价值分量，地位类同于文人、辞人，而低于儒者、学人。

总之，古人以儒家世用观念来审视各类创作，并将此种价值观念凝结到创作主体的身份上，由此产生的"诗人""文人""辞人"等身份称谓既代表相应创作习性的所有者，也可被看作传统观念统摄下文本价值意义的人格化。

---

① 这里要排除将"文人"等同于"文儒"的情况，对此下一章将会论及。

② 刘禹锡：《唐故中书侍郎平章事韦公集纪》，《刘禹锡集》（上），中华书局，1990年，第228页。

③ 姜南：《蓉塘诗话》，《续修四库全书》（第1696册），上海古籍出版社，2002年，第13页。

④ 参见史伟：《中国古代文论中的"诗人"》，史伟：《宋元诗学论稿》，上海远东出版社，2012年。该文详明地阐述了"诗人"从《诗经》的作者"到"一般意义上的诗人"的内涵转换。顾一心：《从"圣门"到"诗家"——"风人"意念的转向与明代诗论》，《中华文史论丛》（总第114期），上海古籍出版社，2014年，第95-117页。该文论述了"风人"概念从重视儒家伦理的经典语境过渡到重视"国风"诗体、语言的"诗家"语境的过程。

由此形成一套具有等级差异的身份格局,其中儒者(士大夫)、学人、诗人(圣门)居于价值高位,诗人(一般的诗歌创作者)、文人、辞人居于价值低位,优伶、伧夫更等而下之。这种身份级规定了他们之间的言行互动原则,即居于价值高位者能将自己的身份属性带入低位,从而提升低位言行的品格;居于低位者却不能将自己的身份属性带入高位。比如儒者与文人:儒者能为文,且能将儒者的理道世用带入文章,提高文章的品格;文人却不能将"华辞丽藻"的创作习性带入儒学讲论的过程中,朱熹等理学家批评文人不知"道",即为典型。再如学人与诗人:学人能为诗,且能提高诗歌的厚重与儒学分量;诗人却不能将其闲雅的身份属性带入学问之中。再打一个比方,皇帝可以通过耕田来体悟国计民生的大道理,农夫却不能以他粗鄙的言行来治国。蒋寅将"以高行卑"作为文体互参现象中的基本原则①,根据上述分析,我们便清楚:除了文体之间的高卑定位之外,在道德、世用观念的作用下,创作主体言行价值的高低与人格化的身份级差也构成了"以高行卑"的一个理论基点。文体互参视角下的"以高行卑"现象(如诗人之赋、诗人之词等)完全可以理解为"不同身份的言行互动原则"在文体领域的展演。倒过来说,"以高行卑"完全可以推广到超出文体互参范围的更为广阔的言行空间。

三、文体性质的人格化与本色当行的批评理念

文体之间的高卑定位是"以高行卑"原则的前提,它必须依靠一系列外在的标准才得以成立。概言之,雅高于俗、古高于今、明道重世用之文高于无用之虚文,此三者都与传统儒学观念密不可分。在前一小节所列举的主体身份的价值高卑序列中,文人与诗人的关系(也即文与诗的关系)较为复杂,单方面地讲文高于诗,或诗高于文,都不合理。②诗人(与诗)具有或高或卑的价值特性:作为"圣门"的诗人,地位显然高于文人;一般诗家的作品偏向于抒发个人化的闲情逸致,价值远不及文人笔下那些具有世用实效的文章,宋人如欧阳修等将诗歌排在文章之后,甚至视诗歌为文章之末事,即明确表达了文高于诗的价值主张。

儒家传统观念借助文人、诗人的身份级差(也即文章与诗歌的价值高

---

① 参见蒋寅:《中国古代文体互参中"以高行卑"的体位定势》,《中国社会科学》,2008年第5期,第149-167+208页。

② 吴承学认为诗与文"无明显正变高下之分",然未细分各种情况。(参见吴承学:《中国古代文体学研究》,人民出版社,2011年,第141页。)蒋寅从文体的角度出发,认为诗的体位高于文,这未免失之笼统。(参见蒋寅:《中国古代文体互参中"以高行卑"的体位定势》,《中国社会科学》,2008年第5期,第149-167+208页。)

下),在文学批评领域施展着它的话语权力,此外,古人也在创作经验积累和创作范式形成过程中关注着诗文在体式、风格方面的差异。魏晋以来,以曹丕《典论•论文》为代表的"文非一体"之论尚停留在"术有专攻,鲜能兼善"的层面。到了中唐,随着"以文为诗"创作倾向的兴起,诗文之间破体与辨体逐渐上升为文学领域比较重要的理论问题。学界对此有非常深入的研究,我们的关注点在于:在破体与辨体——即古人对各种文体特质的把握——的过程中,文人、诗人等身份如何获得与前一小节(文本价值的人格化)完全不同的认识与表达。

最早在文体语境下论及"文人""诗人"的,是司空图《题柳柳州集后》一文,文中说道:

> 金之精粗,考其声皆可辨也,岂清于磬而浑于钟哉!然则作者为文、为诗,格亦可见,岂当善于彼而不善于此邪?愚观文人之为诗,诗人之为文,始皆系其所尚,既专则搜研愈至,故能炫其工于不朽。亦犹力巨而斗者,所持之器各异,而皆能济胜以为勍敌也。愚常览韩吏部歌诗数百首,其驱驾气势,若掀雷决电,撑抉于天地之间,物状奇怪,不得不鼓舞而徇其呼吸也……又尝观杜子美祭太尉房公文、李太白佛寺碑赞,宏拔清厉,乃其歌诗也。张曲江五言沉郁,亦其文笔也。岂相伤哉?①

司空图主张"诗文完全可以兼善",这一观点往远了说,是对曹丕"文非一体,鲜能备善"观念的反驳;就近而言,乃针对唐代文学实情而发,此即胡应麟所云:"自唐已有诗文各擅之说,图为此论以破之。"②显然,"文人之为诗,诗人之为文"中的"文人""诗人"分别指擅长创作文章和诗歌的作家。在曹丕看来,"文非一体,鲜能备善"的原因在于每一种文体都有自己的风格要求,就像写惯了"尚实"的铭诔,则往往作不出"欲丽"的辞赋;司空图则强调诗歌和文章的创作风格是可以相互借鉴和融通的,其所举韩愈、杜甫、李白、张九龄的例子非常明确地表达了这一态度。于是我们看到,司空图顺利将话题从"诗文兼善"转移到了"诗文互参"。"掀雷扶电""宏拔清厉""沉郁"等语说明他所重视的"互参"主要集中在风格层面。

在宋代,杜甫、韩愈的诗文依然是论者喜好探讨的话题,北宋李复云:"子美长于诗,杂文似其诗,退之好为文,诗似其文。退之诗,非诗人之诗,乃

---

① 司空图:《题柳柳州集后》,《柳宗元集》(第4册),中华书局,1979年,第1455-1456页。
② 胡应麟:《诗薮》,中华书局,1958年,第191页。

文人之诗也。"①李复虽未明言何为"诗人之诗",何为"文人之诗",但以理推之,二者在风格上的差异是最容易被察觉的,此种差异乃文章一贯的创作特质介入诗歌所导致,且因符合宋诗的整体风貌而愈发引人注目。陈应行《吟窗杂录》记载:"张景阳序曰:诗人之诗精而深,文人之诗辨而理,伯起(张夏)之诗乃文人之诗也。"②"辨而理"三个字不但贴切地概括了"文人之诗"的风格,还规定了诗歌的内容组成,即以议论、才学为诗。议论、才学均须以大量的典籍阅读为前提,所以刘克庄说:"以情性礼义为本,以鸟兽草木为料,风人之诗也;以书为本,以事为料,文人之诗也。"③前面提到过,"文人"概念除了指涉文章创作者外,还可以指涉读书人,而书本与故实本就体现着读书人形象。因此该语境下,"文人之诗"中的"文人"完全可以理解成读书人。宋代以后,从书本、故实的角度(也即立足于读书人身份)来理解"文人之诗",乃是一种常规思路。明末清初钱陆灿径直将诗歌分为诗人之诗、读书人之诗④,其实就是诗人之诗与文人之诗的另一种说法。黄宗羲《后苇碧轩诗序》也说:"古来论诗有二,有文人之诗,有诗人之诗。文人由学力所成,诗人从锻炼而得。"⑤就此而论,文人之诗(读书人之诗)与学者之诗存在着很大的交集。有的研究者即指出,文人之诗包含了学人之诗的内容,到了清中叶,"'文人之诗'这一概念的名称被'学人之诗'所替代"⑥;也有研究者直接将文人之诗纳入学者之诗的范畴来进行阐述。⑦

然而,宋代理学立场下的学者之诗的意涵与文人之诗差别甚大。理学

① 李复:《与侯谟秀才》,《景印文渊阁四库全书》(第1121册),台湾商务印书馆,2008年,第51页。

② 陈应行编:《吟窗杂录》,中华书局,1997年,第947页。

③ 刘克庄:《何谦诗》,刘克庄:《后村先生大全集》(第5册),四川大学出版社,2008年,第2736页。

④ 参见钱陆灿:《调运斋集评语》,《四库未收书辑刊》(第7辑)(第23册),北京大学出版社,2000年,第642页。

⑤ 黄宗羲:《后苇碧轩诗序》,黄宗羲著,沈善洪等编校:《黄宗羲全集》(第10册),浙江古籍出版社,2005年,第8页。

⑥ 李金松:《诗人之诗、才人之诗与学人之诗划分及其诗学意义》,《文学遗产》,2015年第1期,第14-23页。

⑦ 贺国强、魏中林《论"诗人之诗"与"学人之诗"》一文在论述学者之诗时,引用了不少文人之诗的例子。(参见贺国强、魏中林:《论"诗人之诗"与"学人之诗"》,《学术研究》,2009年第9期,第129-136页。)郑永晓《清代诗人之诗与学人之诗的分野与融合——以郑珍诗为例》明确指出"学者诗、儒者诗、文人诗等等都属于学人诗的范畴。"(郑永晓:《清代诗人之诗与学人之诗的分野与融合——以郑珍诗为例》,易闻晓、张剑主编:《道咸"宋诗派"诗人研究》,中国社会科学出版社,2012年,第186页。)

家关于学者之诗的典型评论出自张栻,盛如梓《庶斋老学丛谈》记载:

> 有以诗集呈南轩先生(张栻)。先生曰:"诗人之诗也,可惜不禁咀嚼。"或问其故,曰:"非学者之诗。学者诗读着似质,却有无限滋味,涵泳愈久,愈觉深长。"又曰:"诗者,纪一时之实。只要据眼前实说,古诗皆是道当时实事,今人做诗多爱装这言语,只要颺好,却不思一语不实,便是欺。这上面欺,将何往不欺。"①

张栻所言之"学者之诗"更接近于理学诗。站在理学家立场,"诗人"的创作重心因停留于词句章法、体式风格而不会获得高度认同,"文人"也时常被界定为沉溺于辞章的创作者。理学家推崇"学者之诗"而贬抑"文人之诗""诗人之诗",评判标准依然是思想内容与文辞形式的价值高下,而非这类作品在文本形式方面的差别。如此一来,"学者之诗"又成了理学家价值观念介入诗歌创作的典型话语,与文体本位的批评关联不大了。

经过以上分析,可以看出"文人之诗"的意涵具有一定的复杂性。它与"诗人之诗"的差别不只体现在句法章法、体式风格方面,还体现在内容组成方面(重议论、学问),后者使得文人之诗与读书人之诗、学者之诗产生交集。因此探讨"文人之诗"时,必须辨明它在不同语境下的所指,这有助于厘清各种说法,避免概念运用和分析上含混不清。②

回到文体语境上来。诗歌的议论化、学问化从正面的角度来说,是突破了传统诗歌创作范式,拓展了诗歌的表现力;从负面的角度来说,是丢掉了诗歌的本色。曾季狸《艇斋诗话》云:"东坡之文妙天下,然皆非本色,与其它文人之文、诗人之诗不同。文非欧曾之文,诗非山谷之诗,四六非荆公之四

---

① 盛如梓:《庶斋老学丛谈》,《景印文渊阁四库全书》(第866册),台湾商务印书馆,2008年,第539页。

② 祝尚书《论宋人的"诗人诗"、"文人诗"与"儒者诗"之辨》认为"文人诗"与学术思想密切相关,依此逻辑,文人诗似与学者诗有相通之处。但他又将文人诗与诗人诗一同归到儒者诗(学者诗)的对立面。产生这种看似"矛盾"的现象,正是因为对文人诗的评判标准不同。[参见祝尚书:《论宋人的"诗人诗"、"文人诗"与"儒者诗"之辨》,《北京大学学报》(哲学社会科学版),2009年第2期,第57—65页。]王易华《文人之诗——姚鼐诗歌研究》指出"文人之诗"在内容上包含学问与故实,阐发儒家义理,这一点与学者之诗、儒者之诗有相通之处。不同之处在于文人之诗还体现在理趣,强调诗歌革新,追求艺术创造上。这种说法虽然大致不错,但是将相同之处与不同之处都纳入"文人之诗"的概念之中,失于笼统和单一化,没有充分考虑到"文人"概念在具体语境下的区分。(参见王易华:《文人之诗——姚鼐诗歌研究》,湘潭大学硕士学位论文,2011年。)

六,然皆自极其妙。"①将黄庭坚的诗歌视为"诗人之诗",其判断依据或许与他人不同,不过"以诗人之诗、文人之文为本色"的批评逻辑却被古代很多论者所共用。该语境下的"文人""诗人"也就等同于各自文体的本色创作者。宋代以来,以议论、学问入诗已成不可忽视的创作风尚,这为重世用理道、轻文辞的传统价值观在诗歌中的实践提供了样本和路径,同时也遭到严羽、刘克庄等重视诗歌体制的论家的反对。刘克庄曾言:

> 唐文人皆能诗,柳尤高,韩尚非本色。迨本朝则文人多,诗人少。三百年间,虽人各有集,集各有诗,诗各自为体。或尚理致,或负材力,或逞辩博,少者千篇,多至万首,要皆经义策论之有韵者尔,非诗也。自二三巨儒及十数大作家,俱未免此病。②

刘克庄立足于诗歌本色当行的创作要求,认为宋代大量存在的"文人之诗"顶多能算有韵之文,而称不上真正的诗歌。可见其辨体之论的目的在于阻止诗文之间的互参,也在于抵抗世用思想和理学价值观对诗歌的随意介入和操控。类似评论在后代时有出现,如明李濂《题沨风后》记载:"曩数会空同子于夷门,尝谓余曰:'诗者,天地自然之音也,文人学子之诗,比兴寡而直率多,文过其情,不得谓之诗。"③同刘克庄一样,此种论调完全立足于文体本身的质性,具有明显的辨体、尊体的色彩。可以说,宋代以来的论者强调诗歌与文章在体制风格上的差异,赋予了"文人""诗人"立足于文体本位的身份特质。④

除了"文人""诗人"之外,"词人"也是值得留意的概念。在作为文体的词盛行之后,"词人"便多了一层含义,即指词的创作者。⑤同前文对"文人"

---

① 曾季狸:《艇斋诗话》,丁福保:《历代诗话续编》,中华书局,1983年,第323页。
② 刘克庄:《竹溪诗》,刘克庄:《后村先生大全集》(第5册),四川大学出版社,2008年,第2438页。
③ 李濂:《题沨风后》,《四库全书存目丛书》(集部第71册),齐鲁书社,1997年,第217页。
④ 当然,不是所有论者都主张区分诗人之诗与文人之诗,比如何梦桂《洪百照诗集序》就记载:"尝与友人谭诗,谓文人之诗与诗人之诗异,友曰不然,诗患不到好处,诗到好处,又奚文人诗人之辨哉,此语真诗家阳秋也。"[参见何梦桂:《潜斋集》,《景印文渊阁四库全书》(第1188册),台湾商务印书馆,2008年,第455页。]不过,这个例子也从反面说明"文人""诗人"立足于文体本位的身份特质正是在那些强调辨体的论家笔下确立起来的。
⑤ 在宋以后的文献中,词人概念仍旧很广泛,可指涉辞赋家、诗人,甚至一般的文辞之人,有时候也会指曲家。只有当其与作为文体的词联系在一起时,词人才会指"词的创作者"这一概念。

"诗人"的分析一样,"词人"也逐渐被赋予立足于文体本位的身份特质。比如,协律一直是历代词论探讨的中心问题,在某些论家那里,它甚至成为体现"词人"身份与水准的标签。清聂先、曾王孙《百名家词钞》记载:"陈椒峰玉瑊曰:杨诚斋云:自古作词,能依句者少。依谱用字,百无一二。夫歌韵不协,奚取哉?而或又谓:有才人之词,有词人之词,似乎才人不妨稍稍出入。"①言下之意,词人之词当严格依照韵律,也就是说,"词人"乃是词体规则最严格、标准的执行者。清沈雄引《梅墩词话》云:"文人选词,与诗人选词,总难言当行者。文人选词,为文人之词。诗人选词,为诗人之词。等而下之,莽卤者胜,更恐失村夫子面目也。"②论者明显认为词人所选的词人之词才是当行本色。③需附带一提的是,古人论词,有时候指的是曲。明李开先云:"用本色者为词人之词,否则为文人之词矣。"④所指实为曲。明王骥德强调诗、词、曲各不相同,认为"诗人而以诗为曲也,文人而以词为曲也,误矣,必不可言曲也"⑤。虽然将词归之于文人,稍显突兀,但辨体的态度极为明确。依此,诗人、文人、词人都称不上当行的曲作家。

综上,自魏晋南北朝始,"文人"的主要意涵已基本确定,诗人、辞人都可以被包括在"文人"概念当中。随着唐宋时期"以文为诗"创作风气的兴起,宋元时期词、曲创作的兴盛,古人的辨体观念进一步强化。"文"(或曰文章)衍生出与诗、词、曲相对立的文体意涵,"文人"也就在一定程度上突破了南北朝时期形成的义界,带有了鲜明的文体属性。同样,"诗人"概念从《诗经》的创作者,发展为一般的诗家,再发展为符合诗歌文体特质的创作者。"词人"概念从一般文辞的创作者,发展为华丽辞藻的运用者,再发展为符合词曲文体特质的创作者。这体现出文体观念强化过程中,各自概念的丰富和累积。文人、诗人、词人由此构成立足于文体差异而非价值高下的身份群,

---

① 聂先、曾王孙:《百名家词钞》,《续修四库全书》(第1722册),上海古籍出版社,2002年,第205页。
② 沈雄:《古今词话》,上海古籍出版社,2009年,第183页。
③ 也有不以词体来框定词人之词者,如清王士禛将词分为四类:"有诗人之词,唐蜀五代诸人是也;有文人之词,晏、欧、秦、李诸君子是也;有词人之词,柳永、周美成、康与之属是也;有英雄之词,苏、陆、辛、刘是也。"[参见王士禛:《倚声集序》,《王士禛全集》(第3册),齐鲁书社,2007年,第1564页。]其分类的标准大概是创作者的身份,其中,柳永毕生致力于词,对词人有较强的认同感。周邦彦任职于掌乐律的机构大晟府,康与之专为应制之词。要之,三人都有"以作词为本职"的形象。这里虽然提出了词人之词,但未涉及以诗为词等问题。
④ 李开先:《西野春游词序》,《李开先集》(上),中华书局,1959年,第335页。
⑤ 王骥德:《曲律》,湖南人民出版社,1983年,第209页。

它们成为各自文体的当行作者,亦是各自文体特质的人格化。

传统的儒家世用观念定立了主体身份的级差,成为"以高行卑"的理论依据。然而,"以高行卑"虽能提升低位言行的品格,但说到底,它依循的是外在标准,忽视了身份本位的属性与意义。犹如皇帝耕田,技术上肯定不及农夫。所以,在儒学观念衍生出一套身份级差系统,并以上凌下之时,各种身份主体也在探索自己的当行本色,以加固自己的阵营。诗文价值观念的人格化与文体特质的人格化由此形成一种对立关系。辨明文体特质、追求本色当行,在一定意义上可以说是"以高行卑"现象的逆流。基于这一观念,儒者之文、学人之诗才不断招致批评,被责为"经生学究气"①。

有学者认为,"《诗经》的创作者"是一个群体性指称,即符合讽谏精神的创作群体,而"一般诗歌创作者"着重的是个体创作。因此"诗人"概念经历了从群体诗学到个体诗学的转化过程。②需注意,所谓"个体诗学"当从"抒发个人精神"的角度来理解,如果聚焦于诗人身份的文体属性,那此类文体特质的人格化名称必然带有群体性特点,即指涉符合诗歌体式的创作群体。同时,"诗人"等身份术语还具备某种抽象性。贺国强、魏中林在评论"学人之诗"时说:"不能说'学人之诗'就是指学者所写的诗,'学人之诗'实际上是指诗歌风貌和创作特点而言的。"③与此相同,相应语境下的"文人""诗人""词人"往往不是具体的某个人,而是论者根据自己的主观认识抽象出来的创作者及其群体。这种创作群体既是现实性的存在,也是观念性的存在,而观念性的存在更为重要。现实中的人都兼有多重身份,诗人、词人都可以创作文章,也可以兼为学者、官员。如果将现实中的身份复杂性引入文学批评中,难免导致观念表述的混乱不明。抽象化、观念化的身份术语具有单一、纯粹的特点,避免了现实世界主体身份的复杂状况,其"标签"作用有利于文学观念的阐述和文体讨论的顺利展开,从而使得"文人""诗人""词人"等人格化的表达方式获得了文学批评层面的意义。

---

① 孙承恩:《书朱文公感兴诗后》,祝尚书编:《宋集序跋汇编》(第4册),中华书局,2010年,第1500页。

② 参见赵强、陈向春:《从群体到个体:"诗人"一词的传统涵义及诗学内蕴》,《广西社会科学》,2008年第10期,第150-153页。

③ 贺国强、魏中林:《论"诗人之诗"与"学人之诗"》,《学术研究》,2009年第9期,第129-136页。

第二章　多维视野下的文人身份批评及内涵

　　前一章归纳出"文人"概念的三层基本含义：诗赋的创作者、文辞篇章的创作者、读书人。从中已能看到，古人对文人身份的理解没有停留在概念界定的层面。各自立场下的论者会对文人采取不同的批评视角，使得作为身份的文人被赋予的内涵要比其概念界定丰富、深刻得多。那么，文人是如何被他者看待的呢？不同视野下的文人身份批评如何形成与发展，其中蕴含怎样的思想观念？这都是值得深究的问题。古人从史学、儒学、德行的视角切入，指责文人浮华不实、不明理道、轻薄无行，内中潜藏着文与史、道、德之间的复杂关系，具有有迹可循的逻辑线索与发展脉络。从这三个方面切入，文人负面评论的形成过程及思想内涵可以得到深入的揭示。此外，在文艺批评领域，我们既能见到文人负面评论的延伸和发展；也能够找到一条政治、伦理空间之外的，展现文人正面形象的批评理路。这不但是对史学、儒学、德行视角下文人身份批评的有力补充，还具有文艺思想层面的深远意义。故本章将从史学、儒学、德行、文艺批评四个角度来展开对上述问题的探讨。

第一节　史家看文人：文史关系中的身份认同及批评

　　我们考察多个立场下的文人身份批评，首要目的在于全面地认识文人身份特质的形成过程及其反映的思想观念。文人身份批评的出现，原因有二：一是文人与其他社会身份有着复杂关系；二是"文"因其宽泛的意涵，与其他领域产生了交汇与纠缠。"史"因在这两个方面都占据重要位置，而成为我们考察的重点对象。

　　文史关系是中国古代学术领域的重要话题，它涉及三个层面的内容：一是文学与史著在实际创作中的关系；二是"文"与"史"这两个概念的关系；三是文的创作主体（文人）与史的创作主体（史家）的关系。其中第三个层面的内涵与意义尚未得到重视。先秦史家的修史行为就已反映出一定的身份意识,汉代以来,文学与史著的创作实践,以及文史分合的观念深刻影响着史家对史著特质的认识,促使史家的身份意识不断强化。在此过程中,史家如何认识自己,与他们如何看待"文""文人"直接相关。进而言之,史家对"文""文人"的态度,不仅关乎史家的自我认同,还为中国古代的文人身份注入了重要内涵。因此,本节以古代史家的立场、观念为立足点[①],在文史关系下探讨文人身份认同的产生与发展,并着重分析相关批评话语及其背后的思想观念。

一、早期文史关系的两种情况:以《论衡》为中心

　　文人的主要任务是创作诗文,史家之职是修史。探讨文人与史家的关系,前提当然是分析文与史的关系。对此,已有学者撰文阐发。[②]胡宝国《经史之学与文史之学》一文详细论述了汉魏南北朝时期文与史从融合到分离的过程。大略言之,汉魏以来,"文章"之义当是包括了史著的,南朝时期,"文章"所指逐渐倾向于文学,而偏离了史著。[③]需要指出的是,文史的合与分并不具有明确的时间界限,而是一个漫长的渐变过程,其中呈现出不同观念的交叠回环。胡宝国尽管较为清晰地描述出了此过程,但他也承认,"文章包括史著"的认识不仅存在于汉魏时期,往后推至南北朝仍可见到。[④]同样,文史异辙的观念也并非始于南朝,我们在东汉的著作中就已能发现文史分离的迹象。对此,王充《论衡》是值得分析的样本。该书有大量关于"文""文章"的论述,这些论述与文人身份紧密勾连,从中可见文史分合的情况。

　　首先,王充论"文",论"文人",均注重效力。通观《效力》《超奇》诸篇,能

---

① 所谓"史家的立场",是指论者在史家身份意识推动下的站位与态度,这与论者是否担任史职无必然联系。因为史家身份意识的存在,能使论者在没有身居史官之职的情况下,仍能以史家的立场看问题。

② 如李少雍《中国古代的文史关系——史传文学概论》论述古人对文史关系的认识,目的在于解释为何历代史传都有一定程度的文学性。(参见李少雍:《中国古代的文史关系——史传文学概论》,《文学遗产》,1996年第2期,第4-17页。)李洪岩《中国古代史学文本的理论与实践》也讨论了史著的文学化现象以及反文学的史学文本思想。(参见李洪岩:《中国古代史学文本的理论与实践》,《文史哲》,2006年第5期,第5-18页。)吕海龙《〈史通〉与刘知几文史观研究》叙述了文史分合的轨迹,并着重分析了刘知几的文史分合观念。(参见吕海龙:《〈史通〉与刘知几文史观研究》,上海大学博士学位论文,2011年。)

③ 参见胡宝国:《经史之学与文史之学》,谢保成主编:《中国史学史》(第1册),商务印书馆,2006年,第437-465页。

④ 参见谢保成主编:《中国史学史》(第1册),商务印书馆,2006年,第457-460页。

够发现王充推崇的"文人"乃"文力之人"。同样,他推崇的"文"也就应当是有"力"之文。这里的"力"体现在论议国政、评判言行、传扬人事与思想等方面,换言之,即"文"在空间(政治空间、社会空间)和时间上的影响力和传播力。因而《论衡》中"文""文人"的内涵大都比较宽泛,如《佚文》篇云:"孔子,周之文人也。"①在此语境下,"文人"完全超出了"辞赋文章创作者"这个义界,"文"也超出了"辞赋文章"的范围,而将儒学经典、百家著述都包含在内。史家修史能让所载之人及自己的声名传于后世,其效力不言自明,因而"史"当属于"文力"之"文"的范畴。《书解》篇云:"汉世文章之徒,陆贾、司马迁、刘子政、扬子云,其材能若奇,其称不由人。世传《诗》家鲁申公,《书》家千乘欧阳、公孙,不遭太史公,世人不闻。"②这段话前面还说道:"(世儒)不遭文儒之书,其迹不传。"③故王充推崇这几位"文章之徒",主要不是因为他们的辞赋创作,而是辞赋以外的能流传后世的篇章,包括史著。可知,此处的"文章"是包含了史著的。

尽管王充论"文"具有与时人不同之处④,但"文力"之"文"延续了自先秦而来的"大文"观,即"文"是承载语言的,具有交流和社会效用的文辞载体,是"人文"的表现形式。在价值方面,"文""文章"以"人文"为导向,强调社会效应和传播力度,从而与"史"的价值意义不谋而合。这一点在前面的论述中已能见到,此乃文史不分的第一个因素。在写作技能方面,"文""文章"以其基本的文辞要求,成为撰史的基础。先秦时期,史官就是执掌文辞之人,这一历史原貌奠定了文与史的必然联系。再如东汉末刘劭《人物志·流业》云:"能属文著述,是谓文章,司马迁、班固是也。"⑤一般语境下的"文章"主要指单篇形式存在的辞赋铭诔等作品,但这里的"文章"更偏向于连结篇章而成的著述之作。需要注意的是,刘劭将"文章"视为"属文著述"的能力体现,而"属文著述"的能力又理所当然地成为"修史"的基础,所以刘劭才会说:"文章之材,国史之任也。"⑥由此,擅长撰写文章成为衡量史家修史能力的标准,此观念在后世不断得到响应与继承。就实践层面而言,如西晋设著作

---

① 黄晖:《论衡校释》(第3册),中华书局,1990年,第868页。
② 黄晖:《论衡校释》(第4册),中华书局,1990年,第1151页。
③ 黄晖:《论衡校释》(第4册),中华书局,1990年,第1151页。
④ 郭绍虞便指出,王充所言"文""文章"等词,含义与当时不同,须作最广义解,将学术文言也纳入其中。参见郭绍虞著:《中国文学批评史》(上),商务印书馆,2010年,第79页。
⑤ 刘劭:《人物志》,红旗出版社,1996年,第50页。
⑥ 刘劭:《人物志》,红旗出版社,1996年,第51页。

局,《宋书•百官志》云:"晋制,著作佐郎始到职,必撰名臣传一人。"①撰名臣传,是为考核之用。可见文章写作是修史的必备技能,这成为文史不分的第二个因素。综上,文章包含史著、文史不分的认识不仅出现于《论衡》一书,我们从价值导向与写作技能两个层面考察,都能发现该观念有着更为广泛的思想基础。

其次,《论衡》某些地方对"文人(文士)"的运用又显示出与"文力之人"完全不同的内涵。如以"调辞以巧文"为"文士之务"。②东汉"文""文章""文人"概念的形式化走向在《论衡》中得到一定展现。王充称班固等任职兰台者为文人,《佚文》篇云:"孝明世好文人,并征兰台之官,文雄会聚。"③当时加入兰台的文人有班固、贾逵、杨终、傅毅等,其职务是"校书定字",而非修史。④《论衡》中另有两处谈及班固等兰台文人,《案书》篇云:"今尚书郎班固,兰台令杨终、傅毅之徒,虽无篇章,赋颂记奏,文辞斐炳,赋象屈原、贾生,奏象唐林、谷永,并比以观好,其美一也。"⑤"虽无篇章"之"篇章"意指连结篇章之著述,非单篇的赋颂文辞。《别通》篇云:"是以兰台之史,班固、贾逵、杨终、傅毅之徒,名香文美,委积不继,(无)大用于世。"⑥此句语出旁人之口,王充并不认为他们无用于世,但这正好说明时人认为班固等兰台之史"名香文美"。结合以上三则材料可发现,以"文人"名兰台之史,并重点突出其"文辞斐炳"的篇章创作,是王充时代显见的情况。正如《佚文》篇中王充所质问的那样:"文人文章,岂徒调墨弄笔,为美丽之观哉?"⑦不论是在创作方面,还是在批评方面,"为美丽之观"的文学作品已经被人关注,成为重文辞形式之美的文学思潮在东汉的突出表现。"文"也就时常被理解为"辞采华美的作品"。由此视之,"文""文章"的形式美走向虽未与"史"形成矛盾,但与"文力"之"文"(或曰"大文"之"文")相比,辞采之"文"明显不再与"史"构成包含与被包含的关系。换句话说,当"文""文章"从"大文"降格到重视形式美的辞采之"文"后,"文"与"史"就分别承担了"大文"不同层面的任务,即"史"侧重于内容与价值,"文"侧重于文辞形式。"文"与"史"形成一种既具有交集,又互

---

① 沈约:《宋书》(第4册),中华书局,1974年,第1246页。

② 黄晖:《论衡校释》(第4册),中华书局,1990年,第1201页。

③ 黄晖:《论衡校释》(第3册),中华书局,1990年,第866页。

④ 两汉均没有专职的修史官,也没有专门的修史机构。详见谢保成主编:《中国史学史》(第1册),商务印书馆,2006年,第325-329页。

⑤ 黄晖:《论衡校释》(第4册),中华书局,1990年,第1174页。

⑥ 黄晖:《论衡校释》(第2册),中华书局,1990年,第604页。

⑦ 黄晖:《论衡校释》(第3册),中华书局,1990年,第868页。

不隶属的关系。

王充《论衡》集中反映了东汉时期的文史观念,我们据此能够看到彼时文史关系的两种情况。从价值导向与写作技能的角度视之,文与史相互融合;从辞采形式的角度视之,文与史又具有了分离的迹象。这涉及古人对"文"双重内涵的认识。从指涉"大文"到描述辞采形式之"文",这一转变蕴藏了文史分离的早期征象,此后文与史之关系、文人与史家之关系都必须在此源头与背景下才能得到充分解读。

二、耻为文人:汉唐间文史分离观念与史家身份意识的强化

文史分离绝不是史脱离了文,或文偏离了史这样简单的过程。只有当文与史的不同特质被人们发现、关注并予以强调之后,文史分离的观念得以形成。

一方面,"文""文章"观念已经在汉代呈现出形式化走向,并在魏晋南北朝得到不断推进。特别是南北朝时期,重形式的文学思潮使得一些论者显示出异于史家的文学立场。萧纲《与湘东王书》评论裴子野"乃是良史之才,了无篇什之美"①,此语点出史家之文与篇什之文的差别(或曰史与文的差别)。萧统编《文选》,将纪事之史排除在外,而取其赞论序述,"义归乎翰藻"②乃其选文标准之一。可以说,萧氏兄弟的观念体现了他们的文章家(文人)立场,也折射出彼时相当一部分论者对文史差异的认识。

另一方面,在魏晋南北朝,史的主体性意识也逐渐强化。《孔子家语》载子革之语云:"夫良史者,记君之过,扬君之善。而此子以润辞为官,不可为良史。"③"记君之过,扬君之善"基本等于史家所说的"实录",这句话将润辞与实录放在互相对立的位置上,通过排斥"以润辞为官"来推扬良史的特质与精神。文人(着意于文辞之人)与良史的身份对立于此初见萌芽。裴子野的《雕虫论》站在儒家立场批判藻饰之文,主张创作文章要回到儒家礼义、质朴文风的正统上来。在文质对立的语境下,"史"往往与儒家礼义同属质的一端,这是古代(特别是史家意识觉醒之后)极为常见的判断。是以裴子野之论从复古的角度来说,是将"文"复归于文史不分的"大文"状态的理论表现;从发展的眼光视之,是对"文"逐渐偏向文辞藻饰的发展路向的反对,"导

---

① 姚思廉:《梁书》(第3册),中华书局,1973年,第691页。

② 萧统:《文选序》,萧统编,李善等注:《六臣注文选》,中华书局,2012年,第4页。

③ 杨朝明、宋立林主编:《孔子家语通解》,齐鲁书社,2009年,第478页。按,整段话的内容出自《左传》,但这几句不见于《左传》,应为《孔子家语》整理者添入。

致文学创作混淆史笔和诗才"①。总之,以上两例反映出史家对辞采之"文"的疏远。

可见,魏晋南北朝,文与史正沿着各自的方向发展,人们对二者界限的认识也就愈发清晰。除了上述例证之外,此时期的不少言论也蕴含着文章不含史著、文史分离的观念。如"文史"一词的频繁运用就是其典型表现。再如范晔《后汉书》。《后汉书》首创《文苑传》,意味着"文(文人)"脱离了儒学(儒者)的藩篱。不但如此,范晔在《后汉书》的书写中还蕴藏了文史异辙的思想。若依照刘劭所论,撰写文章的能力是史家修史之必备(前文已述),那么史家能文就是一个真命题;若秉持文史互不包含的分离原则,那么史家则未必能文。为探讨范晔的文史观念,我们对《后汉书》的相关记载进行考察。东汉修史者颇多,李尤曾与刘珍等撰《汉记》,《后汉书》言其"少以文章显"②;尹敏与班固等共撰《世祖本纪》,杜抚与班固、马严等杂定《建武注记》,尹敏、杜抚俱入《后汉书·儒林传》;卢植曾与蔡邕等人撰补《后汉记》,范晔不但未言其"能文",更说卢植"不好辞赋"③。可见范晔并未将所有的修史之人都标以"能文(章)"。更值得注意的是,《文苑传》言李尤"少以文章显",末尾言其"所著诗、赋、铭、诔、颂、《七叹》、《哀典》凡二十八篇"④,这里的诗、赋、铭、诔等应当是李尤能文、以文章显的标志,史著并未被包括在内。边韶曾著作东观,参与过《东观汉记》的撰写,《文苑传》言其"以文章知名",末尾仍列其"著诗、颂、碑、铭、书、策凡十五篇"⑤,而未言及史著。在传尾列举传主的著述,乃史著书写的惯例。罗根泽列举了更多类似的例子,以说明汉代的"文"不专指赋颂。⑥同样,我们也可以认为在《后汉书》的叙述方式中,"文""文章"不包括史著。

范晔及其《后汉书》的撰写不但为我们提供了文史分离的具体例证,更揭示出史家史学自觉与身份意识强化之间的必然关联。他在《后汉书》中有意识地区分文与史,而《后汉书》本身就隶属于"史"。于是,他不得不在业已区分的文史关系之下来考量自己的著述行为与身份性质。换言之,范晔对"文"形式化走向的态度与他的史家身份意识必然互恰。在此背景下,我们就能更好地理解范晔《狱中与诸甥侄书》中的一段话:

---

① 葛晓音:《八代诗史》,中华书局,2012年,第313页。
② 范晔著,李贤等注:《后汉书》(第9册),中华书局,1965年,第2616页。
③ 范晔著,李贤等注:《后汉书》(第8册),中华书局,1965年,第2113页。
④ 范晔著,李贤等注:《后汉书》(第9册),中华书局,1965年,第2616页。
⑤ 范晔著,李贤等注:《后汉书》(第9册),中华书局,1965年,第2624页。
⑥ 参见罗根泽:《中国文学批评史》,古典文学出版社,1957年,第83-84页。

常耻作文士。文患其事尽于形,情急于藻,义牵其旨,韵移其意。虽时有能者,大较多不免此累,政可类工巧图缋,竟无得也。常谓情志所托,故当以意为主,以文传意。以意为主,则其旨必见;以文传意,则其词不流。①

这是修史者最早对文人进行的否定性批评和认同,其含义非常显豁。范晔说自己耻作文士,原因不在于文人德行和世用方面的缺失,而在于文人作文重视辞藻,深有病累。从语言表述上看,他对文士的否定性认同主要建立在对当时文学风气的批判上,似乎并未直接表露其史家立场。然而,《狱中与诸甥侄书》的言语之间稍有无意于文而用力于史的主观倾向。②范晔强调文以意为主,意本而辞末,这与史家修史的原则深相契合。结合《后汉书》在文史分离方面的多种表现,可以说,范晔的"耻作文士"依然蕴含了史家修史的立场,是他在文史分离观念的主导下,在审视自己的史著基础上,所形成的自我定位和身份认知。

相比而言,唐代刘知几关注到文与史先合后分的现象,对此问题的阐述更为系统、丰富。《史通·载文》云:"文之将史,其流一焉。"③《史通·核才》云:"朴散淳销,时移世异,文之与史,较然异辙。"④刘知几将文史异辙的原因归结于"文"之变化,《史通·载文》叙述了这一演变过程。殊不知,除了"文"之演变外,刘知几的辨析及其所反映的史学意识、史家立场,乃是推扬文史异辙的另一个重要动力。在《自叙》中,刘知几自比扬雄,并云:"幼喜诗赋,而壮都不为,耻以文士得名,期以述者自命。"⑤他"耻为文士"的原因,就客体层面而言,是文士虚言丽词、浮华不实;就主体角度来说,是他在文史异辙的前提下,决然选择了史家立场。需要强调的是,主张文史分离,乃刘知几秉持史家意识的结果,而非促发其史家意识的原因。促发其史家意识的恰恰是辞采之文与史相互融合的实际创作情况。注重文辞之美,风格日渐绮丽,是魏晋以来文学发展的主要方向。不少史官以能文著称,难免使浮华文风侵

① 沈约:《宋书》(第6册),中华书局,1974年,第1830页。
② 钱锺书便认为,范晔云"耻作文士",与萧纲《与湘东王书》"裴氏乃是良史之才,了无篇什之美"意思相近,均"以'史'之文别于'篇什'之文"。参见钱锺书:《全宋文卷一五》,钱锺书:《管锥编》(第4册),生活·读书·新知三联书店,2008年,第2001页。
③ 刘知几:《史通》,上海古籍出版社,2008年,第90页。
④ 刘知几:《史通》,上海古籍出版社,2008年,第178-179页。
⑤ 刘知几:《史通》,上海古籍出版社,2008年,第207页。

及史著。《史通·核才》就用大量笔墨批判了魏晋以来文士修史的现象,揭示其史著"多无铨综之识""罕逢微婉之言"①的弊端,唐代也多有文人充任史馆之职位。可见,刘知几此论既是对魏晋南北朝文风侵染史著这一现象的反思,也是针对所在时代的实际情况有感而发。对于刘知几这样秉持史家意识的论者来说,上述情况扰乱了史著的特质与边界,威胁史家的身份、职能,及其独有的品格。为了抵御此种风气,他必须明确主张区分文与史的界限,反对"文非文,史非史"②的状态,进而强化史家的身份意识,反对以文士任史职。

刘知几对文章的认识、对文士的态度与范晔基本相同③,但其史家身份的自觉性和主动性,比范晔又进了一步。从魏晋至唐代,文史分离不只是学科门类的界定及其概念、用法的区分,更重要的是,它与文学创作的形式化走向,流行文风对史著的侵染等现实情况密切相关。从范晔、刘知几"耻为文士"的论述中可以看出,在"文"指向辞采的背景下,史家的自我意识得到强化,并表现出一定程度的身份自信,这为史家对文人的身份批评定下了基调。

三、文人不可修史与史家能文:唐以后史家身份意识的发展

刘知几在《史通》之中明确反对文人修史,这一史家立场在后世得到了继承和发挥。概括地说,史家反对文人修史,原因有二:一是文人本身的弊病,如虚言浮词、华而不实,违背史家实录精神和严谨态度。唐孙樵、宋章如愚等人都发表过类似言论,再如明朱荃宰以"文士之才在善用虚,史官之才在善用实"为至言④,清潘耒认为文人之作"失实乱真,贻误千载",直言"史学之废,文人为之"⑤。沈钦韩批评欧阳修《唐志》率意之弊,亦言"儇慧文人,不可令修史,后世当以为戒"⑥。二是史家具有自己的行业要求,刘知几标举的才、学、识三长即可被视为史家的行业要求,该观念为后世很多论者所接受。比如,元代诏修辽、金、宋三史,右丞相脱脱问揭傒斯修史以何为本,揭傒斯回答:"用人为本。有学问、文章而不知史事者,不可与;有学问、文章,知史

---

① 刘知几:《史通》,上海古籍出版社,2008年,第179页。
② 刘知几:《史通》,上海古籍出版社,2008年,第131页。
③ 二人除了都表达"耻为文士"的意思之外,刘知几重视"意",反对文以害意的创作行为,这与范晔"文以意为主"实相一致。与"文辞""气"相比,"意"更贴近修史者的要求。
④ 朱荃宰:《文通》,王水照主编:《历代文话》(第3册),复旦大学出版社,2007年,第2698页。
⑤ 潘耒:《松陵文献序》,《续修四库全书》(第1417册),上海古籍出版社,2002年,第481页。
⑥ 沈钦韩:《汉书疏证》,《续修四库全书》(第266册),上海古籍出版社,2002年,第538页。

事,而心术不正者,不可与。用人之道又当以心术为本也。"①此言可以说是对刘知几"三长"之论的进一步发挥,明确了学问、文章、史事、人品这四个史家标准,以及其间的递进关系。文章与实录只是其中的两个方面,文人即便消除了浮华、率意之弊,仍旧达不到史家修史的要求。一直到清代的章学诚,反对文人修史的史家立场与态度,时有回响,从未断绝。由此也可见古人对史家修史要求的巩固与维持。

反对文人修史,是史家身份意识与行业意识逐步强化的必然结果,也是文史分离最直接的表现。上述第二个原因在充分体现史家行业意识的同时,也蕴含着"修史不是谁都能做"的态度。这为"作文与修史孰难孰易"的话题定下了基调。刘知几标举史学三长,等于表明了"为文人易,为史才难"的观点。该观点与唐代礼部尚书郑惟忠"文士多而史才少"②之间恰成映照。唐孙樵《与高锡望书》云:"文章如面,史才最难。"③与刘知几亦如出一辙。为什么史才难于文章?为什么文士多而史才少?仅从史学三长的角度,就能得到很好的解释。后世论者也多从此角度予以阐发,正如章学诚所言:"主义理者拙于辞章,能文辞者疏于征实,三者交讥而未有已也。义理存乎识,辞章存乎才,征实存乎学,刘子玄所以有三长难兼之论也。"④此可视为突显史家身份价值的理论表述。

然而,"文士多而史才少"的原因不应停留于"史学三长难以兼备"的层面。我们也不能把"文士多而史才少""史才难于文章"等观点视为两个互不相关的行业在人员数量和从业难度方面的比较。在《与高锡望书》中,孙樵就说道:"今朝廷以史馆丛文士、儒家,擅一时胸臆,皆欲各任憎爱,手出黑白,孰能专门立言乎。"⑤史馆之臣(或修史之人)多是仕进出身的读书人,写文章是他们的必备素质。不论史家是否赞同文人修史,必须承认的是,修史之人均是从文人(读书人)群体中选拔出来的。这才是文人修史的现实原因。司马光《刘道原十国纪年序》记载,宋英宗命司马光挑选馆阁英才修《历代君臣事迹》,司马光回答:"馆阁文学之士诚多,至于专精史学,臣未得而知

① 黄潜:《翰林侍讲学士中奉大夫知制诰同修国史同知经筵事追封豫章郡公谥文安揭公神道碑》,《续修四库全书》(第1323册),上海古籍出版社,2002年,第354页。
② 刘昫等:《旧唐书》(第10册),中华书局,1975年,第3173页。
③ 孙樵:《与高锡望书》,董诰等编:《全唐文》(第4册),上海古籍出版社,1990年,第3689页。
④ 章学诚:《说林》,章学诚:《文史通义》,古籍出版社,1956年,第120页。
⑤ 孙樵:《与高锡望书》,董诰等编:《全唐文》(第4册),上海古籍出版社,1990年,第3689页。

者,唯和川令刘恕一人而已。"①专精史学者必定在文学之士中产生,故此言在一定程度上反映出史家与文人的身份关系。文人群体是史官的人才基础,当史官与这个基础的差距越大,史官的身份特质就越明显。所谓"文人多,史才少""为文人(文章)易,为史家(史著)难"等论调都是在文人群体中凸显史家身份与特质的评论话语。

进一步说,上述文人与史官的身份关系很容易引发"史家能文"的观念。宋郑樵就认为:"修书自是一家,作文自是一家。修书之人必能文,能文之人未必能修书。若之何后世皆以文人修书。"②表面上看,这段话颇有问题,若说修书(即修史)自是一家,作文自是一家,二者对创作者的要求全然不同,那么修书之人应该不一定能文,郑樵却言"修书之人必能文"。若将能文之人视为文人,据"修书之人必能文"一语,那么修书之人定为文人,如此,文人修书则是理所当然。揣摩郑樵之意,当是修史的要求高于作文,能文只是修史者的基本素质,但不是体现修史者身份的主要标签。修史者必须具备的核心素质和能力,一般文人未必具备。可以看出,郑樵只是把刘知几等人的史家立场和观念进一步发挥,不过他揭示的"史家能文"的观念还有更为深刻的背景。

前文已述,"文"具有"大文"和"辞采之文"两重含义,魏晋之后的文史分离观念主要是从"辞采之文"的角度来考量的。但这也并非后世论者一以贯之的态度。一方面,辞采之"文"代表了南北朝及以后文学创作的重要路向,在某种程度上成为"文"的主要内涵。另一方面,复古思想总是在尽力批驳这一路向,试图将"文"从辞采之文复归到三代"大文"的价值体系中来,这在唐以后表现得极为明显。陈子昂"文章道弊"一语正体现出对"文"之内涵和价值的回溯。唐代的古文倡导者主张文章要以明道宗经为旨归,即回复到文道合一的理想状态。由此,先秦的典籍(特别是儒家经典)被复古论者当作文章创作的最高标杆,传统经史著作所蕴含的伦理道德、社会意义也成为文章写作的价值基础。李华《著作郎厅壁记》云:"化成天下,莫尚乎文。文之大司是为国史,职在褒贬惩劝,区别昏明。"③化成天下之"文"即具备道德伦理、社会意义的"大文",这个意义上的"文"自然包含了"史"。李华这句话既道出中国早期文辞掌控于国史之手的历史现实,又指出了"史"在"文"的领域中占据价值高位。与南北朝时期诸多文史分离的情况相比,古文运动

---

① 司马光:《刘道原十国纪年序》,《全宋文》(第56册),上海辞书出版社、安徽教育出版社,2006年,第109页。
② 郑樵:《上宰相书》,郑樵著,吴怀祺校补:《郑樵文集》,书目文献出版社,1992年,第37页。
③ 李华:《著作郎厅壁记》,董诰等编:《全唐文》(第2册),上海古籍出版社,1990年,第1416页。

倡导者对"大文"及其价值的重视导致文史关系经历了一场复古,即回到中国早期文史不分的状态。宋人有"三代无文人,六经无文法"①之论,此语反映出古代最为典型的文章观念,即对三代文、经、史不分的创作形态的尊崇,对不刻意于文辞、文由道生的创作观念的推扬。由此理路推演,史不但没有与文相分离,还统摄了文的核心——理道。

上述观念在宋代以后被不断地表达和阐扬。如明王士骐云:"文章之大者,莫如史。"②清吴肃公云:"道出于圣贤,而著之为经;治出于帝王,而征之为史。经与史,文章之至巨。"③吴高增云:"经史者,文章之根柢;文章者,经史之膏腴。"④以上言论表达了同一个观念:史官是文的正当使用者,史著是最好的文章。以此推之,"史家能文"就是一个理所当然的结论。再如,清代章学诚的史家立场极为坚定,他曾劝人作古文辞,认为:"古文辞必由纪传史学进步,方能有得。"⑤学史的目的主要不在于章法辞采,而在于溯源六艺。故史与文之关系,也就是根与叶之关系。故他说道:"古文辞而不由史出,是饮食不本于稼穑也。"⑥稼穑好了,饮食自然不成问题。另外,章学诚又云:"史所载者事也,事必藉文而传,故良史莫不工文。"⑦清邓绎也明确表示:"国史者,文章之总汇,后世无良史,故文章日以卑下。"⑧大致而言,这两句话尚停留在"史家能文"最简单的层面——史家修史需要具备文章写作的能力。但不可否认的是,王士骐、章学诚等人对"史"价值地位的重视、对文章创作要溯源经史的强调,都从核心价值层面强化了"史家能文"这一理念。

四、文人、史家的身份级差及批评史意义

从反对文人修史到坚持史家能文的过程说明,史家在确立自己的身份意识与行业要求的同时,并没有沿着文史分离的路向发展。面对重辞采的

---

① 陈傅良:《文章策》,《景印文渊阁四库全书》(第1150册),台湾商务印书馆,2008年,第913页。
② 王士骐:《李本宁太史书》,《四库禁毁书丛刊》(集部第32册),北京出版社,1997年,第640页。
③ 吴肃公:《经史序录序》,《四库禁毁书丛刊》(集部第148册),北京出版社,1997年,第374页。
④ 吴高增:《分年日程》,《四库未收书辑刊》(第10辑)(第20册),北京大学出版社,2000年,第421页。
⑤ 章学诚:《与汪龙庄书》,章学诚:《文史通义》,古籍出版社,1956年,第299页。
⑥ 章学诚:《文德》,章学诚:《文史通义》,古籍出版社,1956年,第61页。
⑦ 章学诚:《史德》,章学诚:《文史通义》,古籍出版社,1956年,第145页。
⑧ 邓绎:《藻川堂谭艺》,王水照主编:《历代文话》(第7册),复旦大学出版社,2007年,第6194页。

创作风尚及其对史著的浸染,唐宋以后的史家在反对文人修史、划清史与辞采之"文"界限的同时,力图强化"大文"的概念和意涵,进而推崇三代文史不分的理想状态。从以上论述也可看出,史家对自己的认同、对文人的批判,都通过一系列批评话语呈现出来。因此,从身份批评的角度来看待该问题,不仅能深化我们对文史关系、文人与史家关系的认识,还能揭示其批评史意义。

范晔"耻作文士"的"文士"非广义层面的文人(读书人,或所有创作文章之人),而是特指辞采之"文"的创作者。在六朝"文"偏向形式的进程中,范晔所言的"文士",与其说指涉具体的创作主体,毋宁说是对辞采之"文"及其创作风尚、创作习性的人格化表达。刘知几"耻以文士得名"中的"文士"也当如此理解。唐代以后,史家"耻为文人"和反对文人修史的诸多表述在凸显自己身份意识的同时,也使"文人"进一步发展成抽象化、概念化的身份标签。好奇、重辞采、虚言浮词变成"文人"标签下的主要内容。需要再次强调,我们关注的不是这一标签的合理性,而是贴标签的过程。文人的形象除了自我塑造这层因素外,更多地来源于他人(包括史家)的刻画与描摹,后者能够在凸显自我(史家)身份意识的同时,强化文人的身份标签。文人、史家一旦从具体的创作主体演变为抽象化、概念化身份词语,就具备了描述作品的能力,从而升级为重要的批评话语。

众多史学论者谈及文人与史家,其目的主要在于为史立法、为良史立准则,指出真正合格的史家应该是什么样子的。他们推崇的史学观念与古代的修史实情有相当大的出入,史著不可能都是符合要求的作品,其编撰者也不可能都是良史。良莠不齐的修史群体和亟待区分的史著等级,诱发了很多史学批评话题。比如,在史学领域,纪传与编年之优劣曾是讨论的焦点。宋孙甫等人主张编年优于纪传,多有论者响应。①宋刘炎《迩言》云:"或曰:'纪传之体,与编年孰是。'曰:'文人爱奇,则嗜纪传。史氏尚法,则优编年。必有作者,知所先矣。'"②讨论纪传、编年,乃史著体例的内部问题,本涉及不到文人。传之一体,经唐传奇之发挥,成为文学体裁之一,其内容多非史实,以奇为尚。刘炎将文人与纪传相联系,应有这方面的原因。刘炎之言必定是站在史家的立场来说的。文人不一定都爱奇,而曰"文人爱奇",可见文人的标签化作用;史氏不一定都尚法,而曰"史氏尚法",可见在刘炎看来,尚法应是史家修史的要求。将编年当作史家正体,视纪传为文人之作,既是突出

---

① 参见曹鹏程:《宋代纪传、编年二体优劣论》,《史学史研究》,2011年第1期,第35-41+123页。
② 刘炎:《迩言》,《景印文渊阁四库全书》(第703册),台湾商务印书馆,2008年,第545页。

史家特质的刻意之举，又为丰富的史著系统定立了高下标准。[①]宋章如愚亦云："纪传多载奇怪不经之语，而编年则不可以泛纪也。爱奇厌常，舍难就易，文人才子之习云耳。必有史才者，欲知去取予夺之大法。则编年之书目熟而心究之矣。"[②]章如愚贬低文人，推崇史才，并以此区分纪传、编年之优劣，这相当于把纪传体史书视为文人之史，把编年体史书视为史家之史。两类史著的高下，凭借文人与史家的身份定位就能得以区分。由此可见，文人、史家身份在标签化之后，进一步成为区分史著优劣的重要方式。

用身份来区分、批评史著，并不始于刘炎。在刘炎之前，刘知几《史通》就有类似举措："子曰：'汝为君子儒，无为小人儒。'儒诚有之，史亦宜然。盖左丘明、司马迁，君子之史也；吴均、魏收，小人之史也。"[③]以君子、小人来区别史著之高下，也即按修史者的身份品格判断史书的优劣，这已经体现出非常重要的身份化批评方式。刘炎之后，这样的批评层次愈发丰富，如明胡应麟《少室山房笔丛》云：

> 《尚书》《春秋》，圣人之史也。《檀弓》《左传》，贤人之史也。《史记》《汉书》，文人之史也。《后汉》《宋书》，乱人之史也。三国、元魏，小人之史也。赵宋、辽、金，夷人之史也。举其人而史之得失，文之高下，了然矣。[④]

胡应麟运用不同的身份词汇来为丰富的史著系统划定格局，他列出的作品序列具有明显的等而下之的意味。其中，文人之史的地位——不及圣人、贤人之史，而优于乱人、小人、夷人之史——表现得十分明显。明黄汝亨《二十一史论赞辑要序》只划分出圣人之史、贤人之史与文人之史三类，他认为明以前的二十一史，其文代降。其中，贵古贱今与崇尚儒家经典的意识兼而有之。黄汝亨进一步主张读史当"自诸家遡迁固，自迁固遡檀左，以会通于《春

---

① 刘炎《迩言》又记载："或曰：'纪传不及编年，然则班、马皆非欤？'曰：'班、马未可全贬也。文皆近古，事皆见闻，法皆家传。'"[参见刘炎：《迩言》，《景印文渊阁四库全书》（第703册），台湾商务印书馆，2008年，第545页。]盖班、马影响太大，其意义与地位不可抹杀，但"未可全贬"四字，已表明以纪传为体的《史记》《汉书》有可指摘之处。

② 章如愚：《群书考索续集》，《景印文渊阁四库全书》（第938册），台湾商务印书馆，2008年，第217页。

③ 刘知几：《史通》，上海古籍出版社，2008年，第387页。

④ 胡应麟：《少室山房笔丛》，中华书局，1958年，第167页。另，此语也见于胡维霖《墨池浪语》卷二。

秋》一字之义,而见圣人之心将有藉焉"①,即由诸家之史回溯到文人之史(即《史记》《汉书》),再一路向上,直至贤人、圣人之史。这里比较的是儒家经典与史之关系。正如其所言:"史以事词胜,而经以道法胜。"②而文人则被安排到史学发展的环节当中,成为一个身份标识。不论是胡应麟,还是黄汝亨,其身份化的批评与区分,所依据的不完全是创作者的实际身份,而更多是创作者品格、行为及其在史著撰写中的表现(即创作行为、内容特质的人格化),圣人之史、贤人之史、文人之史的划分尤其如此。胡、黄二人的论述尚未涉及文人修史的问题,我们也未看到文人与史家的直接比较,但不可否认的是,在用身份划分的史著的内部等级与格局中,文人之史的地位,文人与圣人、贤人等其他身份的级差都得到了清晰的展现。

当论者为史著定立的等级称谓中出现史家(良史)时,文人与史家的差异就会突显出来。明于若瀛《季汉书序》将史分为圣史、贤史、良史、文人史、宽吏史、严吏史、私史。其中宽吏史、严吏史是作者为了批评《三国志》而特意拈出的两个史著类别,不具有明确的高下之分。但整体来说,上述序列并未违背由高而低的史学格局。所谓良史,其实就是史官之史。于若瀛阐述良史,云:"其事核,其文肆,赡而不秽,详而有体,司马迁《史记》、班固《汉书》是也。"③阐述文人史,则云:"事拾猥杂,词组玄黄。谢朝华之已披,启夕秀之未振。范晔、沈约、萧子显、姚思廉、李百药、李延寿、令狐德棻诸史是也。"④且不论他对这些修史者的分类是否合理,仅从名称上来看,良史修史,乃本色当行。文人修史,虽不无可观之处,但与良史相比,则已等而下之,即便以外行称之亦无不可。清齐召南《史论》与于若瀛之论大同小异,不再赘言。可见,于若瀛对良史、文人史的认识与刘炎等人相接近。在为史著定立等级,判断并批评史著(或修史者、论史者)地位、价值的时候,史家与文人的身份级差是极为明确、一贯的。二者的高低既体现在价值的高下,也体现在行业的内外。

史家、文人是相应创作行为、特质的人格化标签,反映的是古人对某一行为的价值判断。只要价值系统不崩塌,那史家、文人的级差就不会变化。由此带来的身份化批评和等级框架就具有极强的稳定性。论者可能对某一

① 黄汝亨:《二十一史论赞辑要序》,《续修四库全书》(第1368册),上海古籍出版社,2002年,第621页。
② 黄汝亨:《二十一史论赞辑要序》,《续修四库全书》(第1368册),上海古籍出版社,2002年,第620页。
③ 于若瀛:《季汉书序》,《四库禁毁书丛刊》(集部第46册),北京出版社,1997年,第127页。
④ 于若瀛:《季汉书序》,《四库禁毁书丛刊》(集部第46册),北京出版社,1997年,第127页。

史著(或修史者、论史者)产生不同的认识,但他们所用的批评方式,特别是史家高、文人低的身份格局基本不会更易。如刘知几以才、学、识为史家之必备,将一般文人排除在史家之外,而章学诚《文史通义·史德》引述刘知几的史学三长,认为刘氏的识见仍旧是"文士之识,非史识"①。章学诚的史学观念不同于刘知几,但他的批评模式(降低文人、抬高史家)与刘知几完全一致。再如,与于若瀛将《史记》《汉书》视作良史(史家之史)相比,清孙承泽却认为司马迁的《史记》"博采《左》《国》《战国策》之文,择焉不精,事多妄怪,且有借事以寄其慷慨者,文人之业,非史也"②。尽管具体的批评意见不同,但他们都使用了同一个套路——推尊史家之史,贬抑文人之史。在这里,我们能清楚地察觉批评的形式、框架比批评的内容更具持久性和稳定性。

史家与文人之间之所以存在稳定的身份级差,除了因为古代价值体系极为稳固之外,还因为这两个群体有着固定的关系。文人群体是史家的基础,史家身份的突显必须靠文人身份的反衬。在史家突出自我特质的过程中,一些在他们看来不符合史家要求的行为,理所当然地被归入他们所言的文人范畴中。这再次说明了史家、文人身份级差形成的结构性原因。

史的领域能够产生身份化的区分,同样,文的领域也有身份化的区分和定位。同时提及史家和文人的,如宋赵汝谭:"以词为经,以藻为纬,文人之文也;以事为经,以法为纬,史氏之文也;以理为经,以言为纬,圣哲之文也。"③三者之间,界限分明,高下立判,文人的身份特征也体现得极为明显。在面对圣贤、史家,或制度层面的问题时,文人往往被排除在外,居于下等。元李淦云:"濂溪先生《太极图说》《通书》,明道先生《定性书》,伊川先生《易传序》《春秋传序》,横渠先生《西铭》,是圣贤之文,与《四书》诸经相表里。司马子长是史官之文,间有纰缪处;退之是文人之文,间有弱处,然亦宇宙间所不可无之文也。"④对于史官、文人两家,论者虽未强分高下,但圣贤之文、史官之文、文人之文的排列顺序依然蕴含了等级观念。清姜宸英将文章分为四类:史家之文、经术之文、理学之文、辞赋之文。此"辞赋之文"即可看作文人之文。姜宸英尽管以较为客观的态度说:"四者之于文,虽有华实纯驳之不同。要皆能专工于所事,各极其才力之所至,卓然有以自立,而不至泯没

① 章学诚:《史德》,章学诚:《文史通义》,古籍出版社,1956年,第144页。
② 孙承泽:《藤阴札记》,《续修四库全书》(第944册),上海古籍出版社,2002年,第55页。
③ 赵汝谭:《水心文集序》,刘公纯等点校:《叶适集》(第1册),中华书局,1961年,第1页。
④ 李淦:《文章精义》,王水照主编:《历代文话》(第2册),复旦大学出版社,2007年,第1186页。

于后世,此其最著者也。"①但他也不否认词章之士常为人所鄙。综合以上诸例,可以发现,在文章领域,文人之文并没有得到高于史家之文的评价。在不少论者眼中,文人之文甚至低于史家之文。这与史学领域史家之史高于文人之史的现象并不对等。其原因在于:文的核心价值、意义非"文"所独有,更未建立在文人所擅长的文辞形式之上。与史官相对的文人,乃是具有好奇、重辞采、虚言浮词等特点的创作主体,在强调世用价值、社会意义的经史传统下,被贴上"重文辞"标签的文人已经失去了文章核心价值的掌控权。②

综上,史家对文人的身份批评是在文史关系背景下展开的。其中既有文史合一的历史源头,又有"文"的双重属性的滋生与演变。魏晋南北朝,人们对文章形式之美的关注促进了文学的发展,也诱发了文与史在观念上的分离。然而,后世史家并没有走南北朝以来文史分离的老路。在贬抑文人的同时,强调文的价值核心,并通过回溯先秦"文""史"的形态来重构文史合一的理想境界。这一思路及相关批评塑造了文人与史家的身份特质,使二者成为相应言行和创作习性的人格化表征,文学和史学领域的身份化批评由此得以丰富。史著与修辞之文的价值高下决定了史家的身份认同理念,同时也使得前文提及的许多核心观念具有内在的一致性。比如,"反对文人修史"与"提倡史家能文"就是并行不悖的理论思想。反对文人修史,预示了文人之史较低的地位;提倡史家能文,意味着史家之文较高的价值。这一系列批评又一次从身份角度印证并解释了"以高行卑"的文体互参原则。史家与文人的身份级差因有了传统价值观和社会结构的支撑而愈发稳固,文人身份也就在史家的话语权力下经历了被定位和被塑造的过程。

第二节　儒学场域下的"文人"概念及身份批评

在中国古代文学批评领域,文道关系始终是不可回避的基础性话题,它得到了历代论者源源不断的阐发,以及当下研究者的大力关注。相较而言,文人与儒者的身份关联,以及"文道关系下,儒者如何看待文人"这类问题尚未得到充分考察。儒者作为儒家学术的研习者与弘扬者,代表着正统价值

---

① 姜宸英:《山西试录前序》,《景印文渊阁四库全书》(第1323册),台湾商务印书馆,2008年,第639页。

② 对于这一点,下一节会有详细论述。

观念,相当程度上占据了社会文化批评的话语权;文人则是一个极其庞大的创作群体,依借"文"的各种现实效用和表达功能,对古代社会产生了广泛、深远的影响。与史学相比,儒学具有更为广阔的涵盖面和更为强大的辐射力。儒学观念的稳固性、主体身份的多重性、行为的多样性、社会的多元交错性等因素使得儒者与文人产生了各种形式的纠缠,这让我们看到儒学场域下的"文人"内涵经历了一定的演变过程,且不是"不通理道"四个字就能简单概括的。本节将以"文人"为核心,从概念与制度层面切入,探究儒者与文人差异的形成,并结合儒学的发展分析"文人"意涵及相关批评话语的演变,寻绎其思想根基。

一、唐前儒士与文人差异的产生

儒士与文人身份不是自古就有,其概念和意涵亦非这两种身份一经出现就固定下来,不再变动。先秦"文人"概念大致经历了从"知识教养的拥有者"到"擅长言语文辞的士"的发展过程。对于先秦"儒者"的文化渊源与意涵演变,这里稍作解释。

章太炎《原儒》一文区分出"儒"的"达名""类名""私名",它们分别对应"儒者"的三层含义:术士、通六艺者、儒家者流。[①]这为描述先秦"儒"的演变提供了线索。后来的研究者对"儒"的历史起源有不同认识,如胡适认为"儒是殷民族的教士"[②],杨向奎认为"原始的儒也从事巫祝活动"[③],刘忆江认为"儒"的前身是保氏[④],阎步克认为"儒"源于商周时期的乐官[⑤],高华平认为早期的"儒"与"司徒之官"有密切关系。[⑥]尽管观点各异,此类研究仍拥有共同的立论基础:首先,"儒"经历了从广义(即章太炎所言之达名、类名)到狭义(即章太炎所言之私名)的演变过程。其次,广义的"儒"和狭义的"儒"并非毫不相干,在知识文化和教养方面,它们有着一脉相承的关系。以上两点应当是符合历史原貌的。"儒"的文化来源不论是巫祝、乐官,还是师氏、保氏,都凸显了"贵族知识教养(包括诗书礼乐)的实践者和传习者"这层身份。春

---

① 参见章太炎著,庞俊等疏证:《国故论衡疏证》,中华书局,2018年,第544-549页。

② 胡适:《说儒》,胡适著,季羡林主编:《胡适全集》(第4卷),安徽教育出版社,2003年,第1页。

③ 杨向奎:《宗周社会与礼乐文明》,人民出版社,1992年,第412-415页。

④ 参见刘忆江:《说儒——兼论子夏学派的历史地位》,《中国社会科学季刊》,1993年第2卷,第110-121页。

⑤ 参见阎步克:《乐师与"儒"之文化起源》,《北京大学学报》(哲学社会科学版),1995年第5期,第46-54+92+128页。

⑥ 参见高华平:《再说儒——先秦儒家与上古的氏族、部落及国家》,《国际儒学》,2024年第1期,第33-48+184-185页。

秋时期,以孔子为创始人的儒家所持有的"诗书礼乐传习者"的身份意识显然是从早期的"儒"(或曰广义的"儒")那里继承而来的。

春秋时期的"文"时常指代礼乐制度,因此,我们用"文"来概括以诗书礼乐为代表的知识教养,亦无不可。据此而论,儒者就是"文"理所当然的实践者和传习者。如果把"文人"之"文"限定在礼乐制度、知识教养方面,那"文人"跟"儒者"几乎可以等同起来。到了战国时期,"文"逐渐衍生出文辞、辞章的含义,而不一定具有礼乐教养方面的品格,"文人(文士)"概念也就逐渐往"擅长言语文辞"的方向发展,这自然使得它与"宗师仲尼"的儒者(儒士)区别开来。

儒士与文人的区隔在汉代愈发明显,彼时"文学"与"文章"的分途导致"文学之士"与"文章之士"成为相互区别的一对概念,这一点是众所周知的。①需要说明的是,"文学之士"与"文章之士"的差别(也即儒士与文人的差别)主要立足于"人各有长""术有专攻"的现实情形,"文章之士"所遭受的道德、世用方面的责难乃由这一现实情形衍生而来。东汉末,人物品评逐渐兴起,除了品德之外,个人的才智在观人、用人过程中得到了更多关注。人才的品评和遴选须以区分才智的类型、辨识每个人的长处为前提,是以"人各有才"自然成为论者必须正视和强调的观人理念。刘劭《人物志•流业》专门探讨了人物因染习各异而形成的十二种不同身份或职业,其中谈及文章与儒学,"能属文著述,是谓文章,司马迁、班固是也;能传圣人之业,而不能干事施政,是谓儒学,毛公、贯公是也"②。刘劭运用概念界定的方式,清晰、客观地将文人与儒士之间才能和职业的差别展示了出来。南北朝时期,在人各有所擅、术业有专攻思想下区分文人与儒士(或曰文章与儒学)的论调时有出现。如魏收《魏书》载崔鸿之言:"善政如黄龚,儒学如王郑,史才如班马,文章如张蔡。"③再如萧绎《金楼子•立言》云:"曹子建、陆士衡皆文士也,观其辞致侧密,事语坚明,意匠有序,遣言无失,虽不以儒者命家,此亦悉通其义也。"④这句话虽意在言明曹、陆之文皆能通儒者之义,反倒说明"文士与儒者在才智、职能上具有差异"乃当时的普遍认识。讲求道义、义理乃儒者

---

① 严格说来,汉代文献中有"文学之士"一词,却无"文章之士"这样的说法。不过,用"文学之士""文章之士"分别指涉儒学经典的研习者和文章的创作者,也符合汉代文学与文章分途的历史语境。如王充《论衡》有时将"文人"等同于"文章之士",进而将其与研习经典的儒生(文学之士)区别开来。

② 刘劭:《人物志》,红旗出版社,1996年,第50页。

③ 魏收:《魏书》(第4册),中华书局,1974年,第1502页。

④ 萧绎著,许逸民校笺:《金楼子校笺》(上),中华书局,2011年,第966页。

特长;于文辞上下功夫,则是文人要务。

可见,魏晋南北朝文人与儒士的差别主要在"术有专攻"的理念下得以描述和界定。这种简单的才能划分本无所谓高下,但随着儒家观念、选举制度等因素的介入,二者的差别极可能超越"术有专攻"的层次,被赋予更为深刻的内涵。

在儒家观念方面,文章非文人(擅长文辞之人)的专属,乃天下读书人(儒者)之公器,同时也是传达思想、价值观的载体。儒者与文人在价值取向上的差异很容易聚集到文章内部,通过文辞形式与思想内容的矛盾关系体现出来。南朝范云称赞何逊之作,曰:"顷观文人,质则过儒,丽则伤俗,其能含清浊,中今古,见之何生矣。"①"质(儒)—文人—丽(俗)"是范云对三者之间关系模式的描述,他的观点比较折中,在质与丽之间选取合适的位置,而不偏向任何一端。但众所周知,"丽"是魏晋南北朝文风的重要方面。在靡丽文风被时人(如裴子野)批评的同时,他的创作者(文人)难免遭到"无世用价值""欠缺德行""浮华不实"等负面评价,如刘勰《文心雕龙》便说:"近代词人,务华弃实。"②这成为当时文人身份批评中不可忽视的声音。

在选举制度方面,自汉而始的秀才、孝廉二科具有区分文人与儒士的功能。东晋以前,被举之人可以先后涉及秀才与孝廉,之后秀孝分离,且逐渐与门第相联系。到了南朝,"秀才只纳士族,孝廉多揽寒门"③,北朝依然如此。一般来说,修文者举秀才,习经者察孝廉。是以秀才出身的文人,地位和受重视程度往往高于孝廉出身的儒士。加之高门子弟因文才方面的优势而更愿意举秀才,这导致两科的差别愈发明显。宫崎市定便指出,《魏书·文苑传》中多从秀才起家的名士,《儒林传》中多孝廉出身的寒士。④再如,北齐马敬德好学儒术,曾跟随当时的大儒徐遵明研习儒家经典。他辞掉了孝廉之举,而刻意求举秀才。《北齐书》记载:"举秀才例取文士,州将以其纯儒,无意推荐。敬德请试方略,乃策问之,所答五条,皆有文理。乃欣然举送至京。"⑤辞孝廉而举秀才,大概率是因为秀才的出路更好。

选举制度对文人、儒士的区分只能是宏观层面的。在实际操作上,二者

① 李延寿:《南史》(第3册),中华书局,1975年,第871页。
② 刘勰著,范文澜注:《文心雕龙注》(下),人民文学出版社,1958年,第718页。按,关于魏晋南北朝文人在德行方面遭受的负面评价,下一节会有详细论述。
③ 罗新本:《两晋南朝的秀才、孝廉察举》,《历史研究》,1987年第3期,第116-123页。
④ [日]宫崎市定:《九品官人法研究:科举前史》,韩昇、刘建英译,中华书局,2008年,第274页。
⑤ 李百药:《北齐书》(第2册),中华书局,1972年,第590页。

依然具有很大的重叠性，与门第、阶品的对应亦非那么绝对。但即便如此，这种制度环境给文人带来的好处仍旧是不可忽视的。稍微往前追溯，不难看到，在魏晋以来重文风气影响下，"文人"有时就被视作褒奖之语。如葛洪《抱朴子外篇》引嵇君道之言：

> 每读二陆之文，未尝不废书而叹，恐其卷尽也。《陆子》十篇，诚为快书。其辞之富者，虽覃思不可损也；其理之约者，虽鸿笔不可益也。观此二人，岂徒儒雅之士，文章之人也。①

"能文"自然是文人受到褒奖的核心因素，不过这里以"文章之人"称许二陆这样的上层人物，实已超脱了"能文"这一简单的含义，给人一种颇为高级的身份感。到了南北朝，秀才、孝廉的差异对彼时的学风产生了重要的导向作用；而秀才这一科的显赫声名，也得益于上层社会重文风气的推动与文化权力的作用。可以说，察举制度对秀才的偏重，与南北朝重文的风气互为因果，共同促使与秀才对应的文人升级为一种显赫的社会身份。秀才背后的门第出身、阶层等级、仕进前途、文化地位等，都可能与文人发生或显或隐的关联，彼时的"文人"一词也就因此而获得了类同于"名流"一样的文化标识。

二、文儒的合与分：唐代的文人身份批评

唐代的进士、明经二科也具有区分文人与儒士的功能。综观全唐，进士科的影响力要大于明经科。特别在中唐以后，进士的声名愈发显赫。傅璇琮指出，授以校书郎、秘书郎之职，继而入翰林院为学士，这是进士及第者重要的成长路线，而明经主要是培养州县一级的吏治人才。②二者的高下由此可见。尽管这种区分仍旧是宏观层面的③，但依然透露出唐人对文的重视。

从初盛唐的文献来看，论者时常将文辞（或文辞的使用者）与道德、世用绑定在一起，如此一来，"文人"的意涵就极可能超出"能文"这个层面，在价值观上向儒者靠近。比如陈子昂在《堂弟孜墓志铭并序》中说：

---

① 杨明照：《抱朴子外篇校笺》（下），中华书局，1997年，第751页。按，此段乃《抱朴子外篇》佚文。

② 参见傅璇琮：《唐代科举与文学》，陕西人民出版社，1986年，第125-128页。

③ 在进士与明经之外，朝廷还可以通过其他制科选拔人才。具体到个人，进士与明经的出路也不是那么泾渭分明。如张说号称大手笔，他是通过制科考试进入仕途的；元稹曾官居要职，同时以文才名世，而他考的是明经科。

始君伯父,海内之文人也。含纯刚之德,有高代之行。每见君,叹曰:"吾家世虽儒术传嗣,然豪英雄秀,济济不泯,常惧后来光烈,不象先风。每一见尔,慰吾家道。"①

这里的"文人"作为褒奖之词,与儒术、德行相融合。武周之后,不少文人进入仕途、参与政事,地位、声誉日隆。他们在对前代著名文人的推崇和自我的政治实践中,努力寻求一种文人治国理政的理想范型,由此"文儒"一词便大量出现。②张说、苏颋、张九龄、孙逖等人可谓文儒之代表,以文为用,以儒为的。所以"文儒"一词在一定程度上预示着文人与儒者的合一,也强调着文人的德行与世用。张说在《齐黄门侍郎卢思道(神道)碑(铭并序)》中将晋之潘、陆、张、左,宋齐之颜、谢、江、鲍等文人(能文之人)接在孔子、游、夏之后,誉之为"翰林之秀""文伯",并称赞他们"吟咏情性,纪述事业,润色王道,发挥圣门"③之功能。其后又言"文士擅名当时,垂声后代"④《上东宫(李隆基)劝学启并答令》也说:"伏愿博采文士,旌求硕学。……引进文儒。"⑤显然,张说笔下之"文士"等同于"文儒",含有赞誉之意。

　　张九龄在为张说撰写的墓志铭序中说:

　　公之从事,实以懿文,而风雅陵夷,已数百年矣。时多吏议,摈落文人,庸引雕虫,沮我胜气。丘明有耻,子云不为。乃未知宗匠所作,王霸尽在。⑥

上文所言或许与武周及玄宗朝吏治与文学之争有关,狄仁杰向武则天举荐

①　陈子昂:《堂弟孜墓志铭并序》,陈子昂著,彭庆生校注:《陈子昂集校注》(中),黄山书社,2015年,第1005页。
②　根据目前所见的传世文献和部分出土文献,笔者统计出唐前文献出现"文儒"一词共二十次,其中十四次出自王充《论衡》,唐代文献中有一百四十九次,主要集中在武周之后到宪宗朝。因古代典籍多有亡佚,加之笔者目力有限,以上统计难以做到绝对准确,但数量上如此大的差距足以支撑我们的判断。
③　张说:《齐黄门侍郎卢思道(神道)碑(铭并序)》,张说著,熊飞校注:《张说集校注》(第3册),中华书局,2013年,第1196页。
④　张说:《齐黄门侍郎卢思道(神道)碑(铭并序)》,张说著,熊飞校注:《张说集校注》(第3册),中华书局,2013年,第1196页。
⑤　张说:《(上东宫)劝学启并答令》,张说著,熊飞校注:《张说集校注》(第3册),中华书局,2013年,第1307页。
⑥　张九龄:《故开府仪同三司行尚书左丞相燕国公赠太师张公墓志铭并序》,张九龄著,熊飞校注:《张九龄集校注》(下),中华书局,2008年,第952页。

张柬之时说道:

> 臣料陛下若求文章资历,则今之宰臣李峤、苏味道亦足为之使矣。
> 岂非文士龌龊,思得大才用之,以成天下之务者乎?……荆州长史张柬
> 之,其人虽老,真宰相材也。①

可以想见,狄仁杰在官场中所引导的是一种重吏能、轻文士的风气。他引拔
的另一位官员姚崇也非常重视吏治,开元年间,姚崇与张说、刘幽求发生过
政治上的斗争,有学者就指出这场斗争隐含的是"用吏治"与"用文学"两种
政见的矛盾冲突。②面对重吏治者的非议,张九龄为文人正名之意颇为明
显。他试图提升文人的价值,使其向儒学、事功靠拢,当有着对抗吏议,强化
自我身份认同的心理。

张说、张九龄将自己的政治行为与对文人的身份认同结合起来,其文
儒、文人观念接近于王充的主张,充分表现出文人之德与力。上述背景也让
我们看到,不是所有人都认为文人具有道德世用方面的价值,这在中晚唐表
现得更为明显。搜检唐代文献,对"文人"概念进行贬抑的不多,不到二十处
(唐代文人、文士、文章之士的词条不下二百处)。主要集中在三个方面:一
是狄仁杰以吏治的立场,认为文人龌龊。二是刘知几以史家立场反对文人
修史,而耻为文人。三是柳冕以儒家之道的立场,推崇教化而鄙薄文士。其
中,柳冕的评论预示着中唐以后文人与儒者的价值分裂。

唐代的重文风气使得士人在创作、交流、行卷之中充斥着大量的技艺之
文,形成文学与儒学分裂的表象。基于此,柳冕不再将文人视为与文儒等同
的、高标独立的身份。他在与权德舆的书信中说道:"进士以诗赋取人,不先
理道;明经以墨义考试,不本儒意。"③科举应试性质的增强促使考察的内容
蜕变为应试者的工具和敲门砖。明经所考的,大都是举子们对经义的记诵
能力。参加明经之人未必会在儒学上有深刻的见解,所以称他们为"经生"
更恰当。自永隆二年(681)后,帖经成为进士科的必考科目,封演《封氏闻见
记》云:"进士改帖大经,加《论语》。自是举司帖经,多有聱牙孤绝倒拔筑注

---

① 刘肃:《大唐新语》,中华书局,1984年,第94-95页。

② 参见汪篯:《唐玄宗时期吏治与文学之争——玄宗朝政治史发微之二》,唐长孺等编:《汪
篯隋唐史论稿》,中国社会科学出版社,1981年,第196-202页;杜晓勤:《"吏治与文学之
争"对盛唐前期诗坛之影响》,《文史哲》,1997年第4期,第60-64页;韩晖:《隋及初盛唐
赋风研究》,广西师范大学出版社,2002年,第163-171页。

③ 柳冕:《与权侍郎书》,董诰等编:《全唐文》(第3册),上海古籍出版社,1990年,第2370页。

之目,文士多于经不精,至有白首举场者,故进士以帖经为大厄。"①后来,允许赎帖(即以作诗代替帖经),将帖经由第一场换为第二场等举措,都是为了减轻帖经在进士科中的重要性。由此视之,与"经生"相比,不精于经(或曰不通经)实为文人群体的一大表现。不过,在柳冕看来,只懂注疏的经生与舞弄文辞的文士也顶多是五十步与一百步的关系,二者都因忽视了理道、儒意而在价值意义上大打折扣。因此儒者与文人的差别(或者儒者相对于文人的优势)不在于他们的本职任务——儒者通经,文人不通经,而在于儒者有内在的道德作支撑,而文人之文章不根于教化。柳冕多次提到,文章若不本于儒家之道,那就只是技艺。②其《谢杜相公论房杜二相书》云:

> 文章之道,不根教化,别是一枝耳。当时君子,耻为文人。……是以四杨荀陈,以德行经术名震海内。门生受业,皆一时英俊,而文章之士不得行束修之礼。③

循其文意,文人就是创作文章而不根教化之人,等同于不先理道,只重诗赋的进士。将君子与文人对立,乃是柳冕有意为之。他赞扬荀子、孟子、贾谊之文为"君子之文",就是因为这几人能"明先王之道,尽天人之际,意不在文,而文自随之"④。对柳冕而言,"君子"乃文道合一的典型,君子之文高于文人之文。在《与权侍郎书》中,他主张改革科举,分为二等:

> 其有明六经之义,合先王之道者,以为第一等;其有精于诵注者,与精于诵疏者,以为次等。不登此二科者,以为下等。不亦善乎?且明六经之义,合先王之道,君子之儒,教之本也;明六经之注,与六经之疏,小人之儒,教之末也。⑤

君子之儒高于小人之儒,而仅重视文辞的文人则不能登此二科,列为下等。

---

① 封演著,赵贞信校注:《封氏闻见记校注》,中华书局,2005年,第16页。
② 如柳冕《谢杜相公论房杜二相书》云:"文章,技艺之流也。"《与徐给事论文书》:"文多用寡,则是一技。"《答荆南裴尚书论文书》:"文多道寡,斯为艺矣。"[分别参见董诰等编:《全唐文》(第3册),上海古籍出版社,1990年,第2371、2372、2372页。]
③ 柳冕:《谢杜相公论房杜二相书》,董诰等编:《全唐文》(第3册),上海古籍出版社,1990年,第2371页。
④ 柳冕:《谢杜相公论房杜二相书》,董诰等编:《全唐文》(第3册),上海古籍出版社,1990年,第2371页。
⑤ 柳冕:《与权侍郎书》,董诰等编:《全唐文》(第3册),上海古籍出版社,1990年,第2370页。

可知在柳冕的价值评判中,君子、经生、文人符合由高到低的排列顺序。君子因文道合一而得到最大的褒扬,一般的经生(小人之儒)虽位于教化之末,但未脱离儒家经典,尚有可称许之处。文人纯粹以文为技艺,无关乎儒家之道,也就成了柳冕贬抑的对象,故柳冕积极提倡"尊经术、卑文士"①。

除柳冕之外,中唐还有一些论者关注到文士与儒家之道的分离对立。吕温言安史之乱后,文士词人聚集于金陵会稽,以至于"洙泗之风,弊而浸淫"②。刘禹锡也指出文士之词不同于润色之词。③这都促使"文人(文士)"概念回缩到"能文(重词采)"的狭窄意义上来。从推崇文儒合一的文人范型,到偏重教化而鄙薄文士。这一观念的转变有其深层次的原因。细绎作为文人理想范型的"文儒"概念,则会发现:"文儒"不是一个稳定的合成性名词。④"文儒"之"儒"所代表的不仅仅是儒者,更是"儒"所指向的经世致用的功用和目的,这必定要通过官员的身份才能充分实现。文儒合一并居高位,这样的人只是少数典型。由于玄宗时期,重吏能的官员得势,贬谪文才之人;安史之乱爆发,文人无用武之地。此外,对于大多数士人而言,文才、儒学、吏能三者难以兼备。这些因素导致中晚唐时期理想的"文儒"所依据的内外条件难以完备。"文人"从作为文儒的同义词,到指涉技艺、词采的创作者,其中的变化反映的就这一时代背景下,文人政治上的失意。由此,文人身份所拥有的政治、儒学意义逐步萎缩,跌落为政治的失意者,文士不遇、命穷等话题由此不断出现。

不可否认,道德、世用始终是大部分士人的价值追求,这些士人当中就有不少擅长文辞之人,所以即便在中唐,也一定会有论者努力维护文人的价值。从理论上讲,文儒合一意味着文人身份必须接受儒者的价值规训,"文人"一词的意义也有待儒学的认可。于是论者便可依循"文"与"道"的本体性质,给予"文人"以深厚的源头,从而形成大写的"文人"。在唐以前,刘勰《文心雕龙》从"原道"讲起,采取的就是对文章、文人追源溯流的模式。唐代

---

① 柳冕:《谢杜相公论房杜二相书》,董诰等编:《全唐文》(第3册),上海古籍出版社,1990年,第2371页。

② 吕温:《祭座主故兵部尚书顾公文》,董诰等编:《全唐文》(第3册),上海古籍出版社,1990年,第2822页。

③ 参见刘禹锡:《唐故中书侍郎平章事韦公集纪》,《刘禹锡集》(上),中华书局,1990年,第228页。

④ 葛晓音指出:"'文儒'原不是一个稳定的合成名词。它之所以出现在盛唐,就是因为'文'与'儒'能够以平衡求结合。一旦失去其赖以平衡的时代条件,便会发生不同方向的倾斜。"(葛晓音:《盛唐"文儒"的形成和复古思潮的滥觞》,《文学遗产》,1998年第6期,第30-44页。)

的别集序中也能见此思路,如武元衡《刘商郎中集序》起首由天文、地文讲到人文(包括圣人之文),然后讲"唐文士彭城刘公"①如何如何。且不说后文怎样介绍集主和作品,就该序的叙述逻辑而言,"文士"之"文"通于天地、圣人之"文",不是重词采,浮华之"文",如此一来,"文士"的价值得到了大幅度提升。白居易《故京兆元少尹文集序》云:"天地间有粹灵气焉,万类皆得之,而人居多,就人中文人得之又居多。"②这虽然重在揭示文人之慧业,但将文之源头从天地说起,基本思路与刘𬤇、武元衡无异。

在对待文人(文士)的态度上,元稹所作的《才识兼茂明于体用策一道》恰可与柳冕《与权侍郎书》相比较。在该文中,元稹揭示出科举之弊,并提出自己的改革措施,建议礼部以两科求士:

> 凡自《唐礼》《六典》《律令》凡国之制度之书者用。至于九经、历代史,能专其一者,悉得谓之学士:以镂贯大义与道合符者为上第,口习文理者次之。其诗、赋、判、论,以文自试者,皆得谓之文士;以经纬今古、理中是非者为上第,藻缋雅丽者次之。凡自布衣达于未隶在朝者,悉得以两科求仕,礼部第其高下,归之吏部而宠秩之。若此,则儒术之道兴,而经纬之文盛矣。③

元稹此论是在尊崇儒术的大框架下展开的。"学士"侧重于经史方面的学识,"文士"侧重于诗、赋、判、论的创作能力。元稹对二者均有一定的赞许和认同,没有表达出扬彼抑此的价值判断,所以他对文士的态度与柳冕迥异。元稹所言之"文士"有两个等级:上等文士的文章能够"经纬今古、理中是非",即注重文章所蕴含的道义和世用价值。此处虽未拈出儒家教化之语,但在指向上与柳冕的君子之文相近。次等文士的文章则是"藻缋雅丽",即注重文采。这恰恰是柳冕所贬抑的无关乎教化,徒有辞采的文人之文。柳冕与元稹观点之差异与他们各自的立场有关。柳冕立足于道德教化,曾提及自

———————————

① 武元衡:《刘商郎中集序》,董诰等编:《全唐文》(第3册),上海古籍出版社,1990年,第2386页。

② 白居易:《故京兆元少尹文集序》,《白居易集》(第4册),中华书局,1979年,第1424页。

③ 元稹:《才识兼茂明于体用策一道》,元稹著,冀勤点校:《元稹集》(上),中华书局,1982年,第337页。

己不善文①，故他贬抑文士，批判无关乎教化之文，自然是合理之举；元稹不否定"藻缋雅丽"的作品，也与他自己擅长诗文的实际情况相契合。我们可以说，在对待文人的态度上，柳冕体现了坚定的儒者的立场。元稹的立场则没有这么纯粹，一方面，作为应制的策文，他必须在儒家的框架下立论，推崇经纬古今之文；另一方面，又囿于自己文学创作者和爱好者的身份，他又试图为藻缋之文寻求立足之地。

元稹通过提出科举改革的措施表达了他对文人价值的维护，这与前述武元衡、白居易的立场基本一致。任何时代都可能出现沉浸于文辞创作，毫无世用价值的文人，元稹等人不是不清楚这一点。所以他们对文人的维护不是说要兼顾每一个文人个体，而是强调文人是可以贯彻学识和道义，发挥效力的。这与柳冕那种将文人树立为负面靶子，一竿子打倒的认同方式判然有别。由此而论，中唐古文家如韩愈、柳宗元等在宣扬儒家之道的同时不忘修辞，呼应并努力践行初盛唐那种文儒合一的身份形态，正可谓文人之典型与榜样。柳宗元《与杨京兆凭书》褒扬"今之文士咸能先理"②。对文人能兼世用持以乐观的态度，并予以高度认可。他又说："然则文章未必为士之末，独采取何如尔。"③这句话也表达了"文士未必不可取"的主张。对韩愈、柳宗元来说，明确了文人在明道、世用方面的可能性前景，他们作为文章家的自我认同感才得以维续。

总之，在中唐时期，以柳冕、元稹（或柳宗元）为代表的两种思路已经暗含了文人身份认同的矛盾与危机，也为后世的文人身份批评埋下了伏笔。与柳宗元类似的文人认同方式延续到了北宋前期，而像柳冕那样分儒者与文人为两端的批评立场，也待理学的演进而作进一步发展。

三、从"不明道"到"不知道"：道学发展中"文人"意涵的升级

韩愈、柳宗元标举的古文运动经历了晚唐五代的低落期后，于北宋前期再次迎来高峰。彼时的古文家有着同时接续道统与文统的自觉意识，韩愈由此被树立为榜样式的人物。柳开就明言："吾之道，孔子、孟轲、扬雄、韩愈

---

① 如柳冕《与滑州卢大夫论文书》云："老夫虽知之，不能文之，纵文之，不能至也。"《答荆南裴尚书论文书》云："小子志虽复古，力不足也。言虽近道，辞则不文。"[参见董诰等编：《全唐文》（第3册），上海古籍出版社，1990年，第2372页。]

② 柳宗元：《与杨京兆凭书》，《柳宗元集》（第3册），中华书局，1979年，第789页。按，这里的"理"应当理解为"治国平天下"之"治"，参见章士钊著，郭华清校注：《〈柳文指要〉校注》（上），世界图书出版公司，2016年，第596-597页。

③ 柳宗元：《与杨京兆凭书》，《柳宗元集》（第3册），中华书局，1979年，第789页。

之道;吾之文,孔子、孟轲、扬雄、韩愈之文也。"①在孙复、石介罗列的道统名
单中,韩愈亦赫然在列。合道统与文统为一,以韩愈为榜样,都表明这些古
文家不太可能离文而言道。面对"文章,士之末也"的主流认识,柳宗元曾直
言"即末而操其本,可十七八"②,所谓"即末而操其本",无非就是"以文明道"
"因文见道"③的另一种说法。立场与观点的相近使得北宋的古文家基本延
续着韩、柳"以文明道""因文见道"的思路,他们对文章带有一种天然的重
视。对于文人身份,部分古文家也随之采取了积极正面的认同姿态。

比如,柳开《请家兄明法改科书》将"法吏"与"文章之士""儒士"对立起
来,循其文意,后二者所指相近,是可以融于一体的两种身份。④该文虽意在
批判法吏,但从侧面表达了对文人、儒者合一的高度赞同。石介《赠张绩禹
功》言"李唐元和间,文人如蜂起""吾宋兴国来,文人如栉比"⑤,继而称赞韩
愈、柳开"霸斯文"(即文人中的杰出者)。此种文人观与柳宗元颇为接近,既
然接续文统、道统之人(韩愈、柳开)从文人当中产生,那么文人自然就是应
当予以关注并值得期待的一个群体。

柳开、石介作文、论文均以"明道"为旨归,对沉溺于文辞、雕章琢句且无
益于斯道、斯文的行为,他们都保持着高度的警惕。欧阳修亦是如此,《宋
史》记载:"学者求见,(欧阳修)所与言,未尝及文章,惟谈吏事,谓文章止于
润身,政事可以及物。"⑥大概在景祐四年(1037),秀才吴充寄上书信并三篇
文章,向欧阳修请教。欧阳修以"志于道"相告诫,他在回信中写了下面一
段话:

> 夫学者未始不为道,而至者鲜焉。非道之于人远也,学者有所溺焉
> 尔。盖文之为言,难工而可喜,易悦而自足。世之学者往往溺之,一有
> 工焉,则曰:"吾学足矣。"甚者至弃百事不关于心,曰:"吾文士也,职于

① 柳开:《应责》,柳开著,李可风点校:《柳开集》,中华书局,2015年,第12页。
② 柳宗元:《与杨京兆凭书》,《柳宗元集》(第3册),中华书局,1979年,第789页。
③ 韩愈、欧阳修等古文家常被古人视为"因文见道"的典型。如明薛甲云:"先儒称韩子因
文见道,韩与欧皆因文见道者也。"[参见薛甲:《畏斋薛先生绪言》,《续修四库全书》(第
1124册),上海古籍出版社,2002年,第38页。]清全祖望云:"说者谓其(韩愈、欧阳修)
因文见道。"[参见黄宗羲原著,全祖望补修:《宋元学案》(第1册),中华书局,1986年,第
181页。]
④ 参见柳开:《请家兄明法改科书》,柳开著,李可风点校:《柳开集》,中华书局,2015年,第
99-100页。
⑤ 石介:《赠张绩禹功》,石介著,陈植锷点校:《徂徕石先生文集》,中华书局,1984年,第17页。
⑥ 脱脱等:《宋史》(第30册),中华书局,1977年,第10381页。

文而已。"此其所以至之鲜也。①

从思想观念上讲,上述文字只是对古文家"明道"立场的延续和发挥,无甚新意,但言语之间透露出来的话语策略却颇为特别。欧阳修给"文士"下了个简单明确的定义——"职于文"(或曰"溺于文")。他对"吾文士也,职于文而已"这句话的反感态度可以有两种解读:一是他认为文士不当仅职于文,而当以明道为务;二是他认为文士都是职于文的,故读书人应该有更高的价值追求,而不当以文人自认。欧阳修在《论李淑奸邪札子》中还说道:

> 才行者人臣之本,文章者乃其外饰耳。况今文章之士为学士者,得一两人足矣。假如全无文士,朝廷诏敕之词直书王言,以示天下,尤足以敦复古朴之美,不必雕刻之华。②

两相参照,不难察觉欧阳修对文人身份没有好感。因此我们倾向于前述第二种解读,"吾文士也,职于文而已"中的"文士"与其说是指涉广泛的文章创作者群体,毋宁说是"沉溺于文,百事不关心"的创作习性的人格化表达。欧阳修将"文人"塑造为一个带有贬义的身份标签,这跟柳冕思路相同,而与柳开、石介的文人观异辙。他借用标签化的身份术语,将具体而微的创作行为上升到个人身份认同和自我价值实现的高度,进而提醒秀才吴充认真考虑,是要做一个明道救时之士,还是做仅"职于文","弃百事不关于心"的文士。

欧阳修在《答吴充秀才书》中对"文人"的标签化描述与其古文家立场没有必然关系,而是他在文道矛盾关系下,教导后学所采用的一种话语手段。这个例子说明,古人在文道关系方面的论争不可能停留在行为批评层面,只有聚焦到具体的行为人或责任主体上,相关批判才具有针对性和现实效用。标签化的身份恰好能够构筑这种责任主体,从这个角度来说,文人与儒者的对立是中唐至宋代"修辞"与"明道"话语论争的必然结果。

理学的发展凸显了"修辞"与"明道"的冲突,同时也强化了文人与儒者的对立。二程对"文人"等概念做过简要概括:"今之学者,歧而为三:能文者

---

① 欧阳修:《答吴充秀才书》,欧阳修著,李逸安点校:《欧阳修全集》(第2册),中华书局,2001年,第664页。

② 欧阳修:《论李淑奸邪札子》,欧阳修著,李逸安点校:《欧阳修全集》(第4册),中华书局,2001年,第1547-1548页。

谓之文士,谈经者泥为讲师,惟知道者乃儒学也。"①这句话表面上看是延续了汉代以来"术有专攻"的身份划分思路,实则蕴含了二程对文士、讲师(经生)、儒者的褒贬与取舍。"歧而为三"意味着文士既不善谈经,也不知道。这与柳冕所论文人"不通经、不明道"的意涵有着微妙差别。与宋代的理学家相比,柳冕、韩愈、柳宗元等人在"道"的本体及性、理方面所论甚少,他们的"文章根于教化""文以明道"等主张虽然没有忽视主体的学识与修养,但明显偏重于对主体的创作动机和创作目的提出要求,即强调文章创作要以"明道"为旨归。孙复曾罗列十类"明道"之文:

> 或则列圣人之微旨,或则摛诸子之异端,或则发千古之未寤,或则正一时之所失,或则陈仁政之大经,或则斥功利之末术,或则扬圣人之声烈,或则写下民之愤叹,或则陈大人之去就,或则述国家之安危。②

以上大致可以概括唐宋时期"文以明道"论者对文章创作的具体要求,在此语境下指责"文人不明道",即是说文人没有创作上述明道之文的自觉性和主动性。

"明道"之说规定了文章的创作动机与目的,至于文章所论之道是否深入、切实,尚非"明道"二字所能保证。二程所言的"知道"显然比"明道"上了一个层次。"知道"的前提是"体道",明邵宝曾言:"因文见道者之为重,固不若以心体道者之为真也。"③这句话放在宋代理学背景下依然成立。以二程为代表的理学家非常重视格物,把格物作为致知、穷理、体道的必经之路。在他们看来,"性""理"存在于万事万物当中,因此洒扫应对所代表的日常生活就成为普通人最容易获得的格物致知的渠道。普通人自洒扫应对上,便可到圣人事。如此一来,原本深奥、高悬的"知道""求道"行为便落实到日常的践履当中。而闲余的日常生活正是塑造诗人文士身份的基础与关键,这在中唐之后表现得愈发明显。因此,在日常这个舞台上,诗人文士与理学家势必发生冲突。程颐批评杜甫"穿花蛱蝶深深见,点水蜻蜓款款飞"为"不当

① 程颢、程颐:《二程遗书》,上海古籍出版社,2020年,第142页。按,由于书中没有标明此言出自程颢还是程颐之口,为论述方便,则将此语归在"二程"名下。
② 孙复:《答张洞书》,《景印文渊阁四库全书》(第1090册),台湾商务印书馆,2008年,第173—174页。
③ 邵宝:《吴皇甫氏宗韩祠记》,沈乃文主编:《明别集丛刊》(第一辑)(第76册),黄山书社,2013年,第81页。

为""不欲为"之"闲言语"①,即为显例。邵伯温记载了其父邵雍邀请程颐赏花一事:

> 伊川又同张子坚来。方春时,先君率同游天门街看花。伊川辞曰:"平生未尝看花。"先君曰:"庸何伤乎? 物物皆有至理。吾侪看花,异于常人,自可以观造化之妙。"伊川曰:"如是则愿从先生游。"②

同为赏花观蝶的活动,杜甫进行了一场诗人文士的文学审美;程颐则一心扑在格物上,无暇他顾。再如程颢"一日见火边烧汤瓶,指之曰:'此便是阴阳消长之义。'"③想来诗人文士不会作如是观。在观察日常生活、事务方面,二程眼中的诗人文士显然没有做到"格物",更不要谈"体道""知道"了。就此而论,所谓"文人不知道",根本即在文人违背了理学日常践履的精神。

"作文害道"代表了理学家对"文人违背理学日常践履的精神"最为严肃的批判。"作"不是某个重要时刻偶一为之的事件,而是须不断重复的日常性的文学行为。这样的日常行为与"自微而显,自小而章"④的理学修身理念相矛盾,必然引发程颐等严肃理学家的激烈反对。表面上看,"作文害道"之论斩钉截铁,有立论偏激之嫌,很容易遭到质疑。如果日常所作之文均是明道、载道之文,还能称其为"害道"吗? 对程颐而言,只要萌发"作"的意念,就极容易落入专意求工的陷阱,进而违背理学日常洒扫应对之旨。韩愈、柳宗元等古文家的"文以明道"说还保留着"作"意,在"如何作文"方面用力甚勤,提倡质实文风、反对华藻丽辞成为他们时常标举的主张。程颐却希望消除"作"意,不论什么样的文辞,一旦"作"了,便害道。这不仅导致华藻丽辞被批判,连那些执着于古朴文辞,学习《尚书》《左传》《史记》《汉书》以树立古文辞风貌的行为也被否决。可见,理学视域下"不知道"的"文人"不仅包括华藻丽辞的创作者,还包括韩愈、柳宗元等"修辞以明道",疏离或违背日常践履精神的古文家。

朱熹对待文学没有程颐那么僵化与古板,但依然延续了"文人不知道"这一基本主张。他评论《春秋》三传,认为《穀梁》《公羊》论说道理和礼制没什么差错,而《左传》中所说之礼却是鄙野之谈,多错漏:"左氏不是儒者,只

---

① 程颢、程颐:《二程遗书》,上海古籍出版社,2020年,第286页。
② 程颢、程颐:《二程集》(上),中华书局,2004年,第674页。
③ 程颢、程颐:《二程遗书》,上海古籍出版社,2020年,第110页。
④ 程颢、程颐:《二程遗书》,上海古籍出版社,2020年,第366页。

是个晓事该博、会做文章之人。若公、榖二子却是个不晓事底儒者。"①这说明"知道"乃"明道"的前提，仅"明道"而不"知道"，专于"晓事该博"上下功夫，也就与"文章之士"无异。同程颐一样，朱熹非常清楚"知道"的境界来源于日复一日的践履，须警惕艺文、技艺等日常行为对理学修养的干扰。《朱子语类》中的一段记载点明了这一关键：

> 敬之问："'养心莫善于寡欲'，养心也只是中虚。"曰："固是。若眼前事事要时，这心便一齐走出了。未是说无，只减少，便可渐存得此心。若事事贪，要这个，又要那个，未必便说到邪僻不好底物事，只是眼前底事，才多欲，便将本心都纷杂了。且如秀才要读书，要读这一件，又要读那一件，又要学写字，又要学作诗，这心一齐都出外去。所以伊川教人，直是都不去他处用其心，也不要人学写字，也不要人学作文章。这不是僻，道理是合如此。人只有一个心，如何分做许多去！若只管去闲处用了心，到得合用处，于这本来底都不得力。且看从古作为文章之士，可以传之不朽者，今看来那个唤做知道？②

文人不"知道"，即是由于他们喜好颇多，消耗精力、心思去写字、作文章，以至本心纷杂。韩愈、欧阳修等人未尝不明道，但以朱熹的眼光视之，此等古文家未能深明道之内涵，个人修养上又不将儒家之道一以贯之。于是他认为文人"下梢头都靠不得"③，更批评欧阳修等人"大概皆以文人自立。平时读书，只把做考究古今治乱兴衰底事，要做文章，都不曾向身上做工夫，平日只是以吟诗饮酒戏谑度日"④。与古文家相比，日常践履的精神引导程颐、朱熹等人倡导人道合一的境界，即不论在什么时间、什么场合，主体的内在心性、学识和外在言行都要符合理道，由此促成"日常生活与儒学人生价值的一体化"⑤，塑造出一个较为纯粹的儒者(或理学家)形象，进而与"不明道"和"明道而不知道"的文人划清了界限。

---

① 黎靖德编：《朱子语类》(第4册)，中华书局，1986年，第1555页。
② 黎靖德编：《朱子语类》(第4册)，中华书局，1986年，第1475页。
③ 黎靖德编：《朱子语类》(第8册)，中华书局，1986年，第3310页。
④ 黎靖德编：《朱子语类》(第8册)，中华书局，1986年，第3113页。
⑤ 朱刚：《"日常化"的意义及其局限——以欧阳修为中心》，《文学遗产》，2013年第2期，第51-61页。

四、以道衡文:"文"与"文人"意义的割裂及身份级差的形成

古文家提倡作文要以"明道救时"为务,该主张在凸显"道"的重要性的同时,也提升了"文"的世用价值。他们对"文"的关注和重视建立在规训文章创作动机、排斥"不良"创作行为的基础上。一旦将"道"视为"文"的必备内容,那么"文"的义界与内涵就极可能被重新界定。我们在孙复、石介的表述中已能看到此种倾向。今所见《孙明复小集》《徂徕石先生文集》中多次出现"斯文"一词,所谓"斯文"即与"道"不相离之文。在孙复眼中,只有"斯文"才是真正的"文",那些"肆意构虚,无状而作,非文也,乃无用之瞽言"①。此种"斯文"理念可以说承自先秦的"大文"观。石介《上蔡副枢书》即从"天文""地文"讲起,将"文"与两仪、三纲、五常、九畴、道德、礼乐、孝悌、功业、教化、刑政、号令等因素相关联,赋予"文"以政教内涵。如果把"文"限定在"斯文"范围内,那么儒者就是"文"最为正当的使用者。石介虽不贬抑文人身份,但他所言"圣人,职文者也"②这句话明显肯定了圣人(儒者)职文的正当性。

随着理学的发展,"文人"与"文"在价值意义上差距逐渐拉大。"文人"因"不知道"而被理学家批评,但"文"没有因此而遭到贬抑。理学家对"文"的态度与他们的观物思想有关。格物致知之论表现出理学家对物的双重态度,既不可离物而致知,也不能玩物而忘理,物是必须借助又不能沉迷的对象。不能沉迷于物,故反对玩物、累物;必须借助于物,故反对忘物、拒物。程颐便言:"忘物与累物之弊等。"③质言之,理学家关注的焦点不在于"物"本身,而在于待物的态度。"文"也属于"物",是以理学家不会断然否定"文"的价值,拒之于千里之外,他们批判的是不正确的文章创作和接受方式——溺于辞章。程颐指出:"今之学者有三弊:一溺于辞章,二牵于训诂,三惑于异端。"④这里的"溺于辞章"指的显然就是文士。

什么是正确的待"文"方式呢?孔子"有德者必有言"一语可以说是标准答案。类似观点后人多有阐发,如柳冕云:"意不在文,而文自随之。"⑤欧阳

---

① 孙复:《答张洞书》,《景印文渊阁四库全书》(第1090册),台湾商务印书馆,2008年,第174页。
② 石介:《上蔡副枢书》,石介著、陈植锷点校:《徂徕石先生文集》,中华书局,1984年,第144页。
③ 程颢、程颐:《二程遗书》,上海古籍出版社,2020年,第115页。
④ 程颢、程颐:《二程遗书》,上海古籍出版社,2020年,第231页。
⑤ 柳冕:《谢杜相公论房杜二相书》,董诰等编:《全唐文》(第3册),上海古籍出版社,1990年,第2371页。

修云:"道胜者文不难而自至。"①在以二程为代表的理学家那里,此种观念得到了最大程度的发挥。"和顺积于中,英华发于外"②"养乎中,自然言语顺理"③"德成而言,则不期于文而自文矣"④等语无一不强调着在体道修德基础上,由内而外自然成文的境界。体道修德乃儒者(理学家)之所擅,循此逻辑,儒者(理学家)也就成为"文"最正当、合理的使用者。南宋杨简《论文》云:"由道心而达,始可以言文章。若文士之言,止可谓之巧言,非文章。"⑤按照最一般的概念,儒者应当是儒家之道的阐扬者,文人是文章的创作者。杨简却剥夺了文人使用文章的正当性,仅仅视其为巧言的创作者。这种与本身定义错位的说法,不但突出了宋儒对文之价值的强调,也表明了他们对"和顺积于中,英华发于外"的成文原则的推崇。

宋代还有其他例子能够说明"文"与"文人"的价值割裂。比如,杨亿、王安石的谥号都为"文",南宋刘弥正对此颇有微词。他认为作为谥号的"文"乃"有功于斯文"⑥之意。他评价王安石:"经学非醇也,其事业亦有可恨。"⑦评价杨亿:"文士尔,文乎文乎,岂是之谓乎?"⑧言下之意,文士够不上"文"这个谥号,亦不能成为"斯文"的承担者。先秦的"大文"、宋人所言的"斯文",以及谥号之"文"因有着相同的道德、世用价值而成为互相联系、融通的概念,文人(文士)显然被排斥在此种价值之外。

宋代以后,"文人"与"文"之间意义割裂与价值错位的关系得到了延续。比如,元代的郝经非常注重"文"之大义,他的《文说送孟驾之》对程颐"作文害道"说作了进一步发挥。该文强调"文可顺而不可作"⑨,所谓"顺",即"由内而外自然生发"。郝经将此视为天文、地文、人文的基本特质,继而感叹战国而下,"作"意萌生而斯文渐丧。他在文末借用《周易·系辞》中"物相杂,故

---

① 欧阳修:《答吴充秀才书》,欧阳修著,李逸安点校:《欧阳修全集》(第2册),中华书局,2001年,第664页。

② 程颢、程颐:《二程遗书》,上海古籍出版社,2020年,第369页。

③ 程颢、程颐:《二程遗书》,上海古籍出版社,2020年,第253页。

④ 程颢、程颐:《河南程氏粹言》,程颢、程颐:《二程集》(下),中华书局,2004年,第1195页。

⑤ 杨简:《论文》,《全宋文》(第275册),上海辞书出版社、安徽教育出版社,2006年,第330页。

⑥ 刘弥正:《晦庵先生朱文公覆谥议》,《续修四库全书》(第517册),上海古籍出版社,2002年,第548页。

⑦ 刘弥正:《晦庵先生朱文公覆谥议》,《续修四库全书》(第517册),上海古籍出版社,2002年,第548页。

⑧ 刘弥正:《晦庵先生朱文公覆谥议》,《续修四库全书》(第517册),上海古籍出版社,2002年,第548页。

⑨ 郝经:《文说送孟驾之》,《景印文渊阁四库全书》(第1192册),台湾商务印书馆,2008年,第242页。

曰文。文不当，故吉凶生焉"一语，明确指出"吉凶生焉"不是"文"本身的问题（"文何尝不当"①），而是"作为者（文人）之过"②。郝经另一篇文章《文弊解》也是这个思路，该文指出天地万物之"文"，孔子、六经之"文"是有其质、有其用、有其实的；文人徒饰虚文而不见其质、其用、其实。三代有"文"而无"文人"，"夫惟无文人，故所以为三代"③。郝经反对空谈性命，极重世用。是以他对文人"作文"之弊端没有停留在"害道"的层面，而延伸到了"生吉凶""遭祸患"的地步：

> 后世文士工于文而拙于实，衒于辞章而忘于道义。故班、马不免于刑，范晔、陆机、谢灵运不免于诛，陈叔宝、杨广不免于覆宗社，而柳柳州不免于小人。④

在郝经眼中，"文人"就是指那些"用文不当之人"。除了郝经之外，再如元吕浦反复强调："未有不明乎理而能文者也，亦未有外乎理而可谓之文也。……今号为词章，而力诋乎性理，则其所作皆无理之文也，安有无理之文，而可谓之文哉？"⑤明胡直在《胡子衡齐》中引洞先子之言："文非圣人不能用。"⑥文人词客用文则叛道圮法，类如优伶。明何景明云："汉之文人工于文而昧于道，故其言杂而不可据，疵而不可训。宋之大儒知乎道而啬乎文，故长于循辙守训，而不能比事联类，开其未发。"⑦其观点或为一家之言，尚可不论，就其中宋儒啬乎文的问题，明邓球明确地予以反驳："谓汉人工于文而昧于道，是豪杰而不圣贤者，有之矣。谓宋儒知乎道而啬乎文，岂有圣贤而不豪杰乎？"⑧以上诸例均反映出"儒者能文"观念的坚实，其中潜藏的是儒者对

① 郝经：《文说送孟驾之》，《景印文渊阁四库全书》（第1192册），台湾商务印书馆，2008年，第243页。
② 郝经：《文说送孟驾之》，《景印文渊阁四库全书》（第1192册），台湾商务印书馆，2008年，第243页。
③ 郝经：《文弊解》，《景印文渊阁四库全书》（第1192册），台湾商务印书馆，2008年，第221页。
④ 郝经：《文弊解》，《景印文渊阁四库全书》（第1192册），台湾商务印书馆，2008年，第221页。
⑤ 吕浦：《与郭陶夫书》，《丛书集成续编》（第133册），台湾新文丰出版公司，1989年，第758页。
⑥ 胡直：《胡子衡齐》，《续修四库全书》（第939册），上海古籍出版社，2002年，第459页。按，胡直自己在《念庵先生文集序》中也说过："文非圣人不能柄。"［参见胡直：《衡庐精舍藏稿》，《景印文渊阁四库全书》（第1287册），台湾商务印书馆，2008年，第326页。］
⑦ 何景明：《述归赋并序》，《景印文渊阁四库全书》（第1267册），台湾商务印书馆，2008年，第13页。
⑧ 邓球：《闲适剧谈》，《续修四库全书》（第1127册），上海古籍出版社，2002年，第534页。

"文人"的贬抑,以及对"文"之所有权的攫取。

不论是指责文人不明道、不知道,还是割裂"文"与"文人"之间价值关联,都表明儒学场域下,儒者与文人的标签化特征渐浓,成为一组级差稳定的身份词语。可现实情形是,研习儒家学问者未必有纯粹的儒者风范,创作文章者也未必沉溺于文辞。因此,儒者与文人这两个标签化的术语正可用来描述、界定儒学、文学领域中的行为主体及作品,进而传达论说者的价值观念。

首先,面对作为公器的儒家学问,古人的解读与发挥各有不同,水平也各有差异。于是身份就成了划分其优劣的外在标签。朱熹分解经者为三:儒者、文人、禅者。无可非议,儒者解经乃通经明道的正路,他视苏轼解经为文人之经,盖因其"会作文,识句法"①。明焦竑对此不以为然,他在《刻两苏经解序》中说道:"世方守一家言,目(两苏经解)为文人之经而绌之。"②在《续刻两苏经解序》中再次提及:"晚宋且目(两苏经解)为文人之经,而置之不省久矣。"③焦竑认为两苏经解非文人之经,而是妙契微旨,明先圣之道的著作。朱熹与焦竑对苏轼经解的态度迥异,对文人之经的定位却完全一致。杨万里作《诚斋易传》,引史事来解易,遭致重视易学性理之人的批评。元陈栎便云:"近年时文引用杨传(《诚斋易传》)者甚多,文极奇,说极巧,段段节节用古事引证,使人喜,动人心目处固在此,而启穷经考古有识者之厌薄,亦在此。"④古事本就比性理吸引人,当时合刻的《程杨易传》也颇受欢迎。陈栎在这个背景下提出以性理解经才是儒者本色。"诚斋本文士,因学文而求道""杨传足以耸动文士之观瞻,而不足以使穷经之士心服"。⑤这些言论符合杨万里及其《易传》的实情,陈栎的主要目的,也就是借用儒者、文人的身份级差,将《诚斋易传》归为文人之经,以此维护性理之学的正统地位。可见,文人解经可能因欠缺儒者的学识而被视为外行,也可能因带有一贯的习气而丢掉儒者本色。

其次,不论怎样强调儒者对"文"的所有权,都无法忽视"人人都能作文"这一基本事实,也无法推翻"积字成句、积句成章即为文"这一普遍认识,因

---

① 黎靖德编:《朱子语类》(第5册),中华书局,1986年,第1663页。

② 焦竑:《刻两苏经解序》,焦竑著,李剑雄点校:《澹园集》(下),中华书局,1999年,第751页。

③ 焦竑:《续刻两苏经解序》,焦竑著,李剑雄点校:《澹园集》(下),中华书局,1999年,第791页。

④ 陈栎:《问杨诚斋易传大概如何》,《景印文渊阁四库全书》(第1205册),台湾商务印书馆,2008年,第239页。

⑤ 陈栎:《问杨诚斋易传大概如何》,《景印文渊阁四库全书》(第1205册),台湾商务印书馆,2008年,第239、240页。

此文学（或曰文章）本就是亟待划分格局的领域。受到儒学强大辐射力的作用，在文章领域，儒者与文人维持了固有的身份级差。把焦点聚集在行为主体身上，我们说"文人"指涉那些不通经、不明道、不知道的创作者；当焦点转换到文章时，我们则看到"文人之文"专指那些内容与道无关的作品。真德秀赞许彭龟年的著述为"鸣道之文，而非复文人之文"①。将鸣道与文人对举，文人不鸣道之意显而易见。"文"一旦脱离了"道"这个内在精核与世用目的，便有了蜕变为文字技艺的可能性。为文人所长的一些创作特点随之成为文人之文的"罪证"。后世论者如明郑岳指出文人之文无用于道、政，主要表现为："模仿以拟古，钩棘以立奇，搜抉僻隐以炫博。"②清魏象枢云："文人之文，俪花偶叶，雕虫绣帨，如好鸟之娱耳，时花之悦目。其文无关于世道，无轻重于人心，存之为游艺之一助可也。"③这类言论都总结出了文人之文的特点。尽管他们在一定程度上承认文人之文存在的合理性，甚至一些论者还发出综合儒者、文人之长的主张④，但从儒家用世的价值观来判断，儒者之文高于文人之文，这是毋庸置疑的。

中国古代儒者与文人的关系极为复杂，以上只是围绕身份概念和批评，理出一条非常粗略的线索。这里再将上述线索作一简单概括：先秦时期，作为"知识教养拥有者"的"文人"与作为"诗书礼乐传习者""儒士"有着明显的共性。随着战国时期"文"的概念从礼乐文化转移到文辞，"文人"与"儒士"之间的差异被放大，各自的特长、职能在汉魏以来"术有专攻"的理念下得到了清晰的界定。在魏晋南北朝，尽管"文人"被认为在"质""德"等方面存在缺陷，但受到选举制度和重文风气的推动，它也成了颇为显赫的身份标识。唐前期"文儒"的理想范型蕴含了时人对文士身份的正面认同，在功用上接近于王充的"文人""文儒"概念，从而使得"文人"超出了"能文"的单一内涵，在身份价值上与儒者同一化。中唐以后，重文风气弊端的显现、文人仕进之路的受阻，使得"文人"概念又缩回到"能文"上来。虽然韩愈、柳宗元、柳开

① 真德秀：《跋彭忠肃文集》，《全宋文》（第313册），上海辞书出版社、安徽教育出版社，2006年，第258页。

② 郑岳：《彭惠安公文集序》，《景印文渊阁四库全书》（第1263册），台湾商务印书馆，2008年，第51页。

③ 魏象枢：《止斋文集序》，魏象枢著，陈金陵点校：《寒松堂全集》，中华书局，1996年，第382页。

④ 如宋吴子良赞陈耆卿的四六"盖理趣深而光焰长，以文人之华藻，立儒者之典刑，合欧苏王为一家者也"[吴子良：《四六与古文同一关键》，《景印文渊阁四库全书》（第1481册），台湾商务印书馆，2008年，第499页。]。明蔡献臣赞扬范仲淹"以正人之文而兼文人之致"[蔡献臣：《合刻范文正公忠宣公全集序》，《四库未收书辑刊》（第6辑）（第22册），北京大学出版社，2000年，第79页。]。

等古文家尽力统合文人与儒者身份,但随着理学发展,"文人"意涵再次背离儒者,被打上"不知道"的标签,由此带来的负面批评在宋代以后不断出现,影响力极广。

最后还须指出,儒者与文人的对立乃儒学与文学相冲突的结果,此种对立主要是理论话语层面的。回顾历史现实,不难发现,只要我们稍微放低文与儒的要求,文儒兼修者(尚不论其水平如何)的数量远远超过不读儒家经典的文人或不作诗文的儒者。由此观之,"文儒"不但不是不稳定的名词,反而是古代士人的常态。那为什么"文儒"会被认为是"不稳定"的呢?单一的价值观念容易导致个人身份认同、身份塑造的一元化。儒者与文人的对立,以及二者之间颇为稳定的身份级差深刻影响着古人的自我认同,引导他们凸显自己的儒者身份,淡化自己的文人形象,甚至使得相当一部分文儒兼修者(如明代宋濂、方孝孺等)不再像张说那样以文人身份为荣。"文儒"的不稳定,即是源于儒学强力作用下,主体在身份凸显方面的要求。剩下的问题是,与那些不通文墨的儒者相较,文儒兼修者的身份认同大概不会那么干脆利落。如何在儒者身份下解释自己的创作行为,如何通过自己的言行化解儒者与文人之间的矛盾,始终是萦绕在这类人脑海中的问题。这需要结合具体人物进行个案分析(见第三章),而非本节所能顾及了。

第三节 文人与德行:相关话题的生成、演变与理论维度

从古至今,文人的德行问题一直受到广泛讨论。在先秦文献及东汉王充《论衡》中,我们能看到"文德合一"的文人身份意涵。魏晋之后,文人德行上的玷缺越发被人关注,并形成一系列富有意味的话题。对此,我们首先需要作出三个层面的划分:第一,事实层面——从古至今,存在诸多体现文人德行有损的事例和现象。第二,观念层面——古人对文人德行有损事件(现象)的主观认识。第三,话题层面——古人在对文人德行认识的基础上生发出的具有囊括力的话头、熟语。从历史发展与三者相互关系的角度来看,现象引发观念,观念引发话题,话题促进观念的发挥,并且与观念一同带动现象的记录、聚合与传播。与文人德行亏损相关的话题主要有魏晋南北朝出现的"文人类不护细行""文人相轻""文人多陷轻薄",宋代出现的"文人无行"等。对这些话题的阐述与发挥,多见于论文报章,探讨的时段主要集中在魏晋南北朝,重心在于通过这些话题将文人德行玷缺的事例作为文化现

象来看待,总结其表现形态,并探究其心理机制。①换言之,以往的研究主要集中在现象与观念,话题的作用仅在于提供了一个思考的中介与桥梁。然而,这样的做法忽视了话题本身的生成、发展及特性表现,还容易将"文人类不护细行"与"文人无行"简单地混为一谈,从而掩盖话题的历史发展逻辑。这些话题融合了批评话语与个人观念,具有批评史层面的意义。因此探讨古人如何接受、阐发、运用"文人类不护细行""文人相轻""文人轻薄""文人无行"等话题,既能呈现古人对文人德行认识的一个重要方面,也是研究古代文人身份批评不可忽视的一环。

一、德行亏损与仕途阻碍:原始话题的生成

最早提炼文人德行话题的人是曹丕。《典论·论文》云:"文人相轻,自古而然。"②《与吴质书》云:"观古今文人,类不护细行,鲜能以名节自立。而伟长独怀文抱质,恬淡寡欲,有箕山之志,可谓彬彬君子者矣。"③在古代文论史上,话题的提出大略有两个动机:一是话题所揭示的现象古已有之,作者希望根据自己的历史见闻,对此类现象进行客观总结;二是话题所揭示的现象在当下颇为流行,刺激作者发表具有现实针对性的见解。就"古"的一方面而言,《典论·论文》仅列"傅毅之于班固"一例,完全支撑不起"自古而然"的论断,《与吴质书》更是没有任何古事作例证。是知曹丕立论的主要动机和落脚点不在于"总结历史现象",而在于"回应当下风气"。

"文人相轻"乃曹丕针对建安七子自大、自满的心态和言行而发,目的是

---

① 如汪文学《魏晋六朝时期的"文人无行"说》从文学艺术的本质、文学自觉的发展角度来阐释文人无行(参见汪文学:《汉晋文化思潮变迁研究——以尚通意趣为中心》,贵州人民出版社,2003年,第181-191页)。彭玉平《论"文人相轻"》对"文人相轻"进行语义分析,并探寻它的五种主要表现形态及其文化意义[参见彭玉平:《论"文人相轻"》,《中山大学学报》(社会科学版),2004年第6期,第34-41+261页]。龚祖培《文人相轻的现代阐释》从"文人相轻"的思想渊源、心理基础、存在类型、表达方式等多方面进行了探讨(参见龚祖培:《文人相轻的现代阐释》,四川大学出版社,2010年。)。孙蓉蓉《"文人无行"说》简述了魏晋时期人们对文人之德行的批评,指出"文人无行"说的出现是魏晋时期主体在个体意识觉醒与遵循传统观念之间矛盾的体现(参见孙蓉蓉:《刘勰与〈文心雕龙〉考论》,中华书局,2008年,第256-261页。)。王幼华《文人岂皆无行——刘勰与颜之推的异见》在归纳出三种文人类型的基础上,比较了刘勰与颜之推对文人德行的不同表述(参见王幼华:《文人岂皆无行——刘勰与颜之推的异见》,《联大学报》,2011年第2期,第1-21页)。汪文将"文人无行"作为现象而非话题来探讨,孙、王二文将"文人不护细行"等同于"文人无行",于理稍有不合,下文将论及。
② 曹丕:《典论·论文》,萧统编,李善等注:《六臣注文选》,中华书局,2012年,第966页。
③ 曹丕:《与吴质书》,萧统编,李善等注:《六臣注文选》,中华书局,2012年,第787页。

引出"盖君子审己以度人，故能免于斯累而作论文"一语，以表明自己对七子的评论乃免于斯累的"君子"之论。这种"自恃公允"评论姿态部分源于曹丕文论家的理性与自觉，同时也应当包含曹丕作为建安文人政治领导，指点文坛的身份意识。因此《典论·论文》不宜被视为纯粹的"文学内部研究"，它的言说带有某种公共性和政治性。从理论上讲，"文人相轻"所代表的张扬个性可能因重"才"思想的作用而被某些论者所欣赏，但在政治环境中，它确实昭示着一种不够纯全的德行。此类"善于自见"的文人往往高估自己的治世才能，其自得、激进的言论难免引起在上者的警惕。身在权力核心圈的曹丕肯定也清楚这一点。因此，《典论·论文》中的"文人相轻"虽就文学批评而发，却因彼时的文人大都深陷政局而无法剥除上述政治隐义。

从曹丕罗列的文人名单来看，孔融的加入让"文人相轻"的政治隐义更加明晰。"七子"被曹丕当作"文人相轻"的"当代"典型，其中的孔融与其余六子差别甚大。他没有参加曹丕主导的文学活动，不属于邺下文人集团，古今很多学者也都认为不该把孔融纳入建安七子。①孔融之所以榜上有名，可能与曹丕个人的文学喜好有关。②此外我们还应考虑另一层因素：在"高估自己""鄙薄他人"的个性表达上，孔融堪称典型。所以他成为曹丕分析"文人相轻"问题时首先映入脑海中的人物，也当是意料之内的事。范晔《后汉书》评价孔融："负其高气，志在靖难，而才疏意广，迄无成功。"③"负其高气"的性格给孔融带来的严重后果人尽皆知。曹丕将孔融纳入七子之列，也就使"文人相轻"具有了"因自负而引起政治祸败"这层隐义。

《典论·论文》可分为两部分，第一部分主要在"文人相轻"话题下分析"文各有体""人各有气"的问题，第二部分是由"经国之大业，不朽之盛事"领起的对文章价值的探讨。这两部分几乎毫无关联，曹丕为何突然由文章体气论跳跃到价值论，颇不好理解。有学者指出价值论部分的写作带有某种政治目的。如傅刚认为《典论·论文》作于建安二十二年(217)，价值论部分是为了抚慰政治斗争中失势的曹植。④孙明君认为《典论·论文》作于建安十

---

① 如明许学夷《诗源辩体·世次》罗列的"建安七子"就以曹植替代了孔融。(参见许学夷著、杜维沫校点：《诗源辩体》，人民文学出版社，1987年，第3-4页。)现代学者罗庸也说："七子实不通之名词……七子中孔融不能入流。"(郑临川记录，徐希平整理：《笳吹弦诵传薪录：闻一多、罗庸论中国古典文学》，上海古籍出版社，2002年，第195页。)

② 《后汉书·孔融传》记载："魏文帝深好融文辞，每叹曰：'扬、班俦也。'募天下有上融文章者，辄赏以金帛。"[范晔著，李贤等注：《后汉书》(第8册)，中华书局，1965年，第2279页。]

③ 范晔著，李贤等注：《后汉书》(第8册)，中华书局，1965年，第2264页。

④ 参见曹融南、傅刚：《论曹丕曹植文学价值观的一致性及其历史背景》，《古代文学理论研究》(第十一辑)，上海古籍出版社，1986年，第216-228页。

六年(211)前后,价值论部分是为了安抚七子为代表的建安文人,希望他们安心于翰墨篇籍,不要在功业方面滋生不满之心。①若从傅、孙之说,则"文人相轻"刚好成为连接《典论·论文》前后两部分的暗线,因为曹丕反对"文人相轻",无非是强调个人要认清自己的长处和缺点,摆正自己的位置。无论是文学内部,还是文学外部,这都是通行的准则。附带一提的是,若从孙说,将《典论·论文》创作时间确定在建安十六年(211)前后,彼时建安七子中,除了孔融被杀外,余六子均在世。②曹丕以"文人相轻"为主体,以孔融为首列出七人名单,政治意味似乎就更为明显了。

以上分析当然有推测的成分,但以"文人相轻"指涉不够纯全的德行而带有政治方面的隐义,当是说得通的。相比而言,"文人类不护细行"在德行、政治层面的意涵更为突出。文中的"不护细行"乃贪求仕进、不顾名节之意。曹丕在这里是真心赞赏不追逐权势、恬淡寡欲的君子品格,还是有所影射,不好遽断。仅从文义上分析,我们基本能够得出如下结论:"文人类不护细行"指涉文人涉足政治后的一种不佳的品德和言行。

曹丕之后,人们对文人的品德、言行有着持续的关注和评价。真正接续、发挥曹丕上述话题,在批评史上引起广泛讨论的,要数刘勰和颜之推。《文心雕龙·程器》引用了曹丕"文人类不护细行"一语,以十六个事例来说明文人之疵;《颜氏家训·文章篇》列举了三十六例,论证"自古文人多陷轻薄"③,并深入揭示其原因。为什么南北朝时期"文人类不护细行""文人多陷轻薄"等话题能得到如此多的关注?有学者认为根源在于:主体在重才任性的自我觉醒与持守传统之间存在着矛盾与困惑。④此论甚确,我们可以再举一例以说明该问题。刘义真与谢灵运、颜延之过从甚密,有人予以告诫,刘义真说:"灵运空疏,延之隘薄,魏文帝云鲜能以名节自立者。但性情所得,未能忘言于悟赏,故与之游耳。"⑤此言充分展现出时人在才性与德行之间的衡量与取舍。

南北朝文人重视才性而忽视德行,是"文人类不护细行"等话题产生的现实基础。该现实基础要被提炼成话题,必然经过"观念化"的阶段,即有人

① 参见孙明君:《曹丕〈典论·论文〉甄微》,《清华大学学报》(哲学社会科学版),1998年第1期,第36-41页。
② 六子当中,阮瑀死于建安十七年(212),余五子均死于建安二十二年(217)。
③ 颜之推著,王利器集解:《颜氏家训集解》,上海古籍出版社,1980年,第221页。
④ 参见孙蓉蓉:《"文人无行"说》,孙蓉蓉著:《刘勰与〈文心雕龙〉考论》,中华书局,2008年,第260页。
⑤ 沈约:《宋书》(第6册),中华书局,1974年,第1636页。

站在品德的角度，有意识地探讨、总结文人德行玷缺的现象，并通过一定的话语形式向外释放。魏晋南北朝盛行的人物品评正是体现上述观念的重要渠道。曹丕《典论·论文》评建安七子，韦诞评王粲、繁钦、阮瑀、陈琳、路粹（见后文），刘义真评谢灵运、颜延之，所采取的都是臧否人物的方式。可以想见，在刘勰之前，"文人类不护细行"已经成为人们的谈资，具有了一定的话题热度。刘勰虽不赞同给文人冠上"不护细行"的污名①，但他也颇为无奈地承认："后人雷同，混之一贯。"②因此，"文人类不护细行"是在魏晋南北朝才性与德行冲突作用下、人物品评风气带动下盛行起来的话题。刘、颜二人的相关表述均非独创，乃是对魏晋南北朝文人德行批评的聚合与呈现。

然而，仅从才性与德行的对立来理解此类话题，容易得出如下结论："文人类不护细行""文人多陷轻薄"等论调的出现表明魏晋南北朝文人对才性充分重视，甚至意味着他们具有超越名教、突破儒学束缚的自由个性。③事实上，仔细分析刘勰、颜之推所举事例，不难发现，文人德行的玷缺尚未完全提升到"越名教而任自然""不拘礼法"等个体自觉的层面。比如，马融收受贿赂、杜笃诛求无厌、陆机依附权贵、潘岳陷害太子等行为违背了社会普遍认可的行为规范与道德准则，完全用不着站在礼法的高度来认识与批判。这不是不护细行，而是有损大德。个性的觉醒所带来的不拘礼法的言行，在一定程度上触发了人们对文人德行的审视，大量的人物臧否也必然使得他们的审视视野从时人扩展到古人，从"不拘礼法"扩展到"违背基本的行为规范与道德准则"。刘勰、颜之推对文人之疵的描述就是从最基本的行为规范与道德准则层面来说的。

批评文人无德，即是主张文德合一。"德"是论文、论人的重要依据，但非唯一标准。刘勰的文德观"不同于当时人纠缠于文人的行检，而是具有更为深广的内涵，其核心是'以成务为用'"④。在《文心雕龙·程器》中，刘勰对"文人类不护细行"的反驳蕴含着他对文人用世的期待。反过来说，魏晋南北朝的论者批评"文人多陷轻薄"，就不只是基于纯道德层面的审判，可能还

---

① 具体分析参见朱供罗：《"激愤的反驳"与"文人的出路"：〈文心雕龙·程器〉篇新读》，《古代文学理论研究》（第五十一辑），华东师范大学出版社，2020年，第136-152页。

② 刘勰著，范文澜注：《文心雕龙注》（下），人民文学出版社，1958年，第718页。

③ 巩本栋《〈文心雕龙·程器〉新探》即认为：赵壹、孔融等人的"抗竦过度""诞傲致殒""无礼败俗""凌物凶终"等等，是文人自身的主体意识增强和追求个性自由的反映。[参见巩本栋：《〈文心雕龙·程器〉新探》，《南京大学学报》（哲学·人文科学·社会科学版），1998年第2期，第102-111页。]

④ 周兴陆：《刘勰"文德"论新探》，《文艺理论研究》，2015年第1期，第123-129页。

含有世用（也即政治）层面的警示：文人不护细行，不但损害大德，还会阻碍政治前途，甚至终结生命。《三国志》裴松之注记载鱼豢问韦诞，王粲、繁钦、阮瑀、陈琳、路粹为何不见用？韦诞回答：

> 仲宣伤于肥戆，休伯都无格检，元瑜病于体弱，孔璋实自粗疏，文蔚性颇忿鸷，如是彼为，非徒以脂烛自煎糜也，其不高蹈，盖有由矣。①

除阮瑀外，其他四人不见用的原因都被归结为德行问题。刘勰、颜之推所列举的人物中，有不少就是因为个人言行不当，或被杀，或下狱，或免官。清焦袁熹认为孔融虽然语多轻慢，但品格还是高尚的，进而对颜之推在"文人轻薄"的名单中将孔融与马融、路粹并列表示不满："岂断章之义乎，不然，则之推之志荒矣。"②焦氏揭示了不遵礼法（孔融）与行径卑劣（马融、路粹）之间的差异，却未注意到颜之推此举的内在依据。孔融与马融、路粹的言行品格尽管有高下之别，但都违背了基本的行为规则，更重要的是，他们都因自己的言行导致政治名声污损，甚至在政治斗争中遭受祸败。正因如此，颜之推才会在罗列"文人轻薄"的名单后语重心长地说：

> 文章之体，标举兴会，发引性灵，使人矜伐，故忽于持操，果于进取。今世文士，此患弥切，一事惬当，一句清巧，神厉九霄，志凌千载，自吟自赏，不觉更有傍人。加以砂砾所伤，惨于矛戟。讽刺之祸，速乎风尘。深宜防虑，以保元吉。③

这段文字可以说对魏晋南北朝文人德行话题做了一个颇为完善的理论总结。它既从文章的创作特质和主体性格方面分析了文人轻薄的原因，也一针见血地指出这样的性格和言行容易带来祸患。从"致祸"这个角度来说，超越名教者与违背大德的人可谓殊途同归了。

总而言之，《典论•论文》中的"文人相轻"、《与吴质书》中的"文人类不护细行"隐含了德行和政治双重因素。南北朝以刘勰、颜之推为代表的批评者一方面持守基本的道德立场，对文人德行的玷缺进行批判；另一方面则站在世用的角度，对文人因德行玷缺而带来的政治祸患进行警示，对道德与世用

---

① 陈寿著，裴松之注：《三国志》（第3册），中华书局，1982年，第604页。
② 焦袁熹：《此木轩杂著》，《续修四库全书》（第1136册），上海古籍出版社，2002年，第553页。
③ 颜之推著，王利器集解：《颜氏家训集解》，上海古籍出版社，1980年，第222页。

合之双美的人生状态报以期待。如此则奠定了文人德行话题两个最基本的阐释维度。

曹丕"文人类不护细行"与颜之推"文人多陷轻薄"都未将话说死。但是刘勰的反应折射出，随着该观念的普遍接受与发酵，其话语表达及批评态度容易变得绝对化。萧子显《南齐书》就将"文人类不护细行"引作"文人不护细行"，认为是"古今之所同"①。魏收《魏书》云："杨遵彦作《文德论》，以为古今辞人皆负才遗行，浇薄险忌，唯邢子才、王元景、温子升彬彬有德素。"②这句话显示的就是批评态度的绝对化与实际情况不尽如此之间的矛盾。再如王通对文人的一段评论：

> 子谓文士之行可见："谢灵运，小人哉！其文傲，君子则谨。沈休文，小人哉！其文冶，君子则典。鲍昭、江淹，古之狷者也，其文急以怨。吴筠、孔珪，古之狂者也，其文怪以怒。谢庄、王融，古之纤人也，其文碎。徐陵、庾信，古之夸人也，其文诞。"③

王通主要想表达"人品与文品相一致""观其人可知其文"的观念，重点不在于评判文人德行的玷缺，所以在这一段后面，他又对文士颜延之、王俭、任昉作了正面评价："有君子之心焉，其文约以则。"④可从他所举事例来看，文士中的小人多于君子，比例的悬殊从侧面印证了魏晋以来"文人类不护细行""文人多陷轻薄"观念的流行。后人的引述也时常偏重小人之行，而忽略君子之心。可见尽管"文人类不护细行"这类论断与历史事实不尽符合，但他们确实也触发了古人对文人的集体认同，甚至有发展为绝对化判断的可能。

二、唐宋时期话题的接续与"文人相轻"的多维运用

从目前所见唐代文献来看，"文人类不护细行""文人相轻""文人多陷轻薄"等说法并不流行。相关记载不超过十处，具体情况如下表：

---

① 萧子显：《南齐书》（第2册），中华书局，1972年，第644页。
② 魏收：《魏书》（第5册），中华书局，1974年，第1876-1877页。
③ 张沛：《中说校注》，中华书局，2013年，第79-80页。
④ 张沛：《中说校注》，中华书局，2013年，第80页。

表1　唐代文献中文人德行话题的记载情况

著作	相关文句	备注
《北史》	论曰：……魏文帝云："文人不护细行。"其吕思礼之谓乎！	
《北史》	杨遵彦作《文德论》，以为古今辞人皆负才遗行，浇薄险忌……	与魏收《魏书》中的句子相同
《南史》	论曰："文人不护细行"，古令之所同焉	与萧子显《南齐书》中的句子相同
《梁书》	陈吏部尚书姚察曰：魏文帝称古之文人，鲜能以名节自全	
《周书》	史臣曰：……魏文帝有言："古今文人，类不护细行。"其吕思礼、薛憕之谓也	与《北史》中的句子基本相同
《隋书》	史臣曰：魏文有言："古今文人，类不护细行，鲜能以名节自立。"信矣！	
《艺文类聚》	《典论·论文》大部分内容	

以上七则材料中，前六则都出自初唐编撰的史书①，且基本是复述、摘录前人之言。其中五则引用了曹丕《与吴质书》中的内容，一则摘引《典论·论文》。《北史》第二则直接源于魏收《魏书》中的相关文字。《周书》一则与《北史》第一则相近，二者之间应有渊源关系。只有姚思廉所撰的《梁书》与魏征所撰的《隋书》对"文人类不护细行"作了较多发挥，《梁书》云：

> 陈吏部尚书姚察曰：魏文帝称古之文人，鲜能以名节自全。何哉？夫文者妙发性灵，独拔怀抱，易邀等夷，必兴矜露。大则凌慢侯王，小则懱蔑朋党；速忌离訕，启自此作。若夫屈、贾之流斥，桓、冯之摈放，岂独一世哉？盖恃才之祸也。②

《隋书》云：

> 史臣曰：魏文有言"古今文人，类不护细行，鲜能以名节自立"，信矣！王胄、虞绰之辈，崔儦、孝逸之伦，或矜气负才，遗落世事，或学优命

① 另，唐李翰《蒙求》"武仲不休、士衡患多"一则下的注文引《典论·论文》"文人相轻，自古而然……下笔不能自休"一段。该注文最早见于敦煌研究院藏95号《蒙求》抄本。我们虽不知该注文是否为《蒙求》原作者李翰所作，但一定在宋人徐子光补注《蒙求》之前。因难以判断出文时间，故特此说明，正文中不再赘引。

② 姚思廉：《梁书》（第3册），中华书局，1973年，第727-728页。

薄,调高位下,心郁抑而孤愤,志盘桓而不定,啸傲当世,脱略公卿。是知跅弛见遗,嫉邪忤物,不独汉阳赵壹、平原祢衡而已。故多离咎悔,鲜克有终。①

这仍旧是南北朝"文人类不护细行"阐释方式的延续。总体来看,以上诸书的产生年代集中在初唐,对"文人类不护细行"引得最多,对颜之推"文人多陷轻薄"的描述则全无引用。不少唐代文献已不可见,这难免使检索结果失真。然而,足够数量样本的抽取完全能支撑我们的判断,即在唐代,"文人类不护细行""文人相轻""文人多陷轻薄"等话语没有得到太多的关注。如前节所述,从将"文人"类同于具有褒义性质的"文儒"范型,到中唐之后批判文人不根儒家之道,这是唐代文人身份批评的主要线索。站在德行(甚至儒家之道)的高度批评某个文人虚言无行,这在每个朝代都是常有的现象。但是唐人没有像南北朝那样,接过曹丕、颜之推遗留下来的话题,大肆发挥,因此也就未形成集中的话题效应。

曹丕《典论》一书至宋代已经亡佚。其中《论文》一篇以及《与吴质书》除了随《昭明文选》流传后世外,史书、类书等著作的摘引也是相关文句得以传播的重要渠道。宋人摘引"文人类不护细行""文人相轻"等语句的情况如下表:

表2　宋代文献中文人德行话题的摘引情况

著作	相关文句	备注
《太平御览》	《典论·论文》全文	
《册府元龟》	《与吴质书》全文	
	昔年疾疫……观古今文人,类不护细行……自一时之儁也	源于《与吴质书》
	杨遵彦作《文德论》,以为古今辞人皆负才遗行,浇薄险忌……	源于魏收《魏书》
《资治通鉴》	义真曰:灵运空疏,延之隘薄。魏文帝所谓"古今文人类不护细行"者也。但性情所得,未能忘言于悟赏耳	源于沈约《宋书》
钱端礼《诸史提要》	古今文人,类不护细行	源于《与吴质书》
	文人不护细行	源于《与吴质书》
郑樵《通志》	昔年疾疫……观古今文人,类不护细行……自亦一时之隽也	源于《与吴质书》

---

① 魏征等:《隋书》(第6册),中华书局,1973年,第1750页。

著作	相关文句	备注
	杨遵彦作《文德论》，以为古今辞人皆负才遗行，浇薄险忌……	源于魏收《魏书》
吕祖谦《少仪外传》	自古文人，多陷轻薄，……以保元吉	源于《颜氏家训》
吕祖谦《观澜集注》	《典论·论文》全文	
萧常《续后汉书》	昔年疾疫……观古今文人，类不护细行……皆一时之隽也	源于《与吴质书》
潘自牧《记纂渊海》	义真曰：灵运空疏，延之隘薄。魏文帝所谓"古今文人类不护细行"者也。但性情所得，未能忘言于悟赏耳	源于沈约《宋书》
	观古今文人，类不护细行，鲜能以名节自立	源于《与吴质书》
	自古文人，多陷轻薄……不能悉纪，大概如此	源于《颜氏家训》
	文人相轻，自昔而然	源于《典论·论文》
王正德《余师录》	自古文人，多陷轻薄，……以保元吉	源于《颜氏家训》

宋代类书创作盛行，对于古人品德欠缺、言语轻薄等事例也有一些集中记载，比如《太平广记》专列"轻薄"一类，汇聚了相关事例。若仅就话语的沿用来说，如表2所示，诸书所引最多的，还是"文人不护细行"，共九处，而"文人轻薄""文人相轻"各有三处。《太平御览》《册府元龟》《通志》等只是起到记载的作用，并未刻意突出文人德行的话题。不过，记载的增多在一定程度上意味着这些话语被关注的可能性在增大。对于"'文人不护细行''文人相轻'等引起了多大的话题效应"这个问题，我们最终还是要根据宋人对此类话题的运用和发挥情况来判断。

孔子"有德者必有言，有言者不必有德"之语，揭示出德高言低的等级位差。王充、刘勰等人主张的文德之论，意在弥合文与德之间的隔阂，这其实也是在强调文人的德行。北宋毕仲游《文议》则提出另一番见解：

　　世之谓文者，不系于德；谓德者，不系于文。夫文章之士，虽不系于有德无德，而无德者，不能为有德之文。有文之人，不皆有德。有德之人，不皆有文。①

---

① 毕仲游：《文议》，《景印文渊阁四库全书》（第1122册），台湾商务印书馆，2008年，第51页。

毕仲游指出文与德之间没有必然联系,这无疑割裂了王充、刘勰等人主张的文德一体论。在传统观念的主导下,德行比文才重要,因此打消文与德之间的必然关联,对有德者来说无伤大雅,对有文之人而言,却成为难以磨灭的污点。胡寅就指出"文人少实用,多阙德"①。毕、胡等人的观念、言论与"文人不护细行"等语深相契合。宋人对这类话题予以了一定关注。林季仲《与周主簿书》云:

> 词美而行恶,不害为小人。行美而词拙,不害为君子。自古文人不护细行,顷阅文艺传,鲜有全人。不骜倨则儇佻,不谀佞则讥讪。往往凭借自取祸败者,多矣。②

李刘也说:"文人多不护文细行,易亏于大德。"③赵彦卫《云麓漫钞》也指出:"文士轻薄,不顾理道,有甚害义者。"④宋代理学兴盛,重理道而轻文辞的观念为此类话题的发挥提供了较大的平台和空间。不过整体而言,"文人不护细行""文人轻薄"的阐释维度依旧未能超出南北朝时期的范围(即德行的玷缺和政治上的污损)。

与表2所反映的情况相反,"文人相轻"吸引了宋人更多的注意力,该话题的运用体现出前所未有的多样化面貌。

首先,"文人相轻"一词的运用场合更加多元。在文章中提及"文人相轻"的,如宋祁《代人求荐》:"人言可畏,有同抱玉之家;文士相轻,盖甚铄金之数。"⑤《引卷启事》:"重念为文相轻,传之自古。入门各媚,孰肯为言。"⑥诗歌中化用"文人相轻"的,如黄裳《和张仲时次欧阳文公览李白集之韵》:"苦

① 胡寅:《致堂读史管见》,《续修四库全书》(第448册),上海古籍出版社,2002年,第488页。
② 林季仲:《与周主簿书》,《景印文渊阁四库全书》(第1140册),台湾商务印书馆,2008年,第354页。
③ 李刘:《贺太府余大卿铸除中书舍人仍兼右司除户部侍郎兼知临安(成都运司作)》,《景印文渊阁四库全书》(第1177册),台湾商务印书馆,2008年,第404页。
④ 赵彦卫:《云麓漫钞》,古典文学出版社,1957年,第141页。
⑤ 宋祁:《代人求荐》,《景印文渊阁四库全书》(第1088册),台湾商务印书馆,2008年,第529页。
⑥ 宋祁:《引卷启事》,《景印文渊阁四库全书》(第1088册),台湾商务印书馆,2008年,第532页。

谈杜甫峻谈李，文人相轻古如此。"①陆游《将军行》："从来文吏喜相轻，聊遣濡毫书竹帛。"②运用场合的增加说明"文人相轻"完全可以脱离曹丕的原语境，成为宋人面临或考虑相应现象时，头脑当中首先跳出来的概括语。

其次，"文人相轻"的概括能力得到不断的拓展。洪兴祖《韩子年谱》云："子厚平时称退之不曰韩愈，则曰韩生。文人相轻，自古皆然。然退之道子厚不容口，以此见二公之为人也。"③吴坰《五总志》云："长安书生闻朱云折五鹿充宗之角，乃叹息曰：'栗犊儿乃能尔。'故魏文帝曰：'文人相轻，自古而然。'"④在"文人相轻"的主题之下注入事例，乃该话题不断传播的重要因素。随着事例的增加，该话题的囊括力也就越来越强。它可以用来描述古事，也可以用来描述今事，如蔡绦《西清诗话》述及欧阳修见王安石诗，作一联戏之，王安石反唇相讥一事。末云："文人相轻，信自古如此。"⑤它可以用来指涉文人对他人单方面的轻视，也可以用来概括文人之间的互相嘲弄，如葛立方《韵语阳秋》有一则材料：

> 《五代史补》载罗隐《题牡丹》云："虽然不语应倾国，任是无情也动人。"曹唐曰："此乃咏女子障子尔。"隐曰："犹胜足下作鬼诗。"乃诵唐《汉武宴王母诗》曰："洞里有天春寂寂，人间无路月茫茫。"岂非鬼诗。《南史》载孝武尝问颜延之曰："谢庄《月赋》何如？"答曰："庄始知'隔千里兮共明月'。"帝召庄，以延之语语之。庄应声曰："延之作《秋胡诗》，始知'生为久离别，没为长不归'。"《典论》云："文人相轻，自古而然。"⑥

上文中的两个例子乃同一类型，都是互相贬低对方诗文作品的评论行为，故此处"文人相轻"的"相"显然有"互相"之意。

《韵语阳秋》中的材料略微呈现出围绕特定主题，聚合相关事例的编辑动机，这也符合宋代诗话以言事为主、吸纳诗事的特质。相比而言，事例聚合在类书当中表现更为突出。作为南宋的一部重要类书，祝穆的《古今事文

---

① 黄裳：《和张仲时次欧阳文公览李白集之韵》，《景印文渊阁四库全书》（第1120册），台湾商务印书馆，2008年，第42页。

② 陆游：《将军行》，陆游著，钱仲联校注：《剑南诗稿校注》（第4册），上海古籍出版社，1985年，第1941页。

③ 吕大防等：《韩愈年谱》，中华书局，1991年，第59-60页。

④ 吴坰：《五总志》，《景印文渊阁四库全书》（第863册），台湾商务印书馆，2008年，第810页。

⑤ 蔡绦：《西清诗话》，张伯伟编校：《稀见本宋人诗话四种》，江苏古籍出版社，2002年，第218页。

⑥ 葛立方：《韵语阳秋》，何文焕：《历代诗话》（下），中华书局，2004年，第496页。

类聚》首次在"文章部"设置了"文人相轻"一类。类目之下胪列"用覆酱瓿""诗赋相嘲""因诗相嘲""不读南华""因文相嘲""讥五代史序"六个事例。①所举的例子既有文人互损例子,也有单方面贬低他人的事例。进入类书,不仅表明"文人相轻"是宋人讨论文人言行时常谈论的话题,同时意味着这些例子已被当成读书人应当知晓的文人趣事。

最后,"文人相轻"话题还可引发人们对文人关系的审视。胡仔《苕溪渔隐丛话》记载欧阳修与宋祁同修《新唐书》,尊宋为前辈,对其所上列传一字不易,署名时也列上宋祁之名。宋祁之兄宋庠感叹道:"自昔文人相凌掩,斯事古未有也。"②朱熹《三朝名臣言行录》、黄震《黄氏日抄》、章如愚《山堂考索》等都记载了此事,可知此事传播甚广。在"文人相凌掩"(也即文人相轻)的衬托下,欧阳修的行为因体现了文人相重的品德而被引为美谈。此外,前述《事文类聚》"文章部"的类目中并非只有"文人相轻",还有"文人相推",且"文人相推"类目下的事例多于"文人相轻"。祝穆搜集故事时秉持以类相从的客观立场,当然是《事文类聚》将"文人相轻""文人相推"并举的原因。不过我们也能觉察到,由此带来的对"文人关系"问题的修正与完善,本身也是"文人相轻"话题热度得以维持的一种表现。

以上三个方面说明"文人相轻"已经脱离了曹丕的原语境,成为一种具有囊括力和描述力的批评术语。在多维运用的基础上,其话题效应才能充分展现出来。为什么在宋代文献中,"文人相轻"比"文人不护细行"受到的关注更多呢?抛开一些偶然性因素,从性质上来说,"相轻"虽为文人固习,但一般情况下,并未达到损害大德、致使仕途祸败的地步。故与"文人不护细行"相比,其言说空间要轻松很多。同时,它所囊括的各种趣味性故事助力了该话题的传播,更容易成为文人的谈资。从语言表达上说,比之于"文人相轻","文人不护细行"不够简短凝练,这也是不可忽视的客观原因。"文人××"这样的四字熟语容易被人运用,从而具备较强的传播力度。如此,"文人无行"替代"文人不护细行",作为更加精炼、更具囊括力的话题出现,则是理所当然的了。依目前文献所见,较早提及"文人无行"的是朱熹,他评论汉代息夫躬的《绝命词》:

躬以利口作奸,死不偿责。而此词乃以"发忠忘身"号于上帝,甚矣,其欺天也! 特以其词高古似贾谊,故录之。而备其本末如此,又以

① 祝穆等编:《新编古今事文类聚》,元泰定三年庐陵武溪书院刻本。
② 胡仔辑:《苕溪渔隐丛话后集》,人民文学出版社,1962年,第172页。

见文人无行之不足贵云。①

息夫躬利口作奸而自取祸败,正是"文人不护细行"传统阐释方式下的典型案例。此外,朱熹所说的"文人无行"还具有言行不一之意。黄震《黄氏日抄》云:"相如文人无行,不与吏事。以赋得幸,与倡优等,无足污简册者,亦无足多责。惟《封禅书》祸汉天下于身后,且祸后世。"②作《封禅书》,属行为有悖常理;不与吏事,属于行为无足观。综上二例,可见"文人无行"在阐释维度上等同于"文人类不护细行",即德行的玷缺和政治上的污损。朱熹等人多有批评文人不通理道者,但尚未从儒家之道的立场出发,为"文人类不护细行""文人无行"这类话题增加新内涵。故上述两例的意义不在于思想内容的发挥,而在于话语形式的拓展。取消了"文人类不护细行"中的"类""细"二字,具备了四字熟语的客观条件,"文人无行"这个批评话语也就更加笼统和绝对化。

三、纠偏与失控:明清时期"文人无行"说的发展

在明代,"文人无行"的说法大幅度增加,这印证了我们前面的判断,即比起"文人不护细行""文人轻薄","文人无行"具有更强的囊括力和传播度,实可替代前者,成为描述文人德行的代表性话题。明人对"文人无行"的运用与阐释大多没有超出德行玷缺与政治污损两个维度,很多论述也只是前人话语方式延续。如曹安《谰言长语》云:"(叶)梦得,苍梧人,注《书序》《礼记》,徽宗时附蔡京,得起居郎。文人无行,信然。"③以叶梦得的个案来印证"文人无行"的普遍性,此种言说方式与朱熹无异。再如朱诚泳《丰城游氏族谱序》云:"且予闻近代翰林之选,类皆文人,而文人无行,势常什九也。"④这句话与曹丕《与吴质书》中的句子颇为相似。对前人阐释维度和话语方式的接续,一定程度上反映出该话题已被普遍接受和运用。在这个大前提之下,我们还能看到明人对"文人无行"的发挥与明代思想文化及文人身份认知密切关联,从而突破了前人的论述,表现出很强的时代特征。

魏晋以来,论者多将"文人类不护细行""文人无行"作为一种经验总结

---

① 朱熹:《楚辞后语》,朱熹著,蒋立甫校点:《楚辞集注》,上海古籍出版社、安徽教育出版社,2001年,第243页。

② 黄震:《黄氏日抄》,《景印文渊阁四库全书》(第708册),台湾商务印书馆,2008年,第286页。

③ 曹安:《谰言长语》,《景印文渊阁四库全书》(第867册),台湾商务印书馆,2008年,第44页。

④ 朱诚泳:《丰城游氏族谱序》,《景印文渊阁四库全书》(第1260册),台湾商务印书馆,2008年,第335页。

来看待,除了颜之推对"文人轻薄"的原因做过理论分析外,少有人专门探讨"文人为何无行"这个问题,即便有所涉及,也基本不出颜之推的阐释范围。正如颜之推所分析的那样,将"文人"与"无行"挂钩,说明这些不好的言行乃文人群体的创作习性所引发,且此类习性是其他身份和群体所不具备的。是以"无行"与"文章创作"之间一定具有某种关联。明代的一些学者借助儒学(或理学)的思想资源,顺着颜之推的思路,将"个人品行"与"文章创作"进行关联解读,从而为"文人无行"话题增加了一个阐释维度。明初刘夏《答孟左司书》以"气"论文,指出"文气"是需要驾驭的,即作文需要以"志"帅"气"。刘夏所谓的"志",其实就是儒家之道,正如其所言:"志常帅气,百行其旋,则可修辞以立诚,垂文以作则,载道以传后之人矣。"①他以文气的驾驭为依据,为"文人无行"寻找了一个内在原因:

> 文人御气以作则者可贵,乘气以加人者不足贵。古今称文人无行,正谓乘气以加人,号呼跳踯,有狂者之态也。②

刘夏将"文人无行"置于"志(道)"与"气"的关系下进行解释,他所说的"乘气以加人"与颜之推"发引性灵,使人矜伐"含义接近。不同的是,刘夏比颜之推更进一步,他指出了矫正"文人无行"之弊的方式,即以"道""志"驭"气",这便带有了儒者修身的意味。

在传统观念中,品行远比文章重要。端正的品行必须通过日积月累的道德修养才能树立,反过来说,品行的出格是因为主体远离或背弃"道德修养"这一立身之本。宋代理学家在发挥该理念,充分突出日常践履重要性的同时,还将"作文(沉溺于文)"视为干扰修身的一种行为,把文人当作不重修身、不知理道的创作者群体。循此逻辑,"文人无行"的内涵就比刘夏所论更进了一步,从文章创作层面延伸到日常修身、"文道关系"等儒学核心问题上。比如,陆深就认为"文人无行"的根本原因乃是文人颠倒了"文"与"道"的本末关系:"夫文人无行,自古为然。盖其究心枝叶,而遗弃本根。游艺之日长而依据之功少。"③太学的教育者时常赞赏长于举业、熟于时文的学子,而没有在修身立德、圣贤之学方面予以鼓励和引导。陆深之言主要针对此一教育痼疾而发,在他看来,无行文人的出现就是因为教育出现了重末轻本

---

① 刘夏:《答孟左司书》,《续修四库全书》(第1326册),上海古籍出版社,2002年,第82页。
② 刘夏:《答孟左司书》,《续修四库全书》(第1326册),上海古籍出版社,2002年,第82页。
③ 陆深:《策(癸亥南监季考)》,《景印文渊阁四库全书》(第1268册),台湾商务印书馆,2008年,第545页。

的问题。再如，顾应祥《静虚斋惜阴录》列数宋之问、宋之逊的劣迹，名之曰"文人无行"，接着说道："夫文也者，道之见于言语文字之间者也。……士之立身不在乎言语文字之间也。"①顾应祥是王阳明的弟子，对个人心性的修养极为重视。他的态度可代表大部分理学家的观点，即以立身为本。理道充盈内心，发之于行为则正，发之于语言文辞则实，如此形成心、道、文、行合一的理想状态。若其身不立，其行则邪，其文则成巧言之流。如此，则造成心无所养、言行不一的状态。此即"文人无行"的理论根源。

陆深、顾应祥对"文人无行"的阐释反映出以心性修炼、道德修养为本，以文字、文章为末，警惕沉溺于修辞的态度。这种直探本根的阐释路数与颜之推的结果导向型分析（即德行的玷缺会导致政治上的污损）迥然有别。类似的评论再如骆文盛："文人无行，譬之粪秽中蒸出芝菌。非无英华可观，然其本根则不离腐恶也。"②方弘静："文人无行之语，尤宜书之座右。文章亦小技，于道未为尊。杜子之见所以独超辞人之表也。"③文辞的虚浮淫靡、行为的乖戾恣肆、仕途的挫折祸败，均是文人"本根腐恶"所致。总之，面对"文人无行"的现象，以上论者都强调压制文辞之好，回到本根的修炼上来。

上述直探本根的阐释方式原自理学、心学最基础的观念，很难理出一条发展演变的线索，这反倒说明此种阐释方式具有普遍性，完全可被视为明代"文人无行"话题性增强的一项重要依据。另一项更重要的依据体现在："文人无行"形成一种施加在文人身上的舆论压力，激起明中后期不少论者的回应与反驳。孙绪《沙溪集·杂著》记载：

> 孙楚媚王济以驴鸣，魏收悦高洋以狗斗，潘安仁拜贾谧之车尘，宋之问捧昌宗之溺器。文人无行，一至此哉。宋刘挚所谓"一落文人，其余不足观"者，正谓此辈。然亦岂可以尽律天下士。东光廖廷陈与余同为吏部，每举挚言以扼文士。故凡所荐用，率皆椎鲁木强者，以遂其妒。④

廖纪（字廷陈）与孙绪同在吏部任职的时间大概在弘治末或正德初，他以"无行""不足观"为由，遏制文士晋升。孙绪虽然表示了反对意见，但也承认"文人无行"确实是较为普遍的现象。在《沙溪集·杂著》另一处，孙绪说道："东

① 顾应祥：《静虚斋惜阴录》，《续修四库全书》（第1122册），上海古籍出版社，2002年，第483页。
② 骆文盛：《叙文苑传》，《四库全书存目丛书》（集部第100册），齐鲁书社，1997年，第685页。
③ 方弘静：《千一录》，《续修四库全书》（第1126册），上海古籍出版社，2002年，第472页。
④ 孙绪：《杂著》，《景印文渊阁四库全书》（第1264册），台湾商务印书馆，2008年，第667页。

光廖廷陈屡谓文人无行,以此扼文士。此固不可,然观米、方(指米芾、方回)二子,廖亦不为无见也。"①廖纪长期任职吏部,在嘉靖三年(1524)到六年(1527)还担任过吏部尚书,他的言论表明,明中期的官场存在着一种声音,即重世用、吏能,宣扬"文人无行",贬抑文人价值。尽管出现了孙绪这样秉持中立、客观立场的论者,但他们因没有与自我身份认知紧密结合,故对"文人无行"反驳力度有限,并不能扭转或杜绝此种舆论风气。②于是,道德、政治因素的双重叠加增强了"文人无行"的热度,也使得文人感受到巨大的舆论压力。

此种舆论压力在嘉靖、万历年间持续不断。稍作搜检,我们发现明人对"文人无行"话题的探讨主要集中在嘉靖至万历时期(特别是万历时期)。在此时期内,"文人无行"的舆论压力引起了以后七子为代表的文人群体的激烈反驳。

后七子注重文才,对儒家之道不是那么在意。相同的文学主张、相互之间的文学创作活动,以及相近的舆论压力与政治遭遇,促使他们较为自觉地形成文人共同体意识。在对待文人德行问题上,也表现出近乎一致的主张。徐中行代蔡汝楠作《何大复碑记》,说道:"余独怪鄙人之言曰文士鲜行,乃概天下贤者,于是而谓文章不得与节义齿列。"③愤愤不平之意,溢于言表。王世贞在《徐天目先生集序》中专门摘引这段话,并云:"节义其一支耳,何言不得齿也?"④王世贞是后七子的核心人物,他对文人的自我认同与定位,在后七子群体中最为突出。面对重道德、轻文才的舆论环境,王世贞刻意提高文才的价值意义,以至于说出"宁为有瑕璧,勿作无瑕石"⑤这样的话。对于"文人无行"之论,他心中耿耿,并因此称赞李攀龙、徐中行,认为他们可为文人吐气,一洗"文人无行"之耻。万历十二年(1584)九月,屠隆因个人言行问题,被弹劾罢官。王世贞为不能洗清"文人无行"四字而担忧。黄景昉《国史唯疑》云:"屠隆以与西宁侯家狎昵往来,被讦,词丑甚。文人无行,又一司马

① 孙绪:《杂著》,《景印文渊阁四库全书》(第1264册),台湾商务印书馆,2008年,第637-638页。
② 再如与孙绪同时代的侯一元也说道:"夫文人无行,非谓固然……古今文人,独一司马相如哉?"[侯一元:《走笔戒弟书》,《明别集丛刊》(第二辑)(第91册),黄山书社,2015年,第323页。]他主要站在中立客观的立场,指出"文人无行不是放之四海皆准的规律"。全文重点不在为文人正名,故反驳的力度也是有限的。
③ 徐中行:《何大复碑记(代作)》,《续修四库全书》(第1349册),上海古籍出版社,2002年,第734页。
④ 王世贞:《徐天目先生集序》,《四库提要著录丛书》(集部第120册),北京出版社,2015年,第606页。
⑤ 王世贞著,罗仲鼎校注:《艺苑卮言校注》,齐鲁书社,1992年,第397页。

长卿耶。"①在当时鄙薄文士的舆论氛围下,屠隆的遭遇正为"文人无行"论者增一口实。屠隆有感于此,在写给王祖嫡的书信中大吐苦水,激烈批驳"文人无行"之说:"世亦有无行文人,岂谓文人必无行耶?"②此外,胡应麟也质问"文人无行,信乎?"③表示"世动讪文人无行,余不敢谓然也"④。赵南星也说:"文人无行,此庸俗疾妒之言,而不通之说也。夫文人无行,无文者皆有行耶?"⑤

　　明代重经义的科举、重世用的政治环境,以及文人遭受的负面批评等因素构成巨大的外在压力,在此背景下,王世贞等人的政治遭遇直接促发了他们对文人身份的强烈认同,致使他们从德行、世用、际遇等方面对文人身份的负面话题进行全方位辩驳。这一思潮向后七子群体外辐射,诸如梅守箕、陈懿典、谢肇淛、周清原等人,都在文章中对"文人无行"予以质疑。对此,本书第三章第三节还会细论。总之,王世贞等人的强烈反应,既给我们展示了"文人无行"话题的严肃性,以及严重的舆论后果,又揭示出该话题在明代的传播及其与中晚明政治环境和文人心态的血脉联系。

　　中晚明时期后七子等人的反驳突破了文人必无行的思维定式,拓展了该话题的言说空间。清人对"文人无行"的态度显得多样化。他们要么通过具体事例来说明、感叹"文人无行";要么秉持理性之态度,以"文人无行"自戒;要么不再将"文人无行"绝对化,而曰"文人无行者多""文人多不护细行"。还有一类论者延续了后七子的思路,继续对"文人无行"提出疑问,如李焕章以提倡"文人无行"的人为"伎才者"⑥;施闰章憾"文人不护细行为世口实",欲"取古之文人近道者,嘉言懿行,集为一书,目曰文人盛德"⑦;王士禛认为朱缃言行合一,能为千古文人洗"不护细行"之耻。⑧但总体上没有出现如后七子那般集中且激烈的反驳现象。

　　可见清代"文人无行"说不但没有销声匿迹,反而越来越普遍,相关的运

①　黄景昉著:《国史唯疑》,上海古籍出版社,2002年,第272页。
②　屠隆:《答王胤昌太史》,屠隆著,汪超宏主编:《屠隆集》(第5册),浙江古籍出版社,2012年,第301页。
③　胡应麟:《少室山房笔丛》,中华书局,1958年,第199页。
④　胡应麟:《诗薮》,中华书局,1958年,第330页。
⑤　赵南星:《答章元礼》,《四库禁毁书丛刊》(集部第68册),北京出版社,1997年,第720页。
⑥　李焕章:《徐文长传》,《四库全书存目丛书》(集部第208册),齐鲁书社,1997年,第663页。
⑦　施闰章:《寄魏凝叔》,《景印文渊阁四库全书》(第1313册),台湾商务印书馆,2008年,第348页。
⑧　王士禛:《候补主事子青朱君墓志铭》,《王士禛全集》(第3册),齐鲁书社,2007年,第2217页。

用和阐释越来越多元化。与此同时，"文人无行"的概念边界也更加具有弹性。"无行"的含义从未被明确界定，古人对这个词内涵的认识是不尽相同的。明末清初的费经虞《雅伦》记载范仲闇胪列的诗人六大病："一者所得无多，矜骄自满；二者不肯实心与人商榷；三者有人道病处，便护前；四者专布虚名；五者不肯细心伏案读书；六者偏寻人不好处来说。"①并认为"此等病不除，纵文辞佳美，亦文人无行也"②。此语无疑扩大了"文人无行"的囊括范围。因此，"文人无行"本身就隐藏着多种理解的可能性，这消弭了理论话题应当具备的明确的边界与定义。在古人基于自身体悟的理性认识与基于视听经验、传统立场的感性运用的交互影响下，"文人无行"处于时时纠偏又时时失控的状态。清人对"文人无行"的多样化运用，正面言之，代表了该话题的流衍与盛行，反面言之，未尝不意味着批评的失控。

从"文人类不护细行"到"文人不护细行"，再到"文人无行"，文人德行的话题经历传播愈发广泛的过程。同时，文本与知识的累积，也保证了旧话题不会销声匿迹。明清时期也有对"文人轻薄""文人相轻"话题的探讨。明清以来"文人轻薄"说的阐释维度与内涵意义基本不出"文人无行"的范畴，本节不再废笔墨。明清时期"文人相轻"话题虽不少，但没有像"文人无行"那样激起文人较大的反驳。后七子等人对"文人无行"进行激烈反驳、纠偏，但对"文人相轻"并没有多少言论。原因在于"文人相轻"所引起的文人身份危机感远不如"文人无行"与"文人轻薄"。章学诚云：

> 前人诗话之弊，不过失是非好恶之公；今人诗话之弊，乃至为世道人心之害。失在是非好恶，不过文人相轻之气习，公论久而自定，其患未足忧也；害在世道人心，则将醉天下之聪明才智，而网人于禽兽之域也。③

所以"相轻"虽为文人固习，然一般未达到损害大德与致使仕途祸败的地步。所谓"患未足忧"，即未碰触文人身份认同的底线，故与"文人无行"相比，"文人相轻"继续葆有着较为轻松的言说空间。

综上，通过对"文人类不护细行""文人多陷轻薄""文人无行""文人相轻"的分析，我们不仅能够厘清它们发展的基本脉络，还能揭示它们的内涵和层次，及其传播路径、舆论效应。从形式上看，此类话题的广泛传播得益

---

① 费经虞：《雅伦》，《续修四库全书》（第1697册），上海古籍出版社，2002年，第446页。
② 费经虞：《雅伦》，《续修四库全书》（第1697册），上海古籍出版社，2002年，第446页。
③ 章学诚：《文史通义》，古籍出版社，1956年，第158页。

于相关现象(事件)的反复出现,也得益于古人对话题不断地运用与阐释,但这些都不是根本原因。在先秦,"文"与"德"本就具有内在关联,汉代王充、南朝刘勰等人提倡的"文德"之论,唐代集中出现的"文儒"概念,都折射出古人对"文德合一"的人生境界的渴望。更完整地说,在传统价值观的导向下,德行、文章、政事合一(或曰儒者、文人、官员合一)实为绝大部分古代士人所追求的身份范型。"德"的缺失不仅打破了此种理想的身份范型,甚至还会导致主体的世用价值降低,危及官员身份。"文人无行"话题的严肃性和严重性由此可见,它与"文人无用"相互关联,共同反映出古代士人对德行、文章、政事三者合一的期待,以及这一期待不能达成而带来的冲突与困惑。就此而论,古代士人的身份结构与价值观念才是文人德行话题不断阐释与发挥的内在原因。也正因有内在的思想渊源作为动力,"文人无行""文人相轻"才能在话题纠偏与失控的交杂中获得持久的生命力,并凸显其内在的批评价值和理论意义。

第四节　文艺批评视角下的文人认同及内涵

从史学、儒学、德行视角对文人进行的批评因立足于非文学本位的旁观者立场,往往带有冷峻的思考和严苛的态度。在文学、艺术的本位立场下,文人遭受的批评又会是什么样的呢?按理而言,诗文书画都是凸显文人身份价值,让文人大展身手的领域。文人应该成为诗文书画的创作标杆,其习性、风格也应当在这些领域的批评中获得充分的理解和高度的赞誉。然而,事实并非如此。文学不可能与现实割裂,古人完全能够通过对诗文的批评表达自己的儒者、史家立场,进而针对文人身份发出一些负面的声音。更关键的地方在于,不是只有文人才能活跃在文艺舞台上,诗文书画当然能够展现文人的习性与风格,但同时也给予了其他社会身份表达自我的机会与平台。因此,在文艺世界内部,各种身份的关联与对立持续存在着。文人在文艺内部的身份网络中居于何等地位?此一地位及相关阐释蕴藏着怎样的文艺思想和创作理念?这是我们需要仔细考虑的问题。

一、尚奇与失实:文人创作习气的负面评价

关于古人对文人习性的共性认识,前面几节已有所涉及,然尚不集中,这里再稍作归纳。先秦两汉,"文"之意涵经历了从附映于天地、礼乐的大文转换到文辞篇章的过程,沉溺于文辞形式与提倡思想价值随之发展为互相

冲突的两股风潮。这在魏晋南北朝表现得极为突出,文人(辞人)随之被塑造成"沉溺于文辞形式的创作者",并作为标签化的身份术语进入文学内部批评当中。刘勰多次探讨汉代以来重文辞而轻思想的创作风气,《文心雕龙·序志》云:"去圣久远,文体解散,辞人爱奇,言贵浮诡,饰羽尚画,文绣鞶帨,离本弥甚,将遂讹滥。"①作为古代文学批评领域的重要范畴,"奇"寄托了古人对文学创作(以至于文艺创作)突破常规的审美期待,但它也会因其突破常规的特质而遭到评判。《文心雕龙·征圣》在引用《尚书》"辞尚体要,弗惟好异"并阐述一番之后,说道:"颜阖以为仲尼饰羽而画,徒事华辞。虽欲訾圣,弗可得已。然则圣文之雅丽,固衔华而佩实者也。"②显然"饰羽而画,徒事华辞"就是"不尚体要"的主要表现。《文心雕龙·风骨》说得更清楚:"周书云:'辞尚体要,弗惟好异。'盖防文滥也。"③"好异""好奇"的弊端就在于"文滥(文辞浮滥)"。综合以上诸例,可知刘勰所言之"辞人爱奇",即是说辞人言辞浮华靡丽,既忽视了作品的思想价值,也违背了《尚书》所标举的"辞尚体要"的形式原则。

刘勰之后,"好奇""爱奇"作为文人创作的特质不断得到阐述。如鲍照《芜城赋》云:"蕙心纨质,玉貌绛唇。"④李善注曰:"兰蕙同类,纨素缣名,文士爱奇,故变文耳。"⑤这是较早将文士与爱奇直接关联起来的例子。其实,鲍照的原句还算妥帖,古代文人故作新奇之语过于鲍照者,不可胜数,这势必成为古人对文人作品的一大观感,进而被部分论者当作舍本逐末的创作行为进行批判。北宋张耒《答李推官书》就主张作文不应当以奇为主,而应当以理为主:

> 自唐以来至今,文人好奇者不一。甚者或为缺句断章,使脉理不属,又取古书训诂希于见闻者,持扯而牵合之,或得其字不得其句,或得其句不得其章,反覆咀嚼,卒亦无有,此最文之陋也。⑥

那些"好奇"的文人因着意于在古书中寻找非常规词句而忽视了作品脉理的贯通,弊陋极其明显。张耒批评的对象已然超出"华辞丽藻"的范围,因为沉

---

① 刘勰著,范文澜注:《文心雕龙注》(下),人民文学出版社,1958年,第726页。
② 刘勰著,范文澜注:《文心雕龙注》(上),人民文学出版社,1958年,第16页。
③ 刘勰著,范文澜注:《文心雕龙注》(下),人民文学出版社,1958年,第514页。
④ 萧统编,李善等注:《六臣注文选》,中华书局,2012年,第215页。
⑤ 萧统编,李善等注:《六臣注文选》,中华书局,2012年,第215页。
⑥ 张耒:《答李推官书》,张耒著,李逸安等点校:《张耒集》(下),中华书局,1990年,第829页。

溺于古雅、古奥词句的创作行为,也因违背了"体要""辞达"的准则而"离本弥甚"。南宋吴泳说道:"矜词章以为富,负言语以为奇,皆文人之病也。"①将此与张耒之论合而观之,可见"负言语以为奇"的文人弊病包括又不局限在"沉溺于华丽辞藻"方面。

在词句之外,"文人爱奇"还延伸到行文、立论的求新、求险等方面。如杨万里云:"大抵夷则逊,险则竞,此文人之奇也,亦文人之病也,而诗人此病为尤焉。"②清邓绎云:"大抵文人立论务在新奇。"③类似表述在古代有很多,反映出古人对文人在遣词、绘句、雕章、立意方面追求新奇有着丰富的认识。这一特性为文人之作带来的负面评价除了"离本"之外,还有"失实"。比如,唐封演《封氏闻见记》说道:

> 郭景纯云:"桂树叶似杞,大白叶而不着子。"据此,则桂树无子。台州所见其他物乎? 宋之问台州作诗云:"桂子月中下,天香云外飘。"文士尚奇,非事实也。④

诗人作诗,未必要对现实景象进行客观描摹,追求意境的生成和情景的共融才是主要目的。封演所言"文士尚奇,非事实"之处,正是文学想象和虚构的关键所在。这类似于文学作品言数目,"不必深泥,此如九方皋相马,指其大略,岂可拘以尺寸"⑤。如果说文人的此类表达因依托于文学作品的非写实性而得以合理地存在,那么不推原事情的真实情况,运用文辞进行失实的褒贬,则充分展现出文人作文之弊端。《魏书》记载了一则有关文人褒贬失实的事例:

> 世祖平统万,见(赵)逸所著,曰:"此竖无道,安得为此言乎! 作者谁也? 其速推之。"司徒崔浩进曰:"彼之谬述,亦犹子云之美新,皇王之道,固宜容之。"⑥

① 吴泳:《陈侍郎文集序》,《全宋文》(第316册),上海辞书出版社、安徽教育出版社,2006年,第302页。
② 杨万里:《陈晞颜和简斋诗集序》,杨万里著,辛更儒笺校:《杨万里集笺校》(第6册),中华书局,2007年,第3216页。
③ 邓绎:《藻川堂谭艺》,王水照主编:《历代文话》(第7册),复旦大学出版社,2007年,第6107页。
④ 封演著,赵贞信校注:《封氏闻见记校注》,中华书局,2005年,第68页。
⑤ 王楙:《野客丛书》,中华书局,1987年,第282页。
⑥ 魏收:《魏书》(第4册),中华书局,1974年,第1145页。

明百卷本《十六国春秋》所记载内容与上文大致不差，但在"彼之谬述"前增加了"文士褒贬，多过其实"①一句。百卷本《十六国春秋》多虚托之文，故这一句应非《十六国春秋》原文，乃后人所加。②不论如何，这句话着实反映了古人对文士褒贬失实的认识，揭示出文人遣词造句中的不良习性。自宋以降，批评文人言辞夸大不实的言论有很多。如洪迈云："文士为文，有矜夸过实，虽韩文公不能免。"③洪氏所举的例子为韩愈的《石鼓歌》，在《石鼓歌》中，韩愈为了烘托石鼓歌的价值，不惜贬低《诗经》，认为《诗经》不收石鼓文，就像是捡拾星辰而遗漏了日月。对于已将《诗三百》经典化的古人来说，韩愈所言显然矜夸过实。在这里，我们与其说洪迈用韩愈的个案来论证了文人矜夸过实，不如说文人言辞失实已经成为普遍认识，洪迈只是用韩愈的例子再次证明其普遍性而已，所以他才会感叹"虽韩文公不能免"。再如南宋孙应时认为有三种人不足用，其中一种便是文人，原因为"文人浮夸无实"④。

爱奇与失实是文人创作文章两个显而易见的弊端，也即人们通过作品所感受到的文人习气。古人评判文学作品时，"文人习气"乃时常用到的术语，而尚奇、失实自然成为其中应有之义。如南宋楼钥《答綦君更生论文书》云：

> 唐三百年，文章三变而后定，以其归于平也。而柳子厚之称韩文公乃曰"文益奇"，文公亦自谓"怪怪奇奇"，二公岂不知此？盖在流俗中以为奇，而其实则文之正体也。宋景文公知之矣，谓其粹然一出于正，至其所自为文，往往奇涩难读。岂平者难为工，奇者易以动，文人气习终未免邪？⑤

楼钥用文人习气来描述、形容宋祁的文章，已然包含"文人作文爱奇"这一潜在判断。再如明王嗣奭评韩愈《南山》诗："琢镂凑砌，诘屈怪奇，自创为体，

---

① 旧题崔鸿：《十六国春秋》，《景印文渊阁四库全书》（第463册），台湾商务印书馆，2008年，第884页。

② 另外，司马光《资治通鉴》也有这句话。参见司马光著：《资治通鉴》，宋绍兴二年至三年两浙东路茶盐司公使库刻本。

③ 洪迈著，穆公校点：《容斋随笔》，上海古籍出版社，1996年，第51页。

④ 孙应时：《策问》，《全宋文》（第290册），上海辞书出版社、安徽教育出版社，2006年，第79页。

⑤ 楼钥：《答綦君论文书》，楼钥著，顾大朋点校：《楼钥集》（第3册），浙江古籍出版社，2010年，第1112-1113页。

杰出古今,然不可无一,不可有二,固不易学,亦不必学,总不脱文人习气。"①
"不脱文人习气"几个字的作用就在于描述与界定《南山》诗"琢镂凑砌,诘屈怪奇"的行文风格。从这个角度来说,我们称充满文人习气的《南山》诗为文人之诗也无不可。

与爱奇相同,古人也可以依据论说失实与否来判断作品是否带有文人习气。对此,明顾大韶的一段文字颇为典型:

> 孟子之书,不脱文人习气,其尚论人物,指画地理,多有未安,只是齿牙间松快耳。如舜生于诸冯,迁于负夏,卒于鸣条。今虽不能灼定其何处,大概在青冀之域耳,岂可谓之东夷乎? 曰排淮泗而注之江,夫泗入淮,可也,而淮岂可入江。淮之所以列四渎者,以其独至于海也。若必须注江而后达海,则亦不得谓之渎矣。且江与淮相隔三百余里,人所共知。若堰淮入海之路而必注之瓜仪,则高邮界首诸湖之水尽化为浊流,而广陵一郡之民尽化为鱼鳖矣。使孟子曾身历其地,有不自笑其失言乎。曰太公望、散宜生则见而知之。夫太公,大将也;散宜生,谋臣也。何与于道统。若正言之曰周公见而知之,岂不稳当? 正如作文字者,好用新鲜字眼,遂不顾其心之所安耳。②

顾大韶详细列举三个例子,有力地说明了孟子之书论说失实。在秉持"先秦无文人"观念的论者看来,说孟子是文人,是决不能同意的荒谬之论。所以顾大韶并不是要证明孟子是文人,而是要说明孟子之书具有与文人之文一样的习气——失实。换句话说,"不脱文人习气"一语主要是对孟子文章的形容,甚至是比喻,而与孟子的真实身份无关。

总之,通过以上简要的归纳,可以看到,一方面,"尚奇""失实"是古人根据文人作品风貌得出的结论,它们完全可以进入文学内部批评当中,以凸显文人的创作特质。另一方面,立足于文辞的内部批评并未维持一种封闭的、与外部批评隔绝的状态,"尚奇""失实"的创作行为往往被视为文人轻躁、矜夸品性的衍生品,随之进入史家、儒者的视野,成为政治教化与道德伦理介入文学、贬抑文人的重要依据。

---

① 王嗣奭:《杜臆》,上海古籍出版社,1983年,第58页。
② 顾大韶:《炳烛斋随笔》,《续修四库全书》(第1133册),上海古籍出版社,2002年,第3-4页。

二、文雅与风流：文人文艺形象的塑造与批评

抛开重内容而轻形式的价值判断，脱离由儒学、道德占据绝对话语权的政治伦理空间，从文学艺术及文化行为内部视角出发，文人是可以获得相对正面的评价的。汉魏以降，时有论者指责雕琢文辞的文人无助于教化、无益于世用。我们在分析文人遭受的这些负面批评的同时，也要留意此类负面批评针对的两个显见事实及其所蕴藏的深意。第一，自汉而后，特别是魏晋南北朝，人们对文辞形式越来越关注。以文学史眼光视之，注重文辞形式是魏晋南北朝文学的重要走向，甚至是文学自觉的重要表现。如果承认在文辞上下功夫，是文人（着意于文辞之人）的分内之事，那就可以说，文人身份的确立意味着文学的自觉，也代表着文学的发展。第二，在汉代及魏晋南北朝，存在着如下现象：人们认可文人注重文辞形式的创作行为，进而肯定文人身份的价值。文章的创作和阅读一旦成为爱好，自然会进入社会关系网络，发展为人与人之间文学交流的媒介和纽带，促使文人共同体的形成。能文、擅长文辞成了共同体之下互相认可与赞赏的标志。受制于传统观念，人们对文人着意于文辞的正面认同不会像史家、儒者批评文人那样义正词严[①]，并在历史文献中留下大量表明立场的文字证据，它更多地作为一种心理，存在于文人共同体所营造的空间和氛围当中。

以汉代赋家为例，班固、扬雄等人从有用于世的角度反思、质疑赋家的身份价值，但这不能代表汉朝人对赋家的全部态度。皇帝、诸侯的喜爱与重视必定会提升辞赋的地位，从而引导部分士人积极进行辞赋创作，并认同自己的赋家身份。此即所谓上有所好，下必从之。他们围绕在皇帝、诸侯周围，形成文人共同体，极易营造不受外在干扰的创作空间。《西京杂记》记载："梁孝王游于忘忧之馆，集诸游士，各使为赋。"[②]枚乘作《柳赋》，路乔如作《鹤赋》，公孙诡作《文鹿赋》，邹阳作《酒赋》，公孙乘作《月赋》，羊胜作《屏风赋》，韩安国作《几赋》不成，邹阳代作。最后"邹阳、安国罚酒三升，赐枚乘、路乔如绢，人五匹"[③]。在由梁孝王主持的集体游玩创作活动中，参与者便以赋家身份来进行相互交流和认同。类似以文会友的方式在后世宴饮场合中反复上演。元吴澄云："酒所以合欢，欢而有文，欢之尤也。古者于燕享，歌诗以

---

① 王充、刘勰等人对文人是持正面认同态度的，但是他们所强调的不是文人对文辞形式的注重，而是文人的品德、世用，与这里所言之正面认同不是一回事。

② 葛洪著，周天游校注：《西京杂记》，三秦出版社，2006年，第178页。

③ 葛洪著，周天游校注：《西京杂记》，三秦出版社，2006年，第191页。

道志。自歌诗礼废，而文士之饮，或自为诗以叙其情，东都以来则然。"①这句话说出了一个基本事实，在排除了"言志"干扰的宴饮场合中，那种专注于诗文打磨、品评，体现文雅趣味的文人风貌被放大。除了宴饮集会之外，像诗文赠答、书信交流、求文等行为也可以突出创作者的文人身份，相关的研究已有很多，此处不再赘言。

诗文创作是宴饮集会的重要环节，但非唯一内容。也就是说，宴饮集会必定汇聚多种体现雅士之风的活动，从而彰显文人的雅致与风流。与文学创作相协调的趣味活动的不断拓展，促使吟诗作赋、弈棋弹琴、写字作画、饮酒品茗等一系列文化行为聚合在文人身上。"文人"概念也就从"文章之士"扩展到"文雅之士"。文人文雅形象的建构大概可追溯至东汉，李春青指出："东汉以后，(士大夫)阶层渐渐着力于拓展一些新的精神活动场域，诸如诗词歌赋、棋琴书画之类。"②由此形成的文人身份，也即今人眼中的"文学家兼艺术家"③。在古代语境下，文雅之士比文学家兼艺术家更能准确反映文人身份的上述特征。虽然东汉以及魏晋南北朝典籍中的"文人"一词主要指文章之士，但我们也可以说，文雅之士成为东汉以来人们对文人的一种印象。此种印象在后来的典籍中得到反复呈现和表达。唐宋诗歌对文人雅趣有大量的书写；宋代以后，文人日常生活得到越来越多的关注，其闲雅的习性在文章、笔记中有丰富记载；中晚明文人雅士之风盛行，很多小品文流露出文雅的艺术气息，如颇具文人气息的《闲情小品》便收集了《花寮》《香韵》《酒考》《品茶八要》《贮书小谱》等作品，它所体现的不仅是编者的兴趣爱好，更是晚明文人闲情雅致的生活面貌。此外，"文人雅士""文士风流""文人墨客"等术语的不断出现也说明古人对文人所具备的文雅气息高度认同。

绵延不绝的文化氛围为文人"文雅风流"的正面形象的塑造奠定了基础。可问题是，文学作品未必会局限在"文雅风流"这个层面，它完全能够反映纷繁复杂的外在世界和各不相同的人生经历，而"文人"仅仅是文学作品所呈现出来的众多人生经历、人格风貌中的一类。因此，即便排除政治伦理的干扰，抛开"尚奇""失实"等习性评价，作为文本风貌人格化的"文人"也未必能获得上文那样的正面认同。通过文学批评领域中"文士气""文士态"等

---

① 吴澄：《富城酿饮赋诗序》，《景印文渊阁四库全书》(第1197册)，台湾商务印书馆，2008年，第181页。

② 李春青：《"文人"身份的历史生成及其对文论观念之影响》，《文学评论》，2012年第3期，第200-208页。

③ 李春青：《"文人"身份的历史生成及其对文论观念之影响》，《文学评论》，2012年第3期，第200-208页。

术语,我们能清楚地看到这一点。

首先,重视文辞被古人当作文学作品"文士气"的重要体现。正如明卓发之所言:"文人负一种雕龙绣虎之气。"①雕与绣颇符合古人对文人的身份感知。此类批评在明清不为少见。如清牟愿相比较陶渊明与韦应物的诗歌:"韦苏州气太幽,较渊明作俫少自在。渊明信笔挥洒,都入化境。苏州诗极用力,毕竟不免文士气。"②陶诗文辞与情景合一,自然天成。读者可以通过诗歌直接感受到作者的性情,丝毫没有由文辞产生的隔阂。元好问评苏东坡"性情之外不知有文字"③,此语用以评陶诗,也无不可。陶渊明通过诗歌非常自然地展现出归隐之人的角色形象。韦应物则少了这一股自然之气,读者通过其诗歌,除了能感受到创作主体的身份气质之外,还能感受到创作者在文辞上的用力。如此一来,诗人作为创作者的身份在文本当中是挥之不去的,因为他显露了运用文辞而造成的刻意感,而这种刻意感的存在无疑突显了着力于文辞的文人角色。再如清李光地比较诸葛亮与曹植的创作:

> 武侯不知所读何书,识见作用,规模气象,都是三代圣贤光景。即其文字,绝不似东汉。《出师表》《正议》《谏绝孙权书》,才几句,说事理是如何透。曹子建气魄甚大,但比之武侯,便是文人之文,不脱华藻。④

面对作品的理、事、情,曹植笔下的华藻始终在寻找存在感,转移读者的注意力,文人习气由此凸显。

其次,"文士气"更多表现在温和文雅的行文风格上。温和文雅是古人对文人的一种典型印象,这种印象在与武士、将领的对比中尤为突出。即如王勃《送白七序》所云:"灵珠耀掌,是琴酒之文人。长剑横腰,即风云之烈士。"⑤从文学批评的视角切入,我们发现,温和文雅的文士气并不一定被论

---

① 卓发之:《惟圣人有中和之气论》,《四库禁毁书丛刊》(集部第107册),北京出版社,1997年,第590页。

② 牟愿相:《小澥草堂杂论诗》,郭绍虞编选:《清诗话续编》(第2册),上海古籍出版社,1983年,第918-919页。

③ 元好问:《新轩乐府引》,元好问著,狄宝心校注:《元好问文编年校注》(下),中华书局,2012年,第1383页。

④ 李光地:《榕村语录》,李光地著,陈祖武点校:《榕村语录 榕村续语录》(上),中华书局,1995年,第515页。

⑤ 王勃:《送白七序》,王勃著,何林天校:《重订新校王子安集》,山西人民出版社,1990年,第125页。

者所赞扬。最为人熟知的例子,是《古诗归》对曹丕诗的评语:"文帝诗便婉变细秀,有公子气,有文士气,不及老瞒远矣。然其风雅蕴藉,又非六朝人主所及。"①在论者看来,曹丕的文士气比不上曹操的"幽燕老将"之气。此处虽没有直言何为文士气,但根据语境不难看出,文士气类似于公子气,有便婉委细、风雅蕴藉之意。《古诗归》又说道:"帝王诗文,自魏武帝而后,非惟作文士气,且有妇女气矣。然就彼法中,亦自有神化。"②此语并非指魏武帝之后的帝王都有男子作闺音的拟代诗,而是说他们的作品具备文士、公子那样缠绵之情感和温雅之情态,这与女子情态的主要表征相似。依此,文士气、公子气、妇女气的共性在于温婉风雅而缺乏刚健骨力。对于曹丕的作品,清李光地的评价更为激烈:"曹丕诗文,竟是妇人,软得不成话。"③当然,像曹丕《燕歌行》那样作闺音,也是体现文士气与妇女气相融通的例子,正如清黄钺所云:"子桓文士风,乃亦儿女子。凄凉燕歌行,掩抑谐宫徵。"④

讨论帝王诗文有文士气的不止《古诗归》,再如清王之绩《铁立文起》云:

> 我观《周书》,周公曰'王若曰',知人臣代言,盖自昔而已然矣。后惟炎汉诸君,皆自为文,绝非书生声口,亦一奇也。他若梁元、简文、隋炀及唐太宗、明皇辈,亦多才艺,然予特嫌其有文士态。⑤

此处所谓"文士态",意指作品有书卷气,体现出温文尔雅的风格。宋陈岩肖《庚溪诗话》认为唐太宗"昔乘匹马去,今驱万乘来""新丰停翠辇,谯邑驻鸣笳。一朝辞此去,四海遂成家"等诗句"与功烈真相副"⑥。而清潘德舆却不以为然:"如此六句,乃陈、隋人气格,特多填帝王门面字耳。较之魏武,犹有愧色,况汉高哉。文皇诗大率未脱文士气,此亦风会使然,不必苛绳者,而谓其高出魏、晋,则非矣。"⑦这里更进一步,指出文士气不停留于文辞表面,而

① 钟惺、谭元春:《古诗归》,《续修四库全书》(第1589册),上海古籍出版社,2002年,第426页。
② 钟惺、谭元春:《古诗归》,《续修四库全书》(第1589册),上海古籍出版社,2002年,第496页。
③ 李光地:《榕村语录》,李光地著,陈祖武点校:《榕村语录 榕村续语录》(上),中华书局,1995年,第514页。
④ 黄钺:《读魏晋宋人诗得十一首》(其二),《续修四库全书》(第1516册),上海古籍出版社,2002年,第48页。
⑤ 王之绩:《铁立文起》,王水照主编:《历代文话》(第4册),复旦大学出版社,2007年,第3755页。
⑥ 陈岩肖:《庚溪诗话》,丁福保:《历代诗话续编》,中华书局,1983年,第165-166页。
⑦ 潘德舆:《养一斋诗话》,郭绍虞编选:《清诗话续编》(第4册),上海古籍出版社,1983年,第2111页。

渗透到作品气韵、格调等层面。

中国古代不乏字雕句琢、温和文雅的作品,也不乏此类创作风貌的喜好者与学习者。以中立,甚至欣赏的态度来审视作品中的文士气,在古代也不乏其人。如清初魏际瑞《伯子论文》评南曲北曲之别:"南曲自然者,如美人淡妆素服、文士羽扇纶巾;北曲自然者,如老僧世情物价、老农晴雨桑麻。"①以文士羽扇纶巾来形容南曲,形象地呈现了南曲清丽婉约的风格特征,论者对文士风雅情态的欣赏也溢于言表。总之,以常理推测,文学作品是文士突出自身优势的最好平台。但上述论家(除魏际瑞之外)对文士气的贬抑似乎否定了这一点,其蕴含的文学思想值得深思。文学作品不是仅仅依靠文辞堆叠而成的,情感、志向等主体精神内含于文辞当中,同时又具备超越于文辞的审美价值。因此,尽管我们撇开政治教化、道德伦理来评论文学作品,但仍无法将文学作品与现实世界、真实人生的联系完全切断。读者往往希望作品以一种自然、圆融的方式呈现各类创作者的精神气韵,而非将作品当作展示文人雕章琢句、呈现风雅的专属舞台。比如隐逸之士的作品当具有悠闲自然之气、帝王的作品应具备帝王之气、豪迈之人的作品当具有豪迈之气,如此等等。在文学作品这个能够呈现创作者各类角色及精神气韵的平台上,文士、文士气获得的认同是有边界和限度的,它无法在文学批评领域全面占据优势。是以古人对作品文士气的贬抑,除了蕴含自然、圆融的文学创作主张外,还暗示着其他身份创作者所具有的本色力量,及其进入文学创作所带来的非对称优势,同时也蕴含着"作文但不作文人"的深刻思想。

三、气韵与书卷:书画领域的文人认同及理念

对于文人(文雅之人)身份特征的呈现,书法和绘画是除了诗文之外极为重要的两个要素。吟诗作赋、能书善画几乎成了大众对文人的标准印象。在传统文化背景下,此种印象极易形成,以至于发展为人们头脑中无须证明的共识。然而,只要对诗文与书画的共通性和异质性稍加留意,就能察觉标准印象下的复杂情况。文人与书家、画家不能完全对等,批评者往往不会将所有书画视为文人之作。身份内涵的复杂性导致文人的书画创作可以被视为"本职工作",也可以被当作跨界、跨领域行为。因此从书画及书画批评视角审视文人,有助于厘清其中的复杂关系,完善文人身份批评重要侧面,甚或能揭示其蕴含的文化思想。

---

① 魏际瑞:《伯子论文》,王水照主编:《历代文话》(第4册),复旦大学出版社,2007年,第3596—3597页。

提笔写字乃读书人的身份表征,若将文人理解为读书人,那文人与书写者基本可以等同。分析书法与文人的关系,应先抛开这一太过宽泛的描述,而将注意力集中于闲雅文化这个焦点上。书法与文章均以汉字为基础,且都是为了满足政治社会的实用性需求而产生,同时它们又分别对应着作品笔画线条和辞句章法的形式元素。以文学艺术发展的眼光视之,它们经历了从关注实用到关注美感,从强调内容到兼顾或偏向形式的过程,进而成为具备审美性的文人雅好。古人对文章形式美感的注重在汉代就已出现,到魏晋南北朝更发展为影响巨大的文学思潮。书法在东汉的趣味化、审美化走向也是学界共识,其中鸿都门学的设立可称为标志性事件。①蔡邕《陈政要七事疏》云:"夫书画辞赋,才之小者,匡国理事,未有其能。"②这句话说明辞赋、书法、绘画无益于世用,有助于雅玩的共性在东汉末已然得到关注。如果说世用标准将辞赋、书法、绘画排斥在外,促成三者的反向聚合(如蔡邕所言);那么雅好兴趣则使得辞赋、书法、绘画同性相吸,引发三者的交互与共融。比之于绘画,书法与文学同源一体之关系更为突出。古人在创作诗文的同时也就是在创作书法,即二者可以通过同一个行为体现出来。因此文学与书法的审美融合是东汉而后文人闲雅行为的必然走向和重要内容。其中最显明的例子是《兰亭集序》,它既属文学名篇,又是书法佳作,文学与书法以及流觞曲水的行为共同塑造了颇具典型性和示范性的文人雅事。总而言之,雅玩兴趣的推动,典型行为的示范作用,以及由此形成的文化记忆等因素,促使诗文书法一体的闲雅行为不断增殖,发展为古人对文雅之士的标准印象。

任何一个艺术门类都是包罗万象的,书法亦如此。在确定书法能促成文雅之士形象建构的同时,也当承认,并非所有作品都能体现文人之身份和闲雅之属性。比如严肃规矩的墓碑文恐不宜成为闲雅书法之代表,颜真卿《祭侄文稿》也不当被视为文人之作。书法创作与古人的审美理想之间存在着双向互动的关系。一方面,书法助推文雅生活方式的形成;另一方面,文雅的审美理想也引领着书法的风格走向。书论家常言"晋人尚韵,唐人尚法,宋人尚意"③,魏晋以来,文学艺术领域逐渐兴起重神重韵的风气,不少创作者(或论者)在立足于基本形式的基础上,希望作品具有超越形式的意韵。

---

① 对于文章与书写何时发展为"闲情逸致"的呈现方式,参见李春青著:《趣味的历史:从两周贵族到汉魏文人》,生活•读书•新知三联书店,2014年,第278-288页。

② 蔡邕:《陈政要七事疏》,蔡邕著,邓安生校注:《蔡邕集编年校注》,河北教育出版社,2002年,第220页。

③ 梁巘:《承晋斋积闻录》,《续修四库全书》(第1068册),上海古籍出版社,2002年,第815页。

倘若仅停留于形式,即便文辞笔画再好,也难逃匠气与俗态。当然,这不是说书法创作可以弃形式技法而不顾。清冯班评唐宋人书法:"唐人尚法,用心意极精。宋人解散唐法,尚新意而本领在其间。"①法、意不相离是一种颇高的创作境界,冯班以此切入,对唐人、宋人书法均给予高度赞同。虽然冯班有重法(本领)的倾向,但不可否认,与法度相比,神、韵、意等范畴更能代表文士的审美追求,体现创作者文雅脱俗的艺术品味。在宋代,士大夫丰富的文化生活使得他们的文雅趣味得到极大拓展,尚意、尚韵之书法精神随之得到大力发扬。苏轼云:"我书意造本无法,点画信手烦推求。"②其所言"无法",所否定的不是形式技法,而是对定法的死守,及其所形成的只讲形式之工巧,匠气十足但无韵味的作品。黄庭坚论书重韵:"笔墨各系其人工拙,要须其韵胜耳。病在此处,笔墨虽工,终不近也。"③清邹一桂论"画忌六气",其二曰:"匠气,工而无韵。"④此语用来论书,也颇为恰当。是知黄庭坚重韵,实是对仅论工拙的匠气的反对。

重意、重韵被赋予了一种超越常俗书写的艺术内涵,从而与文雅产生内在关联。反对俗气几乎是古代书家一致的意见,黄庭坚曾说:

> 士大夫处世可以百为,唯不可俗,俗便不可医也。⑤

明赵宧光《寒山帚谈》云:

> 字避笔俗。俗有多种,有粗俗,有恶俗,有村俗,有妩媚俗,有趋时俗。粗俗可,恶俗不可,村俗尤不可。妩媚则全无士夫气。⑥

清汪由敦《跋手临周公瑕汉笮赋》云:

> 周公瑕,文氏高弟,其书法度谨严,功力甚至,所乏者韵耳。造诣

---

① 冯班:《诫子帖》,冯班著,何焯评,李鹏点校:《钝吟杂录》,中华书局,2013年,第115页。
② 苏轼:《石苍舒醉墨堂》,苏轼著,冯应榴辑注,黄任轲等校点:《苏轼诗集合注》(上),上海古籍出版社,2001年,第220页。
③ 黄庭坚:《论书》,黄庭坚著,刘琳等校点:《黄庭坚全集》(第3册),四川大学出版社,2001年,第1427页。
④ 邹一桂:《画忌六气》,邹一桂著,王其和校:《小山画谱》,山东画报出版社,2009年,第104页。
⑤ 黄庭坚:《书缯卷后》,黄庭坚著,刘琳等校点:《黄庭坚全集》(第1册),四川大学出版社,2001年,第674页。
⑥ 赵宧光:《寒山帚谈》,浙江人民美术出版社,2018年,第88页。

— 133 —

由于学力,风韵乃自天成。乃若人品高,读书博,又自有雅韵。此涪翁所谓惟俗不可医,浸灌卷轴,差能疗俗。士夫气与作家之分,正在毫厘间也。①

这几条材料基本反映出古人的态度。黄庭坚从立身处世的层面来提倡雅(不俗),说明雅(不俗)不只是士大夫在文学艺术领域内的追求,而是关系到士大夫精神品格塑造的大问题。书法缺乏风韵、雅意,即为俗品。如何做到不俗,黄庭坚承认"难言也"②。但我们清楚,古人时常以气论书法,具有风韵、雅意的作品即赵宧光、汪由敦所言之"士夫气"。作品之"气"源于创作者之"气",而影响创作者之"气"的要素除了先天的资质外,还有后天的学养。正如唐韦荣宗所说:"须养胸中无俗气,不论真行草书,自有一段清趣,学者当自得之。"③此中可见孟子养气说的影响。"读书以养气"被古人视为培养书法作品风韵、雅意的前提。如《宣和书谱》云:"善论书者以谓胸中有万卷书,下笔自无俗气。"④清李瑞清亦云:"学书尤贵多读书,读书多则下笔自雅。"⑤

有学者指出以书卷气评论书法,因缺乏客观标准而显得含糊。⑥但有一点是明确的,对书卷气的提倡使得学识成了评判书法的隐性标准,读书所养之气极广极大,包括不落俗套的文雅旨趣,更包括独立不迁的精神品格。这些正是传统士大夫精神的核心内容。从这个角度来说,"书卷气"等同于"士大夫气""士夫气""士气"。这些术语强调的是书卷基础上的"士"精神,故也可称为"文士气"。刘熙载《艺概·书概》云:

> 凡论书气,以士气为上。若妇气、兵气、村气、市气、匠气、腐气、伧气、俳气、江湖气、门客气、酒肉气、蔬笋气,皆士之弃也。⑦

---

① 汪由敦:《跋手临周公瑕汉筑赋》,《景印文渊阁四库全书》(第1328册),台湾商务印书馆,2008年,第864页。

② 黄庭坚:《书缯卷后》,黄庭坚著,刘琳等校点:《黄庭坚全集》(第1册),四川大学出版社,2001年,第674页。

③ 韦荣宗:《论书》,《景印文渊阁四库全书》(第836册),台湾商务印书馆,2008年,第106页。

④ 《宣和书谱》,上海书画出版社,1984年,第131页。

⑤ 李瑞清:《玉梅花庵书断》,《清代诗文集汇编》(第791册),上海古籍出版社,2010年,第827页。

⑥ 参见楚默:《书法解释学》,百家出版社,2002年,第330页。另,关于书卷气的解读,还可参见范功:《从"书卷气"的概念质疑到书法史表现考察》,《书法教育》,2018年第6期,第30-38页;崔树强:《书法中的"书卷气"》,《书法》,2023年第5期,第54-55页。

⑦ 刘熙载著,袁津琥校注:《艺概注稿》(下),中华书局,2009年,第790页。

以气论书,意味着古人对主体精神的关注渗透到了书法批评领域。"以士气为上"表明刘熙载对士精神的推扬,这为书法"作品—人格"一体的批评路数奠定了理论基础。今人多用文人书法来指代具有书卷气、士夫气的作品,并将其与行家书法对立而论。①与当下某些论者重视行家书法不同,在古人眼中,那种全力专攻书法而不用心读书的"专职"书家(也类似于书匠、作家)难以获得较高认同。古人不会只为创作书法而去读书,更多的是主力读书致用,余事作书法。欧阳修就表达过自己的书法有娱乐消日之效,其所展现的"非职业美学观"②在古代不为少见。由此观之,古人对"士夫气"的推崇,意味着非职业的书家在书法艺术上更具优势。

中国绘画起源甚早,部分早期画作或许是为了满足某种实用性需求(如用于招魂、引魂、沟通神人等)而产生,但装饰性始终是绘画的基本特征。因此,比之于书法、文学,绘画更容易摆脱道德伦理、政治教化的束缚,进入艺术的领域。不否认在东汉以前,存在着纯审美的绘画创作和欣赏,但它作为一个艺术门类、艺术潮流,引发关注与评价,当是东汉末期以后的事情。可以说,在文学艺术自觉的步调上,绘画与书法、文章基本一致。魏晋南北朝的文艺批评既注重形式,更强调形式之上的精神气韵。时代文化风尚的导向使得书法、绘画、文学具有很强的共通性,它们方向一致的审美追求得以逐渐凸显。比如,南齐谢赫论绘画六法,其一云"气韵生动"③,此语也可用来形容魏晋南北朝人对书法、文学创作境界的追求。共通的艺术特性必定促使三者相互吸引和靠近。另外,绘画以图像的形式呈现内容,审美维度不同于书法、文学,正可与书法、文学形成相互补充和相互辉映的关系。将绘画作品文学化,或将文学作品图像化,都是文人喜爱的创作方式。曹植《洛神赋》与顾恺之《洛神赋图》可谓显例。唐代以后,绘画与文学、书法的互动越来越频繁,游览、雅集等文人主导的闲雅活动常同时具备这三类文艺创作,而题画诗(特别是在画卷中题诗)的盛行更代表了诗、书、画有机融合的理想状态。如此,绘画被理所当然地当成文雅活动的组成部分,被视为文人身份典型标签。

诗、书、画审美维度的不同使它们能够互补,而共同的审美追求则保证了三者相映成趣、相得益彰的艺术效果。如前所述,形式技法与精神气韵是文艺创作必然面临的问题,在文学、书法领域,重视精神气韵一直是主流思想,从这个意义上说,比起雕琢文辞、沉溺技法,对精神气韵的提倡和追求更

---

① 参见龚鹏程:《论文人书法》,龚鹏程:《墨海微澜》,东方出版社,2015年,第94-103页。

② [美]倪雅梅:《中正之笔:颜真卿书法与宋代文人政治》,杨简茹译,江苏人民出版社,2018年,第16页。

③ 谢赫:《古画品录》,谢赫、姚最:《古画品录 续画品录》,人民美术出版社,1959年,第1页。

能体现文雅之士的身份品位。绘画亦是如此。中国古代绘画领域有南宗与北宗之分，文人画（士人画）与院体画（作家画）之分。其分宗分派的依据大体一致，即南宗、文人画（士人画）重技法之上的境界气韵，院体画（作家画）重形似的工致。分宗的明确说法出自明董其昌。《画禅室随笔》云：

> 文人之画自王右丞始，其后董源、僧巨然、李成、范宽为嫡子；李龙眠、王晋卿、米南宫及虎儿，皆从董、巨得来；直至元四大家黄子久、王叔明、倪元镇、吴仲圭，皆其正传；吾朝文、沈则又遥接衣钵。若马、夏及李唐、刘松年，又是李大将军之派，非吾曹易学也。①

又云：

> 禅家有南北二宗，唐时始分。画之南北二宗，亦唐时分也。但其人非南北耳。北宗则李思训父子，着色山水，流传而为宋之赵干、赵伯驹、伯骕，以至马、夏辈；南宗则王摩诘，始用渲淡，一变钩斫之法，其传为张璪、荆、关、郭忠恕、董、巨、米家父子，以至元之四大家。②

宗分南北，已然包含了董其昌偏重南宗的审美趣尚。对此，陈继儒表达得更明确，他在分述南北二宗之后，说道："李派粗硬，无士人气。王派虚和萧散，此又惠能之禅，非神秀所及也。"③依其所论，南派绘画具备虚和萧散之韵味，呈现出典型的文人士大夫气韵。今人研究古代绘画的派别分宗，时常以《画禅室随笔》中的这两条材料为依据。不过，对绘画气韵的强调，对士人画的推崇④，明显不始于董其昌，宋人已多有表述。如苏轼《跋汉杰画山》："观士人画，如阅天下马，取其意气所到。乃若画工，往往只取鞭策皮毛，槽枥刍秣，无一点俊发，看数尺许便欲倦。汉杰真士人画也。"⑤士人画与画工画之高下便在"意气"二字上。南宋赵希鹄《洞天清禄集》云："何尊师，不知何许人。周照，则熙宁画院祗应。所作猫犬，何则有士夫气，周则工人态度。然

---

① 董其昌：《画禅室随笔》，浙江人民美术出版社，2016年，第61页。
② 董其昌：《画禅室随笔》，浙江人民美术出版社，2016年，第62页。
③ 陈继儒：《偃曝谈余》，《四库全书存目丛书》（子部第111册），齐鲁书社，1997年，第854页。
④ 在古代绘画领域，士夫画、文士画、士人画、文人画所指基本相同，其作品所带之气韵往往被称为士气、士大夫气、士夫气、文士气。对于这些术语，下文根据相应的语境予以运用，不作统一。
⑤ 苏轼著，白石点校：《东坡题跋》，浙江人民美术出版社，2016年，第174-175页。

生动自然,二家皆有。"①赵希鹄没有刻意贬低周照的工人态度,但对士夫气的倾心,却时有流露。他很重视士夫适兴而发,毫不刻意的创作姿态。比如,他以宋复古《潇湘八景图》为例,指出士夫作画乃适兴而发,往往先有画,再命名,故"今画人先命名,非士夫也"②。对于收藏、悬挂名家成对作品的行为,赵希鹄不以为然:"李营丘、范宽皆士夫,遇其适兴,则留数笔,岂能有对轴哉?"③

　　主张士夫适兴而发的创作态度,也就是提倡创作者性情、趣味的自然抒发,反对画工刻意雕琢之态。然而,这样的主张面临实际创作时,会遇到问题。重士夫画的观念难免将形似与气韵完全对立起来。从学画、作画角度来说,一上来就讲气韵,而不留意技法安排,不好入手。元倪瓒便云:"若专讲士气,非初学入门之道也。"④清邹一桂也说:"一举笔即谋气韵,从何着手。"⑤从创作实情而论,停留于形似,固然有其弊病,但神韵的表达不可能完全摆脱对物体形态的描摹。某些士人光讲适兴而发,而不用力于技法安排,弊端也不少,明唐志契便指责其为"儿童之描涂"⑥,清戴熙批其为"不入格"⑦。高明的画工,北宗、院体画家与优秀的士夫一样,可以创作形神兼备的佳作。是以在苏轼等人强调士夫画,反对画工画的宋代,形式与神韵兼顾本就是不可回避的创作实情。士夫画与画工画相融合的主张在明清多有表达。如明初论者称朱孔易《东里少师归田图》"作家、士气皆具"⑧。文徵明称文与可《盘谷图》"作家、士气咸备"⑨。董其昌评"李昭道一派为赵伯驹、伯骕,精工之极,又有士气"⑩。清笪重光对画工、士夫之优劣有一段中立客观的评论:

　　　　会境通神,合于天造。画工有其形,而气韵不生。士夫得其意,而

① 赵希鹄:《洞天清禄集》,赵希鹄、曹昭:《洞天清禄集 格古要论》,广陵书社,2020年,第45页。

② 赵希鹄:《洞天清禄集》,赵希鹄、曹昭:《洞天清禄集 格古要论》,广陵书社,2020年,第50页。

③ 赵希鹄:《洞天清禄集》,赵希鹄、曹昭:《洞天清禄集 格古要论》,广陵书社,2020年,第47页。

④ 倪瓒绘:《倪瓒树石画谱》,上海人民美术出版社,2016年,第4页。

⑤ 邹一桂:《六法前后》,邹一桂著,王其和校:《小山画谱》,山东画报出版社,2009年,第103页。

⑥ 唐志契:《绘事微言》,人民美术出版社,1985年,第10页。

⑦ 戴熙:《习苦斋画絮》,《续修四库全书》(第1084册),上海古籍出版社,2002年,第740页。

⑧ 夏文彦:《图绘宝鉴》,于安澜编:《画史丛书》(二),上海人民美术出版社,1963年,第167页。

⑨ 张丑:《清河书画舫》,《景印文渊阁四库全书》(第817册),台湾商务印书馆,2008年,第285页。

⑩ 董其昌:《画禅室随笔》,浙江人民美术出版社,2016年,第65页。

位置不稳。前辈脱作家习,得意忘象。时流托士夫气,藏拙欺人。①

作画要有作家本领,但不要沾染作家习气。笪重光之论可说是明清论者"作家本领与士夫气兼备"主张较为完整的表达。由此反观苏轼、赵希鹄等人的论述,可以看出,他们立论的目的从不在于完整阐述技法与气韵之关系,而在于通过个案式的评论,标举、塑造文士高于一般人的审美品位,凸显文士在绘画领域的身份与姿态。到了董其昌的时代,这已然发展为声势浩大的思想潮流。

气韵生动可被确定为士夫所推崇的绘画境界,但是它似乎不能完整体现文人的审美追求。因为气韵生动没有对绘画的风格作限定,文人的雅化生活却有着较为一致的风格指向。在古代文艺批评中,"雅"往往与"淡""清""逸""秀"等概念相关联,因此具有雅致审美的文人士夫必定推崇简远淡雅、韵味悠长的作品。明唐志契论士夫画:"风神秀逸,韵致清婉,此士大夫之气味也。"②沈颢说王维的绘画:"裁构淳秀,出韵幽澹,为文人开山。"③清陆时化评元人作画:"绝不经意,都从肺腑中流出,平淡天真,极有士气,非以形似求工者可比也。"④查礼论画梅时指出:"画梅有文人笔,有画苑笔,文人笔取其疏,画苑笔取其工,与取其工,宁取其疏。"⑤这些评论不仅仅强调士夫画的神韵,更指出了士夫画平淡超逸的共性风格。这跟诗歌平淡远韵、重在象外的理论极为契合。故徐复观认为古人以王维为南宗之祖,是由"王维诗的意境,以推想他的画的意境"⑥,所论不为无据。文人士夫平淡超逸的画风自然带来绘画技法方面的一些要求,如强调干笔俭墨,以水墨代替青绿,以渲淡代替钩斫,甚至细致到某些线条的呈现,如主张"衣褶愈简愈妙,总以士气为贵"⑦。尽管部分画论家对此类主张持反对意见,认为士夫气"不在乎迹,在乎意"⑧,但这并未影响古人对士夫画韵致清婉、平淡超逸风格的主流认识。

---

① 笪重光著,吴思雷注:《画筌》,四川人民出版社,1982年,第19页。

② 唐志契:《绘事微言》,人民美术出版社,1985年,第10页。

③ 沈颢:《画麈》,《丛书集成续编》(第101册),台湾新文丰出版公司,1989年,第121页。

④ 陆时化:《吴越所见书画录》,上海古籍出版社,2015年,第588页。

⑤ 查礼:《题画梅三十四则》,《续修四库全书》(第1431册),上海古籍出版社,2002年,第222页

⑥ 李维武编:《徐复观文集》(第四卷),湖北人民出版社,2009年,第223页。

⑦ 秦祖永:《画学心印》,《续修四库全书》(第1085册),上海古籍出版社,2002年,第605-606页。

⑧ 秦祖永:《画学心印》,《续修四库全书》(第1085册),上海古籍出版社,2002年,第582页。

与书法一样,古人认为士夫画须以创作者的学识为支撑,这能让作品蕴含书卷气。明文德翼云:"夫文人之画异于画工者,盖其落笔必有万卷之气贮于其中。"[①]对于不谙绘画之道的人来说,怎样的画作才叫有万卷之气,确实不好理解。对此,邹一桂引宋邓椿论画之语云:"画者,文之极也。故古今文人颇多着意。张彦远所次历代画人冠裳大半,必其人胸中有书,故画来有书卷气,无论写意工致,总不落俗。"[②]清查礼说道:"凡作画,须有书卷气方佳,文人作画,虽非专家,而一种高雅超逸之韵,流露于纸上者,书之气味也。"[③]通过二人的论述,我们大致清楚,书卷气即士夫气,是文人沉浸于诗书之中,学识、气韵内积于心,并通过外在言行举止所散发出来的一种气息。所谓雅致超逸、不落俗气都是这一气息的外在体现。

　　对于文士画与匠人画之差别,学界分析颇多,如周雨以四个对立来进行概括:自娱与奉上的对立、三绝与专业的对立、生知与训练的对立、气韵与形似的对立。[④]所论已较为全面。在前文分析的基础上,我们也可归纳出士夫画的四层内涵:重自我兴会与抒发、重超乎形式的气韵、重平淡清婉的风格、重创作者学识的积累。在古代文化领域(包括绘画领域),士人具有极大的话语权,此种话语权的奠定当然离不开士人政治身份和社会地位的帮助,但文士画价值的确立,主要还是依托于上述四方面凝聚而成的审美品位。这可以说是士人确立自己文化身份、建立文化自信的内在依据。

　　通过以上分析,我们看到一个有趣的现象。文学批评视角下的文士身份没有得到很好的评价,但书法、绘画批评视角下的文士却获得了较高的认同。[⑤]我们当然可以把产生此种差异的原因归结于语境的不同,即书法、绘画批评中的"文士"重点在"士",而文学批评中的"文人""文士"重点在"文"。但深入分析则能发现,差异中有着一以贯之的文化精神。古人大多不会把文学、书法、绘画视为各自封闭的专业领域,甚至会否定毕生只攻一艺、不及其他的专业态度,进而对匠气带有一种天然的反感。在他们眼中,不但这三者之间是相通的,连整个文学艺术都具有开放性,且时时与人的思想境界、

---

① 文德翼:《茗柯堂初集序》,《四库禁毁书丛刊》(集部第141册),北京出版社,1997年,第423页。
② 邹一桂:《文人画》,邹一桂著,王其和校:《小山画谱》,山东画报出版社,2009年,第111页。
③ 查礼:《题画梅三十四则》,《续修四库全书》(第1431册),上海古籍出版社,2002年,第221页。
④ 参见周雨:《文人画:庋家抑或行家?——论文人画庋行关系的演变》,《文艺研究》,2006年第9期,第116-123+168页。
⑤ 在绘画批评史上,确实有论者反对士夫画,但提倡士夫画则是更为广泛且主流的声音。

社会的文化精神产生联系,进行互动。鉴赏者希望通过作品感受到形式技法之上的东西,这些东西来自与文学艺术相关的领域,但绝非来自文学艺术内部。评论书法、绘画时注重文士气,即是希望从作品中感受到士的精神境界和审美品位,而非书匠、画工所展现的高超技能;评论诗文时贬抑文士气,即是希望从作品中感受到各种社会角色情感的自然流露,而非打扮成专业文士,扭捏作态。由此,一种业余的创作姿态得以呈现,并得到赞扬。有人批评"士夫作画非当行"①,殊不知非当行正被认为是士夫画的价值所在。如《桐阴论画》眉批云:"文人余事,借此怡情,原非作家可比。"②以余事作画,往往比专业者更具优势,这个道理放在文学、书法领域同样成立。在学科壁垒日益清晰的当下,"业余"似乎不被重视,但在古人眼中,它却蕴含着人文合一,诸多领域相辅相成、融会贯通的审美理想。

---

① 戴熙:《习苦斋画絮》,《续修四库全书》(第1084册),上海古籍出版社,2002年,第740页。
② 秦祖永著,黄亚卓校点:《桐阴论画》,上海古籍出版社,2015年,第34页。

第三章　文人身份认同与批评的个案分析

　　前一章的脉络梳理有利于把握文人身份批评的整体面貌,但也存在一些未尽之处。理论上讲,儒者与文人的对立关系因有了正统价值观的支撑而显得异常稳固,由此形成一股强势的话语力量和庞大的舆论场域。可事实上,中国古代绝大部分士人都是文儒兼修的,儒者与文人身份合为一体,无法割裂,这导致他们时常处于习儒与修辞的拉锯当中,难以抽身。因此,文儒兼修的士人如何处理儒者、文人这对矛盾的身份组合,如何建立自己的身份认同、塑造自己的社会形象,如何将自己的创作行为合理化,这些都是值得继续深究的问题。韩愈乃新儒学发展早期"文以明道"的推动者,宋濂是元末明初理学兴盛背景下"文道合一"的倡导者,他们对自我身份的认知有着深入的思考和充分的表达,在文人身份批评史中有着节点式的意义和不可忽视的典范效果,成为我们探讨上述问题非常合适的案例。此外,从政治、吏能、武事等角度批评文人无能、无用,这一思维古已有之,且每个朝代都会反复出现,故难以拟出一条生成、演变的历史发展线索。倘若关注到某些文人、文人群体对负面舆论的集中反应,就会发现他们的身份认同具有根植于特定社会政治土壤的独特意涵和时代价值。作为中晚明重文思想的代表人物,王世贞及后七子群体掀起了一股反驳文人诸多污名的舆论风潮,展示出与韩愈、宋濂迥异的身份认同路向,其批评史意义可以说是前所未有的。因此,本章将以韩愈、宋濂、王世贞为例,探究古代文人身份认同的具体方式及其思想内涵。

第一节　文儒之间:韩愈的身份自塑及其典范作用

　　对于文儒兼修者来说,解决"儒者与文人身份如何共融"这个问题,关键在于如何处理明道主张与创作实情之间的关系。对此,韩愈无疑是一个典型。他处于中国古代文学发展与道学发展的交汇地带,同时又深植于中唐的政治社会土壤。官员、儒者、文人(诗人),三种身份融于韩愈一身。当我们以客观谨慎的态度分析韩愈其人时,会发现其角色的多元和行为的复杂性。他强调儒家道统,以儒者自命,却又推崇不平则鸣,颇显露才扬己之态;强调文以明道,却创作了不少无关儒家之道的诗文,且名之曰"以文为戏"。研究者早已发现韩愈身上这种矛盾的行为,他们解释此问题的路径主要有两条。其一,承认并强调矛盾的存在,并把原因归结于以下两方面:一是抒发主体情感与遵循社会道德的矛盾,二是社会政治方面的矛盾。①其二,寻找矛盾的内在合理性。或从韩愈自我定位的角度出发,认为韩愈的儒者身份、文学家身份都服从于人臣(文官)身份,纯粹的重实用使得韩愈表现出"博大与卑微,放纵与拘谨"等诸多看似矛盾的面相。②或从理论角度入手,努力弥合"文以明道""不平则鸣"等观念的矛盾。③我们不否认个体多重身份的转换,以及内在矛盾存在的合理性。然须注意,韩愈的言论首先体现出他对自己身份的认知,在此过程中,主体个性、所在场合等多种因素起的作用不可忽视。某些言论产生于特定的语境,若将其从原语境中抽离出来,难免造成理解的错位。因此,充分考虑到诸种因素在韩愈自我身份塑造中的作用与表现,并在儒学、文学的发展历程中审视其典型性和必然性,当能更准确、全面地理解以上矛盾。故本节将在梳理韩愈文道观的基础上,以儒者、文人身份以及韩愈个性为切入口,观照韩愈自我身份的认同和塑造,并

---

① 前者如杨晓蔼《论韩愈诗文创作中"宗经"与"自嬉"的矛盾》充分承认韩愈"宗经—明道"与"自嬉—瑰怪"的矛盾,认为韩愈在"'搜奇'与'嗜善'的夹缝里彷徨""在主体情感的肆意抒发与善的社会道德价值问题上徘徊、不安"[杨晓蔼:《论韩愈诗文创作中"宗经"与"自嬉"的矛盾》,《西北师大学报》(社会科学版),1994年第2期,第10-15页。]。后者如季镇淮《韩愈的基本思想及其矛盾》认为韩愈一方面维护道统,一方面又起着破坏道统的作用,这是"韩愈时代无法解决的,复杂的社会矛盾的反映"(参见季镇淮:《来之文录》,北京大学出版社,1992年,第245页。)。

② 参见陈飞:《在现实中定位——韩愈的政治品格》,《韩愈研究》(第一辑),中州古籍出版社,1996年,第119-129页。此文重点在政治与道论,于文学方面着墨很少。陈飞另有一文《韩愈的人"臣"定位及其"道"论》(参见陈飞:《文学与文人——论金圣叹及其他》,商务印书馆,2011年,第204-223页。)指出,文学对文人来说,有服务于君主政治,调节自己的生活与慰藉心灵的用途,二者分别对应于韩愈人"臣"的身份定位与其现实价值的失落。这已经触及了创作者不同角色的变换问题。

③ 如郑国民《论韩愈的"文以明道"》认为"道"与"不平则鸣"是统一的[参见郑国民:《论韩愈的"文以明道"》,《韩愈研究》(第三辑),中国文联出版社,2002年,第152-154页。];沈时蓉《论韩愈文论观的矛盾与统一》以"有益于世"弥合"修辞明道"与"以文为戏"的矛盾,以"气盛言宜"弥合"不平则鸣"与"其言蔼如"的矛盾[参见沈时蓉:《论韩愈文论观的矛盾与统一》,《北京化工大学学报》(社会科学版),2009年第3期,第61-65+51页。]。然其观点尚可商榷。

探析其意义。

一、对韩愈文道观表述的重新梳理

韩愈的文道观与其他古文家相比,并没有新鲜独到的内容。正因如此,韩愈这个个案才具有可推而广之的普遍性。同时,在这些看似无新鲜内容的表述下,隐藏着一些细微东西。尽管它们改变不了我们对韩愈文道观的认识,但辨明这些细微的问题,既有利于客观地认识文本,纠正一般性误解,又能为细致地看待韩愈及其身份自塑提供材料基础。由此,我们先将韩愈文道观的基本性质作一简要的梳理和辨析。

首先,在文道关系方面,韩愈有相当丰富的表述。从重视的程度上讲,道重于文。也就是说按重要性来排序,道始终在文的前面。这是古人普遍的价值取向。古所谓"文以明道""文以载道"云云,均以这一价值判断为基础。韩愈亦如此。其《答陈生书》云:"愈之志在古道,又甚好其言辞。"①《答李秀才书》云:"然愈之所志于古者,不惟其辞之好,好其道焉尔。"②虽然突出了文辞之好,但根据句意,道才是韩愈志向之所在,二者在重要程度上的排序不言自明。

从文与道的内在联系来讲,道内文外,道主文从。我们按照思想内容,可将文分为有道之文(内容关乎儒家之道)、无关乎道之文(内容与儒学教化无关)、违背道之文(内容违背儒家之道)。"文以明道""文以载道"等主张显然撇开,甚至否定了那些无关乎道之文、违背道之文,而将焦点集中于有道之文上。对于有道之文的创作,道与文呈现出明显的主从关系。道为主,文为从,文因道而生。这是古文家、道学家时常表露的创作理念。韩愈在贞元十七年(801)所写的两篇书信即表达了道内文外之观点。其时韩愈已颇有文名,李秀才欲从韩愈学文,赞韩愈"所为不违孔子,不以琢雕为工"③。韩愈答书云:"愈之所志于古者,不惟其辞之好,好其道焉尔。读吾子之辞而得其所用心,将复有深于是者与吾子乐之,况其外之文乎?"④尽管韩愈承认自己

---

① 韩愈:《答陈生书》,韩愈著,马其昶校注:《韩昌黎文集校注》,上海古籍出版社,1986年,第176页。

② 韩愈:《答李秀才书》,韩愈著,马其昶校注:《韩昌黎文集校注》,上海古籍出版社,1986年,第176页。

③ 韩愈:《答李秀才书》,韩愈著,马其昶校注:《韩昌黎文集校注》,上海古籍出版社,1986年,第176页。

④ 韩愈:《答李秀才书》,韩愈著,马其昶校注:《韩昌黎文集校注》,上海古籍出版社,1986年,第176页。

好文辞,但他更强调自己对道的坚守。《答李翊书》也说:"道德之归也有日矣,况其外之文乎?"①与前述并无二致。由此可衍生出两种解读。其一,明道难而作文易,道之等级与要求高于文;其二,明道有助于作文。核之韩愈的原意,这两种解释应当是融合在一起的。用心于圣贤之道,那么文辞也就不在话下。将韩愈之论与柳冕的论述相比较,则会发现:对柳冕来说,文的随从性更强,"意不在文,而文自随之"②,文的全部关注度被剥除;对韩愈而言,创作者可以着意于文辞,只是对文辞的着意在很大程度上依附于道。与一些道学家从哲学思想高度空言"文生于道"相比,韩愈切实关注到了"能文"的问题。他虽不否认自己喜好文辞,但认为创作好的文辞的前提条件是读诗书与明仁义之道。《答李翊书》中"行之乎仁义之途,游之乎诗书之源"③等语,以及"气盛言宜"之说,也说明主体内在道义的充实有助于文章之创作(包括文辞的运用)。④

其次,对"文以明道"说的认识,韩愈的一则表述需要辨明。贞元八九年,韩愈作《争臣论》,该文说道:

> 君子居其位,则思死其官;未得位,则思修其辞以明其道:我将以明道也,非以为直而加人也。⑤

不少人将此语视为韩愈"文以明道"说的来源,然细核其语境,则大有讨论的空间。该文以主客问答的方式,指责阳城非有道之士。在结尾部分,责难者认为韩愈的言论太过直接,有"讦以为直""伤于德而费于辞"⑥之嫌,并以春秋时期国武子尽言而招祸的例子为戒。在此质问下,韩愈才说出了前面那

---

① 韩愈:《答李翊书》,韩愈著,马其昶校注:《韩昌黎文集校注》,上海古籍出版社,1986年,第169页。
② 柳冕:《谢杜相公论房杜二相书》,董诰等编:《全唐文》(第3册),上海古籍出版社,1990年,第2371页。
③ 韩愈:《答李翊书》,韩愈著,马其昶校注:《韩昌黎文集校注》,上海古籍出版社,1986年,第170页。
④ 当然,这里包含着一层较为实际的内在关联,即熟读三代两汉之书有助于个人学识和古文写作能力的提升,只是从整体上来说,韩愈将"言宜"归功于"气盛",即内在的儒家之道的充实。
⑤ 韩愈:《争臣论》,韩愈著,马其昶校注:《韩昌黎文集校注》,上海古籍出版社,1986年,第112-113页。
⑥ 韩愈:《争臣论》,韩愈著,马其昶校注:《韩昌黎文集校注》,上海古籍出版社,1986年,第112页。

段话。作为论辩的一方,他借以反驳责难者的核心观点是:我(韩愈)是站在有道之士的立场上来讲的,我(韩愈)的言论是"明道之论"。既然如此,那就不是为了通过揭别人的短来获得"直"的名声。其实,抛开具体的论辩内容,在互相论辩、争论的场合下,不论自己的言辞是委婉还是激烈,要让对方或别人信服,就必须宣称自己所说的内容在理。对以"儒服者"自命的韩愈来说,将理上升到"(儒)道"的层面,也合情合理。韩愈认为国武子招祸的原因并非"尽言"这一行为本身,而是其所尽言之人非善人。故"君子居其位,则思死其官"既是针对国武子而发,也表明了韩愈对君子尽言的赞同。韩愈彼时没有官职,故后半句乃针对自己而发,主要是表明君子应当具有的行为与态度。"则思修其辞以明其道",从韩愈的立场和论辩者的角色来讲,这句话的重点在"明其道",而非"修其辞"。原话即便改为"君子居其位,则思死其官;未得位,则思明其道"也无不可。"修其辞"在这里的作用有二:一是表明"未得位"者只能通过"笔"(文辞)来发挥作用(明道);二是责难者提出"伤德费辞"的话题,以针对"讦以为直"者,韩愈所言"修辞明道"与之恰成对照,突出了文辞的媒介、载体作用。因而,韩愈的"修辞明道"只是根于一个基本常识:任何道都要借助文来表达与传播。故其探讨的尚非真正意义上的文道关系。

相较而言,柳宗元之论更能帮助我们理解韩柳"文以明道"的问题。其《答韦中立论师道书》云:

> 始吾幼且少,为文章,以辞为工。及长,乃知文者以明道,是固不苟为炳炳烺烺,务采色、夸声音而以为能也。凡吾所陈,皆自谓近道。①

柳宗元的"文以明道"强调的是:文之价值体现于道。也就是说,他不否定文辞存在的合理性,甚至也不否定"炳炳烺烺,务采色,夸声音"等形式表达的可能性,只是认为这些形式不能作为文之根本价值。柳宗元之论明确强调了文的价值和意义,体现了"文以明道"的真实内涵。因而,在探讨韩愈、柳宗元等人"文以明道"之论的时候,要尽量将"道是文的价值和意义归属"与"道要以文为媒介、载体"两种观点区分开。"文以明道"等主张所强调的是儒道统摄下文的价值与意义归属②,而非文作为理道载体的客观形态。在此区分的基础上,古人的文道观念才能得到更为合理的认识。

---

① 柳宗元:《答韦中立论师道书》,《柳宗元集》(第3册),中华书局,1979年,第873页。

② 这里稍作说明,本书中的"儒道"均指"儒家之道",而非"儒家与道家"。

二、文与道：基于不同场合的角色共塑

如果我们将柳宗元"文者以明道"和"凡吾所陈，皆自谓近道"联系起来看，很容易得出这样的结论："文以明道"就是主张个人所有的文学创作均要体现儒家之道。如此，对文章价值（道）的提倡很容易转换为绝对化的创作要求。儒家文道观念（道主文从，道内文外）的强力作用、儒者（明道者）角色的自我设定，难免会引导古文家对自己的创作进行单一化的宣扬，即向他人强调，自己的文章都是明道之文。至于创作实情是否如此，就不好说了。柳宗元"凡吾所陈，皆自谓近道"一语乃是一例。再如韩愈在贞元十一年时所作的《上宰相书》：

> 今有人生二十八年矣，名不著于农工商贾之版。其业则读书著文歌颂尧舜之道，鸡鸣而起，孜孜焉亦不为利；其所读皆圣人之书，杨墨释老之学无所入于其心；其所著皆约六经之旨而成文，抑邪与正，辨时俗之所惑。居穷守约，亦时有感激怨怼奇怪之辞，以求知于天下；亦不悖于教化，妖淫谀佞诗张之说，无所出于其中。①

同一年所作的《答侯继书》则云："仆少好学问，自五经之外，百氏之书，未有闻而不求、得而不观者；然其所志惟在其意义所归。"②可知韩愈"所读皆圣人之书"之语有所夸大，而"杨墨释老之学无所入于其心"与"然其所志惟在其意义所归"主旨相近，均是强调自己以儒学为根本。作为干谒者，韩愈要塑造一个鲜明的儒者形象，必然会突出自己读圣人之书，作符合儒家之道的文章。因而，"其所著皆约六经之旨而成文"，这个"皆"也有夸大之嫌。我们与其把这类言语看作柳宗元、韩愈创作的真实写照，毋宁视之为二人在特定场合和"明道者"的角色设定下的自我标榜和肯定。

"文以明道"体现的是一种价值认同，当它作为重要论调与实际创作相比较时，会有理论与实践融合的部分，同时也会产生一定程度的错位。换言之，在儒学场域的笼罩下，韩柳等人提倡"文以明道"，并将文章作为展示自己儒者角色的"舞台"。然而，儒学场域未能观照到他们日常生活的每一个时刻。当他们不刻意凸显自己的儒者角色时，或者说从儒学统摄的场域、

---

① 韩愈：《上宰相书》，韩愈著，马其昶校注：《韩昌黎文集校注》，上海古籍出版社，1986年，第155页。

② 韩愈：《答侯继书》，韩愈著，马其昶校注：《韩昌黎文集校注》，上海古籍出版社，1986年，第164-165页。

"舞台"转向个人性情或其他方面时，其所创作的文章就未必与道产生联系了，这在固守儒家之道的人看来就很可能是背离原则的。

可以说，韩、柳都没有立意在推崇儒学方面为自己塑造一个单一的角色。借此，我们或可通过"以文为戏"来进行更深入的分析。裴度在《寄李翱书》中批评韩愈"不以文立制，而以文为戏"①。一般认为此处的"以文为戏"意指"韩愈笔下所见的表现上的有意出格"②。寻绎其出格的原因，正是裴度所说的"以文字为意"③。综观《寄李翱书》，裴度秉持重道轻文的态度，观点与柳冕大致无异，其言下之"戏"等同于柳冕口中的"技艺"。书信中"文可文，非常文"④云云，也表明裴度此番见解完全基于其纯粹的儒家立场。

贞元十四年(798)，张籍在写给韩愈的书信中指出，韩愈"嚣嚣为多言之徒""尚驳杂无实之说"⑤，言语中颇显责备之意。韩愈的答书反驳道："吾子又讥吾与人人为无实驳杂之说，此吾所以为戏耳。"⑥我们可将张籍对韩愈的批评(建议)提炼成两点：一是不要有无实驳杂之说；二是与口头的表达相比较，要更重视文章著作对明道、传道之作用。对于前一点，川合康三认为："'驳杂无实之说'似乎并不是说著作，而主要是指口头的议论、论战。"⑦但这对我们分析张籍对无关乎道之文的态度，没有太大的影响。因为以张籍的立场来看，不论是口头形式，还是书面形式的无实驳杂之说，都应予以否定。总而言之，裴度所言之"戏"是创作立意于文辞(也就是文之形式)，韩愈所言之戏(也即张籍所批评的东西)是创作的内容无关乎道。它们所指虽不同，但在对道的疏离上是一致的。前者着意于文辞而在一定程度上轻忽了道，后者在内容上直接偏离儒家之道，流连于无用之文辞形式、虚文杂说，以至于出现《毛颖传》那样的诙怪之辞，此类作品均因脱离了儒学价值观念而被视为戏、俳。韩愈在《重答张籍书》中进行了简短的辩解，强调自己的驳杂之说无害于道。言下之意即不害于道(也即无关乎道)的言论、文章是可以创

---

① 裴度：《寄李翱书》，董诰等编：《全唐文》(第3册)，上海古籍出版社，1990年，第2419页。
② [日]川合康三：《终南山的变容：中唐文学论集》，刘维治、张剑、蒋寅译，上海古籍出版社，2013年，第175页。
③ 裴度：《寄李翱书》，董诰等编：《全唐文》(第3册)，上海古籍出版社，1990年，第2419页。
④ 裴度：《寄李翱书》，董诰等编：《全唐文》(第3册)，上海古籍出版社，1990年，第2418-2419页。
⑤ 张籍：《上韩昌黎书》，董诰等编：《全唐文》(第3册)，上海古籍出版社，1990年，第3105页。
⑥ 韩愈：《答张籍书》，韩愈著，马其昶校注：《韩昌黎文集校注》，上海古籍出版社，1986年，第132页。
⑦ [日]川合康三：《终南山的变容：中唐文学论集》，刘维治、张剑、蒋寅译，上海古籍出版社，2013年，第178页。

作、发表的。他充分承认自己作为个体（而非儒者）所具有的个性表达的场合和空间。然而，关注到韩愈的引证："昔者夫子犹有所戏，《诗》不云乎：'善戏谑兮，不为虐兮。'《记》曰：'张而不弛，文武不能也。'"①可以看出，他的辩解是在尽力将"戏"纳入儒学价值体系中来，引儒家经典作为理据，希望以此来获得认同。柳宗元在读了《毛颖传》之后，与韩愈持同一立场，对人们鄙弃"戏""俳"的言论做了更为细致的辩驳，但其理路依然是论证"戏""俳"有益于世。可见，"有益于世"固然是弥合"文以明道"与"以文为戏"之间矛盾的有效方法，但其下掩盖的，正是韩、柳为个性表达空间的存在所做的理论伸张。

　　"以文为戏"确实是个有效的切口，透过它，我们能够窥得韩愈自我表现的多面性，以及对无关乎道之文的基本态度。那么，韩愈对于诗歌是如何看待的呢？较之于文章，诗歌的实用性似乎小了些。在中唐，白居易提倡乐府诗要歌生民病，柳宗元以"导扬讽谕，本乎比兴者也"②一语为诗歌确立了一个符合儒家之道的源头。然而在诗歌实际创作中，大量的作品与上述两方面均未沾边。当诗歌的触角进入社会交际和个人日常生活时，表达个人的性情、趣味成为诗歌史中不可忽视的支流。贞元二十一年（805），韩愈干谒李巽，献文章一卷，目的是"扶树教道"，另献南行诗一卷，"舒忧娱悲，杂以瑰怪之言，时俗之好，所以讽于口而听于耳也"③。韩愈行卷所用的文章与诗歌，其功用全然不同。在"明道"这个命题之外，诗歌还有很大的创作空间，此空间所展现的是韩愈文人、诗人的角色，而非儒服者角色。从这里也可看出明道之文与无关乎道之诗的主从关系。前者是提领儒家大义之所在，后者是日常的个性情感表达。我们可将此论稍作扩展：儒者（儒家之道）、官员（政事）主要面向国家大事、社会民生等场合、语境，而文人、诗人（无关乎儒学、政教的诗文）主要面向日常交际、个人情感表达的场合、语境。两方面的融合与搭配共同塑造出古代士大夫文人的形象。同年，韩愈为荆潭唱和诗作序，其中说道：

　　　　夫和平之音淡薄，而愁思之声要妙；欢愉之辞难工，而穷苦之言易好也。是故文章之作，恒发于羁旅草野；至若王公贵人气满志得，非性

---

①　韩愈：《重答张籍书》，韩愈著，马其昶校注：《韩昌黎文集校注》，上海古籍出版社，1986年，第136页。

②　柳宗元：《杨评事文集后序》，《柳宗元集》（第2册），中华书局，1979年，第579页。

③　韩愈：《上兵部李侍郎书》，韩愈著，马其昶校注：《韩昌黎文集校注》，上海古籍出版社，1986年，第144页。

能而好之,则不暇以为。今仆射裴公开镇蛮荆,统郡惟九;常侍杨公领湖之南壤地二千里。德刑之政并勤,爵禄之报两崇。乃能存志乎诗书,寓辞乎咏歌,往复循环,有唱斯和,搜奇抉怪,雕镂文字,与韦布里间憔悴专一之士较其毫厘分寸,铿锵发金石,幽眇感鬼神,信所谓材全而能巨者也。[①]

韩愈一开始就埋下了文人(诗人)命穷的话题,这里暂且不表。序中提及的"文章"应指无关乎儒家大义的诗文,正所谓"搜奇抉怪,雕镂文字"。故韩愈对裴均、杨凭的赞许,是先夸其政事、功业,而后赞其能以闲暇唱和咏歌。作为官员,能够干好正事(国家事务);作为文人(诗人),闲暇时刻又能够创作、吟咏。二者的融合,被韩愈称为"材全而能巨"。元和十一年(816),韩愈与席八(即席夔)同知制诰,韩愈作《和席八十二韵》。其中有"余事作诗人"一语,核对全诗意脉,也是赞扬席八在朝廷上,能尽人臣之能;在日常生活中,又能饮酒作诗,凸显雅士之风。[②]我们不能确定上述两篇作品是否有虚言夸大的成分,为别人写序作诗,不免要将对方夸赞一番。但是,韩愈这种夸赞的方式正体现出对文人士大夫双重角色各得其宜的认同。

三、儒者面具下的个性塑造及矛盾行为的统一

还需要指出的是,儒者、官员、文人虽有其角色的规定性,但任何一类角色都不能囊括个人行为的所有方面。儒学在长时期的发展过程中,从内在心性、外在言行、价值观念上形成了一整套准则,它要求主体以一种端正、温和的态度来展现自我,体现个人的世用价值。这成为人们对儒者角色的普遍认识。韩愈在二十来岁干谒滑州刺史贾耽的书信中就以"儒服者"自命。[③]然而,他并没有在所有场合、语境表明其儒者身份;同样,他也没有按照传统的眼光,从个人心性到外在言行全方位地展示儒者角色。在角色这个大体固定的面具下,人们具有充分的表达自我的空间。戴上儒者这个面具,如何表演,乃是韩愈自己所操控的事情。

韩愈所言之"道"以仁义为核心,主要偏向于国家社会伦理,而非个人心

---

① 韩愈:《荆潭唱和诗序》,韩愈著,马其昶校注:《韩昌黎文集校注》,上海古籍出版社,1986年,第262-263页。

② 关于对"余事作诗人"的理解,参见第四章第四节《空间与身份的错位:"余事作诗人"的接受和误读》。

③ 韩愈:《上贾滑州书》,韩愈著,马其昶校注:《韩昌黎文集校注》,上海古籍出版社,1986年,第659页。

性。很多时候,韩愈的个性、言论不符合传统诗教温柔敦厚、主文谲谏的主张。他在《上宰相书》中就明言自己"时有感激怨怼奇怪之辞"①,失意之时,也不免发牢骚过当之语,这些都是个性使然。以至于韩愈在推尊儒家之道时,文辞过于激烈、锋芒外露。《谏佛骨表》便是极为典型的一例。张籍在《上韩昌黎书》中说韩愈"商论之际,或不容人之短"②,韩愈则辩解自己好胜、不能下气的原因是"好己之道胜"③。此盖有以儒家之道自高的嫌疑,但也反映出韩愈在阐扬儒家之道的方式上,不会固守敦厚之旨。《后汉书》称马融为通儒,又言其"达生任性,不拘儒者之节"④,用后半句来形容韩愈,也不为失当。所以,不能以韩愈有"儒者"的标签,就将儒家所提倡的心性、言行都往他身上靠;不能以韩愈提倡明道,就将儒家所有的内容都与韩愈相匹配。这样必然会产生与实际情况难以调和的矛盾。标签、概念只是直接、笼统地了解一个人的方式,其下掩盖了个性所带来的角色偏差。

相反,若从个人性情与儒学要求两方面入手理解韩愈的"儒者"角色,很多矛盾就迎刃而解。韩愈具有强烈的入世念头,性格急切外露,也具有强烈的表达欲望。这使得他内在张扬的性格很容易通过言行表现出来。"气盛言宜"之气,从来源上讲,是儒家的道德;从属性上讲,是创作者内在的精神与主张。孟子讲"浩然之气",韩愈讲"气盛",都是要求内在精神喷薄欲出的表达。他提出的"不平则鸣"也是指内在之"气"通过言辞向外喷薄的表达方式。不同的是,在韩愈所列举的"鸣者"名单中,除了儒家之外,尚有道、法、墨、兵诸家及辞赋之士。有研究者认为:"韩愈以鸣儒道者为善鸣,对其他之鸣评价不高。"⑤其实韩愈在《送孟东野序》中没有贬抑非儒道鸣者的言辞,故与其说"评价不高",毋宁说韩愈最为推崇以儒家之道为内容的善鸣者。若抛开"善鸣"与否这个问题,"不平则鸣"表明的是韩愈对"主体内心受到触动、刺激后向外喷发"的创作状态的赞许,在字面上不太强调儒家之道的内化这一方面。创作过程中,主体内心充满磅礴之气,所作之文章,字里行间气势凌人,这恐怕非纯粹的道德(内容)所能主导,其内在的动力应是主体强

---

① 韩愈:《上宰相书》,韩愈著,马其昶校注:《韩昌黎文集校注》,上海古籍出版社,1986年,第155页。
② 张籍:《上韩昌黎书》,董诰等编:《全唐文》(第3册),上海古籍出版社,1990年,第3105页。
③ 韩愈:《重答张籍书》,韩愈著,马其昶校注:《韩昌黎文集校注》,上海古籍出版社,1986年,第136页。
④ 范晔著,李贤等注:《后汉书》(第7册),中华书局,1965年,第1972页。
⑤ 参见咸晓婷:《中唐儒学变革与古文运动嬗递研究》,浙江大学博士学位论文,2011年,第109页。

烈的个性和表达欲望。韩愈推崇张旭草书,就因其"利害必明,无遗锱铢,情炎于中,利欲斗进,有得有丧,勃然不释"①,这几句话正可为韩愈之个性作一注脚。他批评高闲上人性情淡泊,以致草书虚有其形迹,由此也可见二者性情之差别。韩愈的"以文为戏"除了不同场合、语境的原因外,也包含了主体对个性表达的需求。

将"气盛言宜""不平则鸣""勃然不释"等言论合而观之,我们可以说"尚气"是韩愈重要的心理表现②,而其根源就在于韩愈强烈的表达欲望。表达的内容可以关乎道德伦理,也可只关乎个人性情。所以我们才能看到韩愈在提倡儒家之道(比如排佛)的时候,言辞过激;个人失意感慨之时,又有怨怼奇怪之词。罗宗强指出,韩愈主张的"文以明道"与"不平则鸣"是不协调、相违背的。并认为原因"恐怕是由于他的强烈的入世思想",通过它"把不平之鸣、把强烈的喜怒哀乐的感情发抒,和重功利的文学观统一起来了"③。笔者以为,单是强烈的入世思想,还不足以解释这一矛盾,是韩愈强烈的个性表现和表达欲望,将诸多看似不协调的因素统一起来。

那么,为何韩愈在《答李翊书》中会说"仁义之人,其言蔼如"④呢?这样的表达似乎与韩愈激烈的个性龃龉不合。由该文可知,李翊写给韩愈的书信措辞谦虚恭敬。韩愈的回信既要强调儒家之道,又要切合李翊本身的情况予以夸赞。笔者认为,"仁义之人,其言蔼如"正是韩愈针对李翊措辞的谦虚恭敬,为鼓励李翊而申发出来的。这句话具有明显的语境限制,不宜推广到韩愈的整个人生经历和创作中。扩而言之,古代有许多自称为儒者,推崇文以明道之人,其言行未必尽合儒者之义,个人性格必然是其不可忽视的因素。如果类似于"文以明道"这样的主张只是创作者应某些的场合而发,甚至被用以装点门面,那这些主张对主体言行的统摄力就会很弱,由个人性格支配的言行空间也就更大。

四、韩愈身份塑造的典型意义

综上,语境与个性是韩愈形象自塑的两个重要因素。他没有在儒学场

---

① 韩愈:《送高闲上人序》,韩愈著,马其昶校注:《韩昌黎文集校注》,上海古籍出版社,1986年,第271页。

② 关于"尚气""气盛"在韩愈思想中的诸多表现,参见郭明志:《气盛:韩愈人格心态的文化蕴涵》,《北方论丛》,1993年第6期,第59-65+96页。

③ 参见罗宗强:《隋唐五代文学思想史》,中华书局,2003年,第158页。

④ 韩愈:《答李翊书》,韩愈著,马其昶校注:《韩昌黎文集校注》,上海古籍出版社,1986年,第169页。

域塑造单一的儒者角色,也没有从外在言行到内在心性都按照儒者的要求来约束自己。相反,一旦跳脱推尊儒学的场景,他所展现出的,完全可以是重视文辞的文人形象。其言行的双重性由此表现得极为充分。需要指出的是,这种双重表现并不依托于韩愈的独特性而存在,而是基于文与儒的发展和复杂关联,以及古代政治环境和士大夫的身份结构。正因如此,韩愈的个案才具有典型意义。

中唐时期是儒学发展的转折阶段,在皇权衰弱的背景下,儒者复兴儒学、改革政治成为当时的重要思潮。他们发挥儒学义理,重视儒者、儒学经世致用的能力,不论是文章还是行为,都力求达到这一目的。诗歌发展至中唐,日常化的书写大量出现,这些作品往往无关乎天下百姓,也无关乎儒道伦理。无论是儒学还是诗歌,都开启了宋代的发展路向。而韩愈正处在中唐儒学与诗歌发展的交汇点上:以儒者自命,是儒学思潮下的必然表现;显露出文人的言行,又与日常化、个人化的创作潮流密切相关。唐代以前,文、儒兼修(也即文人儒者身份兼备)就已成为读书人的常态,在此背景下,古人对辞采之文质疑声不断,从中蕴含着儒者、文人身份的拉锯和矛盾。对此,唐前的论者或竭力强调文人文章的世用价值,如王充、刘勰;或否定文人的文章创作与习性,如颜之推,其重点都在刻意贬低或压缩文人空间。而韩愈的言论则表现出儒学与文学交互影响下,两种身份借助于不同空间所达成的一种新的平衡。因此,儒者、文人身份认同与共塑的问题在韩愈身上出现,既具有历史发展的必然性,又显示出异于前人的独特价值。

在儒学与文学发展路向的统摄下,儒者与文人的矛盾成为很多士大夫不可回避的问题。北宋以后的诗文集序时常否定集主的诗人(文人)身份,突出其事功和儒者价值,即是其典型表现。换言之,韩愈代表了一批情况相似的士大夫。他们对儒者、文人保持着与纯粹的道学家一样的价值判断,同时又因其诗文创作——特别是与儒学教化无关的诗文创作——而不同于纯粹的道学家。在文儒之间,不免遭遇身份定位与认同的困境。面对中唐以后儒者、文人身份怎样兼于一身的问题,韩愈通过其言行作出了回答,提供了一个基本的参照,并成为后世批评与借鉴的对象。韩愈对文人(诗人)的赞许是在儒学场域的影响下进行的,正如“余事作诗人”所揭示的含义一样,纯粹的文学创作只有作为“非正事”存在时,才能获得肯定。文学的私人性表达(或者说古代文士的私人空间)被置于儒学体系之下,作为附属而存在。宇文所安指出:“私人空间既存在于公共世界之中,又自我封闭,不受公共世界的干扰影响。”同时,“私人天地是一种脆弱的建构。只有不断声言它自己的溢余——溢余使拥有成为可能——它才能存在"①。诗人将他们对日常生活的描述归结到严肃主题上,声言私人表达的溢余,这都是跳出了自我封闭的私人空间,依照传统价值所作的一种"中立"的辩解。足见私人空间的"脆弱性"。同时,价值上的脆弱性显然阻碍不了私人空间的封闭性,以及深处其中的个人审美、精神的无限放大。当主体不受外界干扰,沉浸在私人空间时,这种"脆弱性"又顿然消失。韩愈的很多表述其实就是在不断强调私人空间存在的必要性。在这方面,与他同时的白居易也表现得非常突出。在《与元九书》中,白居易借用"穷则独善其身,达则兼济天下"这句名言,转换"独善"的概念,取消"穷""达"这两层外在的限定,形成分属于私人空间和公共空间的表达意念,并分别将自己的讽喻诗、闲适诗与之搭配,形成"私人空间—独善—闲适诗""公共空间—兼济—讽喻诗"这样的组合模式。②我们将其稍作转换,以文学的私人性表达(如无关乎道之文)替代闲适诗,以文章的公共性表达(明道之文、政治性公文等)替代讽喻诗。这其实就是韩愈等一大批古代士人的基本创作形态。该创作形态非始于韩愈,但韩愈是中唐时期士人政治与日常化生活相融合的典型缩影。我们通过韩愈所观察到的"儒者(正事,价值观念中的主流)—文人(闲暇,日常生活的必备)"的搭配成为古代绝大多数士大夫共同的角色组合模式。③由此,在公共空间统摄下,文人身份反倒更顺利地熔铸士人日常生活的趣味(弹琴、饮酒、赏花、书画等)与个人化的文学表达,超越"文章的创作者"这一单纯的角色限定,进一步凸显汉代以来"文雅之士(或曰文化人)"的意涵,从而获得更为广泛的文化意义。当然,古人在面对"儒者—文人"这一角色组合模式时,也未必都认可、接受韩愈的做法,创作者内在的个人性情、外在的政治环境等诸多因素

---

① [美]宇文所安:《中国"中世纪"的终结:中唐文学文化论集》,陈引驰、陈磊译,生活•读书•新知三联书店,2006年,第70、72页。

② 详见[日]川合康三:《白居易闲适诗考》,[日]川合康三:《终南山的变容:中唐文学论集》,刘维治、张剑、蒋寅译,上海古籍出版社,2013年,第243-258页。需要注意的是,川合康三在分析《与元九书》时,认为白居易描述出"达—讽喻诗""穷—闲适诗"模式,此言不确。参见[日]川合康三:《终南山的变容:中唐文学论集》,刘维治、张剑、蒋寅译,上海古籍出版社,2013年,第244、255页。白居易虽然借用"穷则独善其身,达则兼济天下"之语,作了一定的发挥,但其所云"仆志在兼济,行在独善""谓之讽喻诗,兼济之志也;谓之闲适诗,独善之义也",均没有与穷、达直接联系。志与行,是带有共时性的描述,穷与达,是带有历时交替性的描述,之间不可能对应起来。并且,白居易在作此书时,肯定知道自己的闲适诗不一定是穷时所作,故而在描述自己的时候,取消了"穷""达"两层限定。

③ 闲暇不一定与"穷(失志)"对等,但在范围上,它涵盖了后者。

都会左右其诗文创作及言行举止,甚至导致角色模式的变形、身份关系的失衡。其中有极度压缩文人闲雅生活,塑造纯粹的儒者形象者;也有置政事于不顾,无限放大闲雅空间者。[①]类似例子甚多且情况不一,这里不再赘述。

五、文人抑或儒者:韩愈身份的被接受

自北宋始,人们对于韩愈是儒者还是文人的问题争论不绝,在此之前,尚未有人得到如此待遇。这既反映出韩愈身份性质的典型性,又凸显了他在身份塑造和后人接受方面的开创意义。宋代以来的论者或强调韩愈乃儒者、圣人;或认为其只可为文人,而称不上儒者。他们都是在自己的主观判断下,有意突出韩愈某一侧面的形象。显然,这种主观判断源于各自所属的思想背景和身份立场。

全祖望曾言:"宋世学术之盛,安定、泰山为之先河。"[②]胡瑗(安定)、孙复(泰山)学风互有不同,其差异已然暗含宋代学术向内(心性)与向外(世用)两条线索,也预示着宋人批评韩愈的两条思路。胡瑗沉潜、笃实,虽重视"道"之用,然未放松心性之修炼;孙复高明、刚健,更强调世用,辟佛老而斥邪说。徐积有安定风格,石介则颇似泰山。孙复、石介的文章观以"明道救时"为要,主张发扬"斯文",将文统与道统合一,这与韩愈的主张几乎如出一辙。立场的接近使得他们高度认可韩愈,以之为接续文统与道统之人。石介《赠张绩禹功》历数唐代文人,便以韩愈为冠,视其为文人中的佼佼者(霸斯文)。

尊韩之风在宋初出现一个高潮后,其势渐缓。契嵩、欧阳修、王安石、苏轼、程颢、程颐等人对韩愈之道及相关理论都有或多或少的不满。契嵩以僧人身份推崇佛教,对宋初尊韩排佛之风意见很大。他特作《非韩》批驳韩愈,认为韩愈乃"文词人""文士"[③],于圣贤之道有所不逮。抛开释契嵩的具体理念不谈,仅从话术上看,不难发现他的批评立足于"文人不谙圣贤之

---

① 对此,朱刚《"日常化"的意义及其局限——以欧阳修为中心》中对李昉、李至的评述可为一例,参见朱刚:《"日常化"的意义及其局限——以欧阳修为中心》,《文学遗产》,2013年第2期,第51-61页。

② 黄宗羲原著,全祖望补修:《宋元学案》(第1册),中华书局,1986年,第23页。

③ 释契嵩《非韩》云:"欲韩如古之圣贤从容中道,固其不逮也,宜乎识者谓韩子第文词人耳。夫文者,所以传道也;道不至,虽甚文,奚用? 若韩子议论如此,其道可谓至乎?"又云"谓韩子圣贤之徒,安得为无益之言耶? 将韩子虽谓文人,于道尚果有所未至乎? 吾不知也。"虽云"吾不知",但根据上下文,目韩愈为文人,而非圣贤之徒,当是契嵩之意[分别参见《全宋文》(第36册),上海辞书出版社、安徽教育出版社,2006年,第336、329页。]。

道"的基本判断,这与前一章所言宋人指责文人"不知道"的思路毫无二致,代表着宋人对韩愈的评论从"推崇其明道主张"转向了"评析、指摘其儒道思想"①,韩愈作为圣贤之徒、儒者的高大形象由此大打折扣。比如,苏轼说韩愈于圣人之道好其名而"未能乐其实"②。苏辙说:"愈之学,朝夕从事于仁义礼智刑名度数之间,自形而上者,愈所不知也。《原道》之作,遂指道德为虚位,而斥佛、老与杨、墨同科,岂为知道哉?韩愈工于文者也。"③苏轼门人张耒也指出:"韩退之以为文人则有余,以为知道则不足。"④具体而言,他承认韩愈是文人中的杰出者,"其在夫子之门,将追游、夏而及之,而比之于汉以来龌龊之文人则不可"⑤。但这不代表韩愈就深谙儒道了,针对《原道》"仁与义为定名,道与德为虚位"等语,张耒予以了严厉的批评,直言韩愈"于道本不知其何物"⑥。

"明道"与"知道(体道)"的内外高下之别在以上论述中得到了一定程度的体现,理学的发展无疑加深了这一认识。理学家在强化"道"与"性""理"之间关联的同时,也将修道、体道的过程落实到洒扫应对等日常细微之事上。胡瑗、徐积治身立诚、言行不苟的作风与理念由此得以发扬。⑦就此而论,韩愈"不知道"就不是知识、学问层面的问题了,忽视对性理的深掘,不从心性修养、日常言行中体察理道,被理学家当作韩愈"不知道"的根源性因素。其中最突出的表现就是投入大量时间在学文、作文上面。程颐就批评韩愈因文而求道是"倒学了"⑧。朱熹对韩愈虽有赞许之语,但也认为他割裂了道与文,以学文为第一义,"不免于文士浮华放浪之习"⑨。《朱子语类》还记载了这么一段对话:

> 问:"退之一文士耳,何以从祀?"曰:"有辟佛老之功。"曰:"如程子

---

① 详见杨国安:《宋代韩学研究》,中国社会科学出版社,2006年,第38-45页。
② 苏轼:《韩愈论》,苏轼著,茅维编,孔凡礼点校:《苏轼文集》(第1册),中华书局,1986年,第114页。
③ 韩愈著,魏仲举集注《五百家注韩昌黎集》(第2册),中华书局,2019年,第682页。
④ 张耒:《韩愈论》,张耒著,李逸安等点校:《张耒集》(下),中华书局,1990年,第677页。
⑤ 张耒:《韩愈论》,张耒著,李逸安等点校:《张耒集》(下),中华书局,1990年,第677页。
⑥ 张耒:《韩愈论》,张耒著,李逸安等点校:《张耒集》(下),中华书局,1990年,第677页。
⑦ 薛季宣便指出,"翼之先生(即胡瑗)所以教人,得于古之洒扫、应对、进退。知其说者,徐仲车耳"[薛季宣:《又与朱编修书》,《景印文渊阁四库全书》(第1159册),台湾商务印书馆,2008年,第366页]。
⑧ 程颢、程颐:《二程遗书》,上海古籍出版社,2020年,第278页。
⑨ 朱熹:《王氏续经说》,朱熹:《朱熹集》(第6册),四川教育出版社,1996年,第3547页。

取其《原道》一篇,盖尝读之,只打头三句便也未稳。"曰:"且言其大概耳。便如董仲舒,也则有疏处。"①

朱熹虽然在替韩愈辩解,但以上对话已略微透露出如下信息:以韩愈为"不知道"之文士,确实是宋代很多理学家的意见。总之,韩愈不从心性修养、日常言行角度打造自己的醇儒形象,那他表现出来的文人特性(以文词为务、有浮华之习等)势必落人口实,并被程颐、朱熹等理学家当作其论说理道不透彻的主要原因。

在宋代理学思想作用下,性理道德向日常生活的渗透导致文人空间受到挤压,学文(文人)与学道(儒者)的对立性充分凸显。程颐等理学家提倡的"德成而言,则不期于文而自文"②的境界因非常人所能达到,故停留在理论层面。在实践层面,文章作为载道之具的地位和价值因授徒讲学和语录的流行而受到严重影响。这些因素使得理学思想走上了一条与修辞之文不同的表达之路,并引发了"理与文分为二"③的现象。韩愈的文人身份在宋代的强化离不开这一层思想背景。南宋以后,"理与文分为二"的现象遭到很多论者的反驳和矫正,于是韩愈的儒者身份又压倒其文人身份,得到了凸显。

对于韩愈的儒学人品,金元很多士人都不吝褒扬之词。④其中,郝经是极为突出的例子,他竭力推崇韩愈,以其为遵循圣人之道的大儒。如《去鲁记》:"立圣人之道者莫如韩文公。"⑤《顺天府孔子新庙碑》:"尊圣人之道者则有韩愈氏。"⑥郝经对韩愈的正面认同,原因大约有二。首先,他竭力赞同韩愈排佛老而斥异端。如《异端》一文就从"灭异端"的角度将韩愈与孟子、董仲舒并列,称其为"大儒"⑦。《去鲁记》称韩愈"立圣人之道",也是从斥佛老角度来说的。其次,郝经论道、论文均重世用,这与韩愈言道、作文重"用"的取

---

① 黎靖德编:《朱子语类》(第6册),中华书局,1986年,第2475页。

② 程颢、程颐:《河南程氏粹言》,《二程集》(下),中华书局,2004年,第1195页。

③ 吴子良:《荛窗续集序》,《景印文渊阁四库全书》(第1178册),台湾商务印书馆,2008年,第4页。按,需要注意的是,"理与文分为二"中的"文"当指"修辞之文",而非"天文""人文"之"文"。理学家警惕甚至否定修辞之文,但对于"天文""人文",他们是认可的。

④ 关于金元士人对韩愈的接受情况,参见全华凌:《论金元士人对韩愈接受的特点》,《求索》,2009年第9期,第180—181+184页。

⑤ 郝经:《去鲁记》,《景印文渊阁四库全书》(第1192册),台湾商务印书馆,2008年,第282页。

⑥ 郝经:《顺天府孔子新庙碑》,《景印文渊阁四库全书》(第1192册),台湾商务印书馆,2008年,第388页。

⑦ 郝经:《异端》,《景印文渊阁四库全书》(第1192册),台湾商务印书馆,2008年,第204页。

向基本一致。他曾为韩愈的言行作辩护:"昔韩文公大儒也,三上书宰相,以自论荐,非戚戚贫贱而汲汲富贵,躁举妄进,自轻而失己也。"①认为韩愈遵循了"束发学道,期于有用"②的原则。韩愈作文排佛老而斥异端,此一"文章效用"也得到了郝经的认可。

质言之,郝经以"有用于世"为核心,将文与道统合在一起,在对待佛老、文道观念方面与韩愈高度一致,从而对韩愈持有极强的认同感。此外还可留意,郝经虽反对文人之文,不以文自名,但他也承认:"于世俗之不免者,故一言半字,时时而出之。"③此种由文道合一带来的难以避免的尴尬境地,在韩愈身上也能看到。或许创作实践方面相同的境遇也为郝经对韩愈的认同提供了心理依据。

与郝经类似的情况在元末明初金华学派中人那里也有体现。整体而言,黄溍、柳贯、宋濂、王祎、胡翰、戴良等人兼重文道,他们虽时有"道本文末"的言论,但与程颐"作文害道"的观念有宽严之别,相对接近韩、欧的主张。宋濂不愿以文人自名,也不主张视韩愈为文人,而认为应当重视韩的儒者身份,《文原》云:"六籍之外,当以孟子为宗,韩子次之,欧阳子又次之。"④他对韩愈、欧阳修等"文以明道"一路持较为肯定的态度。王祎尊韩愈、欧阳修为大儒,在《孔子庙庭从祀议》中,他评价欧阳修《本论》等篇不亚于韩愈《原道》,认为视欧阳修为文人的那些人是"世之浅者"。言下之意,韩、欧均非文人。可见创作实践、文道观念的相近促成宋濂、王祎等人与韩愈在立场上的类同性,进而导致他们对自己、对韩愈持同种性质的身份认定。

当然,因立场相近而带来的身份认同并不意味着宋濂等人对韩愈的言行全盘接受。比如宋濂崇信佛教,就与韩愈辟佛的主张背道而驰。再如,宋濂弟子方孝孺对韩愈的态度颇为微妙。他多次批评韩愈立行超出规矩,不能究儒家之道本,却承认"唐之诸儒,惟韩子为近道"⑤,对其文也甚为称赞。方孝孺曾作《三贤赞》,对韩愈大加赞扬,其序云:

① 郝经:《上赵经略书》,《景印文渊阁四库全书》(第1192册),台湾商务印书馆,2008年,第262页。

② 郝经:《上赵经略书》,《景印文渊阁四库全书》(第1192册),台湾商务印书馆,2008年,第262页。

③ 郝经:《答高雄飞书》,《景印文渊阁四库全书》(第1192册),台湾商务印书馆,2008年,第256页。

④ 宋濂:《文原》,《宋濂全集》(第5册),浙江古籍出版社,2014年,第1592页。

⑤ 方孝孺:《与赵伯钦书三首》,方孝孺著,徐光大点校:《方孝孺集》(中),浙江古籍出版社,2013年,第393页。

圣贤之道,以养气为本。今之人不如古者,气不充也。气不充,则言不章;言不章,则道不明。予窃有意于道,而患萎靡不振,思起古豪杰而与之游,求于往昔,得三人焉。曰司马子长、曰韩退之、曰欧阳永叔。三人皆气豪辞雄,有振衰立懦之功。①

　　左东岭指出:"方孝孺文学思想的核心在于道、气、文的三者合一。"②此为的论。在"文以道为根本"的价值前提下,重视文的表达功能与内在的感染力,由此形成文以明道、重视文章、讲求气充气满的理论主张。这与韩愈的道论和创作实践极为匹配。从复兴"斯文"、文以明道的角度,方孝孺同宋濂、王祎一样推崇韩愈;从个人言行和对道认知的角度,方孝孺又指出韩愈的不足。他对韩愈有一定的认同感,但也惜其"不能造颜孟氏之域,为贤者指笑,目为文人,心窃少之"③。比起某些理学家贬抑韩愈为文人的决然语气,"心窃少之"四字可以说要缓和得多,由此也可窥见方孝孺面对韩愈时的复杂心态。

　　明代以降,"视韩愈为儒者""目韩愈为文人"一直是冲突又并行的两种声音。比如王阳明认为韩愈是文人之雄,有近道之言,但重文辞,于道有所未至,"去文中子(王通)远甚"④。湛若水也以"不矜细行,终累大德"⑤责韩愈,其重道轻文之意溢于言表。而与王、湛大致同时的薛应旂既反对理学家视韩愈为文人、文人之雄,又不同意一般人推尊韩愈的文章而掩盖其道论,他认为韩愈跟王通一样都是贤儒。⑥从中不难发现,这两种意见虽然针锋相对,但它们使用的是同一套批评逻辑,即推重儒者、贬低文人。事实上,韩愈的文人习性及其修辞方面的贡献基本没有在上述两种评论中获得赞誉。不过,中晚明重个性、重文的思潮让我们听到了另外一种声音。王世贞推重古文辞,他在指摘韩愈"于六经之学甚浅"之后,也承认"谓之文士,则西京而下,故当以牛耳归之"⑦,对韩愈的文士身份作了相对正面的评价。胡震亨

---

① 方孝孺:《三贤赞有序》,方孝孺著,徐光大点校:《方孝孺集》(下),浙江古籍出版社,2013年,第710页。

② 左东岭:《元明之际的"气"论与方孝孺的文学思想》,《文艺研究》,2006年第1期,第46-56+159页。

③ 方孝孺:《与郑叔度八首》,方孝孺著,徐光大点校:《方孝孺集》(上),浙江古籍出版社,2013年,第361页。

④ 王阳明:《传习录》,《王阳明全集》(上),上海古籍出版社,1992年,第7页。

⑤ 湛若水:《天关语通录》,《四库全书存目丛书》(集部第57册),齐鲁书社,1997年,第125页。

⑥ 薛应旂:《韩愈》,《四库全书存目丛书》(集部第102册),齐鲁书社,1997年,第412-413页。

⑦ 王世贞:《书韩文后》,《四库提要著录丛书》(集部第123册),北京出版社,2015年,第69页。

《唐音癸签》记载：

> 或问余：退之，道学人也。史讥其作《毛颖传》近戏，白乐天谓其病
> 没躔服丹药，而张籍祭以诗，亦有"坐出二侍女，合弹琵琶筝"句，似稍蓄
> 声伎者，然欤否耶？余曰：退之亦文士雄耳。近被腐老生因其辟李、释，
> 硬推入孔家庑下，翻令一步那动不得。[1]

标举韩愈的儒者身份而推尊之，此即胡震亨所言"硬推入孔家庑下"，其偏视
之弊不言自明。循此逻辑，强调韩愈是文人而评判之，这种将韩愈"硬推出
孔家庑外"的做法亦非公正之举。所以上段引文的真实意图在于强调人们
应该跳出儒者场域及其评判标准，从文人本位视角切入，审视韩愈的为人及
为文。

韩愈在公共与私人空间展现出自己儒者、文人两种角色，尽管他试图将
私人空间纳入儒家的解释体系中来，以塑造一个圆融的形象，但两种身份之
间的矛盾确实是难以调和的，因此任何一种身份都无法全面把握韩愈的人
格及思想。后人对韩愈"翻令一步那动不得"的批评路数，说到底就是为了
传达自己的立场与理念，韩愈的形象由此经历了一系列选择性塑造的过程。
胡震亨对这种固化的身份认知所做的论述可谓精辟、形象。但反过来说，我
们在赞许胡氏此论的同时，也得认识到，这种固化的身份认识正是我们了解
古人身份自塑与他人批评立场的有效路径。

第二节　博而能一：宋濂的身份定位及其思想内涵

明代胡直曾以"是否依循儒道"为衡量标准，划分出三类身份：

> 道法备于身，不得已而文之，不以一体局此，上也，孟氏以上是也，
> 是谓圣贤。依仿道法，而笼挫于百家，囊括于群体者，中也，庄、荀、屈
> 子、子长、扬雄、韩、苏以下诸子是也，是谓文人。赘视道法，唯摹画于步
> 骤，雕刻于体句，组缀于藻艳者，下也，相如、邹、枚、曹、刘、潘、陆、颜、谢

---

① 胡震亨：《唐音癸签》，上海古籍出版社，1981年，第268页。

以下及近世词家是也,是谓词人。①

这段文字对"文人"的界定未必是古人的共识,被视为文人,怕是扬雄、韩愈诸子所不能认同的。但胡直对上仿道法,下兼文辞的中间状态的描述倒是颇为贴切。正因为大量士人处于中间状态,韩愈的身份自塑才具有了典型性和示范性。宋代"理与文分为二"②的现象及观念具有以非此即彼的二元论划分文化学术世界的倾向,这在一定程度上否定了中间状态存在的合理性,等于强调了"文"和"理(道)"的不可兼容,进而将儒者身份与文人身份分离开来,形成一种弥漫于理学场域的文章观和文人观。

我们当然不能将上述判断绝对化,一来,理学家对"文"与"理(道)"关系的态度不完全一致;二来,不论在理论表述上,还是现实考量上,理学思想都为诗文的创作预留了一定空间。③尽管如此,我们依然能察觉出,"理与文分为二"的观念未能很好地反映士人文儒兼涉的现实情形,理学发展也时常导致重理而少文情况的出现。针对此类观念和现象进行批评和矫正,乃南宋至元代学术思想发展的必然趋势。吴汝弌称叶适欲"合周程、欧苏之裂"④,此语可被看作叶适等人反思宋学基础上的学术志趣,同时也未尝不可被视为时人对文儒兼涉这一普遍现象的肯认与回应。南宋后期以至元代,"融合文理""文道合一"之论时常出现。⑤于是我们看到,通过对理学文弊的批判,士人又回到了对中间状态的关注上,回到了"文"与"儒"互相拉锯的场域当中。

对于文儒兼涉的中间状态,人们至少有两个观看视角。从推扬理学(儒道)的一端来看,它是"流而为文人"了;从重视文辞的一端来看,它则是"以道训文",提升了文的品格。元代至明初,婺州之学影响很大,黄溍、柳贯、宋濂、戴良、王祎等人在创作和观念上都带有文道合一的倾向,正处于文儒兼涉的中间状态。他们曾被古人贴上"流而为文人"的标签,引发学界关注,研究者依据的评论文献主要有以下三条:

---

① 胡直:《论文二篇答瞿睿夫》,《景印文渊阁四库全书》(第1287册),台湾商务印书馆,2008年,第402页。
② 吴子良:《筼窗续集序》,《景印文渊阁四库全书》(第1178册),台湾商务印书馆,2008年,第4页。
③ 比如理学家所推崇的"孔颜之乐""曾点气象"便与诗歌自然适意的生活化书写具有很高的契合度。
④ 刘埙:《隐居通议》,《景印文渊阁四库全书》(第866册),台湾商务印书馆,2008年,第34页。
⑤ 相关论述可参见查洪德:《理学背景下的元代文论与诗文》,中华书局,2005年,第11-15、150-156页。

金华之学,自白云一辈而下,多流而为文人。文与道不相离,文显而道薄耳。虽然,道之不亡也,犹幸有斯。(黄百家)①

北山一派,鲁斋、仁山、白云既纯然得朱子之学髓,而柳道传、吴正传以逮戴叔能、宋潜溪一辈,又得朱子之文澜,蔚乎盛哉!(黄百家)②

予尝谓婺中之学,至白云而所求于道者,疑若稍浅,渐流于章句训诂,未有深造自得之语,视仁山远逊之,婺中学统之一变也。义乌诸公师之,遂成文章之士,则再变也。至公而渐流于佞佛者流,则三变也。(全祖望)③

已有学者结合以上材料与元代诗文发展的实际,指出"流而为文人"是元中期以后各派学术共同的发展趋势,而非婺中独有的现象。④在认同这一符合学术史事实的判断之外,以下三点也应引起我们注意。

第一,"流而为文人"的评论本身便显露出评论者的儒学、理学视角。以上三条材料均被录入《宋元学案》,《宋元学案》的理学立场是不言自明的。在此之前,明人就有过类似言论。理学家蔡清曾言:"本朝宋潜溪、王华川诸公,虽屡自辨其非文人,其实不脱文人气习,于经传鲜有究心。"⑤弘治年间,章懋致信金华知府韩叅,认为《乡贤祠志》将黄溍、宋濂等人列入"道德"一条不合理,黄、宋诸人"皆不过文章之士,恐当以文学目之"⑥。其理学视角也显而易见。"流而为文人"的判断完全可以依据"无论是理学还是心学,整个元代都完全不能与宋、明二代相提并论"⑦的事实而做出,但这样的事实依旧是以理学、心学为参照而得出的。就婺州一地来说,其学术传承的复杂性与多元性已为学界所留意,倘若我们仅在程朱理学的脉络中来探讨黄溍、柳贯、宋濂等人的为学与为文,很容易得出"流而为文人"这个结论。然而,这样的判断是否因缺少别的参照和视角而显得单一,值得思考。

第二,《宋元学案》这一材料来源及其理学视角容易让我们把焦点聚集

① 黄宗羲原著,全祖望补修:《宋元学案》(第4册),中华书局,1986年,第2801页。
② 黄宗羲原著,全祖望补修:《宋元学案》(第4册),中华书局,1986年,第2727页。
③ 黄宗羲原著,全祖望补修:《宋元学案》(第4册),中华书局,1986年,第2801页。
④ 参见查洪德:《理学背景下的元代文论与诗文》,中华书局,2005年,第19-20页。
⑤ 林希元:《南京国子祭酒虚斋蔡先生行状》,《四库全书存目丛书》(集部第75册),齐鲁书社,1997年,第699页。
⑥ 章懋:《与韩知府》,《景印文渊阁四库全书》(第1254册),台湾商务印书馆,2008年,第52页。
⑦ 左东岭:《中国文学史研究方法的转化与创新——以"理流而为文"的诠释立场与浙东派的文章观为中心》,《文学遗产》,2021年第5期,第4-15页。

到"流而为文人"上,而对材料中的某些表述缺乏关注。如黄百家虽言金华之学从许谦开始"多流而为文人",但也给予了"文与道不相离""道之不亡也,犹幸有斯"的肯定。前引第三段材料虽摘录于《宋元学案》,实出自全祖望为宋濂所作的画像记。全祖望在论述婺中学术三变之后,笔锋一转,对黄溍、柳贯、吴莱和宋濂之文作了"粹然有儒者气象"①的积极评价。这些评价与"流而为文人"所形成的印象是截然不同的。

第三,扩大一下材料范围,不难发现有的文献呈现出与《宋元学案》中三则材料不一样的文章学视角。比如他人对宋濂文集所作的序时常从文章创作角度切入。于是文道兼涉的宋濂给人的印象就不是"理流而为文"("流"始终给人一种向下的感觉),而是"以道训文",提升了文的品格。陈旅《潜溪集序》言韩愈"吐辞持论,一本之六经,然后斯文焕焉可观"②。该文显然是将韩愈作为宋濂的榜样,突出了"本之六经使得韩文焕焉可观"这一论点,如此陈旅对宋濂文章的期待也就呼之欲出了。王祎《宋潜溪先生文集序》起首便云:"文章所以载乎学术者也。"③孔克仁《潜溪后集序》云:"凡擅文章者,咸以六经为本。"④刘基《潜溪后集序》指出宋濂"为文则主圣经而奴百氏"⑤。他们都把"本之六经""与道合一"作为宋濂文章创作的一条"向上之路"来肯定,宋濂作为文儒兼涉者的正面形象由此得以建立。

《宋元学案》与宋濂集序的对比明确反映出如下事实:元代以及明初士人一旦主张"融合文理""文道合一",回到"文"与"儒"互相拉锯的场域,那文人与儒者身份的矛盾就再次凸显出来。"流而为文人"的判断与陈旅等人在宋濂集序中的评论不一致,也与宋濂《白牛生传》中否定自己为文人的态度相抵牾。据此可判定"流而为文人"乃一偏之论,不公平、不恰当。⑥但比之于这种判断,我们更倾向于回到文学史场景和文本语境,着力探讨"文儒兼涉的士人如何在儒者与文人的矛盾中进行身份定位""儒者身份标签如何容纳多样化的个人言行,并以什么样的方式得到合理性解释"等问题。在元末明初的士人当中,宋濂堪称代表人物。他师承闻人梦吉、吴莱、黄溍、柳贯,

---

① 黄宗羲原著,全祖望补修:《宋元学案》(第4册),中华书局,1986年,第2801页。
② 陈旅:《潜溪集序》,《宋濂全集》(第8册),浙江古籍出版社,2014年,第2693页。
③ 王祎:《宋潜溪先生文集序》,《宋濂全集》(第8册),浙江古籍出版社,2014年,第2694页。
④ 孔克仁:《潜溪后集序》,《宋濂全集》(第8册),浙江古籍出版社,2014年,第2699页。
⑤ 刘基:《潜溪后集序》,《宋濂全集》(第8册),浙江古籍出版社,2014年,第2703页。
⑥ 参见黄灵庚:《宋濂的学术道统论考》,《中国典籍与文化论丛》(第十七辑),2015年,第69-89页;胡丽娜:《元明之际金华士人的身份认同与文章观——以危素〈金华柳先生文集序〉为中心》,《安徽大学学报》(哲学社会科学版),2021年第4期,第51-58页。

私淑许谦①,上继程朱之学与东莱吕学,下开"明代文章之派"②,乃婺中学术的焦点人物,是我们观察元明之际文人身份认同的极好案例。下文将围绕宋濂展开讨论。

一、从《赠梁建中序》看宋濂"中焉者"的自我定位

明洪武元年(1368),虎林一位叫梁建中的读书人向宋濂请教如何学文与作文,宋濂特作赠序一篇发表自己的见解。序文中划分了文的三个等级:

> 昔之圣贤,初不暇于学文。措之于身心,见之于事业。秩然而不紊,灿然而可观者,即所谓文也。其文之明,由其德之立,其德之立宏深而正大,则其见于言自然光明而俊伟。此上焉者之事也。优柔于艺文之场,餍饫于今古之家,搴英而咀华,遡本而探源,其近道者则而效之,其害教者辟而绝之,俟心与理涵,行与心一,然后笔之于书,无非以明道为务。此中焉者之事也。其阅书也搜文而摘句,其执笔也厌常而务新,昼夜孜孜,日以学文为事,且曰:"古之文淡乎其无味,我不可不加秾艳焉。古之文纯乎其敛藏也,我不可不加驰骋焉。"由是好胜之心生,夸多之习炽,务以悦人,惟日不足,纵如张锦绣于庭,列珠贝于道,佳则诚佳,其去道益远矣。此下焉者之事也。③

宋濂所言"上""中""下"三个等级基本与前引胡直"圣贤""文人""词人"之论一一对应。用简要的文字提炼以上论述,即上焉者不暇于文而其文自明;中焉者用力于文,同时以明道为务;下焉者沉溺于文辞而去道益远。宋濂对这三种状态的描述算不上有多新鲜,却在这篇教导学子的赠序中起到了定调的作用,所蕴含的文学思想值得细绎。

与中焉者相比,上焉者有了质的提升。在宋濂眼中,这种提升不是一般人所能做到的,就像普通人不能成为圣贤那样。"上焉者吾不得而见之"④一语便透露出"圣贤难得"的观念,也蕴含着"不苛求文章家成为上焉者"的想法。如此,宋濂确认了自己"中焉者"的角色定位,这与我们前面所说的处于文儒兼涉中间状态的士人恰成对应。然而,比之于描述上焉者与中焉者之间不可跨越的鸿沟,宋濂显然更重视上焉者对中焉者、下焉者的榜样作用和

① 参见宋濂:《赠会稽韩伯时序》,《宋濂全集》(第2册),浙江古籍出版社,2014年,第633页。
② 永瑢等:《四库全书总目》(下册),中华书局,1965年,第1442页。
③ 宋濂:《赠梁建中序》,《宋濂全集》(第2册),浙江古籍出版社,2014年,第699页。
④ 宋濂:《赠梁建中序》,《宋濂全集》(第2册),浙江古籍出版社,2014年,第699页。

示范意义。相对而言,中焉者与下焉者之间的差异更多来源于创作主体的自觉意识。宋濂说中焉者"亦十百之中不三四见"①,下焉者"纷纷而藉藉"②,他希望通过数量的对比来批评大多数读书人缺乏自觉意识,容易沉溺于文辞,导致重文离道的创作风气的盛行。总之,宋濂立此"三等级"论是为了导人向上,引导沉溺文辞的下焉者向以文明道的中焉者靠拢,又鼓励中焉者以上焉者为最高的目标和榜样。

宋濂对三个等级的划分以文道关系的三种状态为依据,上焉者有道自有文,中焉者作文以明道,下焉者溺文而离道。在此类"以道衡文"的评判模式下,道显然居于核心位置,文则是被评判的对象。然而,梁建中是来请教文的,宋濂所要回应的也是"如何作文"这个问题。这便决定了"文"才是宋濂"三等级"论中最基本的元素。进而我们能够在这段"重道"的论述中发现宋濂"重文"的痕迹。首先,上焉者与中焉者虽然存在着质的差别,但他们有着相同的属性——近道,由此与"离道溺文"的下焉者形成对立关系。文章有了道的支撑,便具备了无可置疑的价值和存在的必要性、正当性,它又因与圣贤之文相关联,其意义显得渊源久远、根深蒂固。可见"三等级"论表现出宋濂对"如何提升文的价值"这个问题的关注。其次,三个等级的论述框架存在着一个基本逻辑:文可以离道,但道必然呈现为文。文的双重性(有道之文与离道之文),以及文对于道的不可或缺性都展现无余。所以宋濂之论暗含着"道必待文来表现和承载"的观念。

需要注意的是,宋濂对"不暇于学文"的圣贤(上焉者)的描述,以及"文非学者之所急"③的表达似乎都在否定文的重要性,后面宋濂说自己欲"焚毁笔研",更强化了这一认识。关于宋濂是否在创作和观念上否定文,后面还会论说,这里仅就该文的行文逻辑提出疑问:如果宋濂真的否定文章,主张焚毁笔研,那为何还要敷衍出三等之文的理论,并对文儒兼涉的中焉者给予"斯可矣"的正面评价。所以《赠梁建中序》不是一篇否定文章的文字,而是一篇为文章创作定立标杆的文字。全面否定文章的价值,不是宋濂之意,他意在通过对文辞的否定,指示着一种更高级的"文"。

总之,宋濂以文儒兼涉的中焉者视角发论,将对道的推崇与对文的依赖自然结合在一起,其主体观念与崇尚儒道的古文家基本无异。在论述完三个等级之后,宋濂接着介绍自己由重文到重道的思想历程:

---

① 宋濂:《赠梁建中序》,《宋濂全集》(第2册),浙江古籍出版社,2014年,第699页。
② 宋濂:《赠梁建中序》,《宋濂全集》(第2册),浙江古籍出版社,2014年,第699页。
③ 宋濂:《赠梁建中序》,《宋濂全集》(第2册),浙江古籍出版社,2014年,第699页。

余自十七八时,辄以古文辞为事。自以为有得也,至三十时,顿觉用心之殊,微悔之。及踰四十,辄大悔之。然如猩猩之嗜展,虽深自惩戒,时复一践之。五十以后,非惟悔之,辄大愧之;非惟愧之,辄大恨之。自以为七尺之躯,参于三才,而与周公、仲尼同一恒性,乃溺于文辞,流荡忘返,不知老之将至,其可乎哉? 自此焚毁笔研,而游心于沂泗之滨矣。①

宋濂五十岁时被聘为郡学五经师,开始向朱明政权靠拢,其人生经历也由此一分为二。后期的际遇必定会激发宋濂行道致用的念头,重道的观念也就占据上风。廖可斌便指出后期宋濂的文学观"越来越靠近保守的理学门徒们的文学主张"②,左东岭结合宋濂的学习和诗文创作历程,对上述文字进行了非常详细的解读。③这里不打算复述前人的结论,仅就上述文字提出值得我们继续关注的问题。

一般来说,作者的自述是最为可靠,且最受研究者重视的第一手材料。《赠梁建中序》出自宋濂之笔,其所反映的宋濂思想的真实性不容置疑。就上面这段材料而言,其真实性存在于两个层面。一是这段材料如实地反映了时年五十九岁的宋濂对自己创作经历和心态的回顾。二是这样的回顾符合宋濂每个人生阶段的实际情况。然而即便是真实的描述,也潜藏着作者主观的心理动机和表达逻辑。从"以古文辞为事"到"微悔之""大悔之""大愧之",宋濂越来越远离文,直到"自此焚毁笔研"一语,更表明自己摆脱了对文的依赖。这似乎与前文得出的"宋濂并未否定文章价值"的结论产生了矛盾。实则不然,从现实情况来说,以明道为务的文章家主观上积极向儒道靠拢,鄙薄那些无益于道的作品,实际上他们又会因自己的辞章之好,以及推脱不了的应酬而提笔作文。此乃常见现象,宋濂也不例外。他所言自己四十岁后在"大悔之"的情况下依然"如猩猩之嗜展""时复一践之",便可说明问题。宋濂在五十九岁时说自己焚毁笔研,但我们知道,入明后的宋濂仍创

① 宋濂:《赠梁建中序》,《宋濂全集》(第2册),浙江古籍出版社,2014年,第699-700页。

② 廖可斌:《论宋濂前后期思想的变化及其它》,《中国文学研究》,1995年第3期,第44-51页。另外,陈昌云、温世亮也指出:"明初,随着程朱理学独尊地位的建立,宋濂作为儒学大师的身份更使他的理学思想越来越浓。"参见陈昌云、温世亮:《融通与折中:宋濂"文道观"的思想内涵与特性》,《淮北师范大学学报》(哲学社会科学版),2015年第2期,第58-63页。

③ 参见左东岭:《〈赠梁建中序〉与宋濂元明之际文学观念的变迁》,《求是学刊》,2020年第3期,第118-138+2页。

作了大量作品,其中有不少应酬文字,尽管他一再推脱,表明自己不愿作文,但收效甚微。所以现实情形下宋濂并没有,也不可能做到焚毁笔研。焚毁笔研与其说是写实,不如说是宋濂这个文儒兼涉者的自我标榜和期待,事实上笔研并未离开他的生活。

从序文的逻辑上说,如果宋濂希望通过自述经历来达成对文的全面否定,那这就与宋濂所认可的文儒兼涉的中间状态相冲突。在序文的末段,宋濂说道:"今吾建中孜孜缀文,思欲以明道为务,盖庶几无余之失者,而余犹为是强聒者,文之华靡,其溺人也甚易之故也。"①明确鼓励梁建中以明道为务,同时提醒他不要沉溺于文。对沉溺于文这个行为的否定并不等同于对文本身的否定。前文说过,宋濂通过对文辞的否定,指示着一种更高级的"文"。他的经历自述和序文末尾的几句话恰好构成了这一逻辑:"虽然,天地之间有全文焉,具之于五经。人能于此留神焉,不作则已,作则为天下之文,非一家之文也。"②

总之,宋濂在创作《赠梁建中序》的时候,没有对文进行全面否定。该序所蕴含的对文的依赖与重视,不是宋濂五十九岁才冒出的想法,而是他五十岁之前便已形成的观念。我们当然可以根据《赠梁建中序》中的自述证明宋濂前后期文学观念的差异。但也当注意,在承认宋濂前后期文学观念逐步变化的前提下,也应该看到那些一以贯之的东西,比如对道的推崇,对文的重要性的揭示,对文的负面价值的警惕。进而言之,我们可通过宋濂文集感受到前后大体一致的文学观念。③三四十岁的宋濂和六七十岁的宋濂,使用的基本是同一套文学观话语。宋濂文儒兼涉的中焉者状态也是一以贯之的。因此,比起单方面地强调差异,我们更倾向在前后贯通的话语中审查细微的思想变化,由此更为准确地分析宋濂的文道观念和身份定位问题。

二、宋濂的古文辞志趣与儒者身份意识

将宋濂三十岁后的"微悔之""大悔之""大愧之"与十七八岁时的"以古文辞为事"相对比,容易形成一种印象:宋濂早年重文而轻道。《宋濂全集》没有他三十岁之前表达文学观念的作品,所以我们拿不出直接证据证明他早年秉持何种文道观。即便如此,我们也可以明确,宋濂早年接受的教育并不支持他形成重文轻道的观念。他在十九岁时,由里人张继祖(字继之)推荐,

---

① 宋濂:《赠梁建中序》,《宋濂全集》(第2册),浙江古籍出版社,2014年,第700页。
② 宋濂:《赠梁建中序》,《宋濂全集》(第2册),浙江古籍出版社,2014年,第700页。
③ 就笔者统计,《宋濂全集》中基本没有宋濂三十岁之前的文学观念表达,三十到四十岁之间的也不多,文集中大量的文学观表达出现在四十岁之后。

至城南跟随闻人梦吉学习。①闻人梦吉学有渊源(其父得王瀚之学最深②),
擅治儒家经典,曾以《尚书》举于乡。宋濂主要跟随他学习治经,《赠医师贾
生序》便说贾思诚"同濂师事城南闻先生学治经"③。王祎《宋太史传》讲得更
具体:"受业闻人梦吉先生,习《易》《诗》《书》《春秋》。"④诸经之中,《春秋》为
宋濂学习的重点。郑涛《宋潜溪先生小传》言闻人梦吉授宋濂《春秋》三传之
学。"适乡校行私试,景濂辄占前列。"⑤杨维桢《潜溪后集序》也言宋濂"尝以
《春秋》经术,就程试之文"⑥。显然,学习程文写作,参加科举,走上仕途,是
宋濂研习经典的主要目的。尽管科举使得很多士子长年陷于场屋之文而难
以自拔,但它在经典研习和儒家价值观的引导、传播方面确实具有重要作
用。另外,闻人梦吉的教学也不可能完全以程文写作为核心而不涉及文章
与学术观念的传授。闻人梦吉去世后,宋濂为其作《行状》,其中说道:"其诲
学者,必先道德而后文艺,故于辞章,若不经意。"⑦《凝熙先生私谥议》也云:
"言其讲学,则以四书五经为标准,而非圣之书不习也。言其攻辞,则以文字
从职为载道之用,而斥钩章棘句为非学也。"⑧此类表述恐不当以谀辞看待,
可以推测,闻人梦吉向宋濂传达过"先道德而后文艺""文字从职为载道之
用"的思想。

在二十三岁左右,宋濂正式跟随吴莱学习古文辞。吴莱长期浸淫经史,
学问赅博,曾以《春秋》举上礼部。今所见十二卷《吴莱集》就有不少体现其
深厚学殖的文章。吴莱长于古体诗写作,其作品时常散发学者气息。翁方
纲言其"以自己胸中镕经铸史之气,而驱使一时才俊之字句"⑨,朱庭珍则批
评其歌行"繁称博引,堆垛典故"⑩,虽褒贬不同,但他们都抓住了吴莱古体诗
以学问为根底的特点。值得注意的是,今所见十二卷《吴莱集》正是宋濂在

---

① 关于宋濂从闻人梦吉学习时的年龄,见宋濂《玉龙千户所管民司长官楼君墓志铭》《唐思
　诚墓铭》,分别参见《宋濂全集》(第7册),浙江古籍出版社,2014年,第2302、2314页。

② 宋濂:《故凝熙先生闻人公行状》,《宋濂全集》(第2册),浙江古籍出版社,2014年,第446页。

③ 宋濂:《赠医师贾生序》,《宋濂全集》(第1册),浙江古籍出版社,2014年,第174页。

④ 王祎:《宋太史传》,《王祎集》(下),浙江古籍出版社,2016年,第625-626页。按,该引文
　后面还有一句话:"为举子业,课试每居诸生右。"

⑤ 郑涛:《宋潜溪先生小传》,《宋濂全集》(第8册),浙江古籍出版社,2014年,第2521页。

⑥ 杨维桢:《潜溪后集序》,《宋濂全集》(第8册),浙江古籍出版社,2014年,第2706页。

⑦ 宋濂:《故凝熙先生闻人公行状》,《宋濂全集》(第2册),浙江古籍出版社,2014年,第
　447页。

⑧ 宋濂:《凝熙先生私谥议》,《宋濂全集》(第2册),浙江古籍出版社,2014年,第361页。

⑨ 翁方纲:《石洲诗话》,《谈龙录 石洲诗话》,人民文学出版社,1981年,第174页。

⑩ 朱庭珍:《筱园诗话》,郭绍虞编选:《清诗话续编》(第4册),上海古籍出版社,1983年,第
　2370页。

元至正二十六年(1366)参与编刻的。吴莱之子吴士谔清楚地指出宋濂的编选原则:"摘其有关学术论议之大者,以所作先后为序。"①可知,作文之法虽是宋濂跟随吴莱学习的一个重点(见后文),但非全部内容。以学术为根底,学术与文章并重,才符合宋濂对吴莱这位老师的认识。至正九年(1349),宋濂为吴莱作谥议和碑文,学术与文章的二元一体成为宋濂行文的核心,以及宋濂评价吴莱的关键。部分句子直接点明吴莱的这一特点,如谥议云:"漱六艺之芳润,为一代之文英。"②碑文云:"以精深玄懿之学,发沉雄奇绝之文。"③而谥议中对吴莱谥号"渊颖"的解释:"经义玄深,非渊而何? 文辞贞敏,非颖而何?"④也表明了门人对吴莱为学为文相辅相成的认可与赞誉。老师吴莱的为学为文,也不可能不对年轻时的宋濂造成影响。

除了闻人梦吉、吴莱外,宋濂的其他几位老师如黄溍、柳贯,都是崇尚儒家之道的人。所以用"重文轻道"与"重道轻文"来归纳宋濂前后期文学观的差异,恐非的论。但将"文道并重"视为宋濂前期的文学思想,又不符合宋濂《赠梁建中序》中的自述。文学观的呈现和演变有时候不是"重文轻道""文道并重""重道轻文"等高度凝练的术语所能囊括。在运用这些标签化术语的同时,也要当心它们所带来的简单化认知会遮蔽一些内在因素和机理。与"文""道"这些引人注意的范畴相比,"古文辞"没那么起眼,却是探究宋濂文学思想细微之处的有力切入点。"古文辞"是中国古代重要的文章学概念,与之相对的概念大约有二:一是骈文,二是时文。中唐韩愈倡导的古文运动在价值上以儒家之道为依归,文体上则是针对言有长短、声有高下的骈文而发。骈文作者对词句声律的讲究难免被视为注重形式、舍本逐末的文章创作行为,古文因重视内心"志""气"的推动而获得更高的认可。宋濂重视和学习古文辞,自然脱离不了中唐以来古文骈文相对立的大背景。

与骈文相比,古文辞与时文的关系更为关键。宋濂自称二十岁时有志于文辞之事,并向吴莱请教作文⑤,彼时他正跟随闻人梦吉攻举子业。在二十七到三十八岁之间,宋濂多次参加乡试⑥,这段时间他依然继续着古文辞创作。研习时文丝毫不干扰他的古文辞兴趣,二者完全可以在同一时期并

---

① 吴莱:《渊颖吴先生文集》,《四部丛刊初编》,缩印萧山朱氏藏元本,第6页。
② 宋濂:《渊颖先生私谥议》,《宋濂全集》(第2册),浙江古籍出版社,2014年,第360页。
③ 宋濂:《渊颖先生碑》,《宋濂全集》(第2册),浙江古籍出版社,2014年,第372页。
④ 宋濂:《渊颖先生私谥议》,《宋濂全集》(第2册),浙江古籍出版社,2014年,第361页。
⑤ 详见宋濂《宋铙歌鼓吹曲》之后的跋语,参见《宋濂全集》(第6册),浙江古籍出版社,2014年,第2082页。
⑥ 参见徐永明:《文臣之首:宋濂传》,浙江人民出版社,2007年,第64-65页。

行而不冲突。不但如此,古文与时文还存在着一些很明显的共通之处。首先,二者都脱离不了对文章作法的总结与探讨。比如宋濂跟随吴莱学古文辞,就获得了不少文章作法层面的经验。《郑景彝传》记载郑铭、胡翰"大肆其力于古文辞,吴公品评至严,一辞稍不修,辄以为诟病"①。吴莱对古文辞的品评,想必宋濂也见识过。《浦阳人物记·文学篇·吴莱》《元史·吴莱传》均记录了吴莱传授的作文之法。这些古文辞的作法绝不能说对时文的创作毫无益处。其次,二者都脱离不了对以儒家为核心的传统学问的把握。元代科举将经义置于首要地位,四书五经是士子研习的重点。古文辞写作能力的培养也不是仅靠作文之法就能完成的,而须以传统学问为根底。

问题在于,在科举应试的导向下,举子的学习目标和心态极易异化,儒家经典从圣人之道的载体降格为仕进的敲门砖。这导致时文中的学问显得空疏不实。吴莱就曾致信宋濂,说:"自时文行而此学几绝,盖皆坐读书不广,故空疏无精彩,恹恹如久病人。"②黄溍也曾致信宋濂,说:"古人立言,皆以平日学术写而为文,故其根本深茂,论议精切,卓然可传于后世。今人不过剽窃陈腐以应时须,恶足以行远哉?溍尝谓文章非应用,应用非文章,诚不为过论也。"③从这个角度来判断,古文确有优于时文之处,并因此得到吴莱、黄溍等士人的青睐。

吴莱、黄溍所言时文弊端,宋濂必定清楚,但他早年的确希望自己经由科举走上仕途,故而难免对时文产生一种矛盾心理。古文因摆脱了科举的束缚,反倒获得一片更广大的天地,它与时文的对立性由此体现出来。宋濂跟随吴莱学古文辞,是听从了友人胡翰的建议,而胡翰当时对宋濂说的是:"举子业不足烦景濂,盍学古文辞乎?"④此语在一定程度上印证了古文与时文的对立性。宋濂二十到三十岁期间致力于古文辞,也当与其科举之路不顺遂有关。《故诸暨陈府君墓碣》记载,陈大伦因为屡试不中,"于是弃绝,益攻古文辞"⑤,并跟从吴莱学文。《曾助教文集序》记载曾旦因"科目既废,益寓意于古文辞"⑥。可知读书人因某些原因放弃科举之路,转而更加致力于古文辞,这在当时并不稀见。

质言之,古文辞在以切实广博的学问为根底、没有应试束缚等方面显示

① 宋濂:《郑景彝传》,《宋濂全集》(第5册),浙江古籍出版社,2014年,第1671页。
② 吴莱:《与宋景濂书》,《宋濂全集》(第8册),浙江古籍出版社,2014年,第2781页。
③ 黄溍:《与宋潜溪书三首》,《宋濂全集》(第8册),浙江古籍出版社,2014年,第2780页。
④ 郑涛:《宋潜溪先生小传》,《宋濂全集》(第8册),浙江古籍出版社,2014年,第2521页。
⑤ 宋濂:《故诸暨陈府君墓碣》,《宋濂全集》(第4册),浙江古籍出版社,2014年,第1407页。
⑥ 宋濂:《曾助教文集序》,《宋濂全集》(第4册),浙江古籍出版社,2014年,第1341页。

出相对于时文的优长之处。受韩愈等人倡导的古文运动的影响,古文辞时常与儒家学问、儒家之道相连接,成为文学复古的重要表征。在与骈文、时文的比较中,极可能获得质实近道的赞誉。然而,倘若我们秉持对古文辞的此种认识,那就难以理解"重古文辞,同时又轻道"的行为为何会出现,也难以解释宋濂为何要后悔自己十七八时"以古文辞为事"。我们还是以宋濂的三等级论来予以说明。雕琢辞藻,夸多斗靡,背道而行的下焉者"重文轻道"的迹象非常明显,其弊端极易发现。这样的创作者一旦意识到道的重要性,往往会引起幡然悔悟、改弦更张的态度变化。中焉者以明道为务,获得赞许,即便走偏,在"学古""明道"的光环之下,其问题也比较隐蔽,不易察觉。倘若被察觉,修正的方式主要在于重心的逐步调整,而不会带来方向和路径的根本性变化。宋濂三十岁"顿觉用心之殊,微悔之"的表达正与中焉者察觉、修正问题的程度相一致,而习古文辞正处于"问题隐蔽,不易察觉"的中间状态上。

古文辞因回避了骈言俪辞而显得质实近道,这个判断粗看有理,实则经不起推敲。理论上讲,是否近道,与是否是骈言俪辞没有必然联系,二者并非水火不容。从实际层面考察,回避了骈言俪辞,不一定代表作者不重视、不沉溺于文辞形式。对形式的关注是一种创作态度,与文章是散是骈,是华丽还是古朴,是命题是自拟无直接关系。古文辞作者也可能因沉溺于文辞形式而离道渐远。在宋濂跟随黄溍学习期间,这个问题就充分凸显出来。宋濂曾言"弱龄时,即从黄文献公学为文"①"从先生(黄溍)游垂二十年,知先生为最深"②,在宋濂的几位老师当中,黄溍大概是与之交流最久,对其影响最大的一位。

宋濂《金华先生黄文献公文集序》云:"先生之所学,推其本根则师群经,扬其波澜则友迁固。"③对"文以明道"的崇奉者而言,《史记》《汉书》尽管以其卓越的纪事之法和文辞表达,被古文辞创作者当作学习的对象,但在"明道"这件事上,他们却未堪其任。宋濂五十多岁时作了一首论文诗,其中便云:"人文本为载道具,次则纪事垂千龄。"载道之文与纪事之文的高下立判。王袆《文训》也记载黄溍对他的教导:"文有二,有纪事之文,有载道之文。史者

---

① 宋濂:《题盛孔昭文稿后》,《宋濂全集》(第3册),浙江古籍出版社,2014年,第1023页。
② 宋濂:《故翰林侍讲学士中奉大夫知制诰同修国史同知经筵事金华黄先生行状》,《宋濂全集》(第2册),浙江古籍出版社,2014年,第445页。
③ 宋濂:《金华先生黄文献公文集序》,《宋濂全集》(第7册),浙江古籍出版社,2014年,第2180页。

纪事之文,于道则未也。"①在另一篇文章中,王祎还指出时人"衡以纪事不若载道"②的普遍心理。所以,以儒家经典为学文之根本,能够矫正古文辞作者仅学《史记》《汉书》所带来的弊端,以达到文道兼备、内外兼修的效果。

宋濂早年对《史记》《汉书》应当颇为用心,陈樵曾赞扬他"看《史记》《前汉》精熟"③。但在晚年创作的《叶夷仲文集序》《白云稿序》④中,宋濂却描述出略微不同的情形。

> 昔者先师黄文献公尝有言曰:"作文之法,以群经为本根,迁、固二史为波澜,本根不蕃则无以造道之原,波澜不广则无以尽事之变。舍此二者而为文,则槁木死灰而已。"予窃识之,不敢忘,于是取一经而次第穷之。(《叶夷仲文集序》)⑤

> 濂之有志为文,不下于伯贤。古今诸文章大家,亦多究心。及游黄文献公门,公诲之曰:"学文以六经为根本,迁、固二史为波澜,二史姑迟迟,盍先从事于经乎?"濂取而温绎之,不知有寒暑昼夜。(《白云稿序》)⑥

从上引两段文字可以看出,黄溍虽然提到"以迁、固二史为波澜",但其"师群经"的导向更明显。宋濂《金华先生黄文献公文集序》曾回忆:"(黄溍)尝自诵曰:'文辞各载夫学术者也,吾敢苟同乎?无悖先圣人斯可已。'"⑦"畴昔侍几杖华川之上,先生酒微酡,历论文辞原乎学术,每至数百言。"⑧这与《白云稿序》中"盍先从事于经"的建议是一致的。宋濂在《叶夷仲文集序》《白云稿序》中说自己年轻时听从了黄溍的教导,随即开始漫长的穷经之路。然而,这很可能只是晚年的宋濂在重道的思想作用下有意凸显自己尊经的这一面,实际情形可能不是如此干脆、简单。《潜溪录》中有黄溍写给宋濂的书信三通,其中一通提及作文专法《史记》《汉书》的事:

---

① 王祎:《文训》,《王祎集》(中),浙江古籍出版社,2016年,第563页。
② 王祎:《上苏大参书》,《王祎集》(中),浙江古籍出版社,2016年,第480页。
③ 陈樵:《答宋景濂书》,《宋濂全集》(第8册),浙江古籍出版社,2014年,第2781页。
④ 《叶夷仲文集序》作于洪武九年,《白云稿序》作年也应该相差不大。
⑤ 宋濂:《叶夷仲文集序》,《宋濂全集》(第4册),浙江古籍出版社,2014年,第1195页。
⑥ 宋濂:《白云稿序》,《宋濂全集》(第2册),浙江古籍出版社,2014年,第635页。
⑦ 宋濂:《金华先生黄文献公文集序》,《宋濂全集》(第7册),浙江古籍出版社,2014年,第2180页。
⑧ 宋濂:《金华先生黄文献公文集序》,《宋濂全集》(第7册),浙江古籍出版社,2014年,第2181页。

辱下询作文专法《史》《汉》,潜何足以语此?然尝闻唐子西谓"六经以后便有司马迁,六经不可学,故作文当学司马迁","司马迁敢乱道、却好,班固不敢乱道,却不好"。愚窃以为学司马迁,当自班固始。盖能从容于法度之中,而不至于乱道,则一日疏宕于规矩之外,虽乱道亦好也。不审雅意以为何如?①

据学者考证,写作此信时宋濂当在四十一或四十二岁②,可推测彼时宋濂依旧对《史记》《汉书》的文法有所留意。其"作文专法《史》《汉》"之问是针对"作文之法"而言,故黄溍没有在此处标举六经,而是就《史》《汉》之间进行比较。黄溍认为"从容于法度之中,而不至于乱道"的《汉书》更宜成为学文的对象,显然,这里的"法度""道"蕴含着对儒家道德和伦理规矩的肯定。面对精熟《史记》《汉书》的弟子,黄溍似乎在进行善意的引导。在效法《史记》《汉书》的过程中,"法度"与"道"始终是正途。至于"一日疏宕于规矩之外,虽乱道亦好也"则顶多是偶一为之,且无伤大雅的创作行为。

对于黄溍的教导,宋濂应该有一个吸收和加深认识的过程。我们在宋濂的作品中几乎找不到他四十岁之前对司马迁及《史记》的评论。四十岁所作的《渊颖先生碑》及四十一岁撰成的《浦阳人物记》,均从文章家角度提及司马迁。此后他对司马迁的态度发生了变化,多次强调学《史记》未为近道的主张。如《华川书舍记》言司马迁等人"不能皆纯揆之群圣人之文"③。五十岁后,这样的表达更多,如《七儒解》以司马迁、班固为浮文胜质的文史之儒,《赠梁建中序》言学者懂得天地之间的至文后,下笔便是天下之文,"其视迁、固,几若大鹏之于鷦鷯耳"④。友人吴德基擅学迁、固,宋濂为其文集作序,开篇就肯定了唐子西"六经不可学,学文者舍迁、固,将奚取法"⑤之论,并赞扬迁、固之文的长处。然而这只是碍于朋友关系的"客气话",未必代表晚年宋濂的真实想法。序文末尾云:"立言如六经,此濂夙夜所不忘者。德基尚勗之,毋徒泥子西之言而自沮也。"⑥这委婉的劝说才透露了宋濂的真正

① 黄溍:《与宋潜溪书三首》,《宋濂全集》(第8册),浙江古籍出版社,2014年,第2780页。
② 参见王魁星:《论宋濂入仕明朝前的古文观及仕隐观——当前宋濂研究二热点新探》,《河南社会科学》,2010年第6期,第155-158页,注释①。
③ 宋濂:《华川书舍记》,《宋濂全集》(第1册),浙江古籍出版社,2014年,第176页。按,该文大概作于宋濂四十二岁时。
④ 宋濂:《赠梁建中序》,《宋濂全集》(第2册),浙江古籍出版社,2014年,第700页。
⑤ 宋濂:《吴濰州文集序》,《宋濂全集》(第3册),浙江古籍出版社,2014年,第986页。
⑥ 宋濂:《吴濰州文集序》,《宋濂全集》(第3册),浙江古籍出版社,2014年,第987页。

用意。

梳理宋濂对司马迁《史记》态度的变化,以此证明宋濂由重文向重道的转移,这虽是研究者时常采取的分析路数,却非本节的最终目的。我们完全可以转换焦点,提出另一个值得关注的问题。在秉持"纪事之文未为近道"的前提下,我们似乎可以认为宋濂早年沉溺于以《史记》为学习对象的古文辞创作而忽视了对儒家经典的研习,并因此导致后来的悔悟。这一推测虽然符合宋濂在《赠梁建中序》中描述的心路历程,却与"他早年便接受以儒家经典为主的教育"这一事实相矛盾。因此,宋濂前后态度变化的核心原因还不在于"学习《史记》"上,而在于"如何看待和研习儒家经典"上。

对此,《叶夷仲文集序》值得分析,在该文中,面对作文之法"以群经为本根,迁、固二史为波澜"的话题,宋濂通过自己亲身经历,论证了跨越迁、固,直接研习经典对文章创作的极大好处。言下之意,学文须从本根上学起,而不当从波澜、枝叶上学起。然而,在序文结尾,宋濂笔锋一转,说:"虽然,文辞,道之末也。夷仲方与有民社之寄,当务为政以德,而昌其道哉。"①在宋濂看来,直面六经,虽说比研读《史记》《汉书》高了一个档次,但依旧处于"学文"的层次。与"为政以德,而昌其道"相较,学文于六经显然不是宋濂眼中的最高目标,也不是他对集主叶见泰的最高期望。众所周知,任何文本都不能完全控制它的读者,让读者按照同一个路径接受其思想,吸收其资源。即便是被奉为经典的《诗》《书》等儒家文本,不同的读者依然可以从中获取不一样的东西。宋濂对此已有所思考,其《萝山杂言》云:"六经皆故迹,新入之机不同。其机确确,其履濯濯;其机采采,其履昧昧。甚哉!其机也。人以文视经,斯缪已。善察机者,其以质视经乎。"②六经乃载圣人之道的典籍,以文视六经,表面上看,提升了古文辞的品格,实际上却降低了经的价值。论经论学,均须识其大者,对六经的研习,"道""理"是首要的,文法、文辞之类尚属枝叶。《六经论》可算作一篇识六经之要的文字,宋濂以心中之理为六经产生的逻辑根源,丝毫不言六经在文法方面的价值,这是儒者或理学家应当具备的眼界和立场。《经畲堂记》在推扬儒家经典不违戾于道,可行于后世之外,还用大段文字提醒读者不要只将经典看作文章创作的范本和资源。

> 夫五经孔孟之言,唐虞三代治天下之成效存焉,其君尧、舜、禹、汤文、武,其臣皋、夔、益、契、伊、傅、周公,其具道德、仁义、礼乐、封建、井

---

① 宋濂:《叶夷仲文集序》,《宋濂全集》(第4册),浙江古籍出版社,2014年,第1196页。

② 宋濂:《萝山杂言》,《宋濂全集》(第1册),浙江古籍出版社,2014年,第169页。

田,小用之则小治,大施之则大治,岂止浮辞而已乎。世儒不之察,顾切切然剽攘摹儗其辞为文章,以取名誉于世。虽韩退之之贤,诲勉其子亦有经训菑畲之说,其意以为经训足为文章之本而已,不亦陋于学经矣乎! 学经而止为文章之美,亦何用于经乎? 以文章视诸经,宜乎陷溺于彼者之众也。吾所谓学经者,上可以为圣,次可以为贤,以临大政则断,以处富贵则固,以行贫贱则乐,以居患难则安,穷足以为来世法,达足以为生民准,岂特学其文章而已乎?[①]

钱塘钱钧将自己的书斋命名为"经畲",此乃取韩愈《符读书城南》"文章岂不贵,经训乃菑畲"[②]之意。宋濂认为韩愈这句诗有"以文视经"之嫌,故作《经畲堂记》以提醒钱钧,"使求夫大者焉"[③]。晚年的宋濂多次表达对"以文视经"的反对,可以这样说,在宋濂眼中,与"学六经还是学《史》《汉》"相比,"学文还是学道"才是判断学习价值和效果的关键依据。中国古代厚古薄今、是古非今的观念和表达屡见不鲜,"师古""复古"等概念在崇古思想作用下极易获得认可,导致其内在的层次性和差异性被遮蔽。"师古文"与"师古道"虽然都在"师古""复古"框架下进行,但二者高下有别。宋濂非常重视对"师古""复古"内涵的挖掘,在《师古斋箴并序》中,他主张"师古道"才是真正的"师古","师古文"(即"专溺辞章之间,上法周汉,下蹴唐宋"[④])不能称之为"师古"。

宋濂对"法经""师古"的认识当非一蹴而就,而有一个逐步加深的过程。可推测,宋濂说自己早年"以古文辞为事",不是说他用心于浮文华辞、骈言俪藻,而是指他学习六经、《史记》、《汉书》时,以之为文章学问之依据、作法之渊源。即便早年发表过一些"文道合一"的言论,但没有切身体会到其真正的意涵。随着年龄增长、见闻增加,加之老师的引导,三十岁时,宋濂发觉自己的古文辞路向有一些问题:不是说将经史学问融进文章当中,鼓吹六经,就体现了"文道合一"。此后他逐步加深对六经和道的认识,形成"微悔之""大悔之""大愧之"的心态转变。宋濂有两首诗回忆了自己早年的古文辞创作情况,《秋夜与子充论文不胜有感退而赋为一首因简子充并寄胡教授仲申》云:"予从丱角业文史,意逞骁悍催强勃。上师姬孔为祭父,下视迁固

① 宋濂:《经畲堂记》,《宋濂全集》(第6册),浙江古籍出版社,2014年,第1868页。
② 韩愈著,魏仲举集注:《五百家注韩昌黎集》(第1册),中华书局,2019年,第369页。
③ 宋濂:《经畲堂记》,《宋濂全集》(第6册),浙江古籍出版社,2014年,第1868页。
④ 宋濂:《师古斋箴并序》,《宋濂全集》(第3册),浙江古籍出版社,2014年,第1082页。

犹诸兄。"①随后对自己早年的创作行为予以一定程度的否定:"应知敦本乃末艳,且咤彪外由中弸。年来惩艾剧芒刺,流汗浃背颜交赪。"②"上师姬孔为察父"与"下视迁固犹诸兄"讲的基本是一回事,即把六经、《史记》、《汉书》在内的典籍当成文章创作的资源。如此理解,方能揭示与宋濂否定自己早年创作的真正意图。《示吕生》序云:"六经之后,几无文矣。近世学者专攻浮缛之章,动以鼓吹六经为辞,予实病焉。"③直接指出鼓吹六经未必就是明道、载道之文。其诗云:"忆当弱龄时,颇亦耽葩藻。……下则陈姬周,上复述轩皞。"④"陈姬周""述轩皞"与"师姬孔""友迁固"反映的问题一样,即知识与学问本身可为文章所用,但此一运用未必能体现真正的道。

文章以学问为根底,不宜与文章以道为根底完全等同。经史学问再渊博,较之于学问之正,始终低了一档。宋濂对其老师吴莱的评论,正可反映他对该问题认识的变化。宋濂为吴莱写过两篇谥议。《渊颖先生私谥议》作于至正九年(宋濂四十岁)左右;《深裒先生吴公私谥贞文议》作于洪武十年(宋濂六十八岁)之后。两篇文章均有"文本于道""文道合一"的表达。不同的是,前一篇重点在于赞扬吴莱学问玄深,文辞贞敏;后一篇则不再突出学问玄深渊博,转而将焦点聚集到"学问之正"上,并云:"先生之于文,可谓贞而有则矣。"⑤吴莱谥号从"渊颖"到"贞文"的变化,代表着宋濂儒者立场的强化,也代表着他对古文辞、学问认识的加深。从中也能看到,晚年的宋濂对自己早年的否定,重点不在于古文辞本身,而在于学古的路径、方法与态度,表现在对早年"以文视经""学问为文章用"的视角与立场的反思。

三、"大文"及体用观念下的"文人"意涵

宋代理学的发展使得文章的地位受到极大冲击,其表现主要有二。首先,文与道、文与"大文"的关联被割裂。以程颐为代表的理学家倡言"作文害道"。师徒讲学及语录的兴盛威胁着文章作为"载道""明道"之具的地位。此类观念和现象拉远了文章与道的关系,甚至将文章置于道的对立面进行

① 宋濂:《秋夜与子充论文不胜有感退而赋为一首因简子充并寄胡教授仲申》,《宋濂全集》(第1册),浙江古籍出版社,2014年,第90页。
② 宋濂:《秋夜与子充论文不胜有感退而赋为一首因简子充并寄胡教授仲申》,《宋濂全集》(第1册),浙江古籍出版社,2014年,第90页。
③ 宋濂:《示吕生有序》,《宋濂全集》(第1册),浙江古籍出版社,2014年,第95页。
④ 宋濂:《示吕生有序》,《宋濂全集》(第1册),浙江古籍出版社,2014年,第96页。
⑤ 宋濂:《深裒先生吴公私谥贞文议》,《宋濂全集》(第5册),浙江古籍出版社,2014年,第1701页。

否定。宋濂言宋季辞章之弊,其一便是:"剽掠前修语录,佐以方言,累十百而弗休。且曰:'我将以明道,奚文之为。'"①此言反映出宋人将"文"与"明道"对立起来的观念。理学家虽不否认"天文""地文""人文"之论,但他们无意将"天文""地文""人文"之论与辞章之文相关联,更不会通过对"天文"的强调来凸显辞章之价值。其次,文章在体道过程中的作用被降低。在道的传播过程中,文章发挥的只是载体和媒介的作用,道是否被接受、被吸收,最终须以主体内心的体会和所得为依据。倾心于文章创作,因与格物致知的理学精神相抵牾而被视为玩物丧志。即便部分文章确实发挥了传播道的作用,但在重视性理学说,强调内心体悟与品性提升的理学氛围下,文章的重要性也会大打折扣。

面对理学给文章地位带来的冲击,重视"文道合一"的论者,必须扭转文章受到的负面影响,重提文的价值。元代不少论者都表达过对文的重视。如郝经云:"道非文不著,文非道不生。自有天地,即有斯文。"②吴澄云:"道不载以文,则道不自行。"③可以说宋濂对文的强调,远承刘勰与唐代论家,近则受到元代重文思想氛围的影响。《宋濂文集》中最早体现宋濂文学价值观的作品应是他四十岁所作的《渊颖先生私谥议》:

> 传曰:"物生而后有象,象而后有滋,滋而后有数。"数成而文见矣。是则文者,固囿乎天地之中,而实能卫翼乎天地,品裁六度,叶和三灵,敷陈五彝,开道四德,何莫非文之所为。而所谓文者,非他,道而已矣。故圣人载之则为经,学圣人者必法经以为文。譬之于木,经,其区干者欤;文,其柯条者欤:安可以岐而二之也?④

宋濂在《徐教授文集序》中说文是道之所寓,并云:"天地未判,道在天地;天地既分,道在圣贤;圣贤之殁,道在六经。"⑤对道的划分正好对应着"大文"观的三个层次:天地之文、道德治化之文、经典之文。这三个层次在上引《渊颖先生私谥议》的文字中均有表现。通过对"大文"的阐述,"文道合一"成为天

---

① 宋濂:《剡源集序》,《宋濂全集》(第2册),浙江古籍出版社,2014年,第607页。
② 郝经:《原古录序》,《景印文渊阁四库全书》(第1192册),台湾商务印书馆,2008年,第313页。
③ 吴澄:《题康里子渊赠胡助古愚序后》,《景印文渊阁四库全书》(第1197册),台湾商务印书馆,2008年,第581页。
④ 宋濂:《渊颖先生私谥议》,《宋濂全集》(第2册),浙江古籍出版社,2014年,第360页。
⑤ 宋濂:《徐教授文集序》,《宋濂全集》(第5册),浙江古籍出版社,2014年,第1535页。

然存在的,不容质疑的定理。自四十岁始,直到致仕后,宋濂时有"大文"观的表达。如论天地之文,有《华川书舍记》:

> 日月照耀,风霆流行,云霞卷舒,变化不常者,天之文也;山岳列峙,江河流布,草木发越,神妙莫测者,地之文也。①

论道德治化之文,有《曾助教文集序》:

> 天地之间,万物有条理而弗紊者,莫非文,而三纲九法,尤为文之著者。何也?君臣父子之伦,礼乐刑政之施,大而开物成务,小而褆身缮性,本末之相涵,终始之交贯,皆文之章章者也。②

论经典之文,有《文原》:

> 然而事为既著,无以纪载之则不能以行远,始托诸辞翰以昭其文。略举一二言之:禹敷土,随山刊木,莫高山大川,既成功矣,然后笔之为《禹贡》之文。周制聘觐燕享馈食昏丧诸礼,其升降揖让之节既行之矣,然后笔之为《仪礼》之文。孔子居乡党容色言动之间,从容中道,门人弟子既习见之矣,然后笔之为《乡党》之文。③

宋濂的"大文"观虽然较为系统,但确实无甚独创之见。已有学者指出"将天文、地文与礼乐制度的人文相贯穿以论文,是浙东派作家的共同观念"④。故宋濂身上体现的实为浙东文道兼重的学术态度和明体达用的文化精神。五十岁之后的宋濂多次后悔自己的文辞创作,表达焚毁笔研的想法,但笔者不认为他全面否定了文章,否则他不会如此前后一致地强调"大文"观。换句话说,倡言"大文"观,本就蕴藏着"为文章正名"的心理。在文章浮滥,不断遭受理学家批判的背景下,正本清源,揭示文章本应具有的渊源和价值,明确什么是真正的文,此乃"文道合一"论者主要的立论方向。以此为评判标

---

① 宋濂:《华川书舍记》,《宋濂全集》(第1册),浙江古籍出版社,2014年,第175页。
② 宋濂:《曾助教文集序》,《宋濂全集》(第4册),浙江古籍出版社,2014年,第1340-1341页。
③ 宋濂:《文原》,《宋濂全集》(第5册),浙江古籍出版社,2014年,第1590页。
④ 左东岭:《中国文学史研究方法的转化与创新——以"理流而为文"的诠释立场与浙东派的文章观为中心》,《文学遗产》,2021年第5期,第4-15页。

准,文章被一分为二。《深袅先生吴公私谥贞文议》云:"斯文,天地之元气。得其正者,其文醇;得其偏者,其文驳。"①《徐教授文集序》直言"无背于经,始可以言文"②,并罗列了九类"非文"的创作情况。《文原》云:"余之所谓文者,乃尧、舜、文王、孔子之文,非流俗之文也。"③以上诸论无不反映出一种态度,即根源于天地,以道为根据的文章才是真正的文章,圣人、儒者才是此类文章真正的所有者。第二章第二节提到,随着儒学的发展,文人与文形成价值与意义的对立关系,文人不再是文章价值的赋予者,甚至失去了文章的所有权。宋濂多次否定自己为文人,如《白牛生传》:"吾文人乎哉?"④《录渔人申鲜生辞》:"子乃以文士况我,不亦左乎?"⑤《文原》云:"余讳人以文生相命。丈夫七尺之躯,其所学者独文乎哉?"⑥显而易见,宋濂延续着前人对"文""文人"相对立的认识。他笔下的"文人"既是指流俗之文的创作者,也是指那些缺乏"大文"观支撑,不以儒家之道为本根的文章家。

以上是从"大文"观角度入手进行的分析,我们若从体用视角切入,当对宋濂的文章观、文人观有更深刻的认识。体用兼重乃婺中学术传统,宋濂处于其中,深受影响。文章以道为体,这是古代儒者一致的意见。相对来说,文、文章与用的关系层次较多,需要稍作申说。

中国古代流行着一种观念,即文章创作乃读书人仕进之路受阻后不得已的选择。此观念发源甚早,通过大量古代作家沉沦下僚、不得志经历的印证,接受度颇高。该观念在凸显士不遇这一文学主题,强化文学作品与作家穷困经历之间关联的同时,也使得诗人命穷、穷而后工之论大行其道,促成"穷曰文士,达曰文臣"⑦的身份认知。如此,文章成了穷者之事,文人成了穷者的身份标签。如果穷而作文的立身方式缺乏道的支撑,便难以在儒学场域获取价值认同。因此,仕进受阻或无意仕进的儒者想要确立自我认同,势必强化或凸显自己修身、明道的精神内核。孟子"穷则独善其身,达则兼济天下"之语之所以广为传播,除了因其指出儒者进退之间的立身原则外,还因其确立了不以穷达为转移的价值根基。达则行道,穷则明道,道始终是儒

① 宋濂:《深袅先生吴公私谥贞文议》,《宋濂全集》(第5册),浙江古籍出版社,2014年,第1700页。
② 宋濂:《徐教授文集序》,《宋濂全集》(第5册),浙江古籍出版社,2014年,第1535页。
③ 宋濂:《文原》,《宋濂全集》(第5册),浙江古籍出版社,2014年,第1590页。
④ 宋濂:《白牛生传》,《宋濂全集》(第1册),浙江古籍出版社,2014年,第201页。
⑤ 宋濂:《录渔人申鲜生辞》,《宋濂全集》(第6册),浙江古籍出版社,2014年,第2085页。
⑥ 宋濂:《文原》,《宋濂全集》(第5册),浙江古籍出版社,2014年,第1590页。
⑦ 薛冈:《天爵堂文集笔余》,《原国立北平图书馆甲库善本丛书》(第894册),国家图书馆出版社,2013年,第438页。

者内心恒定的信念。韩愈《争臣论》"君子居其位,则思死其官;未得位,则思修其辞以明其道"尽管有其言说语境,但的确是顺着孟子确立的立身原则延伸而来的。这种态度在宋代以后得到反复申说,甚至被当作赞扬处穷之儒者及其作品的固定套路。文以明道、载道须以个人的正心、修身、养气为前提,而正心、修身、养气同样是行道致用者的必备素质。理学家深谙此理。王祎也表达过成己(穷理尽性,以至于命)为本,成物为用的主张。①达者修身兼及泽物,穷者修身的同时,修辞明其道,它们均是值得提倡的立身方式。宋濂《柳待制文集后记》对老师柳贯的赞扬与回护就采取了此种论述:

> 惟能观夫会通,则其精神之所流布,往往凌厉奋蹈,不得见之于功烈,必宣之于辞章。此古之有志之士所以不出于彼,必入于此,虽其所成有不同,而不随世以磨灭者,则一而已。②

此当非针对柳贯一人而发,而实为宋濂所秉持的一种处穷原则。宋濂在入明之前无官无职,四十岁时辞翰林院国史编修之聘,此后长期乡居。其间所作《龙门子凝道记》《诸子辩》等实有修辞明道的意味。因此,他于四十六岁时创作的《白牛生传》中否定自己的文人身份,除了体现圣贤之徒的身份自觉之外,还蕴含着对儒者处穷原则的坚持与肯认。

在《讷斋集序》中,宋濂以孔子为例,更完整地阐释了上述立身原则:

> 昔者孔子生于周末,悯先王道衰,以四科教学者,而游、夏以文学名。其所谓文学者,仪章度数之间,或损之、或益之,以就夫厥中,欲使体用之相资,而本末之兼该也。惜乎不见用于时君,乃退而有隐忧,始以平昔不及设施者,一寓于六经。阴阳变易之义则系于《易》,治忽几微之由则定于《书》,成教厚伦之道则删于《诗》,尊王贱霸之略则修于《春秋》,辨叙名分、分神人之方则见于《礼》《乐》。岂徒示夫空言为哉。其意若曰:先王之文,所以范围天下者,吾不得行之,著明于经,庶几后之人或有所兴起者乎。③

在不能行道致用的情况下,文章能起到记载、传播道的作用,这无疑是文章

---

① 参见王祎:《崆峒山房记》,《王祎集》(中),浙江古籍出版社,2016年,第331页。

② 宋濂:《柳待制文集后记》,《宋濂全集》(第7册),浙江古籍出版社,2014年,第2433页。

③ 宋濂:《讷斋集序》,《宋濂全集》(第7册),浙江古籍出版社,2014年,第2226页。

价值的一种体现。中唐以来"文以明道""文以载道"等观念持续发酵,引导人们将文章的价值聚集到道的承载和传播方面。宋濂所言"(道)非文不足以宣,非文不足以行,非文不足以传"[①]。"圣人,天地也,其静也与道谋,其动也与神俱,苟非发于言语文章,何由而见天地之心乎?"[②]"非文载之,道孰与传"。[③]对文章在承载、传播道方面的作用予以充分肯定。然而"传播"仅仅是道存在和延续的一种方式,"传播"这个行为本身并不构成道的核心意义。道的核心意义在于其内能塑造心性,外能见诸行事。所以我们认为,在宋濂眼中,载道、明道体现了文章的价值,但尚非文章之用,只有文、文章介入体道、行道的过程,才能发挥真正的用。

宋濂对文、文章之用的阐述可以分为两类。第一类聚焦于"大文",强调道德治化之文所具有的大用。如《华川书舍记》云:"所以正民极、经国制、树彝伦、建大义,财成天地之化者,何莫非一文之所为也。"[④]《深裒先生吴公私谥贞文议》云:"世之治也,正文行乎上,则治道修而政教行;世之乱也,正文郁乎下,则学术显而经义晦。"[⑤]这两个材料所言的更多是"大文"而不仅仅是文章。从中能看出,通过对"大文"的阐述,文的治世之用得到了凸显。

第二类聚焦于文章,突出文章在行道过程中的效用。"穷则修辞明道"的观念容易让人将修辞明道视为不得志者的专属。实际上,得志之人在建立功业的同时,未必不能载道以文。文章创作有时候可成为行道的环节,体现实实在在的效用。宋李觏就明确指出过文可为"治物之器"[⑥],进而否定"不用而作经"[⑦]之论。宋濂曾言:"古人之为学,使心正身修,措之行事,俯仰无愧而已。繁辞复说,道之蔽也。"[⑧]似将文章(繁辞复说)排除在体道、行道之外。实际上,他对文章之用多有论说。《秋夜与子充论文不胜有感退而赋为一首因简子充并寄胡教授仲申》云:

①　宋濂:《浦阳人物记·文学篇》,《宋濂全集》(第6册),浙江古籍出版社,2014年,第2044页。

②　宋濂:《恭题赐和文学传藻纪行诗后》,《宋濂全集》(第5册),浙江古籍出版社,2014年,第1745页。

③　宋濂:《故新昌杨府君墓铭》,《宋濂全集》(第4册),浙江古籍出版社,2014年,第1420页。

④　宋濂:《华川书舍记》,《宋濂全集》(第1册),浙江古籍出版社,2014年,第175页。

⑤　宋濂:《深裒先生吴公私谥贞文议》,《宋濂全集》(第5册),浙江古籍出版社,2014年,第1700页。

⑥　李觏:《上李舍人书》,李觏著,王国轩校点:《李觏集》,中华书局,2011年,第303页。

⑦　李觏:《延平集序》,李觏著,王国轩校点:《李觏集》,中华书局,2011年,第282页。

⑧　郑楷:《翰林学士承旨嘉议大夫知制诰兼修国史兼太子赞善大夫致仕潜溪先生宋公行状》,《宋濂全集》(第8册),浙江古籍出版社,2014年,第2559页。

人文本为载道具,次则纪事垂千龄。虽其功用霄壤隔,不应涧水非渊冰。玺书播告出丹凤,兵檄驰布飞红星。金匮石室董狐笔,戎功骏烈燕然铭。入室登歌侑庙乐,徇师能誓宣牲盟。章疏补天非炼石,谈辩保国踰长城。①

各种文体均能顺利介入到治国理政的各个环节,并在各自场合发挥应有的作用。该诗是写给好友王祎的,诗中还有"先生文章正用世,殷盘周诰方争衡"②之语。另外,《欧阳文公文集序》也有类似的表达:

文辞与政化相为流通,上而朝廷,下而臣庶,皆资之以达务。是故祭享郊庙则有祠祝,播告寰宇则有诏令,胙土分茅则有册命,陈师鞠旅则有誓戒,谏诤陈请则有章疏,纪功燿德则有铭颂,吟咏鼓舞则有诗骚。③

《曾助教文集序》也说:

文之为用,其亦溥博矣乎,何以见之?施之于朝廷则有诏、诰、册、祝之文,行之师旅则有露布、符檄之文,托之国史则有记、表、志、传之文,他如序、记、铭、箴、赞、颂、歌、吟之属,发之于性情,接之于事物,随其洪纤,称其美恶,察其伦品之详,尽其弥纶之变,如此者要不可一日无也。……虽未造于至文之域,而不愧于适用之文矣。④

可见,宋濂所推崇的文包括了至文与适用之文,是天地之文、治化之文、经典之文、适用之文所构成的层次分明又相互关联、体用兼备的综合形态。因此在宋濂眼中,"穷曰文人"的论点是不成立的,创作者不论穷达,只要他的文章无体无用,均应以"文人"斥之。

还需补充的是,入明之后,宋濂就职翰林,在官期间主要以文辞为职业。

① 宋濂:《秋夜与子充论文不胜有感退而赋为一首因简子充并寄胡教授仲申》,《宋濂全集》(第1册),浙江古籍出版社,2014年,第90页。

② 宋濂:《秋夜与子充论文不胜有感退而赋为一首因简子充并寄胡教授仲申》,《宋濂全集》(第1册),浙江古籍出版社,2014年,第91页。

③ 宋濂:《欧阳文公文集序》,《宋濂全集》(第6册),浙江古籍出版社,2014年,第2119-2120页。

④ 宋濂:《曾助教文集序》,《宋濂全集》(第4册),浙江古籍出版社,2014年,第1341页。

比之于经国之臣，词臣的世用有所不足。朱元璋以宋濂为"文章之首臣"[①]，《翰林承旨宋濂诰》云："尔濂虽博通今古，惜乎临事无为，每事牵制弗决，若使尔检阅则有余，用之施行则甚有不足。"[②]面对如此评论，宋濂必定有所介怀。然而，他否定自己为文人，绝非针对朱元璋的评论而发。朱元璋之言乃基于儒者学问赅博，但缺乏实干的现象（简言之即儒者少功），对于宋濂文儒合一的学术身份，朱元璋并未质疑。[③]宋濂或许会为自己不如经国之臣而感叹，郑楷撰《行状》记载，朱元璋欲使宋濂参大政，宋濂推辞："臣少无他长，惟文墨是攻，今幸待罪禁林，陛下之恩大矣，臣诚不愿居职任也。"[④]然而，"不如经国之臣"并不意味着"全然否定词臣的政治价值与贡献"。通过自己的道德、学问、文章，在政治教化和文化事业上发挥作用，"备顾问，资政化"[⑤]，这也是词臣世用的一种体现。从此角度而言，宋濂对文人身份的否定，包含着对词臣以文辞致用的期待和践行，这与《翰林承旨宋濂诰》反映的问题不在一个层面上。

四、融通思想下"识其大"的主张与身份聚焦

宋濂排斥文人身份的主要目的在于塑造自己的儒者形象，但此类言论手段并未获得成功。就外部评价而言，在他人"当代儒宗"[⑥]"一代真儒"[⑦]的赞誉中，流于文、佞于佛的批评时有出现，这无疑对宋濂的儒者身份造成冲击。就内在观念而论，宋濂虽强调自己是儒者，却无意将自己塑造成严守儒

① 宋濂：《致政谢恩表》，《宋濂全集》（第4册），浙江古籍出版社，2014年，第1327页。

② 朱元璋：《翰林承旨宋濂诰》，《景印文渊阁四库全书》（第1223册），台湾商务印书馆，2008年，第23页。

③ 《翰林承旨宋濂诰》便言"方今儒者，以文如卿者少"。另外，朱元璋曾赞宋濂与王祎为江南二儒。朱元璋与刘基讨论文学之臣，刘基说："当今文章第一，舆论所属，实在翰林学士臣濂，华夷无间言者。次即臣基，不敢他有所让。"［宋濂：《跋张孟兼文稿序后》，《宋濂全集》（第4册），浙江古籍出版社，2014年，第1334页。］合而观之，朱元璋对宋濂儒者能文的属性是肯定的。《皇明通纪》载，桂彦良面对朱元璋"江南大儒，惟卿一人"的嘉许，自以为不敢在宋濂、刘基之上，朱元璋却说："濂文人耳，基峻隘，不如卿也。"［参见陈建著，钱茂伟点校：《皇明通纪》（上），中华书局，2008年，第191页。］此事真假难以考证，具体语境也不得知。循其文意，朱元璋当是为了夸奖桂彦良为大儒，故意贬抑宋濂为文人，这不代表朱元璋就否认了宋濂的儒者身份。

④ 郑楷：《翰林学士承旨嘉议大夫知制诰兼修国史兼太子赞善大夫致仕潜溪先生宋公行状》，《宋濂全集》（第8册），浙江古籍出版社，2014年，第2556页。

⑤ 宋濂：《郭考功文集序》，《宋濂全集》（第4册），浙江古籍出版社，2014年，第1355页。

⑥ 林温：《宋濂像赞》，《宋濂全集》（第7册），浙江古籍出版社，2014年，第2487页。

⑦ 何子祥：《重修学东宋祠记》，《宋濂全集》（第8册），浙江古籍出版社，2014年，第2576页。

者边界,不越雷池一步的圣人之徒,他的身份自塑与那些排他性极强的理学家宽严有别。强调文道并重、文道合一,比单纯崇道抑文者表现得更为融通。当然,宋濂的融通思想非孤立现象,也不只表现在文道关系上。它既有着深厚的学术渊源,又有着体现于多个领域的共性特征,实为推动宋濂文道观和儒者、文人身份观的根本性思想。因此,这部分将在更广的范围探讨宋濂的融通思想,并在此基础上深入理解宋濂的文道观与身份认知。

宋代婺中学术主要有吕祖谦的东莱之学、唐仲友的经制之学、陈亮的事功之学。元代婺中学者在发展程朱一脉之外,往往兼涉以上诸家,体现出融会贯通的学术面貌。这在宋濂身上表现得非常突出。他的文章既有对义理的强调、对心学的关注,还有对史学的重视,对事功的推崇。曾有学者着力辨析宋濂主要接受的是哪一派的思想,这固然有助于梳理宋濂学术之渊源,但面对元代融合诸家的学术环境,以各派别相分离的视角来解剖宋濂思想,似乎有点反其道而行之了。在宋濂作品中,我们看到更多的是融通的表达,而非对不同派别间矛盾和差异的强调。

融通意味着先要承认不同领域间相通的,或者共同的价值要素,其次还要审慎地对待不同领域间的差异之处。对于以儒者自命的宋濂,融通思想一方面让他更容易承认和接受非儒学的文化及言行,使后者获得一定的存在空间,由此导致其学问和观念的驳杂不纯;另一方面,融通思想也促使宋濂积极有意地挖掘不同文化和行为的正向价值,并将其作为最重要的元素进行强调,此即所谓“求其大”“识其大”。宋濂文章中时有此类表述,如“君子之学,能植乎其大者”[①]“虎林王生黼年甚少,读《春秋》而好为文,问法于予,予美其有志也,以其大者语之”[②]。所谓“大”,意指儒家提倡的品性德行和价值观念。以上两个方面既对立又统一,可以用“博”与“一”来概括。“博”是“一”的前提与背景,“一”是“博”的价值与目标。在那些与儒家思想不完全重合,甚至有所矛盾的领域,宋濂融通思想的特质和内涵得到了充分展现。以下便围绕仕隐、道家与道教、佛教、怪力乱神等方面予以简要考察。

婺中学术传统本就重视致用,宋濂以儒者自称,深受婺学感染,自然以入仕致用为要务。元代后期的政治环境、宋濂的个人际遇等因素导致他在元代没有达成致用之目标,不免萌发出不得志的心态,时有愁怨之语。在宋濂看来,失志退隐绝非儒者人生道路的首要方向,而是不得已的选择。《龙门

① 宋濂:《故同安沈府君墓碣有序》,《宋濂全集》(第3册),浙江古籍出版社,2014年,第814页。
② 宋濂:《文说赠王生黼》,《宋濂全集》(第5册),浙江古籍出版社,2014年,第1762页。

子凝道记》就表达过贫不仅需要"安",还需要"忍"①,"隐盖不得已"②,从这些表述不难看出宋濂失志而隐的愤愤之情。不过,他并未将"隐"置于儒者和仕进的对立面,以发泄其不得志之情,他把关注点聚集到隐者与儒者、官员共通的价值要素上,由此反对以消极的态度来对待隐。换言之,官员与隐者虽然具有不同的外在形迹,但是二者的价值取向、精神状态完全可以相通。内心的状态而非外在的行迹成为立身、评人的重点,此即宋濂所言"观人之道,不于其迹而于其心"③。心存儒家之道,不论仕隐,均能与儒家观念相融通,自己的退隐行为也能由此获得较高的认同。宋濂发挥了宋代理学家的退隐观念,聚焦并凸显了孔氏之徒安贫乐道的和乐之隐。然须注意,在强化隐者"心存儒家之道"的同时,宋濂揭示的"隐之大义"却不可能规定隐者所有的生活与言行。那些自然潇散,不太具有儒者特质的闲居行为在"心存儒家之道"理念下挣得了一定的存在空间。宋濂《桃花涧修禊诗序》有一段评论:"为吾党者,当追浴沂之风徽,法舞雩之咏叹,庶几情与景适,乐与道具,而无愧于孔氏之徒。……他若晋人兰亭之集,多尚清虚,亦无取焉。"④对于修禊游玩的行为,宋濂指出要识其大者,即"乐与道具"的思想精神。他把"尚清虚"置于"无所取"之列,而"尚游玩"却在"乐与道具"的口号下被合理化了。参与修禊者一定时时心存儒道吗?未必。可见在"乐与道具"这个挡箭牌下,个人的游玩兴趣得以一种合理的方式安放。

宋代以来,性理道德不断向个人生活渗透,在日常中体会理道成为理学家重要的修身路径。全方位地塑造纯粹的理学家形象,须以挤压个人日常的自由空间为代价,进而形成礼仪严谨、言行合矩的身份形态。以此而论,宋濂显然未达标。他在《答郡守聘五经师书》中谈到自己的生活习惯:

> 濂以轻浮浅躁之资,习懒成癖,近益之以疏顽,不耐修饬。乱发被肩,累日不冠,时同二三友徒跣梅花之下,袤笑竟日。不然则解衣偃卧,看云出岩扉中,有类麋鹿然。见人至,辄惊遁,欲危坐一刻亦不可得。自知获罪名教。⑤

该书是宋濂为婉拒郡守王宗显五经师之聘而作,文多谦辞,然其中提到的浮

---

① 宋濂:《观渔微第五》,《宋濂全集》(第6册),浙江古籍出版社,2014年,第2000-2001页。
② 宋濂:《越生微第九》,《宋濂全集》(第6册),浙江古籍出版社,2014年,第2012页。
③ 宋濂:《菊坡新卷题辞》,《宋濂全集》(第2册),浙江古籍出版社,2014年,第682页。
④ 宋濂:《桃花涧修禊诗序》,《宋濂全集》(第1册),浙江古籍出版社,2014年,第183页。
⑤ 宋濂:《答郡守聘五经师书》,《宋濂全集》(第2册),浙江古籍出版社,2014年,第385页。

浅作风也非完全虚构。王祎《宋太史传》便说宋濂"性疏旷,不喜事检饬,宾客不至,则累日不整冠"[1]。此类不合名教的日常行为没有影响宋濂对自己儒者身份的认同。大概对他而言,只要心存儒道,外在的行迹不必太过苛责。正如王祎《宋景濂像赞》所云:"衣冠虽晋人之风,气象实儒之懿。"[2]宋儒气象显然属于宋濂形象之大者,累日不整冠或晋人衣冠则是游离于儒者形象之外且允许存在的个人行为。

宋濂在对待道家、道教时,也体现出"博""一"兼顾的融通态度。他否定道家之徒消极避世之隐,但对老子,则尽力挖掘其符合儒家观念的内容。他说老子"非弃绝人伦者"[3],以老子为代表的道家之学非无益之学,善学老子者,能遵其轨范,同时"无废人间事"[4]。至正十年(1350),宋濂入仙华山为道士,表现出对道家、道教的亲近,刘基便夸其"他日道成为列仙,毋相忘也"[5]。不过,宋濂入道期间重在著书立说,俨然儒者气象。好友戴良深明其意,在《送宋景濂入仙华山为道士序》中,将老子的道与"得圣人晦者也"[6]的儒家之道的相融通,进而对宋濂当道士这一行为作了符合儒家价值观的正向评价。对于宋濂入山为道士的行为,戴良可以说是"识其大"者。入道尚属于外在行迹,儒家思想才是宋濂安身立命之根本。也就是说,只要儒者的思想基础立得定,亲近道家、道教也无伤大雅。

与韩愈及很多宋代儒者辟佛不同,宋濂对佛教兴趣甚浓,他深谙佛理,与僧人多有往来,曾自号"无相居士"[7]。此类言行使他遭致"佞佛"之批评,后世学者批其不得为纯儒,针对的多是宋濂佞佛这件事。入明以后,宋濂对佛教的推崇表现得更为突出。朱元璋重视佛教,宋濂作为词臣,不但要与官方态度保持一致,甚至还要主动发挥帝王意旨。《新刻楞伽经序》记载洪武十年(1377),朱元璋对宋濂说:"《楞伽》经言操存制伏之道,实与儒家言不异。"[8]

---

① 王祎:《宋太史传》,《王祎集》(下),浙江古籍出版社,2016年,第627页。

② 王祎:《宋景濂像赞》,《王祎集》(中),浙江古籍出版社,2016年,第443页。

③ 宋濂:《体仁守正弘道法师金君碑》,《宋濂全集》(第1册),浙江古籍出版社,2014年,第150页。

④ 宋濂:《体仁守正弘道法师金君碑》,《宋濂全集》(第1册),浙江古籍出版社,2014年,第150页。

⑤ 刘基:《送龙门子入仙华山辞并序》,《刘伯温集》(上),浙江古籍出版社,2011年,第282页。

⑥ 戴良:《送宋景濂入仙华山为道士序》,《景印文渊阁四库全书》(第1219册),台湾商务印书馆,2008年,第312页。

⑦ 宋濂:《跋金刚经后》,《宋濂全集》(第2册),浙江古籍出版社,2014年,第330页。

⑧ 宋濂:《新刻楞伽经序》,《宋濂全集》(第4册),浙江古籍出版社,2014年,第1417页。

《金刚般若经新解序》提到朱元璋"彰明内典,以资化导"①。在帝王的推崇下,宋濂可以毫不掩饰地表达对佛教的喜好,进而挖掘佛教的治世价值,使其与儒家思想相融通。《重刻护法论题辞》明言佛教能"补治化之不足",质疑诋斥佛教的言论:"奈何诋之,奈何斥之?"②《金华清隐禅林记》云:"大雄氏言孝,盖与吾儒不异。"③《李大猷传》《夹注辅教编序》也都记载或直接表达了"儒释一贯"的思想。可以看出,宋濂的融通思想在缓和儒释之间矛盾的同时,上能发挥圣意,下能安置自己对佛教的兴趣。④

子不语怪力乱神,对于神怪灵异之事,儒者往往斥为虚妄。宋濂却对此类故事颇为好奇,翻阅其文集,可发现大量怪力乱神的记载。宋濂自称圣人之徒,必定知道这些故事不入传统儒者之眼。《赣州圣济庙灵迹碑》即明言:"世之号为儒者,多指鬼神于茫昧,稍与语及之,弗以为诬,则斥以为惑。"⑤对此,宋濂的态度是:否决儒者对怪力乱神的指责,同时聚焦于灵异之事背后的道德伦理,使之与儒家思想相匹配。对于那些感动天地鬼神的忠孝节义故事,宋濂总是乐于记载。像《张义妇传》《题天台三节妇传后》《丽水陈孝女传碑》《吕氏孝感诗序》等文章都带有灵异的情节。在忠孝节义的大旗之下,这些情节即便虚妄,也会被认为合于情理,从而被广泛接受。《贞妇郭丑小传》叙述郭丑面对公公的侵凌,沉河自尽。一日托梦给丈夫郑玄,说自己已成为神明,"在长芦水府,掌钩考人间善恶"⑥。宋濂末尾的评论是:"传言忠节之人,殁必为神明。长芦之事虽近诬,亦不敢谓决无是理也。"⑦宋濂相信天人之间的感应,在他看来,这种感应是以人的道德品格为前提的,即所谓人至诚则天有应。《贞一道院记》云:"故其精诚所召,挥戈指天,百日退舍;拔刀斫山,飞泉涌地:亦感应之常理耳,何足异乎?"⑧《元莫月鼎传碑》言莫月鼎

①　宋濂:《金刚般若经新解序》,《宋濂全集》(第4册),浙江古籍出版社,2014年,第1474页。

②　宋濂:《重刻护法论题辞》,《宋濂全集》(第3册),浙江古籍出版社,2014年,第1073页。

③　宋濂:《金华清隐禅林记》,《宋濂全集》(第4册),浙江古籍出版社,2014年,第1411页。

④　这里可以附带一说的是,宋濂融通的思想已然渗透到他对佛教内部的认识上。对于"禅与教"、"离文字"还是"即文字"等问题,宋濂不偏于一端,比较圆通。对佛教宗派的认识亦是如此,《华严法师古庭学公塔铭》云:"濂于诸家之文颇尝习读,每病台衡、贤首二家不能相通,欲和会而融贯之。"[参见《宋濂全集》(第5册),浙江古籍出版社,2014年,第1621页。]

⑤　宋濂:《赣州圣济庙灵迹碑》,《宋濂全集》(第2册),浙江古籍出版社,2014年,第572页。

⑥　宋濂:《贞妇郭丑小传》,《宋濂全集》(第4册),浙江古籍出版社,2014年,第1532页。

⑦　宋濂:《贞妇郭丑小传》,《宋濂全集》(第4册),浙江古籍出版社,2014年,第1532页。

⑧　宋濂:《贞一道院记》,《宋濂全集》(第1册),浙江古籍出版社,2014年,第221页。

不但能求雨,还能"取胡桃掷地,雷应声而发"①"拾果壳浮觞面,顷之,云自湖畔起,翳于日下"②,还能瞬间解救被猿精所掳的妇人。结尾的史官曰颇有意味:"夫以匹夫之微,精诚所格,而天且应之,况葆真之士乎?……则夫有事周孔之学,以致中和之功者,其应神速又为何如哉?"③言下之意,即学周孔,致中和者,精诚所至,天也会应之。在讲述一些奇异的孝道故事时,宋濂时而发出"孝悌之至,通于神明"④"孝行之至,心与天通"⑤的感叹,有了此种理论支撑,奇异情节的存在也就合于情理了。

宋濂的天人感应论更为根本的依据是天地万物与人的同理与融通,即所谓:"天地,一太极也;吾心,一太极也。风霆雷雨,皆心中所以具,苟有人焉,不参私伪,用符天道,则其应感之速,捷于桴鼓矣。"⑥此种颇具理学风貌的宇宙本体的表述,已然打通万物的隔阂,同时将神异之事作了最好的合理化解释。所以借助神异故事(甚至怪力乱神)来呈现天地自然对人类行为的感应,不但不能斥为虚妄,反倒是儒者当为之事。此种天人感应论往前可追溯到董仲舒,宋濂对董仲舒提倡的阴阳灾异学说颇为认同,并认为运用阴阳学说以求雨止雨"盖吾儒之事"⑦。在此观念推动下,宋濂毫无顾忌地在多篇文章中生动描述了能人异士求雨灵验之故事。

综上,宋濂在面对仕隐、道家与道教、佛教、怪力乱神等方面时,时常主动"求其大",着力挖掘融通于各领域的儒家元素,进而在广博的涉猎中呈现出一以贯之的儒者本色。他也希望读者能"识其大",在感受其广博学问的同时,聚焦到与儒家思想相融通的要素上,进而抓住作者一以贯之的儒者立场。有了这条价值主线,自己的某些喜好也得以安置和表达(比如对道教、佛教的亲近,对怪力乱神故事的喜好⑧)。由此来看宋濂的文道观。对于儒

---

① 宋濂:《元莫月鼎传碑》,《宋濂全集》(第3册),浙江古籍出版社,2014年,第710页。
② 宋濂:《元莫月鼎传碑》,《宋濂全集》(第3册),浙江古籍出版社,2014年,第711页。
③ 宋濂:《元莫月鼎传碑》,《宋濂全集》(第3册),浙江古籍出版社,2014年,第712页。
④ 宋濂:《张义妇传》,《宋濂全集》(第1册),浙江古籍出版社,2014年,第222页。
⑤ 宋濂:《故赠将仕佐郎礼部员外郎瞿府君墓志铭》,《宋濂全集》(第4册),浙江古籍出版社,2014年,第1444页。
⑥ 宋濂:《赠云林道士邓君序》,《宋濂全集》(第3册),浙江古籍出版社,2014年,第928页。
⑦ 宋濂:《赠云林道士邓君序》,《宋濂全集》(第3册),浙江古籍出版社,2014年,第928页。
⑧ 《宋濂全集》中有的神异故事相当离奇荒诞。并且有时候宋濂会有意识地运用上述观念来为自己记载的某些故事开脱,比如《周尊师小传》言周玄真祛狐媚、招魂、求雨等神怪之事,颇离奇,宋濂在末尾的"太史公曰"中,硬将主题拉到"孝悌之至,通于神明"的儒家伦理上来。在这番曲终奏雅的操作中,借助融通的思想,为传主的神异行为正名的动机非常明显。

家经典,他提倡"以质视经",不主张"以文视经";对于文章,他很少讨论形式技法方面的东西,大都从"大文观""文以明道"角度入手论述作文的根本与关键,晚年创作的《文原》《文说》即为其代表。这都是典型的"求其大"的思路。宋濂在《答郡守聘五经师书》中说自己乐于造文。如果承认宋濂的自述不是完全虚构,那就能说明在"求其大"的口号之下,宋濂的作文之乐得以容纳。大概作于同时期的《录渔人申鲜生辞》记载,宋濂传《周官》将成,"其乐若洋洋者"。他决然否定了自己的乐是"治文之乐",反对渔人申鲜生"以文士况我"①,而着重突出自己发扬儒家经典的意志。两相比较,笔者认为,宋濂在著书立说之时未必没有感受到治文之乐,但治文之乐从来不是宋濂著书立说,塑造自我形象的关键所在。宋濂否定治文之乐的主要目的是希望读者能够"识其大",将关注点聚集到真正有价值的地方。

由本节第三部分的分析可知,宋濂笔下的"文人"指沉溺于文辞之人,或无体无用之文的创作者。他否定自己的文人身份,等于告诉别人自己没有沉溺于文辞,且创作的作品有体有用。事实显然并非如此。对文辞的喜好只能在"明道"的笼罩下获得些许存在空间,而不具备独立的价值意义。对于"儒者+文人"的复合身份者,人们应当"识其大",聚焦于儒者身份,否则就是舍本逐末了。宋濂对韩愈的评论便贯彻了"识其大"的精神。他承认韩愈的文章家身份,但更看重其以文明道的儒者立场。如《龙门子凝道记》以韩愈为"正儒"②,《文原》更提出:"六籍之外,当以孟子为宗,韩子次之,欧阳子又次之,此则国之通衢,无荆榛之塞,无蛇虎之祸,可以直趋圣贤之大道。"③另外,《净慈禅竹庵渭公白塔碑铭》"文辞僧"清远的例子也可与前述结论相印证。在佛法与世法不相违背的前提下,清远以余力作文,但他反感别人夸其为"文中虎"。在清远看来,不夸我的佛学造诣,而夸我的文辞,是本末倒置了。言下之意,在清远"僧人+文人"的复合身份中,人们当识其大者,聚焦和认同其僧人身份,而非文人身份。宋濂叙述此事,当对清远的身份自认持赞同态度。由此观之,宋濂否认自己的文人身份,最根本的目的不是否定自己创作文章、有治文之乐等事实,而是强调,对于他这类文儒兼涉的复合身份者,旁人应该"识其大",聚焦于各领域共有的儒家价值要素上,聚焦于发扬理道的儒者身份上。在《赠梁建中序》末尾,有宋濂门人的一段题跋,其中说道:

---

① 宋濂:《录渔人申鲜生辞》,《宋濂全集》(第6册),浙江古籍出版社,2014年,第2085页。
② 宋濂:《越生微第九》,《宋濂全集》(第6册),浙江古籍出版社,2014年,第2011页。
③ 宋濂:《文原》,《宋濂全集》(第5册),浙江古籍出版社,2014年,第1592页。

太史公平生以文章名天下,而其该贯群籍,穷极经史,蓄积浩瀁,与古人争长者,人未必尽知之。纵或知而尊之,至其立心制行,敦大和雅,揆诸圣贤之道而无愧者,世固未必识也。于其大者不之识,而谓足以知文章,岂果能得其精微之意乎?①

对于文儒兼涉的中焉者,他人不识其大,也就不能领会对方一以贯之的儒者精神,以及创作文章的核心志趣。可以说,该门人深明宋濂之意。

从中唐韩愈等人主张文以明道,到宋代理学家割裂文与道,再到宋濂等人提倡文道合一,文道观念好像又回到了原点,文人、儒者身份之争也再次上演。实际上,二者的历史语境相差很大,宋濂面临的问题要比韩愈更为复杂、多元。在极为强势的理学话语面前,宋濂没有像韩愈那样为自己的闲暇生活和文辞爱好作理论铺垫与推扬,而仅仅在"识其大"的口号下给予其有限的存在空间。这一方面体现出他抓大放小的融通与灵活的思维,另一方面,也会因理论主张与实际情形的不符,自我期待与他人认定的不符而带来一种矛盾心理。否定文辞形式,但又不得不借助文辞形式;拒绝文人身份,但又不得不创作文章。在文章、政事、儒学交缠融合的文化背景下,这个矛盾难以化解。对宋濂来说,亦是如此。因此,否定自己为文人,看似斩钉截铁,实际蕴含着难以缓解的身份焦虑。方孝孺的观念与其师宋濂一脉相承,他对此种身份焦虑有过明确表达。《与郑叔度八首》云:"仆所以畏文士之名而避之者,欲明斯道以为文,而反招俗之陋也。"②《答王仲缙五首》云:"仆所志尚有大乎此者,省事者少,不欲与人言,虽应时作文,又恐人以文人相谓,亦久不喜谈。"③

从宏观角度来说,宋濂的文道观念和身份定位作为元末明初士人思想心态的集中反映,具有节点式的意义。它既是对元代学者身份认知的总结与回应,也是对明代文臣(特别是台阁文臣)身份认同的一种示范——以塑造文章、政事、儒学合一的身份范型为目标,文人继续成为不被独立认同的边缘、副属性身份。另外,宋濂对师古及古文辞的认识对后人来说也具有一定警醒作用。师古道乃核心目的,师古文辞仅属枝叶,该观念得到了明代很

---

① 宋濂:《赠梁建中序》,《宋濂全集》(第2册),浙江古籍出版社,2014年,第700页。
② 方孝孺:《与郑叔度八首》,方孝孺著,徐光大点校:《方孝孺集》(上),浙江古籍出版社,2013年,第364页。
③ 方孝孺:《答王仲缙五首》,方孝孺著,徐光大点校:《方孝孺集》(上),浙江古籍出版社,2013年,第380页。

多论者的回应。晚明以王世贞为核心的后七子群体沿着师古文辞的方向发展，逐渐偏离师古道，成为宋濂复古主张的反面案例。也正是在以宋濂为代表的儒者的复古观、文人观的映衬下，王世贞对文人负面批评的反驳及其思想意义才得以凸显。

第三节　污名之下：王世贞的文人认同及其时代意义

古人对"文人"一词的运用极为广泛，随着史家、儒者、官吏对文人评价的增加，"文人"逐渐凝结了一些负面含义，衍生出一代又一代论者讨论不绝的话题。诸如文人无行、文人无用、文人相轻、文人虚言浮词等带有贬抑性质的言论在古代典籍中非但屡见不鲜，并且还逐渐带上标签化色彩，成为古人对文人的一种固定化认知和批评方式，此可视为文人之污名。[①]如果把这些污名仅当作古人对文人的偏见，那为之辩驳也就成了理所当然之事，从中我们并不能挖掘出多大意义。远比话题是否属实更重要的是，话题传播的思想动机、舆论效应，及其与当事人处世心态、身份认知、创作主张之间的相互作用。换言之，只有关注到文人直面身份定位时对污名集中反应、辩驳的过程，才能揭示其根植于社会政治土壤的独特意义，此类文学批评话题的现实效用和内涵才能得到全面展示。儒学、德行、世用、际遇是文人污名产生的四个主要领域[②]，那以文人自任者是如何看待这四方面污名的呢？四者之间有无轻重主次之别，它们怎样绾结成一体，与主体的经历与心态发生作用？在搜检材料的过程中，我们将注意力锁定在明后七子核心王世贞身上。

---

① "污名"是社会学术语，按欧文·戈夫曼的说法，"污名"指"令人大大丢脸的特征"，是"特征和成见（刻板印象）之间的一种特殊关系"。参见［美］欧文·戈夫曼：《污名——受损身份管理札记》，宋立宏译，商务印书馆，2009年，第3-4页。污名能造成主体身份受损。需要指出的是，"文人"不像"跛子""精神病人"那样词语本身就体现着缺陷或歧视。在古代，"文人"的褒义和中性性用法比比皆是。因而我们说，"文人"这个词本身不一定是污名，它只是在某些场景，某些方面（德行、世用等）被污名化了。

② 文人在际遇方面的污名主要包括蹇运、命穷等，它是对文人经历、命运的共性的认定，与儒学、德行、世用等根据主体能力与品性的认定方式有别。严格说来，"命穷"本身不一定是污名，因为古人对"文人薄命"之说完全可以站在"理解与欣赏"的角度来认识。对此，参见吴承学：《诗人的宿命——中国古代对于诗与诗人的集体认同》，吴承学：《中国古代文体学研究》，人民出版社，2011年，第90-91页。本节考虑到蹇运、命穷本身是对文人际遇不好的描述，且在古代影响深远，足以有与前三者相提并论的分量。故仍将其纳入污名之中，以方便下文的论述。

纵向来看,王世贞及其周围士子对文人身份认同的表达与书写,对文人污名的反应与辩驳,无论在密集度上,还是强烈程度上,都是极为少见的。①更值得注意的是,王世贞等人的文人身份认同直接关乎其处世心态、文学思想和共同体意识,进而与中晚明政治环境、思想潮流、文坛格局关联起来,呈现出独特的文学史、批评史价值。故本节以王世贞为中心,探讨他的文人身份认同观念和群体意识,并揭示其意义。

一、"文人无用"观念下的辩白及心路历程

嘉靖二十六年(1547),王世贞进士及第。当时聚集在京师的,大都是像他这样的新晋进士,他们倾心于诗文创作,时常结社唱和,"才高气锐,互相标榜,视当世无人"②,颇有文人习气,引人侧目。由于初入仕途,在政治上尚未大展身手,这一批已被打上文人烙印的士人不免在吏治、世用等方面遭到质疑。王世贞曾受到"文人少年,不习为吏,第饮酒赋诗为豪举耳"③这样的评价。即便多年后,能声著于都下,士人仍有"王弇州文而豪,乃任吏耶?"④之叹。我们有理由相信,在仕进早期,王世贞就听闻了不少关于自己及诗社中人在世用方面的成见与批评。我们首先要考察的,就是他对这些批评的反应。

王世贞考中进士不久,便为将要到新喻任知县,并与他有诗文之交的李先芳作序一篇。文中提道:"(有人认为)诗人之累,多高旷,少实,好怪奇而不更事。天下所必无而不可信者,彼以为必有。而至其所自得,以为断然而必可行者,乃不可施之于举步。"⑤即认为李先芳乃诗人,疏于吏道,不堪新喻之任。对此,王世贞从两个方面予以反驳。一是强调《诗经》中有大量反映民事、治道的诗歌,足可为吏治之用。他说"是故豳风,诗也;周公,诗人也"⑥,试图为"诗人"从政寻找强大来源与后盾。二是指出李先芳既然能以

① 经笔者考察,王世贞以前,为文人正名,强调文人的正面价值的论者不少,如王充、刘勰等,但他们要么留下的相关文字不多,要么论述零散,要么没有与个人经历、遭遇相结合。从这个角度来说,王世贞对文人的认同具有前所未有的价值与意义。
② 张廷玉等:《明史》(第24册),中华书局,1974年,第7378页。
③ 王锡爵:《太子少保刑部尚书凤洲王公神道碑》,《四库禁毁书丛刊》(集部第7册),北京出版社,1997年,第160页。
④ 陈继儒:《见闻录》,《四库全书存目丛书》(子部第244册),齐鲁书社,1997年,第199页。
⑤ 王世贞:《送李伯承之新喻令序》,《四库提要著录丛书》(集部第118册),北京出版社,2015年,第32页。
⑥ 王世贞:《送李伯承之新喻令序》,《四库提要著录丛书》(集部第118册),北京出版社,2015年,第32页。

殚精竭虑的态度来作诗,同样也能以殚精竭虑的态度来处理政事。在李先芳赴任之后,王世贞又听闻不利于李氏的传言。说某县吏在知县李先芳案前询问正事,而李先芳以"亡为败吾(诗)思"①呵斥之。王世贞不予置信,并在《送孙元之明府之新淦序》中重申前言,批驳"以诗厉政"之说。不管针对李先芳的传言是否属实,都说明诗人不善吏,或作诗影响吏治的舆论在当时有一定的普遍性。后来王世贞自己也谈道:"是时朝士业相戒毋治诗,治诗即害吏治。"②

嘉靖三十二年(1553),蔡汝楠在京师与王世贞相见。他与唐宋派王慎中、唐顺之交好,文学主张也相投契。王世贞在写给李攀龙的信中,提及蔡汝楠对李、王的责难,以及王世贞的反驳。他们论争的核心在于两点:一是文道观念上的对立,蔡汝楠强调文以明道,王世贞认为"今之为辞者,辞不胜跳而匿诸理"③。二则涉及文与政事的关系。当时李攀龙刚出守顺德,蔡汝楠以李攀龙为文人,"易事自喜,宜不称为守"④,其中暗含文人不善政治的观念。王世贞通过强调《史记》《汉书》在辨风土民俗、叙循吏等方面有益于治理郡国,政事与文章无二,政事属于一时,而文章乃万年之业等主张,对蔡汝楠之论予以坚决的辩驳。

这几次辩驳发生在王世贞中进士后的头几年,我们除了能够看到他对朋友的维护,还能感知到他所坚守的文章本位、文人本位的态度和立场。王世贞受显赫家庭背景的影响,怀揣仕进、事功之心。由于初入仕途,风华正茂,对文人用世抱有积极的心态和强烈的主观愿望,因而深信文人(诗人)能够胜任吏治。仔细分析论辩的内容,我们会发现王世贞的反驳完全避开了重点。对方的立论点是文人因为习性不佳,不能担当官职。王世贞闭口不说习性的问题,抬出《诗经》《史记》《汉书》,讲了一通"周公诗人""文章不朽"等高标独立的话。他对文人不善吏治说法的反驳停留在理论层面,具有些许不切合实际的理想化色彩。这一辩驳思路非王世贞首创,却是一个入世未深、年轻气盛的文人的重要表现。

---

① 王世贞:《送孙元之明府之新淦序》,《四库提要著录丛书》(集部第118册),北京出版社,2015年,第35页。
② 王世贞:《山泽吟啸集序》,《四库提要著录丛书》(集部第120册),北京出版社,2015年,第582页。
③ 王世贞:《赠李于鳞序》,《四库提要著录丛书》(集部第118册),北京出版社,2015年,第46页。
④ 王世贞:《赠李于鳞序》,《四库提要著录丛书》(集部第118册),北京出版社,2015年,第47页。

上述理想化的认同方式并没有维持多久,我们将其与《少傅乔庄简公遗集序》相比较,就会发现一些明显的变化。该序文约作于嘉靖四十年(1561),其叙述逻辑颇值得玩味。开篇言成化弘治朝重文偃武,乔宇从学于李东阳、杨一清,又与李梦阳、王阳明相切磋,善为古文辞。作者用简明的语言勾勒出一个文人形象。接着说乔宇任吏部郎中,转而认为他"有大臣风业,不以文士少年目之矣"①。随后又言乔宇在任职期间喜为诗文,多游历题咏之作,于是"稍复疑乔公文士,少实用"②。在此疑问之下,作者叙述乔宇的功业,将其与立功西北的杨一清、平定宁王之乱的王阳明相提并论,并言"而后文士之用可知也"③。王世贞将对乔宇文章功业的介绍穿插在文人身份认同的逻辑理路中,用乔宇的实际行动来证明文章与政事可以兼备,而不再像早期那样借助经典立豪言壮语。"文人—世用"的叙述套路在古代诗文集序中虽不少见,但王世贞秉持文人立场,以肯定、否定、否定之否定的多重转折来推出自己的主张,其思路和用心都较为特别。这种有意为之的叙述模式突出了集主在文人与政事(世用)之间的反复回环,甚或揭示出了涉世多年的王世贞面对"文人无用"的传统说法时,内心的体认和思考过程。

对文人世用描述的前后不同,折射出王世贞经历世事之后的心态变化。就在为乔宇集作序的前几年,王世贞遭遇了不少打击。嘉靖三十五年(1556)至三十六年(1557),鞑靼兵多次入侵,王世贞之父王忬因战事不利而被停俸、降职。加之王忬、王世贞父子与权相严嵩的矛盾加剧,王世贞仕途受挫,心里惴惴不安,作《挽歌》三首,序中说自己"预探所遇,以待叵测"④,并云:"在昔文章之士多不待年,昆冈一炎,并命玉石。"⑤大有借古人之际遇,抒发一己感慨的意味。嘉靖三十八年(1559),王忬论罪下狱。王世贞设法营救,但最终无能为力,顿生心灰、挫败之感,在写给俞允文的书信中深有感慨地说:"虞旻日之将逮,怅寻罄之无机。叹文人之鲜永,测功业之难终。"⑥对文学与功业双美的强烈渴望,在现实的遭遇面前变成无可奈何的喟叹。王世贞将自己视为文人,他于人生波折、宦海浮沉中的深切体悟和认识,在不

① 王世贞:《少傅乔庄简公遗集序》,《四库提要著录丛书》(集部第118册),北京出版社,2015年,第153页。
② 王世贞:《少傅乔庄简公遗集序》,《四库提要著录丛书》(集部第118册),北京出版社,2015年,第153页。
③ 王世贞:《少傅乔庄简公遗集序》,《四库提要著录丛书》(集部第118册),北京出版社,2015年,第154页。
④ 王世贞:《挽歌序》,《四库提要著录丛书》(集部第117册),北京出版社,2015年,第285页。
⑤ 王世贞:《挽歌序》,《四库提要著录丛书》(集部第117册),北京出版社,2015年,第285页。
⑥ 王世贞:《俞仲蔚》,《四库提要著录丛书》(集部第119册),北京出版社,2015年,第157页。

同程度上灌注于"文人"这一概念,使文人世用与文人命穷绾结成一对不可分割的话题。他的心态及其对文人的认识也随之产生变化,由此催生出"文章九命"的话题也就不足为奇了。

王世贞的《文章九命》在当时和后世都造成了不小的影响,所谓"文章九命",也可以说是"文人九命"。现今能看到的《文章九命》主要有两种版本:一是《艺苑卮言》本,二是晚明华淑《闲情小品》辑本。对于这两个版本的关系问题,第五章第一节会细论。这里要指出的是,《艺苑卮言》本《文章九命》是王世贞自己编定并不断修改、调整的,最后收入《弇州四部稿》。与《闲情小品》本相比,《艺苑卮言》本更贴合王世贞的思想和心态。仅从体例和材料编排方面分析,就能发现王世贞的用心之处。首先,整个叙述都笼罩于"诗能穷人"的主题之下,每一则均反映出文人不佳的命运。其次,在材料编排上,每一则几乎都是选取大量的事例(典故),用排比的方式呈现出来。再次,每一则最末都会列举明代的事例,并加有"国朝""迩来""近代""明"等字眼。①可以说,王世贞有意识地在《文章九命》中集中地反映文人的悲惨命运,如其所言:"循览往匠,良少完终,为之怆然以慨,肃然以恐。"②如果说"怆然以慨"还是以旁观者的角度感慨他者的命运,那么"肃然以恐"则表明文人悲惨的命运会与自己,以及自己的朋友密切相关。因为只有关乎切身命运,才会对"良少完终"的说法感到害怕。《艺苑卮言》本《文章九命》就提及了友人宗臣、梁有誉的早逝。所以说《文章九命》浸透了王世贞对文人悲惨命运的深切体悟和思考。

早逝只是一种极端悲惨的命运,围绕在王世贞周围,更多的是自己及友人坎坷的经历,包括仕进途中的挫折。万历三年(1575),汪道昆请告归里。万历四年(1576),王世贞被弹劾,罢归里中。万历五年(1577),吴国伦因中谗言,自大梁罢归。自己及友人仕途的遭遇使王世贞深有所感,他在写给徐中行的书信中说道:"造物者颇汲汲我辈,第文士尚未脱阳九,若登匡庐顶,上有朗照而蒙气下蔽,所可怪也。"③写给林近夫的书信中说道:"公亦知文士运否,犹在阳九,蒙气未涤。伯玉请急,遂成高卧。明卿憎口,顿尔削籍。家

---

① 对于第九则,早期的六卷本《艺苑卮言》与《闲情小品》辑本相同,均未提及明人。而《四部稿》本《艺苑卮言》除了多出"王维四弟无子,阳城三昆不娶"两句之外,还于末尾增加明人的例子:"迩来宗臣、王维桢、高岱亦然。"六卷本的内容早于《弇州四部稿》本,故这当是王世贞为统一体例,对第九则所做的修改。

② 王世贞著,罗仲鼎校注:《艺苑卮言校注》,齐鲁书社,1992年,第389页。

③ 王世贞:《徐子与》,《四库提要著录丛书》(集部第119册),北京出版社,2015年,第67页。

弟与李本宁俱妒,金马三尺地,仅一子与硕果耳。"①写给范钦的书信中也说道:"念徐生(徐中行)之硕果,怅文士之百六。"②在他的文集中,时常能找到阳九、百六、蒙气等字眼。即便到了晚年,也仍有类似的感慨。这也印证了我们刚才的说法,王世贞是以传统文人的命运来映照自己,又以自己及友人的命运来体悟文人。

自始至终,王世贞对文人无用之说耿耿于怀。尽管时不时还会说一些文章不朽之类的话,但经历仕途坎坷,甚至无意仕进后,他在对待文人世用问题上,不再像初入仕途那样高标独立。他似乎在一定程度上承认了文人不善吏事的说法,却又心中不平,于是将世用之眼光投射到周围,通过观察友人的仕进来建立文人世用的自信。万历二年(1574),王世贞为汪道昆作五十寿序,其中说道:"吾虽孱弱不自立,然不敢信文士无用于天下,则于汪伯子征焉。"③这句话颇能反映王世贞自己不行,则求诸友的心态。所以他才会对徐中行说:"文人无用,须足下洗之。"④评价宗臣"差为文士吐气"⑤,晚年对屠隆也说道:"仆生平愧文人无用一言,今日赖公吐气。"⑥此类例子甚多,不再赘举。尽管王世贞在晚年醉心佛道,欲谢笔砚,自悔雕虫之技⑦,但他对文学与文人的态度并无太大变化。总之,通过王世贞对文人世用、命运的书写,可以探知其在仕宦之中的心路历程,也得见王世贞对文人的深切体悟和认同。

二、德·才·情:王世贞对文人身份的内部认同及价值取向

"文人无行"是一个囊括力极强的话题,文人相轻、轻薄、自大、不务实、虚言浮词等,都是其中应有之意。再推而广之,文人不推尊儒家之道,违背儒者之义,也可视作"文人无行"。王世贞对文人的德行有深刻的认识。浚县人卢柟性格狂放,使酒骂坐。他论罪下狱,当与其不可一世的言行有关。

---

① 王世贞:《林近夫》,《四库提要著录丛书》(集部第122册),北京出版社,2015年,第535页。
② 王世贞:《答范司马》,《四库提要著录丛书》(集部第122册),北京出版社,2015年,第455页。
③ 王世贞:《少司马公汪伯子五十序》,《四库提要著录丛书》(集部第118册),北京出版社,2015年,第108页。
④ 王世贞:《徐子与》,《四库提要著录丛书》(集部第119册),北京出版社,2015年,第65页。
⑤ 王世贞:《明中宪大夫福建提刑按察司提学副使方城宗君墓志铭》,《四库提要著录丛书》(集部第118册),北京出版社,2015年,第364页。
⑥ 王世贞:《屠长卿》,《四库提要著录丛书》(集部第122册),北京出版社,2015年,第705页。
⑦ 王世贞笔下的"雕虫"大致分为两类,一类是故作谦辞,一类就是自悔之语。

王世贞在给卢枏文集所作的序中说道:"夫文人业自好负气,殆其常耳。"①言语之间没有刻意的贬抑色彩,他只是把卢枏的行为当作一般文人的习性来理解。万历元年(1573),王世贞除湖广按察使,其间作《湖广策问》,其中一篇问及事功、文章、节义、理学四者孰益孰损。他在自己的策文中详细分析了该问题,认为:"文士类多沾沾自喜,上者厌薄一切,而下者相倾为竞也。自喜则途分而不为党,厌薄一切则多避而无所营,相倾为竞则各露其短而不能掩。故其为损浅也。"②这完全是一段为文人辩护的话,辩护的方式是在一定程度上承认文人性格、言行上的缺陷,然后再指出这样的性格反而使得文人坦白直率、不结党营私。且不说他的论证逻辑是否经得住推敲,其以退为进的辩护方式完全揭示了他的身份立场。该文中,王世贞对文士"少伸而多抑"不以为然,这除了他念念不忘的文人世用之外,应当还有其他原因。

对此,我们能从《文章九命》中看到更多的信息。第三则"玷缺"集中讨论文人无行的问题,起首引用《颜氏家训•文章篇》对文人轻薄的叙述。颜之推完全是站在旁观者的角度,列举大量的事例,批判文人之无行。在颜氏之前,刘勰《文心雕龙•程器》列举"文士之疵",并从两个方面反驳这一成见:第一,言行上的瑕疵不是文人才有,武人、将相都有无行轻薄的一面;第二,不是每个文人都有缺点,像屈原、贾谊就是德行兼备的文人。刘勰靠打破文人与污名的必然关联来提升文人的身份地位,从而加强自己对文人的认同。相较而言,王世贞的立场与颜之推相反,认同方式又与刘勰有别。他对文人轻薄予以承认,在引用《颜氏家训•文章篇》的叙述之后,又增加了一大段文人无行的事例。最后却说道:"宁为有瑕璧,勿作无瑕石。"③这与王世贞在《湖广策问》中的论辩路径相似,即先承认文人之污名,然后以退为进,在别处寻找文人的价值根基。大致而言,"有瑕"与"无瑕"是德行层面的问题,"璧"与"石"是才性(包括文才)层面的问题。这句话等于是将文才视为体现文人价值的主要标准,以突破传统以德衡人的价值判断方式。对于文人来说,"文才"比"德行"重要,这是以王世贞为代表的文人在寻找自我认同标准时的典型表现。再如第五则"流贬"云:"穷则穷矣,然山川之胜,与精神有相

① 王世贞:《卢次楩集序》,《四库提要著录丛书》(集部第118册),北京出版社,2015年,第125页。
② 王世贞:《(湖广)第四问》,《四库提要著录丛书》(集部第119册),北京出版社,2015年,第46页。
③ 王世贞著,罗仲鼎校注:《艺苑卮言校注》,齐鲁书社,1992年,第397页。

发者。"①第七则"夭折"云:"兰摧玉折,信哉!"②这都是在文人蹇运主题下突出作者对文才的重视与怜惜。

王世贞不讳言文人德行上的玷缺,但"有瑕璧""无瑕石"之说不免含有意气之言的成分。首先,重视文才,不代表轻视德行。比如,在《(湖广)第四问》中,王世贞对节义之士评价甚高。其次,文才解决不了社会交际和道德评价中出现的问题,以文人自任的王世贞,不可能不对"文人无行"产生辩白的心态。"无瑕璧"(即有德行之文人)成为一种潜在的渴望和追求。所以他才会说"文人无行,赖于鳞一吐气"③。万历十二年(1584)九月,宋世恩大宴宾客,屠隆与之,宴上酒酣作乐。刑部主事俞显卿劾其淫纵,屠隆因此被罢官。王世贞致信魏允中,提及此事,为之叹息:"才之为人害也,即尽明州东湖水,何能洗文人无行四字,为之怅然。"④在朋友的仕途遭遇面前,王世贞没有鼓吹"有瑕璧"⑤。所以文才只能在面对文学作品,以作为文人的角度来看时,才具有超越"德"的可能性。现实世界中,德行的玷缺时时影响着人们对文人的认识和判断,这与王世贞对文人文才的重视产生了难以调和的矛盾。万历十四年(1586),王世贞在写给王锡爵的信中说道:"文人落魄,弟故怜之;文人无行,却不能讳。奈何奈何。"⑥这句话虽然由他事而发,但确实能够照见王世贞对此矛盾的无可奈何。

关于王世贞及后七子重视修辞、才情的问题,已有研究者予以阐发。⑦这里需要补充的是,王世贞等人多以"才""情"并称,从内涵上讲,前者偏向

---

① 王世贞著,罗仲鼎校注:《艺苑卮言校注》,齐鲁书社,1992年,第404页。

② 王世贞著,罗仲鼎校注:《艺苑卮言校注》,齐鲁书社,1992年,第409页。

③ 王世贞:《徐子与》,《四库提要著录丛书》(集部第119册),北京出版社,2015年,第65页。

④ 王世贞:《魏司勋懋权》,《四库提要著录丛书》(集部第122册),北京出版社,2015年,第732页。

⑤ 针对屠隆罢官一事,王世贞有"相如胜井丹"一语。[参见王世贞:《寄屠长卿》,《四库提要著录丛书》(集部第120册),北京出版社,2015年,第386页。]该典故出自《世说新语》:"王子猷、子敬兄弟共赏高士传人及赞,子敬赏'井丹高洁'。子猷云:'未若长卿慢世。'"从文意上看,此语有轻视德行的倾向。王世贞以此语赠屠隆,不乏宽慰之意。也有学者认为,在宽慰对方的表象下,实蕴含讽刺、贬低屠隆之意图。[参见徐兆安:《十六世纪文坛中的宗教修养——屠隆与王世贞的来往(1577-1590)》,《汉学研究》,2012年第30卷第1期,第205-238页。]笔者认为,"相如胜井丹"并不着意于强调"才可掩德",鼓吹"有瑕璧"。结合王世贞《书司马相如传后》中的论述,我们对这一点当有更清楚的认识。

⑥ 王世贞:《与元驭阁老》,《四库提要著录丛书》(集部第122册),北京出版社,2015年,第466页。

⑦ 参见郑利华:《论王世贞的文学批评》,《复旦学报》(社会科学版),1989年第1期,第32-37页;郑利华:《前后七子研究》,上海古籍出版社,2015年,第447-458、473-476页。

文章的创作能力,后者指涉文章的情感内容。王世贞又将"才""法"并举,他评价宗臣:"(其诗)足无憾于法,乃往往屈法而伸其才;其文足尽于才,乃往往屈才而就法。"①这里的"才"之含义应为创作主体融合学识、主观体悟、文辞表达后得心应手的创作能力,倾向于无意和自然的表达。"法"则是指"才"之外的诗文创作法度,倾向于刻意地追寻创作规则。质言之,"情"代表内容,"才"与"法"偏向形式,文辞理所当然属于"才"与"法"的范畴。重文辞确实被王世贞视为文才的核心内容。王世贞文以明道的观念比较淡薄,在修辞与明道之间,他多强调前者的作用。《赠李于鳞序》中探讨"辞"与"理"之关系,反对唐宋派"辞不胜跳而匿诸理"②的创作风尚,就是典型的一例。他说扬雄自悔雕虫,乃是因作赋不及司马相如而发出的"谤言欺人"的藏拙之语。③说作词"宁为大雅罪人,勿儒冠而胡服"④。这都突出了他对文学本位的重视。"文以明道"已成极为强势的批评话语,于理学家口中,大有以儒家之道(理学)覆盖所有诗文创作之势。对于王世贞这类文人,所创作的很多作品无关乎儒家之道。有友人就批评王世贞"弊精神于小技"⑤,王世贞说道:

> 孔子称诗可以兴,可以群,可以怨,迩之事父,远之事君。若仅以忠孝二言,或粗征其实以示天下,后世安能使之感动,而得其所谓兴与群与怨也。……非其(孟子)文之瑰伟雄畅,安能灼然为万世标,藉令深山一田父偶创此语,又孰听而孰传之也。⑥

王世贞借圣人之言为自己辩护,说白了就是为自己喜好文辞找一个理由。即便是阐说忠孝,也当用力于文辞,使之有传播与交流的效用。文人的作用就在于有效地运用文辞。在借助文才传播道理的过程中,说粗实之语的人、

---

① 王世贞:《宗子相集序》,《四库提要著录丛书》(集部第118册),北京出版社,2015年,第134页。

① 王世贞:《宗子相集序》,《四库提要著录丛书》(集部第118册),北京出版社,2015年,第134页。

② 王世贞:《赠李于鳞序》,《四库提要著录丛书》(集部第118册),北京出版社,2015年,第46页。

③ 王世贞著,罗仲鼎校注:《艺苑卮言校注》,齐鲁书社,1992年,第397页。第89-90页。

④ 王世贞:《艺苑卮言附录》,《四库提要著录丛书》(集部第119册),北京出版社,2015年,第411页。

⑤ 王世贞:《答邹孚如舍人》,《四库提要著录丛书》(集部第122册),北京出版社,2015年,第613页。

⑥ 王世贞:《答邹孚如舍人》,《四库提要著录丛书》(集部第122册),北京出版社,2015年,第613页。

— 198 —

深山田父均不与焉。王世贞批评《诗经》之疵,认为"人而无仪,不死何为"等诗句"用意太粗"①,也是在反对粗实之语,强调修辞之重要性。

由上可知,与德行、儒家之道相比较,王世贞曾有意突出文才的重要性。他将修辞与粗语对应,将"才"视为区分文人与非文人(田父、伧父)的标准。这意味着并不是人人都能作文,也不是人人都能成为文人。为了给予王世贞以充分合理的定位,我们将其与唐顺之的观念作一对比。

唐顺之重视儒家之道,后期更是鄙薄文辞、沉溺心学。嘉靖二十四年(1545),唐顺之致信陈昌积,为其"有可以一变至道之资力,而仅用之于文"②感到可惜,同时自罪于文士雕虫篆刻之好。一般说来,注重文辞是文人身份的首要表现,理学家(以及一些古文家)对文人的批评立足于此。唐顺之鄙弃雕虫之文士,却试图从另一个角度去挖掘文人、作家的内核。他在《与陈两湖主事》中说道:"乃知千古作家,别自有正法眼藏在,盖其首尾节奏天然之度,自不可差,而得意于笔墨蹊径之外,则惟神解者而后可以语此。"③后来又在写给茅坤的书信中表达了同样的看法:"只就文章家论之。虽其绳墨布置奇正转折,自有专门法师,至于中间一段精神命脉骨髓,则非洗涤心源,独立物表,具今古只眼者,不足以与此。"④其所云"正法眼藏""精神命脉骨髓"超越了"文法",成为作家、文章家创作的内在价值,这也是唐顺之"本色论"的核心。文章以有本色为最上,那么文人则当以本色为鹄的。所以他在写给蔡克廉的书信中,给予文人以较为理想化的界定:

> 自古文人,虽其立脚浅浅,然各自有一段精神不可磨灭。开口道得几句千古说不出的语话,是以能与世长久。惟其精神亦尽于言语文字之间,而不暇乎其他,是以谓之文人。⑤

唐顺之此言目的不在于以文士自任,而是表明自己的文章不够格,以拒绝为自己刻文。不过他对文人的认定与前述"作家""文章家"同一思致,是文章

---

① 王世贞著,罗仲鼎校注:《艺苑卮言校注》,齐鲁书社,1992年,第43页。

② 唐顺之:《与陈两湖主事》,《丛书集成续编》(第144册),台湾新文丰出版公司,1989年,第277页。

③ 唐顺之:《与陈两湖主事》,《丛书集成续编》(第144册),台湾新文丰出版公司,1989年,第277页。

④ 唐顺之:《答茅鹿门主事》,《丛书集成续编》(第144册),台湾新文丰出版公司,1989年,第295页。

⑤ 唐顺之:《答蔡可泉》,《丛书集成续编》(第144册),台湾新文丰出版公司,1989年,第300页。

"本色论"的人格化表达。

关于唐顺之的本色论,左东岭指出:道、风格、法则等外在因素都被他置之度外,"作家的自我心灵成了最高的权威。这是对'法'的否定或曰超越,是对形式的忽略或曰颠覆"①,这与典型唐宋派以道衡文的方式有别。然而,唐顺之强调内在精神的多样性,并不意味着儒家之"道"在他心里被完全去除。他推崇文人之精神,接着说自己的文章未能如古人"阐理道而裨世教"②。质言之,唐顺之深受阳明心学影响,其"文人论"一方面充分重视自我心灵、精神的重要性,颇有"我手写我心"的意味;另一方面仍有世教理道横亘其中,尚未完全降落到个人性格与感情上。③此外,明代的心学自王阳明始,主张向内心寻求道理。经王学左派的阐扬,"百姓日用即为道""人人可以成尧舜"等成为消弭等级、身份界限的理论支撑,而情与欲作为人类共通的内核被充分强调。这触发了中晚明的重情思潮和个性解放,导致了文学领域内重视主体的心与情,相对忽视文才的现象。我们可以将其看作心学主张在文学领域的映射。在至情说中,"情"成了文学的绝对主导。因为情之共通性(人人有情)的存在和被强调,文学及其文人之边界便有消弭的危险。如黄宗羲所说:"凡情之至者,其文未有不至者也,则天地间街谈巷语、邪许呻吟,无一非文,而游女、田夫、波臣、戍客,无一非文人也。"④这与王世贞的观点截然对立。王世贞敬服王守仁,但对才情的重视与王学左派以至重情说的发展基本不在一条路线上。总而言之,唐顺之试图从自我精神的角度提升文人的价值,却牺牲了文人文学的纯粹性。至情说过于重视情对文的主导,消弭了文人与伧父的差别。王世贞强调才情,是对文人属性的合理认识,以及对文人身份边界的有效维护。

三、王世贞的文人共同体意识及其与政治之关系

不论是辩驳"文人无用",还是喟叹"文人无行",都可以说是在为最广泛的文人群体说话。不过,王世贞的回应超出了一般的泛泛之谈和套路化表

---

① 左东岭:《王学与中晚明士人心态》,人民文学出版社,2000年,第461页。
② 唐顺之:《答蔡可泉》,《丛书集成续编》(第144册),台湾新文丰出版公司,1989年,第300页。
③ 罗宗强指出,"唐顺之、王慎中的情论与本色论,都带着道德修持的手段在内,与他们的明道与经世致用观念是一致的"(罗宗强:《明代文学思想史》,中华书局,2013年,第445页。)。
④ 黄宗羲:《明文案序上》,黄宗羲著,沈善洪等编校:《黄宗羲全集》(第10册),浙江古籍出版社,2005年,第19页。

述,其身份认知也未停留在泛化的文人群体身上。根据《弇州山人四部稿》(不包括《文章九命》)(以下简称《弇州四部稿》)及《续稿》,王世贞从世用、际遇等角度,对以下同时代的士人冠以文人之名:李攀龙、宗臣、张九一、徐中行、汪道昆、吴国伦、屠隆、张佳胤、魏允中、李维桢、王世懋、陈宗虞、顾孟林、丁应泰。显而易见,绝大多数都是后七子群体中的人物。尽管王世贞未完全将"文人"所指限定在后七子群体中——《文章九命》就是如此,但他当是有意在文人身份的框架下建立与同道友人的身份认同,从而体现出较为明确的共同体意识。

对此,王世贞与魏允中之间的一段故事值得称述。万历十一年(1583),王世贞将赵用贤、李维桢、屠隆、魏允中、胡应麟列为"末五子",作《末五子篇》。他致信魏允中,附上该诗作。哪知魏允中却断然拒绝五子之名,并回赠一诗:

> 双阙天高衮钺轻,孤踪聊付二王评。全身已自随鸿逝,忧国犹烦问凤鸣。零露满原秋草尽,长江无限暮潮平。五君咏得终何事,浪博人间竖子名。①

尾联表达得直截了当,不愿位于末五子之列。面对魏允中的回绝,王世贞倒是很宽容。他说:"仆近有五子篇拟,魏懋权似不欲以文士名也。"②在写给魏允中的信中也说:"向草五子篇,觉犹以文士名兄,宜兄之不我肯也。"③作为后七子核心的王世贞,向来有结盟的意识。而后七子即是因文事会聚而成的群体,"文人"是他们相互认同并向外宣称的基本身份。以此推之,在王世贞的关系网络中,不但"末五子"以"文士"为名,"五子""后五子""广五子""续五子""重纪五子"等等,也均被视为与"末五子"一体的"文士"群。

考察王世贞等人身处的环境,则会发现其文人群体意识的形成与加固,并不纯粹是文学内部的作用。大致而言,"文人无用"的观念可追溯到汉代

---

① 魏允中:《寄凤洲先生》,《原国立北平图书馆甲库善本丛书》(第845册),国家图书馆出版社,2013年,第570页。按,王世贞有诗《仆近有五子篇拟,魏懋权似不欲以文士名也,用赠长兄韵答我。因再成一章,倚韵见志,仆亦且谢笔砚矣》,其韵与魏允中《寄凤洲先生》全同,参以诗歌内容,可知《寄凤洲先生》乃魏允中答王世贞《末五子篇》之作。

② 王世贞:《仆近有五子篇拟,魏懋权似不欲以文士名也,用赠长兄韵答我。因再成一章,倚韵见志,仆亦且谢笔砚矣》,《四库提要著录丛书》(集部第120册),北京出版社,2015年,第297页。

③ 王世贞:《魏司勋懋权》,《四库提要著录丛书》(集部第122册),北京出版社,2015年,第731页。

以前,并在经世致用的儒家理念主导下不断传播。"文人无行"的话题自魏晋南北朝始,就蕴含着不能用于世、遭致人生祸败的理论倾向,对文人蹇运的哀叹,对文人不通儒道的批判,均可归结到世用上来。故"世用"问题是"文人"诸多负面批评的关键所在,它已然触及古代士人最为敏感的神经。王世贞曾说自己"有雕虫之好,且好称说循吏业"①,渴望仕进之心不言自明。如此便可理解,在文人世用、德行、际遇、儒学四个方面中,王世贞对世用的记载最多,对"文人无用"的反应也最为强烈。因此,王世贞的文人群体意识须从"世用"即政治角度切入分析。在古代政治史上,士人结党的现象实属多见,党派之间的互相攻击一定程度上能够加固本党派的群体认同感。后七子中人多有结党的习性,不同的是,他们以文事相交,非政治派别,却又深陷政治斗争当中。其文人群体意识在政治场域下就有了较为特别的形成机理。

严嵩是对后七子人生影响最大的政治人物,他们之间既有文学层面的矛盾,又有政治层面的冲突。②政治层面的冲突当然是最剧烈、最直接的,但我们更关注以下问题:政治因素和文学因素如何关联,以促成严嵩对后七子的压制。尽管已执国柄的严嵩最终未能像杨士奇那样将文柄攥于手中,但身为内阁首辅,其文学话语权和文坛地位也是相当重要的。嘉靖二十九年(1550)严嵩七十岁生日时,张居正作《寿严少师三十韵》,其中"已属经纶手,兼司风雅权"③一句虽有奉承之意,却非毫无根据的虚妄之语。《艺苑卮言》记载:"(刑部诗社)吟咏时流布人间,或称'七子',或'八子',吾曹实未尝相标榜也。而分宜氏当国,自谓得旁采风雅,权谗者间之,眈眈虎视,俱不免矣。"④王世懋在《徐方伯子与传》中说道:"相嵩者贪而忮,亦自负能诗,谓诸郎皆轻薄子,敢出乃公上。相继外补,或斥逐。"⑤从中能感知到严嵩借用国柄来左右文坛,甚至操持文柄的意图,这在他有意扶植、拉拢唐宋派的行为中表现得更明显。换个角度看,后七子所受到的政治打压也可能通过文学批评层面的因素表现出来。政治的对抗往往伴随着语言的攻防,比如王世

① 王世贞:《唐滁州》,《四库提要著录丛书》(集部第122册),北京出版社,2015年,第742页。

② 关于严嵩与后七子的冲突,参见廖可斌:《严嵩与嘉靖中后期文坛》,廖可斌:《诗稗鳞爪》,浙江大学出版社,1999年,第187-194页;孙学堂:《论严嵩当国时期后七子的精神状态》,《南开学报》(哲学社会科学版),2016年第5期,第72-80页;叶晔:《严嵩与明中叶上层文学秩序》,《中华文史论丛》,2018年第3期,第143-174+401-402页。

③ 张居正:《寿严少师三十韵》,《续修四库全书》(第1345册),上海古籍出版社,2002年,第646页。

④ 王世贞著,罗仲鼎校注:《艺苑卮言校注》,齐鲁书社,1992年,第356页。

⑤ 王世懋:《徐方伯子与传》,《四库全书存目丛书》(集部第133册),齐鲁书社,1997年,第359页。

贞对严嵩时有讥刺之语,严嵩也称其为"恶少年"①"轻薄少年"②。就后七子一方来说,他们入仕之初结社唱和,视当世无人的姿态已遭致"狂傲""轻薄"的批评。在政治对抗中,其一贯的狂放之态极易成为对立者攻击的口实,文人"轻薄""无行""无用"等污名也就随之被当作语言攻击的武器。后来王世贞也承认自己"负轻薄文士名"③。作为内阁首辅,严嵩有更强大的手段来对付后七子,这种舆论实在算不上什么。然而,对后七子来说,在政治冲击之外横加一层舆论冲击,其压力不可小觑。"文人无用""文人无行"等传统批评话语介入到政治对抗当中,一方面加强了后七子与文人身份的关联,另一方面配合政治打压,起到了强化后七子凝聚力和文人群体认同感的效果。④

面对这些舆论,王世贞或可做言语上的攻防。但当面临真正的政治打击且无能为力时,之前的言语攻防也就转换成对文人命运的哀叹。这在王忬从入狱到被杀的那几年表现得很明显。总之,王世贞的文人群体意识是在严嵩执政时期建立并加固的。严嵩倒台后,后七子的境遇有所好转,但也非一帆风顺。王世贞致信张九一,说道:"迩来鼎革一新,某生启事,药物殆尽,然多采似笼尔。详步雅语及性命二字,便得要官。此曹厌薄文士,以为无尺寸用,固宜未能拔足下骊黄之外。"⑤张居正柄政,推行改革,敦本务实,

---

① 何乔远:《名山藏》,《续修四库全书》(第427册),上海古籍出版社,2002年,第430页。

② 王世贞:《宗子相》,《四库提要著录丛书》(集部第119册),北京出版社,2015年,第76页。

③ 王世贞:《李仲吉》,《四库提要著录丛书》(集部第122册),北京出版社,2015年,第540页。另,张萱《西园闻见录》记载:"(严嵩)因问近此建安七子者为谁,有一郎同在坐者,历数某人某人,屈指至余曰德。分宜曰:'此江西人,亦云轻薄耶?'郎曰:'余曰德只作诗,不轻薄也。'分宜笑曰:'江西人果不会轻薄。'乃睨徐公曰:'尔吴人,能诗耶?'徐公曰:'不能。'分宜曰:'不能诗,亦省轻薄之名。'"[张萱:《西园闻见录》,《续修四库全书》(第1170册),上海古籍出版社,2002年,第316页。]从这条材料可以看出严嵩对后七子的批评所利用的就是文人轻薄无行的观念。

④ 吴国伦被贬一事或可作为辅证,嘉靖三十五年(1556)春,吴国伦作诗挽杨继盛,得罪严嵩,谪江西按察司知事。王世贞致信李攀龙说:"足下知事近变耶?明卿坐偿薄谪,愈益沾沾自喜;徐生驾矣,子相岐足长安门。中外耳浮议籍籍,以足下与仆渠魁焉。"[王世贞:《李于鳞》,《四库提要著录丛书》(集部第119册),北京出版社,2015年,第54—55页。]致信俞允文又说:"仲蔚知吴明卿谪耶?坐以谈文章故。当事者几一网尽,然谓仆乃其魁焉,所深恨。"[王世贞:《俞仲蔚》,《四库提要著录丛书》(集部第119册),北京出版社,2015年,第154页。]另,张萱《西园闻见录》记载严嵩的一段话:"(严杰、吴国伦)今皆不自重,坐失好官。严杰第不知事,吾观吴国伦所作,平平耳,乃自夸盖世无双。何也?"[张萱:《西园闻见录》,《续修四库全书》(第1170册),上海古籍出版社,2002年,第316页。]从这几条材料可以看出,王世贞等人确被作为政治打压和舆论攻击的群体,为文和为人的狂傲、偿薄成为其中非常重要的因素,这必然使得王世贞等人的群体意识增强。

⑤ 王世贞:《张助甫》,《四库提要著录丛书》(集部第119册),北京出版社,2015年,第99页。

重用循吏。形成强调吏能、实干的政治大环境,这既使文人无世用的舆论效果加剧,又在实践层面对文人的仕途造成一定的打压。王世贞也曾说"江陵相当国,颇左抑文士"①"今庙堂之不右文士久矣"②。基于这一认知,王世贞时常在致友人的书信中称赞对方能一洗"文人无用"之耻,王世懋、张佳胤等人的文章中也有这样的言说方式,如王世懋致信张佳胤,说:"仆居常扼腕众口谓操觚者岂办吏。见足下继踵家兄,领天雄节,稍稍为向来文人吐气。"③张佳胤致信张九一,认为王世贞、王世懋等友人将"洗文士无用之诮,是一快也"④。屠隆《上汪宗伯》专门反驳了"文人不善吏治"之言,致信丁应泰时,又说:"此后有谭文士无用者,野夫当举足下,揶揄其面。"⑤李维桢《张司马集序》赞张佳胤可为文士"吐气生色"⑥。胡应麟《报梅客生》说:"世人讥薄文士,往往谓铅刀亡取一割,自近日汪、张两司马稍稍破屈之。"⑦这种言说方式表面上是友人之间的互相吹捧,实则是王世贞等人在政治环境和舆论压力下,通过文人世用的话题不断表示对方是自己人,由此维护着他们之间的身份认同。

此外,屠隆的经历值得一提。因弹劾而被罢官后,屠隆心中耿耿。他致信陆光祖、王世贞,都说到海内皮相之士将自己看作"文墨竖儒""狂生"⑧,仇家与忌者"必欲文致成就我为浮薄文士而后已"⑨。这些言论表明由罢官而引发的社会舆论已经将文人世用与"文人无行"紧密联系在一起,并给屠隆

① 王世贞:《中顺大夫江西承宣布政使司左布政使二谷侯公墓表》,《四库提要著录丛书》(集部第121册),北京出版社,2015年,第696页。
② 王世贞:《张叔琦》,《四库提要著录丛书》(集部第122册),北京出版社,2015年,第510页。
③ 王世懋:《与张肖甫》,《四库全书存目丛书》(集部第133册),齐鲁书社,1997年,第550页。
④ 张佳胤:《复张助甫中丞》,《四库全书存目丛书补编》(第51册),齐鲁书社,2001年,第669页。
⑤ 屠隆:《与丁元甫明府》,屠隆著,汪超宏主编:《屠隆集》(第6册),浙江古籍出版社,2012年,第328页。
⑥ 李维桢:《张司马集序》,《四库全书存目丛书》(集部第150册),齐鲁书社,1997年,第529页。
⑦ 胡应麟:《报梅客生》,《景印文渊阁四库全书》(第1290册),台湾商务印书馆,2008年,第854页。按,屠隆、胡应麟都有不少关于文人身份的批评,其中包括对文人无行、文人无用的反驳。此处从略。关于胡应麟的文人批评,可参考[日]中嶋隆藏:《明代后期の文人批评——胡应麟と顾炎武》,[日]中嶋隆藏:《中国の文人像》,研文出版,2006年,第61-70页。
⑧ 屠隆:《与陆与绳司寇》,屠隆著,汪超宏主编:《屠隆集》(第5册),浙江古籍出版社,2012年,第284页。
⑨ 屠隆:《与王元美司马》,屠隆著,汪超宏主编:《屠隆集》(第5册),浙江古籍出版社,2012年,第282页。

造成了相当大的压力。他在写给王祖嫡的书信中大吐苦水,对"文人无行"的言论予以激烈反驳:"世亦有无行文人,岂谓文人必无行耶?"①他另作有《文行》一篇,列举大量的事例以反驳"文人无行"之说。②由此可见屠隆尽管遭受各种批评,其文人身份立场却是极为明确、坚定的。对文人德行的态度,王世贞与屠隆有所不同,王世贞"相如胜井丹"一语更弄得屠隆愤愤不平,但从身份立场的角度视之,这已是文人共同体下的内部矛盾了。

受政治环境及传统观念的作用,"文人无用"等话题不断发酵,同样,后七子的言论反制也得到一定的扩散与延续。与王世贞、屠隆等人相识的士人,如梅鼎祚、梅守箕、蔡献臣、王穉登等都曾重复同样的话题,对"文人无用"之说颇有微词。以至公安派的袁中道也有"谁道文人不习吏"③之语。由此形成晚明相对立的两股舆论风潮。陈懿典说:"世每嗤文士为鼙悦,无益殿最。而词人又自夸为麟凤之不可少。"④后七子之一的宗臣就有以文章之士比灵鸟、麒麟之言(见李攀龙《送宗子相序》)。谢肇淛也说:"今之人谓文人必不习吏,而过之者又谓文人必习吏。"⑤仅从文学批评的角度来看,双方的争论并没有为"文人无用"的批评话题增加新的内涵,然而,我们却能通过后七子观察到一幅特别的图景。在这里,"文人无用""文人无行"不是停留在文学批评层面的理论话题,它们成为社会舆论,进入政治场域,切实地与这批重视文学本位的士人发生作用,并强化了王世贞等人的文人群体认同感,使其对文人污名的强烈反应具有了根植于嘉靖万历年间特定政治土壤的独特意涵。

四、王世贞文人身份认同的文学史意义

文人与其他社会身份的不同之处在于,作为"文章创作者",其身份认同直接关乎认同者的文学观念,而古代文学观念又时常受到政治、儒学的深度影响。也就是说,文人遭受的诸多负面批评主要源于政治、儒学场域下,古人对文章创作行为及创作倾向的价值判断。王世贞的身份自任以及对文人

---

① 屠隆:《答王胤昌太史》,屠隆著,汪超宏主编:《屠隆集》(第5册),浙江古籍出版社,2012年,第301页。
② 屠隆:《文行》,屠隆著,汪超宏主编:《屠隆集》(第8册),浙江古籍出版社,2012年,第424-425页。
③ 袁中道:《长歌送谢在杭司理之东昌》,袁中道著,钱伯城点校:《珂雪斋集》(上),上海古籍出版社,1989年,第111页。
④ 陈懿典:《萤囊阁集序》,《四库禁毁书丛刊》(集部第78册),北京出版社,1997年,第687页。
⑤ 谢肇淛:《李季宣诗序》,《四库全书存目丛书》(集部第175册),齐鲁书社,1997年,第660页。

污名的辩驳,在以自己文学观念为支撑的同时,也与明代文学思想产生密切关联。当我们把王世贞的身份认同置于这个大背景中去考虑时,其意义应能得到更清晰的认识。

文道关系是古代文学的核心论题,也是解读文人身份批评极为重要的线索。中唐的古文运动就已标举"文以明道"的创作主张,宋代理学的发展进一步强化"道主文从""道本文末"的观念,创作无关乎儒道的闲雅篇章,重视修辞、文辞艳丽虚浮等逐渐成为古人对文人的成见。士人回避,甚至否定自己文人身份的情况也就时常出现。元明之际的宋濂及其弟子方孝孺明确表示自己不愿为文人,这都是理学影响下"文""道"观念与身份认同方式的延续。明代初期,理学被确立为官方意识形态,它所统属的文学价值观占据了绝对的话语优势。从政治格局上看,这种价值观具有居高临下之势,通过文官培养制度、科举制度等途径不断由中央向下层和地方渗透。理学、政事、文章合一——从身份角度视之,即儒者、官员、文人三者合一——随之成为官方意识主导下的理想人格范型。台阁文臣作为明前期文坛权柄的执掌者,不论是实践层面还是理论主张层面,都力图展现并宣扬理学、政事、文章合一的形态。在这三者之中,文章的附属地位显而易见。"道主文从""重道轻文"等观念也使得台阁文臣不会以偏重文辞的"文人"名世。前七子以郎署身份夺取文柄的同时,打破了台阁文学主导下理学、政事、文章合一的局面。重气节,反对理学及虚伪化的道德,未必意味着反对官方意识下的文道观,前七子中人就不乏重视理道,强调"道主文从"的论述。然而,前七子的复古思想确已显现出向重视"文"这一方向滑动的迹象。①罗宗强在比较明代两次复古运动的差异时,指出"第一次文学复古常提及道的问题。第二次文学复古,则并道亦不提"②。其实非但不提"道",王世贞以文坛巨擘之地位强调修辞,重视文才,并以之为文人身份的基础,建立自我的文人身份认同和文人群体意识,这一系列言行都表明后七子在重"文"的方向上比起前七子更进了一步,从明代复古序列来讲,后七子达成了从重道向重文的转移。王世贞"代表了士学中'文'与'道'选择的分离"③,这在中晚明文学思想史上,自是不可轻忽的重要变化。不过,描述出这一变化并非我们的最终目的,思想分化所带来的不同观念的冲突更值得关注,从中或能深入把握王世贞文学观念、身份认同的时代内涵和意义。

---

① 关于李梦阳及前七子在明代学术思想史上的意义,参见张德建:《论"血气义气"与"文章气节"——以李梦阳为中心》,《兰州大学学报》(社会科学版),2018年第6期,第46-59页。

② 罗宗强:《明代文学思想史》,中华书局,2013年,第859页。

③ 李思涯:《胡应麟文学思想研究》,中国社会科学出版社,2012年,第44页。

严格说来,王世贞等人并不反对传统儒学观念,重视修辞也不代表欣赏华美的辞藻和绮丽、空洞的文风。他反对的是"道""理"对"文"的强力规训,以及对文辞的忽视。其中一些重修辞的言论主要是针对唐宋派而发的。但这一态度,以及重文辞的言行足以带来轻忽理道的印象。朱载堉致信李维桢,就说道:"国朝薛、胡谈道术,李、何摛文赋,虽云各持,尚未相姗。逮李于鳞、王元美二子者出,始有重文轻儒之成心。"①这一评论可代表当时不少人对李、王的态度,更可照见后七子所处时代不可忽视的"道主文从"的理论氛围。经过长期的思想渗透,"道主文从""重道轻文"的观念已经根植于大多数士人心中,明中后期台阁文柄旁落,个性解放思潮下官方意识的控制力有所减弱,但传统的文道观并不因此而式微。嘉靖万历时期,"道主文从""重道轻文"依然是台阁文学观念的底色,郎署、地方官员、士人群体中也充斥着此种正统的文学思想。其中包括与王世贞关系密切之人,如王世懋。与其兄相比,王世懋更重视儒学思想,在他人生的前、中期尚有为文人鸣不平之论,后期则对文士有所批判。以至于感叹文人不通于道德,不是真正的知文者,甚而批评李梦阳在政事方面无足称,仅仅以文章之士自名。②再如魏允中,他拒绝进入王世贞所构建的"文人"网络,其原因有多个方面。首先,于万历八年(1580)中进士之后,魏允中多表现出鄙薄文辞、看重世用的态度。王世贞《魏考功懋权哀辞》也提到了这一点。其次,他秉持文以明道的主张:"道尤文章之本,不复古道,而复古文,抑末耳。"③主张复古道,反对单纯从形式上复古文,他的《答王少岩书》《答宋公子书》可以看作是对王世贞将其列为"末五子"的间接回答。这与王世贞的"重文"观念,以及对文人的身份认同截然相反。魏允中拒绝将自己列入王世贞"末五子"之列,从表面上看,是魏允中对抗着文坛盟主的召唤,实际上却意味着王世贞的文学观念遭到以魏允中为代表的,重事功、重道德,居于价值主流且不愿以文人自任的士人群体的抵制。

面对强大的理学话语权,文人身份需作一正向转换,并向官方意识靠拢,才可能提升认同感。如徐中行代蔡汝楠作《何大复碑记》,就是通过揭示文章能够经纬两仪、润色洪业、主文谲谏,来反驳"文士鲜行""文章不得与节

---

① 李维桢:《梦古斋稿略序》,《四库全书存目丛书》(集部第150册),齐鲁书社,1997年,第543-544页。

② 王世懋:《廉峰杨先生游闽集序》,《四库全书存目丛书》(集部第133册),齐鲁书社,1997年,第285页。

③ 魏允中:《答宋公子书》,《原国立北平图书馆甲库善本丛书》(第845册),国家图书馆出版社,2013年,第617页。

义齿列"①的言论。同样,被王世贞列为"末五子"的李维桢鄙薄雕虫之技,但又讽刺崇尚名理的宋儒"理不足则画鬼魅以自欺,学不足则薄雕虫小技以自高"②。看似前后矛盾的言论正反映出论者欲提升文章经世致用的价值,以此重构文人身份。对于"文人无用"之说,李维桢与王世贞持有同样的态度。然而,李维桢主张理学、政事、文章合一,以主体的多重能力与复合型身份代替单一的文士、儒者概念。他赞扬屠中孚"合儒林文苑为一"③,于《芝云社稿序》中重申"儒林文苑合为一家"④。李维桢曾入翰林,他的上述主张更具有台阁色彩,而与李、王异辙。

可以想见,王世贞等人的复古运动及观念所受到的正统文学价值观的冲击是相当大的,王世贞晚年自悔雕虫,也不得不说受到了这一层外在因素的影响。从重修辞、重文才的立场出发,站在王世贞对立面的,不仅仅是具有卑衍之弊的唐宋派文风,还有根深蒂固的、隶属官方意识形态的文道观念。传统的"道主文从"观念以及"复古道"的思想所要解决的往往是道德伦理和政治改革方面的大问题,故而具有一种居高临下的姿态。而后七子的文学复古主要就文学内部进行,不涉及政治革新、儒道弘扬层面的问题,从客观上说,确实更具文人质性。以文人的身份逆迎传统的文道观,试图占据文坛核心和文学话语权,并进入官僚体系和理学场域,这必然带来不通理道(文人无行)⑤和不习吏事(文人无用)的批评。因此,后七子标举复古,重视修辞,确实需要相当大的勇气。

将此勇气简单地归结于李攀龙、王世贞等人的狂傲作风,尚属皮相之论。狂者的个性施之于外,是激烈的言辞、傲放的行为;见之于内,则是对自我本心的肯认。后者得到明代心学家的反复阐说和发挥,已然成为狂者人格的思想基础。王畿《与阳和张子问答》称赞"行不掩言"的狂者,就是因其

---

① 徐中行:《何大复碑记(代作)》,《续修四库全书》(第1349册),上海古籍出版社,2002年,第734页。

② 李维桢:《于于亭集序》,《四库全书存目丛书》(集部第150册),齐鲁书社,1997年,第562页。

③ 李维桢:《屠德胤集序》,《四库全书存目丛书》(集部第150册),齐鲁书社,1997年,第572页。

④ 李维桢:《芝云社稿序》,《四库全书存目丛书》(集部第151册),齐鲁书社,1997年,第71页。另,如钟惺《南州草序》指出,"然谓文士为无用,而欲专以无文矫之,此亦不足以服文士之心"。主张以经世之文代替文人之文,其实体现的也是文儒合一的思路(参见钟惺:《隐秀轩集》,《四库禁毁书丛刊》(集部第48册),北京出版社,1997年,第302页。)。

⑤ 如第二章第三节所述,在理学家那里,文人无行的一个重要原因就是文人颠倒了文与道的本末关系。

具有贤者"自信本心，是是非非一毫不从人转换"①的人格精神。樊献科评论宗臣"意气多激昂，不能谐俗，独自信其心，淡然忘毁誉也"②。"自信其心"这一评语放在李攀龙、王世贞等人身上也是合适的，对他们来说，狂傲的言行和自信本心的精神兼而有之。不过，心学主要是在思想层面激发了此种人格，心学之外，榜样的树立和士风的熏染是"自信其心"的精神得以散播的重要因素。比如，同举复古旗帜的文坛前辈李梦阳"狂直"的性格对后七子的影响就值得重视。再如，王世贞"宁为有瑕璧，勿作无瑕石"一语就出自明初颇负狂名的解缙③，我们虽不能仅凭这一句就将解缙与王世贞的个性强行关联，但从中确能看到"自信其心"的精神在士人之间的传延。王世贞文集中还有类似的表述，如《徐汝思诗集序》论及诗歌复古的问题时说："宁玉而瑕，毋石而璠。"④《宗子相集序》《明中宪大夫福建提刑按察司提学副使方城宗君墓志铭》提到宗臣在诗文创作上"宁瑕无砆"⑤"宁瑕而璧"⑥的态度。此种取舍所蕴含的不随俗论、跟从本心的自主人格，才是后七子不顾浮议、力倡复古的内在支撑。由此还可看到，张扬自我的主体精神渗透到了文学师法路径的选择、创作态度的坚持、文人身份的认同等层面，比起通过强调气节、真情、性灵来展现明代士人主体精神的一贯路数，这更能凸显明代个性思潮在拓展士人言行和精神空间上的作用。

上述思路可以继续用来观察明代文学。明代士风和心学思想在很大程度上促发了重情、重性灵的文学思潮，情与理的对抗成为明代文学和文学理论发展史上一条甚为显豁的脉络。然需注意，理学主导下的文学观主要有两个表现：一是通过"理道"来钳制个人真实情欲的表达；二是强调"理道"在文学创作中绝对重要的地位。因此，对理学主导下的文学观的反驳会从"以情反理"和"重文轻道"这两个方向上展开。明前期，重视文辞的观念多被官

---

① 王畿：《与阳和张子问答》，《四库全书存目丛书》（集部第98册），齐鲁书社，1997年，第349页。

② 樊献科：《子相文选序》，《四库全书存目丛书》（集部第126册），齐鲁书社，1997年，第452页。

③ 杨士奇《前朝列大夫交阯布政司右参议解公墓碣铭》记载解缙"教学者恒曰：'宁为有瑕玉，勿作无瑕石。'"参见杨士奇：《东里文集》，中华书局，1998年，第257页。

④ 王世贞：《徐汝思诗集序》，《四库提要著录丛书》（集部第118册），北京出版社，2015年，第135页。另外，张佳胤《魏顺甫云山堂集序》也有"宁玉而瑕，毋石而璠"一语。参见张佳胤：《居来先生集》，《四库全书存目丛书补编》（第51册），齐鲁书社，2001年，第414页。

⑤ 王世贞：《宗子相集序》，《四库提要著录丛书》（集部第118册），北京出版社，2015年，第133页。

⑥ 王世贞：《明中宪大夫福建提刑按察司提学副使方城宗君墓志铭》，《四库提要著录丛书》（集部第118册），北京出版社，2015年，第364页。

方话语压制，或潜藏于创作实践当中，难以得到价值方面的伸张；明中后期，李梦阳、杨慎，以及以祝允明为代表的吴中士人在"重文"的理论路向上有所推进，但又容易被重情、重性灵的思潮所掩盖。王世贞等人的理论主张及身份认同则突显了明代文学思想史上"重文"的思想脉络，不但激化了"文"与"道"的冲突，还使得"重文"与"重情""重性灵"的潜在矛盾也浮现出来。从"重文"的角度来看，"重情""重性灵"与传统理学文学观均从文章思想价值角度立论，强调主体精神在学文、作文中的关键作用。它们在相互对立的表象下，遵循着一以贯之的文学批评逻辑。唐顺之本色论，李贽"童心常存，则道理不行，闻见不立，无时不文，无人不文，无一样创制体格文字而非文者"①的言论即与理学家"道盛文自生"的观念同一思致，所强调的都是主体精神的主导地位，这与"重文"思想的取向明显不同。晚明士人批评前后七子模拟，所蕴含的正是"重理道""重情"思想与"重文"思想的对立。

"重文"与"重情""重理道"等思想因矛盾而带来的碰撞、调适与融合，深刻影响着彼时的文坛格局及发展态势。一方面，晚明部分士人尽力调适"文"与"道"之间的矛盾，如李维桢那样重新主张文儒合一的人格范型，再如科举制艺的书籍既要指示具体的学文路径，又要贯彻官方意识，也往往兼重二者。这些举措都蕴含着"以道约文"的路向，进而向官方、正统文学观靠拢。另一方面，王世贞等人遭受的"文人无用""文人无行"的批评说明这样的文学观和身份认同意识不适合在理学和政治场域展开，也不符合官方意识下士人培养的要求。"重文"思想因疏远官方意识，强调适性，又与"重情""重性灵"思想有融合的可能。因此它们在与官方意识冲突之后，其势下潜，体现出向下的，疏离理学、政治场域的倾向，在走向地方，走入市井、山林的士人那里得到发挥，形成一种有学识、重文才、具个性的"文人"风貌。晚明吴中文人华淑在《题文章九命后》中说道：

> 贫贱愁苦，天地之清气也，清与清合，故文士往往辄逢之；富贵荣显，天地之浊气也，浊与清别，故文士往往辄违之……彼肥皮厚肉，坐拥富贵者，类皆声销气沉，寒烟衰草其归灭没。独文人诗士，其流风余韵，尚与山川花月相映不已。②

---

① 李贽：《童心说》，李贽著，张建业主编：《李贽全集注》（第1册），社会科学文献出版社，2010年，第276—277页。

② 华淑：《题文章九命后》，华淑辑：《闲情小品》（第3册），国家图书馆藏明刻本，第13b页。

此论虽非独创,却可代表王世贞的文人身份意识和文学观念在晚明地方及中下层人士中的推扬与流衍。由此视之,在重情、性灵论已占上风的中晚明文学史上,"重文"思想依然关乎明代文学流派的更替演进,中央与地方文学的对峙、交流、互动,以及明代文坛的某些发展动向,仍旧是值得考掘和深究的潜在的脉络。

综上,王世贞的文人身份认同和群体意识是由嘉靖至万历时期的政治环境下,文学、理学、心学诸种因素交叠、冲突所促发而成。道德、政事、文章合一的人格范型打破之后各个立场下的话语对抗,通过文学观念和身份认知的冲突展现出来。在此背景下,王世贞"重修辞"的思想不仅针对唐宋派文风,还冲击着传统的文道观,成为明代"重文"思想脉络中的重要节点。随之而来的文人身份认同意识强化了这种文学观,蕴含着"自信其心"的士人心态。在由台阁、郎署、地方所组成的文坛格局中,"重道"与"重文"展现出相反的运动方向,王世贞作为郎署作家的代表,其文学观念、身份认同具有远离政治和理学场域的倾向,其遭遇也揭示了文人走向地方、走向下层的必然性。

第四章　文本舞台：文人（诗人）身份的
角色表现与认同机制

从儒者、史家、官员视角来审视文人（诗人），归根结底是将文人（诗人）作为社会角色来看待，诗文创作在某种程度上也就被当成了一种社会行为。作品的内容、风格，创作主体的立身行事等均被笼罩于人际关系和传播网络中，成为塑造文人（诗人）形象的内在要素。在关注文人（诗人）因进入政治、儒学等场域而遭到社会批评的同时，我们也得注意，作品本身也构成了一个映照现实世界、呈现作者某种角色的文本舞台。那么在这个舞台上，文人（诗人）角色有着怎样的呈现？相关的书写和表达蕴含着怎样的身份认同机理？这是本章需要探讨的问题。创作诗文虽然被当作体现文人（诗人）身份的主要手段，可是作者并不一定乐意在作品中展示自己的文人（诗人）角色。于是，作者与他在文本舞台上所扮演角色之间的关联便会直接影响读者对作品的接受。传统的道德伦理观念、文学审美思想也就通过作者的角色表达而介入文本，在影响相应作品书写的同时，也导致文本舞台上的文人（诗人）经历了截然不同的身份认同和角色呈现过程。别集序的模式化表达与诗中"诗""诗人"的书写恰可提供这两方面的对应参照，从而成为我们重点分析的内容。韩愈"余事作诗人"则是一个有趣的例子，这句诗的创作与接受正好体现了两种观念和空间的交叠，让我们看到文本舞台上的"诗人"正面形象如何得以树立，又如何在传统价值观念作用下被误解。

第一节　创作者与表演者：文人（诗人）面向
文本的角色图景及接受范式

承前所言，文人（诗人）在面向现实与面向文本两个层面上都有着极为重要的意义。就前者来说，文人（诗人）因文本的内容、主旨，以及创作主体的群体性特质（习气）而得到不同程度的认知与批评。就后者而言，文人（诗人）既具有文本创作者这一客观的身份属性，又必然会在文本当中展示自我。于是,现实世界与文本舞台之间产生了复杂而微妙的关联。在二者的互动过程中,文人(诗人)扮演了什么角色,起到了什么作用,并衍生出怎样的文本接受特点和批评方式?本节将围绕这些问题进行探讨。对此,我们首先要进行一个视角的转换:从面向现实的文人(诗人)转换到面向文本的文人(诗人),也即将焦点聚集到作者与文本的关系上。

研究文学作品,以至于研究任何文本,"作者"都是一个绕不开的核心点。"文本中心""读者中心"论者尽管能削弱作者的价值与意义,但无法回避作者的客观存在及其能动作用。罗兰·巴特、福柯等人对"作者之死"话题的论述,促使研究者不断地审视"作者",并使之成为文学理论研究的一个重点。在中国古代文学研究领域,龚鹏程、李春青等学者也对古代的作者形态、作者意识等作了分析。①而对于文本的阅读、接受来说,现实中文本的作者A与文本中角色主体B之间以怎样的方式相联系,这也得到了学界的关注与重视。以诗歌为例,A与B之间的关联直接关系着人们对古代诗歌与诗学的认知。传统的"知人论世"原则暗含了将A与B完全等同的接受、批评思路,从而契合于"诗史"的诗学概念和"传记化"的诗歌解读路数。随着学术观念的演进,研究者对A等于B的认知模式产生了质疑。这体现在两大方面:从创作机制上来看,诗歌的叙述主体和抒情主体未必就是作者,"代人作诗"即为典型案例,蒋寅《角色诗——角色诗中的性别意识》②对此进行了专门探讨。而这一点对理解词尤为重要。宇文所安、萨进德等北美学者都曾指出,很多情况下词只是写出来供宴会娱乐或演唱之用,不能与词人的生活经历相联系。③如此则否定了词作者等于词抒情主体的认知,该主张对解读李煜、李清照等词人带来了与以往不同的视角。艾朗诺颠覆以往学者将李清照词当作她自身的写照,并进行考证与系年的做法,认为像《凤凰台上忆吹箫》这样的词"只不过是一种程序化的表述而不是真实的李清照的声音"④。那么,古人将词作与词人的人生经历相联系的解读方式,既重塑了词

---

① 参见龚鹏程:《中国文人传统之形成:论作者》,龚鹏程:《文化符号学》,台湾学生书局,1992年,第3-46页;李春青:《中国古代"作者"观的生成演变及其文化意味》,《文艺理论研究》,2013年第5期,第87-94+10页。

② 参见蒋寅:《古典诗学的现代诠释》,中华书局,2003年,第160-180页。

③ 参见Stephen Owen, "Meaning the Words:The Genuine as a Value in the Tradition of the Song Lyric", Pauline Yu ed., *Voices of the Song Lyric in China*, University of California Press, 1994;[美]梅维恒主编:《哥伦比亚中国文学史》,马小悟、张治、刘文楠译,新星出版社,2016年,第十五章"词"。

④ [美]艾朗诺:《赵明诚远游时为什么不给他的妻子李清照写信?》,《中国文学研究》(第十一辑),中国文联出版社,2008年,第137-150页。

作,又重塑了词人,因而成为值得探究的课题。孙承娟就揭示了古人对李煜词自传性解读所蕴含的政治倾向,以及此种解读对李煜词传播、接受的影响。①从文学表达上来看,诗歌不会如实地、毫不变形地反映现实。即便抒情主体就是作者,基于诗歌表达的特殊性,二者之间也不能完全等价和互换。于是,诗歌内涵与创作背景、作者本意之间就不会永远畅通无阻。这成为解读、笺释诗歌绕不过的问题。颜昆阳在讨论李商隐诗歌的笺释方法时,将"笺释效能性作者"(即"精神经验性的作者")与"行为事实性的作者"区分开来,主张打破依据现实作者的本意来笺释诗歌的传统方式。②类似的区分还有蔡宗齐关于"经验自我(experiential self)"与"诗性自我(poetic self)"的论述。③这说明在解读诗歌中的那个"作者"时,现实中的作者信息能给予的帮助是有限的。

以上两种思路相互交叠与融合,突破了诗歌作者等同于诗歌抒情主体的固定化认知。于是,秉持这一套固定化认知的观念表述与言说系统——包括"知人论世""诗史""本事诗"等等——何以能够延绵不息,成为我们应当重新审视的问题,而其中的原因也较为复杂。本节拟从读者的角度来看待文本的创作和接受,建构现实中文本作者、文本中角色主体、读者之间的角色图景及其关联模式。在揭示传统文本接受内在机制和重要面相的同时,回视文人(诗人)面对文本时的角色意义,并为后面几节的论述做好理论铺垫。

一、角色图景的搭建:从对话到文本的典型分析

在对文本的阅读、接受进行理论分析的时候,如何预设文本作者与文本中角色主体之间的关系至关重要。"等同"预设会导致理解路向发生偏差,相对来说,将文本作者与文本中的角色主体分而视之的"不必等同"预设完全可以囊括"等同"与"不等同"两种情况,从而具有普适性。所以角色图景的搭建必须依照一个简单而清晰的研究模型,充分体现每一个角色的不同位置和功能。对此,对话体成为我们探究角色图景的一个适合的样本,下面就以中国早期文本《论语》中的对话为对象进行分析。

---

① 孙承娟:《亡国之音:本事与宋人对李后主词的阐释》,卞东波译,《文学研究》,2015年第2期,第69-84页。

② 参见颜昆阳:《李商隐诗笺释方法论——中国古典诠释学例说》,里仁书局,2005年,第169-172页。

③ 参见蔡宗齐:《经验自我与诗性自我:曹植诗新论》,陈婧译,陈致主编:《中国诗歌传统及文本研究》,中华书局,2013年,第226-273页。

《论语》当中有不少孔子与弟子的对话,比如,在孔子与颜回的对话中,孔子对颜回说了一句话C,颜回答话D。对C来说,孔子是讲述者(也即C的作者),颜回是倾听者(C的接收者)。对于D,这个关系刚好倒过来。如果我们要突出C的特殊性,则可指出:C是孔子在特定的场合(语境)、针对特定的人(颜回)说的。也就是说,C的适用性有其场合和对象的限定。要是在别的场合,或者针对别的人,孔子很可能就不会这么说。这具有因地制宜、因材施教的意思在内。所以,C的作者、读者(倾听者)是单一映射关系,即"作者(孔子)→作品(C)→特定读者(倾听者:颜回)"。当然,我们在这里扩大了C的特殊性,在很多情况下,场合、对象,以及对话本身,都没有太大的特殊性,孔子所讲的内容,对很多人都合适,很多人都可以成为倾听者。但就实际发生的场景来说,孔子的这句话是说给颜回听的。因此在对话体中,"作者(孔子)→作品(C)→特定读者(倾听者:颜回)"的单一映射是既定事实。

当对话固定为文本后,真正的读者——阅读《论语》这个文本的人——出现了。读者看待《论语》文本的方式有两种,其中一种就是将孔子与颜回的对话作为一个整体来看待。在此情况下,作品不再是孔子说的那句话,而是整个对话。那么整个对话的作者是谁呢,孔子+颜回?如果《论语》是一部小说,那里面所有对话的所有权都应归属于这部小说的作者。但《论语》是由对话记录而成。所以,我们与其规定这段对话的作者,不如将孔子与颜回看做这段对话的表演者。二人的对话场景被记录下来,读者所阅读的,就是这个对话场景。此外,在《论语》中,孔子是绝对的主角,《论语》的主体话语和精神内涵主要出自孔子。因而,我们把《论语》著作权归在孔子名下,并无太大的不妥。[①]于是,《论语》的"作者"孔子是以表演者的角色出现在这段对话中的。孔子的话说给颜回听,颜回的话说给孔子听。他们互为说话者和倾听者,读者在这里活生生扮演了旁观者或偷听者的角色。由此,我们总结出另一条路径:"作者"(孔子)→表演者(文本中的孔子)及其作品→读者。综合以上两个方面,可得到较为完整的角色图景(图3):

---

① 从目录著录的角度来说,很多人都把《论语》归在孔子名下。此外,刘瑄仪《〈论语〉作者探究:来自傅柯观点的启发》一文也指出,"孔子就是一位超越话语的作者""孔子之于《论语》可以肯定是一种作者与作品的关系"(刘瑄仪:《〈论语〉作者探究:来自傅柯观点的启发》,《图书资讯学刊》,2015年第2期,第209-226页。)。

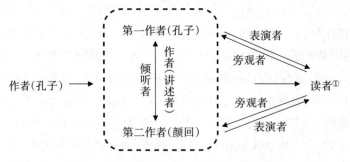

图3 《论语》的"创作—阅读"角色图景

该图景体现了将现实中的作者与文本中的表演者,将文本舞台与现实情景分而视之[2]的理论预设。虽说它没有脱离作者→文本→读者这一司空见惯的"创作—阅读"模式,但将作者、表演者、旁观者三种角色分而视之的方式有助于理解绝大多数文本的接受形态。其中,需要突出的两个要点分别为:第一,我们把A与B的关系理解为作者与表演者的关系,这与"笺释效能性作者—行为事实性的作者""经验自我—诗性自我"的二分方式不同,目的是突出文本的舞台作用以及作者在文本中有意的自我表现。第二,读者具有旁观者的角色属性和接受特点。旁观者所看到的不是平面化的文本,文本所呈现的语境、现实当中的创作场景等都在旁观者的观照范围之内。旁观者的全知视角就已经规定了文本的开放性,许多文本解读方式也就由此生发出来。

二、"无我之作品"与进入式审美

《论语》中的对话是现实对话的文字记录,这一文本生成形态直接将创作场景内置于文本当中,由此,作为文本表演者的孔子理所当然地指涉现实中的孔子。将《论语》文本的场景内置形态推而广之,其所导出的角色图景反映出一个基本关系,即文本当中存在着对应于作者的表演者,或者说读者能够通过文本感知到这个对应于作者的表演者。然而实际情况下,一些文本并没有作者的影子,读者也很难感知到对应于作者的表演者的存在。以此为标准,我们可以将文本分为两类。已有论者做过类似的区分,如清朱庭珍《筱园诗话》指出"诗中有我"与"诗中无我"之别,他推崇所谓"诗中有我",

---

① 需要说明的是,为了与表演者完全对应,读者扮演的应该是观看者的角色。但是旁观者更能突出读者非倾听者这层意思。

② 这里的"分而视之"并不是说割裂现实中的创作者与文本中的表演者,以及文本舞台与现实情景的关系,而是先将它们安置在各自的,互不相同的位置上,再对它们之间的联系进行客观的分析。

即诗歌具有作者独有的精神、面目、才气、文辞,使得"后人读吾诗者,无不见我性情,知我心志"①,反之则是"诗中无我"。王国维《人间词话》从文学审美(意境)的角度,标举出"有我之境"与"无我之境"。朱、王等人关于"有我""无我"的说法很有借鉴性,我们将其进行简单的转换,以"对应于作者的表演者('我')是否存在于作品之中"为衡量标准,形成"有我之作品"与"无我之作品"之区分,并展开以下讨论。

　　首先来看"无我之作品"。所谓"无我之作品",是指作者没有进入文本,读者很难根据文本联想其创作过程。叙事诗是其中的典型,王夫之在评价《焦仲卿》《木兰诗》等叙事诗的时候,说道:"要以从旁追叙,非言情之章也。"②王氏看重抒情诗歌亲身见证、经历的质性,这暂且不论。就创作机制上来说,叙事诗从旁追叙,也就是作者以第三者——即旁观者——的立场来叙述事件,诗歌中不存在对应于作者的表演者。作者没有参与文本舞台上的角色活动,故他的作用仅在于创造诗歌作品,也即体现单一的作者角色。这一方面使得作者角色纯粹化,另一方面也在某种程度上减弱了作者与诗文作品的血脉关联。不少写景诗因没有"我"的存在,故也可以作这样的解读。如王维《辛夷坞》:"木末芙蓉花,山中发红萼。涧户寂无人,纷纷开且落。"③该诗叙述了山中芙蓉花开花落的微小事件,"涧户寂无人"一句否定了"我"的存在。对于这场自在自为的景象变化过程,王维本人成为一个隐秘的旁观者(偷窥者)。再如宋王庭珪:"江水磨铜鉴面寒,钓鱼人在蓼花湾。云间贪看新月上,不觉小舟流下滩。"④虽然我们能够设想作者亲见了这幅美好的景象,但作者自始至终居于诗歌所描述的景象之外,故他呈现的依然是一个旁观者角色。由叙事、写景诗推而广之,诗歌中的抒情也未必需要作者参与。借事抒情,事与情融合;借景抒情,景与情融合。作为抒情主体的"我"完全可以潜藏在"事""景"之后,在诗中呈现出一种"无我"的状态。此外,诸如全视角的话本、小说、戏剧等文本,因都从创作机制上表明了作者的不在场,故也是"无我之作品"。

　　"无我之作品"虽然体裁、内容各异,但共通之处也极为明显。文本中不存在作为表演者的"我"。作者的功用与意义就限定在创作文本这个层面

---

① 朱庭珍:《筱园诗话》,郭绍虞编选:《清诗话续编》(第4册),上海古籍出版社,1983年,第2343页。

② 王夫之:《姜斋诗话》,《四溟诗话　姜斋诗话》,人民文学出版社,1961年,第148页。

③ 王维:《辛夷坞》,王维著,赵殿成笺注:《王右丞集笺注》,上海古籍出版社,1984年,第249页。

④ 王庭珪:《次韵卢赞元江亭即事二绝句》(其二),《全宋诗》(第25册),北京大学出版社,1998年,第16842页。按,"小舟"或作"竹竿"。

上，对读者来说，作者就只是作者而已。作者与文本内容的关系不外乎两种，一为创造，一为传达。编造故事、造景、提出观点与主张属于前者，转述故事、写景、引述他人观点与主张属于后者。真实情况下的作品很可能两者共融，不过作此区分，能让我们对作者与读者之间的关系看得更为清楚。对于创造，由于"无我之作品"没有限定作品内容的接收者，故作者完全是可以说给任何人听的，任何读者都可以是接收者与倾听者，而不再是作者创作过程的旁观者。所以，在作者角色纯粹化的同时，读者角色也纯粹化了。对于传达，作者与其所传达的内容——所转述的故事与所写的景致——没有专属关系。作者以旁观者的视角来传达信息，读者也以旁观者的视角来接受信息。对于所要传达的内容来说，作者与读者居于同样的立场。基于这种等同性，阅读的过程也就是读者站在作者的视角所进行的一场文本接受。完全进入文本所描述的故事、场景而不关心现实中的作者，就像作者旁观着动人的事件与景致而忘记了自身作为作者存在一样。我们可将这种接受方式称为内容接受或进入式接受。对于"无我之作品"，读者往往采取内容接受。接受的向度可以是多样化的，既可以涉及正统的价值判断，也可以涉及情感的共鸣与物象的体验。所以，针对"无我之作品"中具有审美性的文学文本（如诗歌），读者所采取的也就是内容审美（即进入式审美）。

三、"有我之作品"与"知人论世"

"有我之作品"与"无我之作品"相反，是指作者直接或间接地进入文本，成为表演者。像《论语》这样的对话体文本当然包括在内。此外，应用性的公文和日常的书信、赠答诗、行卷文等都可以称之为"有我之作品"。这些文本的格式、内容就已经确定作者主体及其身份。它们同对话文本的性质一样，公文针对帝王、官员而创作，书信针对通信者而创作，赠答诗针对赠答对象而作，行卷文针对谒见的官员而作。这些帝王、官员、通信者、赠答对象是作者文本的接收者和倾听者。作者创作这些作品，主要不是给后世的读者看的。作者与后世读者的关系，也就是表演者与旁观者的关系。除了公文、书信、赠答诗、行卷文这些从形制上就已经规定作者角色性质的文本外，作者主体及其创作缘起以直接或间接的方式与文本相关联，或者说读者能够从文本及其相关信息中感知作者的创作缘起和主体形象，由此也形成"有我之作品"。如果以作者的自我表达和抒发为此类文本（比如抒情诗）的主要目的的话，那么，作者的每一句话其实也都不是说给文本的读者听的。因而，读者依旧是整个过程的旁观者、偷听者，同时作者成为有意无意的表演者。

既然"有我之作品"的作者被视为表演者，那我们不禁要问，作者扮演的是什么角色呢？在《论语》中,孔子扮演的是老师的角色;在公文中,作者扮演官员角色;在书信、赠答诗中,作者扮演朋友或其他相应的角色。以至于在很多自我表达和抒怀的诗歌中,我们也能找到抒情主体的社会角色。诸如"长太息以掩涕兮,哀民生之多艰"展现屈原的士大夫角色,"采菊东篱下,悠然望南山"展现陶渊明的隐士角色。这样的例子在古代诗歌中不胜枚举。我们一般会用"形象"二字来概括诗歌中的抒情主体,但是"角色"一词更能体现表演主体的现实维度。作者当然也可以在文本中扮演创作者角色(即文人、诗人角色),比如,在作品中表达自己创作诗文的境况,或通过作品施展自己遣词造句的本领等,不过这只是作者在文本舞台上需要扮演的众多角色之一。

"有我之作品"非常适合"知人论世"的文本接受和阐释方式。要做到"知人论世",必须获得相应的创作信息,将作者的人生经历、创作缘起、社会背景等纳入观照范围,进而对作品进行全知式的考察。这凸显了读者的旁观者立场,因为比起当局者,旁观者更能以全知的视角来看待作者及其作品。①对读者(旁观者)而言,阅读、理解作品的过程也就是通过作品及相关材料把握作者意图的过程。作者在作品中展现出来的思想情感、人格风貌也就成了读者最终需要了解的东西,同时也是阅读作品最主要的目的。这一观念在先秦便有所显露,孟子提及"知人论世",本意并非强调"了解作者的经历及创作背景有助于准确理解作品",在他看来,"颂其诗、读其书"与"论世"乃"知人(尚友古人)"的有效手段,"颂其诗、读其书"的目的是"知其人"。焦循对此作过清晰的阐述:"若生今世而上友古人,则不同世则何以知其人之善。故必颂其诗、读其书而论其世。惟颂其诗、读其书而论其世,乃可以今世而知古人之善也。"②就此而论,"知人论世"与"以意逆志"有着共同的宗旨,清方东树就说过:"孟子曰:'诵其诗,读其书,不知其人可乎。是以论其世也'。此为学诗最初之本事,即'以意逆志'之教也。"③从更广泛的层面来看,先秦以来,以"诗言志""诗缘情"等为代表的文学发生论便已规定读者"通过作品理解和感受作者'志''情'"的接受和阐释路数,这也与孟子"知人论世""以意逆志"的理念若合符契。

---

① 当然,旁观者与当局者只是视角的变化而已,并非固定化的身份定位。某些情况下,当局者也可以变成旁观者,如作者在阅读自己过往作品的时候,就很可能从自己曾经的创作状态中跳脱出来,变成完全的旁观者。同样,旁观者也有可能成为当局者。这都取决于阅读主体的自我定位和接受方式。

② 焦循:《孟子正义》,中华书局,1987年,第726页。

③ 方东树:《昭昧詹言》,人民文学出版社,1961年,第6页。

上段分析主要为了说明"阅读作品的目的在于知人"实为中国古代最为基础且普遍的观念。该观念成立、流行的逻辑前提是：读者能够通过作品感受到作者的创作意图及背后的思想情感、人格风貌。这也就要求读者将台前的表演者等同于台后的作者，将文本舞台与现实世界进行无缝连接。"心画心声""文品可见人品"等论调因此而广为流行，"气""神""性情"等也成为连接作者与作品的重要范畴。就"气"而论，人各有"气"，在作者与作品之间，"气"是畅通无阻的。作者之气灌注于文本，成为作品之气，读者的逆向过程就是要依循作品之气，感知作者之气。这一"文气"论思想在古人那里得到了反复的申说，如明雷燮《南谷诗话》云：

　　　　德行，本也；诗词，末也。推本而言，亦自养气知言中来，岂容易视之哉？气粗词放，气馁词穷，气促词短，气悲词哀，气猥词卑，气俗词俚，不能涵养者也。气充词宏，气温词厚，气平词和，气壮词健，气舒词畅，善涵养者也。诗可以观矣。君子小人自此区别，深于道者能知之。①

同"气"一样，"性情"也是连通作品与作者的要素，正如叶燮所云："作诗有性情必有面目。"②读诗的目的也就是通过文辞感知作者的性情，并想见作者的面目。叶氏举了不少例子，如其论杜甫，说道：

　　　　杜甫之诗，随举其一篇，篇举其一句，无处不可见其忧国爱君，悯时伤乱，遭颠沛而不苟，处穷约而不滥，崎岖兵戈盗贼之地，而以山川景物友朋杯酒抒愤陶情：此杜甫之面目也。我一读之，甫之面目跃然于前。读其诗一日，一日与之对；读其诗终身，日日与之对也。故可慕可乐而可敬也。③

将文本舞台上的表演者当作现实中的作者，诗文作品也就凸显出"记录作者生活经历与心态"的功能和属性，这保证了"知人论世""以意逆志"批评方法的顺利进行。对于"有我之作品"与"知人论世"之间的密切关联，清汪师韩有一段颇为精到的论述。他指出诗之"三有"："其始作也有感""其方作也有义""其既成章也有我"④。这是"有我之作品"产生的标准路径，接着他

---

① 雷燮：《南谷诗话》，张健辑校：《珍本明诗话五种》，北京大学出版社，2008年，第46页。
② 叶燮：《原诗》，郭绍虞主编：《原诗 一瓢诗话 说诗晬语》，人民文学出版社，1979年，第50页。
③ 叶燮：《原诗》，郭绍虞主编：《原诗 一瓢诗话 说诗晬语》，人民文学出版社，1979年，第50页。
④ 汪师韩：《诗学纂闻》，王夫之等：《清诗话》（上），上海古籍出版社，1978年，第439—440页。

说道:"一人有一人之诗,一时有一时之诗,故诵其诗,可以知其人、论其世也。若彼我之无分,后先之如一,阐阆混混,诗奚以进于经史哉?"①

雷燮、叶燮、汪师韩的言论不能说有多少创见,但它们却代表着先秦以来文学接受与阐释的主流观念。从上述例子也可看到,一旦将文本舞台与现实世界无缝连接,将台前的表演者视为台后的作者,那么作品中的所有书写、表达都可以得到相当程度的现实观照。读者也就可以名正言顺地按照现实社会的评价体系来认知、评判文本中的角色。由此,表演者所扮演角色的现实意义、正统价值得到拓展,创作者的角色意义被减弱。读者从杜诗中读到的,不是那个写诗(诗人)的杜甫,而是忠君爱国、悯时伤乱的杜甫。古人对这两种角色的区分有明确的表述。比如,古人在评论他人的诗文集时,时常会强调集主不止为文士,不要以诗人文士看待集主。具体事例和情况下节会详论,就本节所讲的主题来看,这样的言论具备两个层面的含义:一是削弱作者作为创作者的意义,主张不要把注意力集中在创作行为上(也就是不要把集主仅仅看成诗文作品的创作者),而应注意到作者在作品中的角色呈现(即表演者)及其价值;二是削弱表演者所扮演的文人(诗人)角色及其意义,着重凸显作者在作品中呈现的具有社会政治价值的角色。②

对此,明邵宝有一段颇为精到的论述:

> 世有诗人之诗,有非诗人之诗。非诗人之诗,而才情、风致、音调、格律皆诗人也,则谓之诗人也亦宜。曷为而谓之非诗人之诗也,有所重焉者在尔。《七月》,周公之诗也;《卷阿》,召公之诗也。说者谓万世法程在是。《离骚》,屈原之诗也,说者谓风雅再变,为后世词赋之祖。然千载而下称周公者曰圣,称召公者曰贤,称屈原者曰忠,而不曰"诗人",有所重焉者在,则不敢以所轻者加之,其固然哉。③

以上言论反映了古代极为普遍的观念,即文本舞台上,圣人、贤人、忠臣角色的价值远大于诗人角色的价值。清余成教评论杜牧诗也能反映这一认识:

> 读其《冬至日寄小侄阿宜》诗云:"经书刮根本,史书阅兴亡。高摘

---

① 汪师韩:《诗学纂闻》,王夫之等:《清诗话》(上),上海古籍出版社,1978年,第440页。

② 严格地说,文本中辞藻的运用也是展现文人(诗人)角色的重要道具,为避免论述的麻烦,本节先略掉这一层因素。

③ 邵宝:《见素先生诗集后序》,《景印文渊阁四库全书》(第1258册),台湾商务印书馆,2008年,第591页。

屈宋艳,浓熏班马香。李杜泛浩浩,韩柳摩苍苍。近者四君子,与古争强梁。"可以知其用功之深醇。读其"平生五色线,愿补舜衣裳","谁知我亦轻生者,不得君王丈二殳"诸诗,可以知其立志之远大。若但赏其"高人以饮为忙事,浮世除诗尽强名"诸句,则犹是诗人而已。①

在传统价值观念主导下,与"经书刮根本,史书阅兴亡"的读书人角色、"平生五色线,愿补舜衣裳"的有志者角色相比,"浮世除诗尽强名"所呈现"诗人"形象可以说等而下之、不值一提了。

对于"有我之作品",作者不论在作品中如何凸显圣人、贤人、忠臣、志士等正面角色,都离不开"遣词造句、安排章法"等创作过程。创作者(诗人、文人)角色的存在是不容否认的客观事实,但传统价值观、诗教观却不以之为文学接受和阐释的重点。方东树批评王士禛:"论诗止于掇章称咏而已,徒赏其一二佳篇佳句,不论其人为何如,又安问其志为何如也?此何与于诗教也?"②"赏析佳句"显然是将作者当成"诗人"来看待,相比而言,"知其人""问其志"才是"诗教"的关键。方东树又说:"读阮公诗,可以窥其立身行意本末表里。陶公、杜公、韩公亦然。其余不过词人而已。"③"阮公、陶公,自尔深人无浅语,不当以诗人求之。"④这两句都表露出一个基本的态度,即读诗当观其"立身行意",而不当"以诗人求之"。再如刘熙载《艺概》云:"柳子厚《与杨京兆凭书》云:'明如贾谊。'一'明'字,体用俱见。若《文心雕龙》谓'贾生俊发,故文洁而体清',语虽较详,然似将贾生作文士看矣。"⑤与贾谊通过作品呈现的文章创作者角色(文士)相比,他在文本中所表现出的"体用具见"的人格更值得关注和提倡。

总之,对于"有我之作品",在"知人论世"及正统价值观的共同作用下,作者作为创作者的这层意义是被减弱了的。作品所突出的是作者作为表演者的意义,而后者因多与作者的社会身份紧密相连,成为社会价值观念切入文本批评的有效入口,创作者(诗人、文人)角色也就在文本舞台上被边缘化了。

---

① 余成教:《石园诗话》,郭绍虞编选:《清诗话续编》(第3册),上海古籍出版社,1983年,第1771页。

② 方东树:《昭昧詹言》,人民文学出版社,1961年,第6页。

③ 方东树:《昭昧詹言》,人民文学出版社,1961年,第82页。

④ 方东树:《昭昧詹言》,人民文学出版社,1961年,第98页。

⑤ 刘熙载著,袁津琥校注:《艺概注稿》(上),中华书局,2009年,第56页。

四、"有我之作品"与情景审美

对于上面的分析,需要注意的是,笔者并不是将"知人论世"的批评方法与严肃的正统价值判断完全对等,只是说这种批评方法和理念为正统价值观介入文学批评提供了最为切实的路径。事实上,"知人论世"不但不回避抒情性与审美性,甚至在某些情况下,还有利于情感与审美的接受和传播。如前所述,"知人论世"很容易受到正统价值观念的操控,由此引发的典型(甚至有点极端)的理念是:将文本作为工具,重视文本所反映的现实世界,而反对辞藻所构建的形式之美。任何作品都是由内容与形式两个要素构成。否定了形式之美,也就意味着读者只能从作品内容中挖掘其抒情性与审美性。对于"有我之作品",其内容直接源于作者的现实经历。于是我们看到,赋予作品抒情性与审美性的,主要不是文辞表达,而是作者的现实经历和体验。对此,我们可引用洪亮吉的一段话进行说明:

> 明御史江阴李忠毅狱中寄父诗:"出世再应为父子,此心原不间幽明。"读之使人增天伦之重。宋苏文忠公狱中寄子由诗:"与君世世为兄弟,又结他生未了因。"读之令人增友于之谊。唐杜工部送郑虔诗:"便与先生成永诀,九重泉路尽交期。"读之令人增友朋之风义。唐元相悼亡诗:"惟将终夜长开眼,报答平生未展眉。"读之令人增伉俪之情。孰谓诗不可以感人哉。①

洪氏列举的四个诗例以证明诗歌的感人之处,如果将这些诗句转译成文言或白话,也照样会感动读者。因而感动人心的(或者说是具有审美抒情效应的)不是诗句的文辞形式。抛开形式层面的因素,剩下的就是内容与意念。将诗歌感人的原因归结为诗句所表达的意念,这似乎是理所当然的做法,但还有更为深刻的一层因素容易被忽视。诗句意念的表达是外在事件所激起的一种情感反应,情感激发的结果——诗句意念的呈现——固然是感动人心的重要标志,然而,情感激发的过程——在事件触动下,诗句意念形成瞬间的情感抒发——才是感动人心的关键要素。如果我们阅读苏轼"与君世世为兄弟,又结他生未了因"两句诗,仅仅是通过诗人表述的"世世为兄弟"的结果性意念来感受真挚无比的兄弟情谊,那么这种情谊固然动人,却终究停留在表层。如果我们知道该诗是苏轼因乌台诗案而下狱,于狱中所作,就

---

① 洪亮吉:《北江诗话》,人民文学出版社,1983年,第3页。

能够清楚地了解这首诗情感的触发因素，那对这两句诗的情感体悟也就完全不同。也就是说，除了诗歌的表面意思之外，事件或环境对诗人诗性表达的触发本身就是十足动人的、具有审美性的过程。

我们可以通过文论史上著名的命题"不平则鸣"来加强对这个问题的认识。"不平则鸣"其实就描述了这么一个过程：①政治、社会等外在事件的打压使得创作主体郁积"不平之气"→②"不平之气"触发了作者抒发的欲望和快感并进入创作过程→③在"不平之气"的驱使下创作出富有感情的作品。环节③是情感激发的结果，其所形成的作品本身就能够感人。我们需要指出的是，环节②因提供了一个情感抒发的通道，成为作者创作文学作品的关键。不但如此，该环节包含着"外在事件触动下情感的郁积""主体思绪的能动反映与震荡""抒发欲望的逐步达成"等过程，而这一系列过程本身就是一种难以比拟的、对读者（旁观者）具备足够吸引力的抒情审美体验。因此在读者（旁观者）眼中，具有美感的不只是诗句动人的表达，诗人的经历、心境及创作过程都可以成为潜在的审美对象。我们将其称之为过程审美，对于"有我之作品"，读者对过程审美有着潜在的需求。

"不平则鸣"说可能把创作过程体现得过于重大与悲慨，但它能够放大环节②的作用，以引起我们足够的重视。就一般情况而言，任何作品都是作者在一定情景下受到触动而创作的，这种触动可能极为悲慨，也可能轻松闲雅。总之，上述过程，特别是环节②引发的过程审美具有一定的普适性。一般认为，情感和审美意念的表达与外在世界的触动直接相关，故环节②与环节①是无法隔离开的，而环节①代表着作者的现实经历与创作背景，简言之，即事。鉴于环节②的独特功能，我们不得不重新审视环节①与环节③的关系，也即事与诗之关系。对此，研究者已经作过大量的探讨。我们在以往研究的基础上，提出以下两个问题：一是诗本事是事诗关系的直接体现，我们习惯性地认为给诗歌找寻本事是受史学传统的影响，但真是这样的话，为什么会出现很多不符合历史事实的诗本事，并流传久远呢？二是读者知道本事，也就知道了诗歌所要表达的意思，在此基础上对诗歌的理解就能顺畅不隔，反之，在不知道本事的情况下理解诗歌，则有可能不够切实顺畅。那么，事的功用仅仅在于提供一个创作的缘起和诗歌本意的来源么？通过上述分析我们就能发现，事的寻求——即环节①的寻求——能导致环节②的生成，环节②又能够满足读者的过程审美需求。所以事的功用除了提供诗歌本意之外，还在于提供环节②，以达成读者的审美需求。倒过来看，正因为事的寻求以过程审美为目的，故只要达到一定的过程审美效果，就完成了事与诗的完美融合，而事的真实性就很可能被抛掷一旁。此外，环节①代表事件,环节③代表作品,环节②理所当然地代表作者。换言之,过程审美是充分体现作品情感归属和审美主体的关键环节,对此,作者的真实性并不重要,但是作者的存在性却极为重要。如果说,正统价值观念下的知人论世打压了作者(诗人、文人)的现实意义和存在价值,那么过程审美则会放大作者(诗人、文人)的抒情和审美价值。

用最简短的话概括上述理论,即诗歌是美的,作诗的行为(过程)也是美的,以至于触动诗人作诗的外在环境、事件也为读者提供了重要的审美背景。理论上的条分缕析能够使我们厘清审美过程,然而,在阅读实践中,读者却不可能将作诗的行为单独提出来进行审美观照。关于诗与事的关系,殷学明认为:"诗是作为事件存在的,事件不仅产生诗,还推动诗。"①比之于把诗歌看成一个作品,把诗当作一个事件是更为深刻的认识。然而,事与诗不当是这种相互分离的、推动与被推动的关系。王怀义在论及"诗缘事"理论时说道:"主体的身心活动以及在活动中形成的思想和情感('事''史''思''情')同样以其真实的面貌容纳于事件中并统一于诗歌。"②所以"事""作诗过程""诗歌"三方面完全可以融合起来,构成一个审美共同体。诗歌的形式与内容,外在的事与作诗过程共同熔铸了诗歌的审美内涵。③

为区别于进入式审美、过程审美,我们将"事件(环境)""过程(作者)""作品"三者合一的审美方式称为情景审美。谢榛《四溟诗话》云:"夫情景相触而成诗,此作家之常也。"④外在于主体的景触发内在于主体的情,形成情景融合的诗歌作品。所以"情景"一词既可以通过指涉作者的创作情景而囊括触动诗作产生的外在事、景;又可以通过"情"这个字,囊括作者创作过程中的情感抒发(过程审美);还可以通过指涉作品的内在情景,而囊括作品形式和内容上的审美效应。因此,情景审美当是对事件(环境)、过程(作者)、作品三者合一的审美方式的恰当称谓。

---

① 殷学明:《中国缘事诗学纂论》,山东师范大学博士学位论文,2013年,第32页。

② 王怀义:《汉诗"缘事而发"的诠释界域与中国诗学传统——对"中国抒情传统"观的一个检讨》,《文学评论》,2016年第4期,第129-138页。

③ 对于"诗歌的形式和内容能够赋予诗歌以审美内涵",这一点无可异议。对于"外在事件与作诗过程赋予诗歌以审美内涵",前文已有事例可以证明。此外,我们还可以将诗歌与艺术品的审美属性相类比,来加深这种认识。卢文超就指出,我们不能仅仅将艺术作为物品来探讨,还要将其作为事件来探讨。与艺术品关联的语境与故事都进入艺术品的意义之中,造成自身意义的丰富与变化。(参见卢文超:《从物性到事性:论作为事件的艺术》,《澳门理工学报》,2016年第3期,第147-155页。)本节把诗歌当作事件,也借鉴了卢文的观点。

④ 谢榛:《四溟诗话》,《四溟诗话 姜斋诗话》,人民文学出版社,1961年,第121页。

综上，我们可以说，对于"有我之作品"，读者大都处于旁观者的立场，将创作背景（事件、环境）、创作主体与创作过程、作品统一起来进行理解与审视。这一方面受到史学传统和正统观念的导引而走向知人论世和传记化的接受方式，另一方面又受到审美性需求的影响而采取情景审美的接受方式。作品中存在着对应于作者的表演者，诗歌是表演的舞台。舞台上的角色、道具、信息被当作具有现实质感的世界。于是读者的阅读视野必然存在一个转换，即从文本舞台转向历史舞台（不论这个历史舞台是真实的还是虚拟的），由此达成事、人、作品合一的情景审美。在具体的情景之中，陶渊明的"采菊东篱下"是自我的抒发，李白的"不及汪伦送我情"是对汪伦吐露心声，陆游的《钗头凤》是针对唐婉而发，李清照的一些词是针对赵明诚而作。①作为读者（旁观者）的我们，却在审视着整个情景。将陶渊明的闲雅生活及其诗、菊；陆游与唐婉的故事及其《钗头凤》；李清照赵明诚的故事及其词作作为一个整体来进行审美观照。阅读这些"有我之作品"，我们既体验着作品内容所描述的情感和景致，又审视着整个创作情景，就像观看一出完整的戏剧一样，跟随主体进行一场由事到诗的抒情审美体验。所以，在情景审美观照下，作者和创作背景的真实性并没有太大意义，作者作为表演者和读者作为旁观者的意义却得到了充分的展现。

我们可以再举一例，《示儿》一诗乃陆游临终前对儿子所作，诗中表达了陆游因国家尚未统一而引发的悲慨情绪和收复中原的强烈愿望。林景熙《书陆放翁诗卷后》云："青山一发愁濛濛，干戈况满天南东。来孙却见九州同，家祭如何告乃翁。"②林氏这首诗直接反映出他对《示儿》的审美接受。诗的后两句以旁观者的角度，对原诗的内容作了悲慨的回应，也即对原诗内容的抒情性接受。前两句写的是当时的家国实情，回应的是陆游作《示儿》时的家国现实，也即对原诗创作背景（事与环境）的审视与接受。如此，外在的事件与内在的情感以及作品都统摄于林诗之中，从而突显了林氏对《示儿》一诗的情景审美方式。在立足于现实的作品面前，外在事件与内在情感不可分割，故情景审美是必然选择。由此我们认为一些拟代体诗歌（如以屈原为抒情主体的作品），以及和诗（如和陶诗）都是将作品与创作背景进行统一的情景审美后产生出来的。

最后需要指出的是，情景审美也有个别性与群类性之分。正如前文所举李白、陆游等例，独特的事件或环境引发了独特的情感抒发和诗歌表达，

---

① 这里列举的例子，重点不在于事件的真实性，而在于事件与诗歌审美性的圆融。

② 林景熙：《书陆放翁诗卷后》，《全宋诗》（第69册），北京大学出版社，1998年，第43526页。

读者也需要从这个独特的事件和环境中去进行情景审美,从而体现出审美的个别性。然而,在共通的文化背景和大量的创作实践中,形成了很多共同的、触发诗人情感的事件与外物。如秋天引发愁绪,离别引发哀怨,月亮引发归乡之情,如此等等。同一个事件和环境(外物)引发人们的同一类情感,情感的触发因具有类通性而更能让读者与作者产生共鸣。在此情况下,过程审美是很容易达成的,而情景审美也就是顺理成章的事。同时,也正由于过程审美的容易达成,只要将事件(环境)与诗(诗人)放在一起,就能够产生群类性的情景审美效果。因而,诗(诗人)能够与秋、离别、月亮等环境、事件、外物组成一幅幅情景审美图景。这种图景所造成的映像不仅影响着读者对环境、事件、外物的审美观照,还影响着悲秋诗、离别诗、赏月诗的书写。

五、角色—审美图景下的文人认同

经过以上分析,我们在第一部分得出的角色图景基础上,形成完整的角色—审美图景。如图4所示:

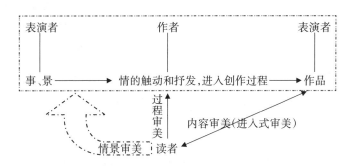

图4 文学作品的角色—审美图景

总之,对于"无我之作品",内容审美、进入式审美是常见的阅读、接受方式。对于"有我之作品","知人论世"和情景审美是最为常见的阅读、接受方式。"知人论世"受到正统价值观念作用,在不同程度上打压,甚至否定着诗人、文人身份(对此,本章第二节会有详细论述)。情景审美带给我们的启发更多,它使我们注意到,具有抒情审美价值的不只是作品,也不只是外在的事件、环境。在事与诗之间,主体的情感郁积、能动精神及其抒发乃是具有真实体验的审美过程。从客观的角度来看,作者身份的确立在于"作者创作出或已经拥有作品"这个结果性判断,从情景审美(特别是其中的过程审美)的角度来看,作者身份的确立在于:外在事件、环境与主体思绪在头脑中的相互激荡,从而触发文学创作。这个创作的过程而非结果才使得主体成为作者。由此,特定的空间(包括事件与环境)能够给予读者富有诗意的过程审美,诗人、文人作为文学创作者的主体身份从而得到突显,甚至放大。对此,本章第三节会有详细论述。总而言之,"知人论世"和情景审美构成了读者观照现实世界和文本舞台的两个重要向度,形成相辅相成的互补姿态。由此我们可以说,读者在史性地观照诗歌的同时,也在诗性地观照世界。

最后需要附带一说的是,"有我之作品"与"无我之作品"不是那么界限分明,加之审美视角的选择完全取决于读者,所以必然存在着越界的审美方式:第一,对"无我之作品"进行情景审美。将作品放到某个情景当中来审视,或为作品编造一个适合的作者和情景,从而使作品中的客观景象和故事带上现实事件和人物的影子。如红楼梦中湘云和黛玉的对句"寒塘渡鹤影,冷月葬花魂",若只进行内容审美,那么这两句诗也就描述了凄清之景而已。但若考虑到作诗之人的人生境遇,甚至整个贾府的境况,那么读者对这两句诗就会有更深的情感解读。第二,对"有我之作品"进行进入式审美。进入式审美虽然是由"无我之作品"所导出的审美方式,但是它对"有我之作品"也具有独特的意义。因为进入式审美能够拉近读者与诗歌情景的心理距离,以及与作者的角色距离,甚至能够与文本中的抒情主体或抒情对象合二为一,由此产生身临其境般的抒情审美体验。进入文本角色,读者要么成为唐婉,成为赵明诚,成为倾听者;要么成为陆游,成为李清照,成为创作者。这与站在旁观者的角度观察着整个事件和情景的接受方式是完全不一样的。如王夫之解读杜甫《登岳阳楼》诗,对于"亲朋无一字,老病有孤舟"两句,王氏说道:"尝试设身作杜陵,凭轩远望观,则心目中二语,居然出现,此亦情中景也。"[1]所谓设身处地,也就是进入式审美的另一种表述。读者进入情景,与作者达成情感共融,所以能够充分体悟作者的情感表达。甚至当读者有所感而吟出古人诗词的时候,他不是在欣赏诗词作者的感慨与情怀,而是在借古人之诗词来自我抒发,也就是说读者在这个时刻代替了诗词作者的角色,这也是一种进入式的审美。总之,明白了文学作品各种审美和接受方式,我们才能清楚角色的表达机制,才能更好地理解作品中文人(诗人)的思想意义和美学内涵。

---

① 王夫之:《姜斋诗话》,《四溟诗话 姜斋诗话》,人民文学出版社,1961年,第150页。

第二节　别集序书写模式与文人身份认同——
以唐宋别集序为对象

古人为别集作序，时常会针对诗文价值意义、本体源流等问题发表一通见解。研究者也时常将其从序文中抽出，视之为古代文论的重要材料，用以考察创作者的文学主张。这样的做法当然具有一定的合理性，但也忽视了某些根本性问题。别集序既然以评介集主及其作品为目的，那它就有必要告诉读者：集主在别集这个舞台上呈现出怎样的角色形象？读者应该通过作品认识一个什么样的集主？因此，作为别集序有机组成部分的诗文理论表述不应该被当成序作者纯粹立足自我的主观发挥，它须服从于上述写作要求和相应的行文策略。随着别集序写作模式的成形，诗文理论表述成为重要的构件①，起到了"为后文评价集主及其作品提供理论支持"的作用，进而与"序作者对集主的身份定位"产生了密切关联。本节所要做的，就是将诗文理论表述放回到别集序中去，从别集序的自身发展逻辑中探求其书写模式、书写构件及其与身份认同的内在关系。②

一、别集序的模式化及其叙述策略

在中国古代的众多文体中，序是比较特别的一类，它依借于书写的对象而形成不同的亚文类，如篇章之序、典籍之序、寿序等，典籍之序又可依据所序文本的性质进一步细分。各个亚文类之间，因功用之差异体现出序文体

---

① "构件"一词的使用参考了徐雁平《"地域文学传统的建构"成为一种文学叙写方法——以明清集序为研究范围》。[徐雁平：《"地域文学传统的建构"成为一种文学叙写方法——以明清集序为研究范围》，《中山大学学报》（社会科学版），2013年第1期，第31-39页。]徐文使用"构件"这个概念，主要考虑到"地域文学传统的建构"在集序叙事手段、结构方法多方面的功用及其内在的生发性。本节不拟在该词的适用性上作太多的阐释，而主要将其作为组成别集序模式的一个基本单元来看待。

② 相关的研究主要有：张静《北宋书序文研究》提到唐代集部书序严重的程式化现象，北宋书序的言说方式相当自由。（参见张静：《北宋书序文研究》，中国社会科学出版社，2014年。）梅华《宋代文集序跋研究》分析了宋代文集序跋的整体发展及其与文集刊刻之关系，并集中论述了地域、家族、理学文化在集序中的呈现。（参见梅华：《宋代文集序跋研究》，西北大学博士学位论文，2014年。）刘秋彬《宋人所撰诗文集序研究》从文体特征、诗文传播、诗文评论等方面对集序进行研究。（参见刘秋彬：《宋人所撰诗文集序研究》，河北师范大学博士学位论文，2014年。）总体看来，集序的书写模式与构件并没有得到足够的重视。对于别集序中的诗文价值表述，研究者多关注到它作为创作者文学主张的意义，而忽视了它作为别集序书写构件的价值。

式之差别。故序文的模式化问题须在适当的范围下才能得到准确观照。作为序的一个重要门类，别集序以个人诗文集为对象，在引介诗文集内容、助力诗文集传播和社会交往等功能的导向下，极易形成一套行之有效的规程与模式。已有研究者指出唐代集序的模式化现象，并做出归纳（见后文）。问题在于，我们若只将模式化视为写作的方法和样本，那它并不能带来多大启示，王士禛就直言这样的集序"千篇一律，殊厌观听"①。对创作模式的突破反倒能显示序文的文学价值和作者的创造力，唐宋集序的多样化表现以及诗文名家的独创意识由此颇受关注。然而比起"逾制"的创作，集序模式化潜藏着某种结构性力量，展现出社会文化观念施加于集序的强大影响，集序书写的惯性，甚至自我演化的因子都能由此找到线索。

别集序的模式化出现于唐代，这已成为研究者的共识。集序的结构也得到了较为清晰的勾勒，黄韵静在分析序文时，列出志人、原委、叙例、铨文、论说、抒怀六个要素，同时将它们分属三个层面——针对人、针对书、序作者的发挥。②这三个层面直接构成别集序模式的基本内容。为方便论述，笔者将它们分别作一符号指称：序作者的发挥部分——构件A，针对集主的部分——构件B，针对诗文作品的部分——构件C。通过检视宋及其以前的别集序，我们可以将这些构件进一步细化，具体情况如图5：

<hr>

① 王士禛著，湛之点校：《香祖笔记》，上海古籍出版社，1982年，第106页。需要说明的是，王士禛原文所关注的是"先叙述集主生平功业，再介绍作品内容"的集序写作套路（即后文提到的B+C形态），尚未观照集序的完整模式。

② 黄韵静：《欧阳修书序文研究》，《昆山科技大学人文暨社会科学学报》，2009年第1期，第135-158页。另，廖梦云《唐人所撰诗集序跋研究》归纳出序的三个侧重点：介绍作者、介绍作品、阐述文学理论或文学发展等。（参见廖梦云：《唐人所撰诗集序跋研究》，河北师范大学硕士学位论文，2005年。）刘秋彬《宋人所撰诗文集序研究》也指出集序的"三段论"特点。（参见刘秋彬：《宋人所撰诗文集序研究》，河北师范大学博士学位论文，2014年。）

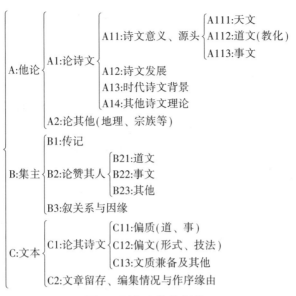

图5　别集序构件划分

上述归纳既立足于大量别集序书写的实际情况,也符合别集序的功能与写作原则。模式化的书写不可能囊括所有别集序,为便于统计和分析,我们需要对别集序进行筛选,以明确研究范围。别集序有自序、他序之分,又有后序、跋等相关类名。书写模式的稳定性与序作者、集主之间的相对身份有一定关系,与他序相比,自序更容易规避模式化的书写。①部分后序虽然延续了别集序的基本套路,但总体而言,程式化的迹象较弱。本节不考虑别集的跋,也是因为跋的书写较为随意,长短不拘,模式化不明显。总之,本节选取的对象以别集序中的他序为主,不考虑跋与自序,对少数后序进行适当的参考。经此,选取出符合要求的别集序唐前十七篇,唐代约八十四篇,宋代约八百六十一篇。②

　　别集序模式化书写的完整形态应当同时包含上述三个构件。魏晋南北朝九篇集序已经出现ABC结合的书写形态,但此阶段的样本基数太小,难以

---

①　对于他序,虽然序作者也会因为自己与集主的关系而采取不同的书写策略,展示主体间性的影响(参见王润英:《论王世贞书序文的书写策略》,《文学遗产》,2016年第6期,第115-125页。),但对于本节所考虑的集序模式和构件来说,并未造成大的冲击。因此本节主要挑选别集序中的他序为分析对象。

②　唐前别集序的搜检,主要依据《全上古三代秦汉三国六朝文》,唐别集序主要依据《全唐文》《全唐文补编》,宋别集序主要依据《全宋文》《宋集序跋汇编》。由于朝代断限等问题,本节对唐、宋别集序的统计未必绝对精确,但不会有太大的出入。并且,在衡量别集序数量级上的差距,以及下文提及的各种比例时,篇目数量的浮动是完全可以忽略的。另,除非特别指出,下文所云的别集序都是指他序。

做全面的估测。八十四篇唐代别集序虽然从各时段的数量分布上呈现出"兴起→盛行→降低"的发展态势①，但并未形成明显的从"生成模式"到"突破模式"的演变轨迹。中唐序作者与初唐序作者在模式运用和行文策略方面的考量应该是差不多的，这一情形支持我们对唐代别集序作共时性，而非历时性的分析。在八十四篇唐代序文中，同时包含三个构件的大概有五十八篇，这一占比整体上能够反映集序书写套路的趋同。A+B+C是集序的基本模式，唐前萧纲《昭明太子集序》、滕王逌《庾信集序》就采用了这一模式，唐集序中出现得更多，有的研究者直接称其为"三段论"。除了这一基本模式外，我们还需指出集序的两种结构：一是序文包含了ABC三个构件，但序作者未依照A+B+C的次序来创作，三者之间可能互相颠倒穿插；二是构件B与C以一种融合的形态出现，或论述集主时顺带评介其创作，或论述集主创作时兼言其经历。这两种结构均未打破集序基本的叙述逻辑，完全可被看作集序基本模式下的变形，反映出集序书写所拥有的自由空间。

构件的拼接只是固定模式形成的外在表现，而非内在机制。集序结构的稳定性和持续性必待各个构件的实际效用和书写意义作为支撑。三个构件中，B与C直接指涉诗文集的内容和集主的情况，体现序作者评介集主和作品的基本功能，二者本身就有着天然的联系，被纳入集序是理所当然的事。构件A则往往被视为序作者发挥己意的环节，其内容随之成为后人眼中重要的批评材料。不过这里忽视了一个显见的问题，倘若构件A的作用仅仅在于发挥序作者的见解，那它并不具备成为集序模式构件的必要条件，更不会以一种程式化的形态在唐宋别集序中反复出现。这可以从A+B+C的基本模式中看出端倪。对于该写作模式，构件A的作用在于提供一个叙写的引子，以便于序作者对集主及其作品进行更好的评价。换言之，构件A应当通过某种方式与构件B或C产生关联和呼应，从而确定自己在集序模式中的稳定位置，这三个构件也因其内在的关联而组合成集序的有机整体。唯有如此，构件A才能凭借自己的结构性功能，成为序作者不断采用的一种叙述策略和作序方案。

从集序的文体属性上看，序作者所面对的除了自己的主张与认识之外，还有诗文集的内容、集主的经历和品性，以至于集主背后的历史世界和思想世界，这是作为"副文本"的序文所特有的层次性和纵深度。因此序作者创作时不仅要考虑自己的发挥是否能与后文进行合理的接洽、呼应，还要注意自己的理论表述是否适合用来阐述集主的为人与为文。

①　根据粗略统计，集序作于初唐的有五篇，盛唐十四篇，中唐五十一篇，晚唐十四篇。

序作者、集主、诗文集、现实世界及传统创作观念的多极互动已经暗中规制了构件A的表达,但构件A的价值并未因此而降低。对于集序的基本模式及其变形来说,构件B、C之间的勾连依靠的是作者与作品的客观联系,隶属于非人为、非主观的书写逻辑;构件A与构件B、C之间的勾连则主要依靠序作者的思维习惯和行文安排,这更能体现集序模式化所蕴含的主观性、主体性。由此可见,构件A在集序模式中的地位非但没有降低,反倒至关重要。这也是本节要以它为切入点进行探讨的原因。

集序的书写就是模式规约性与序作者主观能动性相互作用的产物。集序虽然具有应用文体的性质,但它缺乏制度等外力的强力约束,序作者也就完全有规避书写模式的可能。把序作者的创作能力和主体意识作为淡化模式痕迹、规避模式化书写,使集序获得多样表现的原因,这样的看法指出了最显见的一面,却容易遮蔽模式自身的容量,及其内藏的自我变异的因子。我们认为,某种创作模式之所以长期流行,原因之一当然是刻板化的写作便于模仿、容易成文;原因之二也非常重要,即此种模式本身具有一定的包容度,能够产生并容纳各种变形。模式内部各构件之间的变化、融合、调序等,本就包含一定的自我发挥的空间。唐集序中已能见到各种变化,宋集序更不用说。比如,对于构件A,除了最常见的以文学(文章)为论述核心外,序作者还可以根据实际情况从不同角度切入。如唐前萧统《陶渊明集序》开篇大段论人,唐魏颢《李翰林集序》、皇甫湜《唐故著作左郎顾况集序》开篇从地域讲起,唐以后还有从本姓家族入手的。尽管每种切入角度都预示着一小类书写套路,但集序模式的大容量也能由此得以证实。更重要的一点在于,理想状态下,构件A与构件B、C在功能、思想内容方面相互耦合,形成协调统一的文本整体。但如前所述,二者的耦合受到集主经历品性、创作实情和诗文集内容、序作者的思想观念等多方制约。在序作者、集主、诗文集、社会思想观念之间若产生抵牾或滞塞,那集序构件之间的协调就很可能被打破,进而促使序作者进行某些变换,以期达到新的平衡。

总之,在序作者文学创作的主观能动性之外,集序这一文类自身就蕴含着发展与演变的内动力,其作用效果在模式化笼罩下的唐代、集序形式丰富的宋代都有具体的表现。宋代集序的多样化,以及构件A的书写变化,也都要置于集序书写模式与叙述策略的观照之下,才能得以清楚的理解。下文便从唐宋集序模式化书写策略的角度,对构件A的文章观表述进行分析。

二、唐代别集序"大文"书写与"大文人"角色认同

集序的诗文理论表述大致可分为以下几种方式:论诗文之源头与意义

（A11）、述诗文发展之历史过程（A12）、论时代之创作背景（A13）、表达其他诗文观念（A14）。对诗文价值、意义的阐发还可细分以下三种：第一，从天文、地文、人文的角度入手（A111）；第二，从诗文的儒学教化等方面入手（A112）；第三，从诗文的现实效用、事功意义入手（A113）。各种方式之间没有绝对明晰的界限，序作者既可以采取其中某种方式进行写作，也可以将以上几种方式结合起来表现。在经选取的八十四篇唐别集序里，含构件A的共六十六篇，其中五十七篇都阐发了诗文观念，含A11构件的也有三十八篇。如此大的比重已然说明该构件（特别是诗文理论表述）在唐别集序书写模式中的重要地位。前文已述，组成别集序书写模式的构件A、B、C依靠各自的功能相互勾连，形成明确的主题表达和完整的文章形态。故构件A的作用除了本身理论的彰显外，还体现在它与构件B、C的关联呼应上。我们以卢藏用《右拾遗陈子昂文集序》为例进行简要分析。该序的开头部分如下：

> 昔孔宣父以天纵之才，自卫返鲁，乃删《诗》《书》，述《易》道而修《春秋》，数千百年文章粲然可观也。孔子殁二百岁而骚人作，於是婉丽浮侈之法行焉。汉兴二百年，贾谊、马迁为之杰，宪章礼乐，有老成之风；长卿、子云之俦，瑰诡万变，亦奇特之士也。惜其王公大人之言，溺于流辞而不顾。其后班、张、崔、蔡、曹、刘、潘、陆，随波而作，虽大雅不足，其遗风余烈，尚有典型。宋、齐之末，盖颣顇矣，逶迤陵颓，流靡忘返，至於徐、庾，天之将丧斯文也。后进之士若上官仪者继踵而生，于是风雅之道，扫地尽矣。[①]

这段文字论述了从"文章粲然可观"到"天丧斯文"的代降过程，是诗文源头意义（A11）与诗文发展（A12）两个构件的结合。作者推崇的"斯文"不是指注重语言修饰的文辞篇章，而是指与礼乐、风雅之道合而为一的文章形态。正如该序所展现的那样："斯文"即"斯道"，"丧斯文"也就是"丧斯道"。我们可以用"小文"与"大文"将上述两层"文"的概念区分开来。古人在"天文""人文"的类比中充分突显了文道合一、体用不二的观念。"文"的重要性也就建构于内在而非外在于"文"的"道"。因此，"文"带有了本体论层面的重要意义，从而具备足够的意义、价值自证能力，古人对"大文"的书写也就有着天

---

① 卢藏用：《右拾遗陈子昂文集序》，董诰等编：《全唐文》（第2册），上海古籍出版社，1990年，第1061页。

然的推崇与自信。该观念在刘勰《文心雕龙·原道》中就有集中展示。①《陈子昂文集序》虽未提及"天文""人文",但对文道合一的认识当是渊源有自。接下来作者说道:"道丧五百岁而得陈君。"②这句话起到了连接构件A与构件B的作用,即将序文的论述从"大文"转换到集主陈子昂身上。此外,这句话也对陈子昂进行了基本的角色定位——接续斯文与斯道之人。随后便是对陈子昂简短的介绍(B1)与论赞(B2),以及对其诗文的评论(C1)。"故其谏诤之辞,则为政之先也;昭夷之碣,则议论之当也;国殇之文,则大雅之怨也;徐君之议,则刑礼之中也。"③这几句话突出了陈子昂作品的内在价值,也较好地回应了构件A所彰显的诗文价值理论。最后叙及编集缘由(C2)。

唐代早期别集序中的构件A11便已采用"将'大文'与'小文'对举,推崇'大文'而贬抑'小文'"的写作思路。《陈子昂文集序》是其中较为典型的一篇。杨炯《王勃集序》亦是如此,该文开篇标举"大矣哉,文之时义也"④,接着陈述文儒异术、天丧斯文、雕虫之"小文"盛行的过程。盛唐以降,此种写法时常被序作者采用,如李舟《独孤常州集序》既云"文之时用大矣哉"⑤,又细论为文之弊:

> 贤者得其大者,礼乐刑政劝诫是也。不肖者得其细者,或附会小说以立异端,或雕斫成言以裨对句,或志近物而玩童心,或顺庸声以谐俚耳。其甚者则矫诬盛德,污蔑风教,为蛊为蠹。为妖为孽。噫!文之弊有至是者,可无痛乎!⑥

不难发现,在"推崇'大文',贬抑'小文'"的思维模式下,构件A11能够很好地与A12(诗文源流)相结合,以表达出诗文代降这一传统观念。相关的例子再如李华《赠礼部尚书清河孝公崔沔集序》、颜真卿《尚书刑部侍郎赠尚书右仆

---

① 参见郑毓瑜:《刘勰的原道观》,《中外文学》,1985年第3期,第119-132页;郑毓瑜:《"文"的发源——从"天文"与"人文"的类比谈起》,《政大中文学报》,2011年第15期,第113-142页。

② 卢藏用:《右拾遗陈子昂文集序》,董诰等编:《全唐文》(第2册),上海古籍出版社,1990年,第1061页。

③ 卢藏用:《右拾遗陈子昂文集序》,董诰等编:《全唐文》(第2册),上海古籍出版社,1990年,第1061页。

④ 杨炯:《王勃集序》,董诰等编:《全唐文》(第1册),上海古籍出版社,1990年,第851页。

⑤ 李舟:《独孤常州集序》,董诰等编:《全唐文》(第2册),上海古籍出版社,1990年,第2001页。

⑥ 李舟:《独孤常州集序》,董诰等编:《全唐文》(第2册),上海古籍出版社,1990年,第2001页。

射孙逖文公集序》①、贾至《工部侍郎李公集序》、独孤及《检校尚书吏部员外郎赵郡李公中集序》、杜确《岑嘉州集序》、梁肃《补阙李君前集序》等。这一写法之所以出现并广为采用，原因很好理解：从文章代降的过程来看，"大文"是"文"之源头，"小文"是"文"之末流；从本质与意义来看，"大文"体现了"文"的根本价值与逻辑原点，"小文"则是脱离了"文"之本质的枝叶。末流与枝叶正是现实情形下诗文创作不可回避的事实。面临诗文创作的实际情况，许多别集序A11部件所推崇的"大文"观念及其对"文"之意义的标榜，都成了应然，而未必是实然。因此揭示文章雕虫矫饰之弊，有助于凸显"文"本应具有的功用与价值。中唐吕温《人文化成论》反映的也是"大文"与"小文"的关系问题。将其与上述别集序并观，更能体会唐代论者通过"大文"与"小文"的对举，将"文"拉回到"大文""人文"轨道的意图。②

诗文代降观念下"推崇'大文'，贬抑'小文'"的叙述逻辑比较适合用来描述陈子昂、王勃等反对绮艳文风的作家，对于中唐复古论者及其别集，它也有很高的适配度。序作者采取此一叙述方式，也就更能体现集主接续"大文"传统的历史地位与异于"小文"这一创作现实的非凡意义。

此外，唐代别集序构件A11的理论表述还有一种简单形态，即单纯地突显"文"的正面意义，而不涉及对"小文"的批判。如张说《中宗上官昭容集序》：

> 臣闻七声无主，律吕综基和；五彩无章，黼黻交其丽。是知气有壹郁，非巧辞莫之通；形有万变，非工文莫之写：先王以是经天地，究人神，阐寂寞，鉴幽昧，文之辞义大矣哉！③

再如崔祐甫《齐昭公崔府君集序》：

> 天以日月经纬为文，地以（丘）陵山川为文，刚柔杂也。其施于人

---

① 在该文中，颜真卿虽然表示了对"厚古薄今"观念的质疑，但还是承认汉魏以来存在着雅道微缺，文人驰骋于末流的现象。

② 吕温《人文化成论》所云之"人文"主要指社会伦理及其行为规则，有"经纬天地""化成天下"之功用，故云"文之时义大矣哉"。吕温不赞同以翰墨章句为人文，而唐人推崇"大文"而贬抑"小文"，也是希望将文章这种创作形式与"人文"相统一。原文参见董诰等编：《全唐文》（第3册），上海古籍出版社，1990年，第2809页。

③ 张说：《中宗上官昭容集序》，张说著，熊飞校注：《张说集校注》（第4册），中华书局，2013年，第1318页。

也,钟磬笙竽文其乐,九章三赞文其礼,典谟咏歌文其言。国之大臣,业参政本,发挥皇王之道,必由于文。故虞有皋陶泊益、稷以嘉言启迪,舜、禹以降,伊、傅、周、召,训命策诰,并时而兴。秦之李斯,著事而僻。自兹厥后,蜀丞相孔明有《出师表》,晋司空茂先有《鹪鹩赋》,皆辅臣之文也。财成陶冶,于是见焉。①

类似的文章还有张说《洛州张司马集序》,韩休《唐金紫光禄大夫礼部尚书上柱国赠尚书右丞相许国文宪公苏颋文集序》,权德舆《右仆射赠太子太保姚公集序》《徐泗濠节度使赠司徒张公文集序》《右仆射赠太子太保姚公集序》《唐御史大夫赠司徒赞皇文献公李栖筠文集序》《唐故漳州刺史张君集序》等。这些集序的构件A11维持着对"大文"的推崇与信任。从阅读的感受上讲,纯从"大文"的视角来阐述"文"之功用和意义,也确实能起到光大诗文集门楣的效果。

《陈子昂文集序》所提供的别集序书写的标准样式让我们看到,构件A与构件B、C之间必须通过相关语句进行衔接与照应,从而形成一篇完整、自洽的序文作品。序作者不论是"推崇'大文',贬抑'小文'",还是"单一地强调'大文'",都应当遵循这一行文逻辑,以此凸显集主"大文人"的角色形象。需要注意的是,如前一部分所述,构件A的选择绝非出于序作者纯粹个人的喜好与见解,它受到集序书写模式(特别是构件B与C)和叙述策略的引导与制约,同时又必须契合集主的身份、经历及创作实情。普查含有构件A11的三十八篇唐别集序的集主,能看到除了初唐陈子昂、王勃这类在文学史上意义重大的作家外,还有中唐李华、独孤及这类古文家,他们的文学主张与创作实情足以支撑各自别集序构件A的"大文"观书写。另外,还有相当一部分集主是像上官婉儿、苏颋、崔日用、孙逖那样具有较高政治身份和社会地位的人。正如刘禹锡所云:"得其位者,文非空言。"②这类人的立身行事与创作实践也能够与构件A的"大文"观书写进行较好的连接。从序文构思的角度来看,序作者面对这类集主及作品,首先想到的必定是"如何褒奖"这个问题,然后在这一动机下调用相关理论资源,从文道合一、教化事功等角度突显"文"之重要性,以此给集主及其作品戴上一顶体面的帽子。就此而论,"大文"观成为序作者首选的一种诗文理论表述,也就是理所当然的了。我

① 崔祐甫:《齐昭公崔府君集序》,董诰等编:《全唐文》(第2册),上海古籍出版社,1990年,第1855页。
② 刘禹锡:《唐故相国李公集纪》,《刘禹锡集》(上),中华书局,1990年,第224页。

们不否认序作者在文学理论表达上具有一定的主观能动作用，但他们无法罔顾叙述模式及集主身份的引导与制约。可以说，别集序对"文"之价值意义的强调，对"大文"观念的推扬，很大程度上是从集主的身份地位、立身行事来考虑的。①也正由于此，唐集序的模式化大体达成了内部协调与外部协调的统一。

三、失衡与调整：唐代别集序的结构性问题

构件A中的"大文"观适合用来描述有身份地位之人或文儒之士（"大文人"），它与专力于文辞、吟风弄月的"小文人"之间存在着难以填补的距离。但实际情况是，不论是有身份地位之人，还是"大文人"，他们都难免创作一些无关乎政教，彰显辞采和闲雅风月的作品。与墓志铭撰写者"谀墓"的情况相似，序作者对集主及其作品的过度褒扬不可避免。面临丰富多样的创作实情，序作者也就必须在"大文"观的导向下对诗文作品的价值意义作最大化的提纯和抽取。也就是说，构件A的"大文"观限制了构件B、C的书写视角，即侧重于论述集主关乎政教功用的"大文"，回避注重辞藻、吟风弄月的"小文"。倘若集主的创作不足以支撑"大文"书写，或者序作者在构件B、C中没有贯彻"推崇'大文'，回避'小文'"的写作思路，那么集序内部就很容易失去平衡，从而暴露出此种模式化书写的结构性问题。

卢照邻《驸马都尉乔君集序》就是典型的例子，该文开头一段云：

> 昔文王既没，道不在于兹乎？尼父克生，礼尽归于是矣。其后荀卿、孟子，服儒者之褒衣；屈平、宋玉，弄词人之柔翰。礼乐之道，已颠坠于斯文；《雅》《颂》之风，犹绵联于季叶。痛乎王泽既竭，诸侯为麋鹿之场；帝图伊梗，天下作豺狼之国。秦人一灭旧章，大愚黔首。群书赴火，化昆岳之高烟；儒士投坑，变蓬莱之巨壑。乐沈于海，河间王初睢睢于古篇；礼失诸夷，叔孙通乃区区于绵蕞。安国讨论科斗，五典叶从；史迁祖述获麟，八书爰创。衣冠礼乐，重闻三代之风；玉帛讴歌，无坠六经之业。郁其兴咏，大雅于是为群。②

---

① 比如，刘禹锡《唐故相国李公集纪》"文之细大视道之行止，故得其位者，文非空言"（刘禹锡：《唐故相国李公集纪》，《刘禹锡集》（上），中华书局，1990年，第224页。）等语显然就是针对集主李绛显赫的政治身份而发。

② 卢照邻：《驸马都尉乔君集序》，卢照邻著，李云逸校注：《卢照邻集校注》，中华书局，1998年，第301页。

卢照邻以"昔文王既没，道不在于兹乎"开篇，定下了"文道合一"的基调，接着论述"斯文"颠坠与绵延的过程，这属于典型的"大文"观表达。可是，后文除了"君教训子弟，不读非圣之书"①这一句外，并未强调集主及其作品在接续"斯文""斯道"方面的价值意义，反倒说起集主"婚嫁已毕，欲就金丹；轮盖非荣，犹思道树"②，并言"凡所著述，多以适意为宗；雅爱清虚，不以繁词为贵"③。前后叙述逻辑的脱离，不免让人产生拼凑之感。在上段引文之后，还有几句话值得注意：

> 自此迄今，年逾千祀。圣门论赋，相如为入室之雄；阙里裁诗，公干即升堂之客。陆平原龙惊学海，浮天泉以安流；鲍参军鹤唳文场，代黄金之平埒。④

"圣门论赋""阙里裁诗"的说法分别出自扬雄《法言》和钟嵘《诗品》。⑤扬雄原文意在说明辞人之赋违背圣人立言之旨，无所施用⑥；钟嵘则仅仅以孔子"升堂入室"之论来做类比，立论点与儒家文学价值观毫无关涉。卢照邻只是借用了这两个话头，让上段引文表面上延续着序文开头的"大文"叙述逻辑，但实际上，他已将论述的内容和重心转向了一般意义上的诗文。或许这正是序作者为拉近构件A与构件B、C之间的差距而在行文上做的安排和调整。

从《驸马都尉乔君集序》中，我们能看到两点：一是集序的结构性问题在唐代集序产生的前期就已经显露出来。二是序作者为了弥合或者减弱集序构件A和构件B、C之间的落差与矛盾，除了调整构件B、C的内容（即"推崇'大

---

① 卢照邻：《驸马都尉乔君集序》，卢照邻著，李云逸校注：《卢照邻集校注》，中华书局，1998年，第306页。

② 卢照邻：《驸马都尉乔君集序》，卢照邻著，李云逸校注：《卢照邻集校注》，中华书局，1998年，第306页。

③ 卢照邻：《驸马都尉乔君集序》，卢照邻著，李云逸校注：《卢照邻集校注》，中华书局，1998年，第306页。

④ 卢照邻：《驸马都尉乔君集序》，卢照邻著，李云逸校注：《卢照邻集校注》，中华书局，1998年，第305页。

⑤ 扬雄《法言·吾子》云："如孔氏之门用赋也，则贾谊升堂，相如入室矣。如其不用何？"[汪荣宝：《法言义疏》（上），中华书局，1987年，第50页。]钟嵘《诗品·魏陈思王植诗》云："故孔氏之门如用诗，则公干升堂，思王入室，景阳、潘、陆，自可坐于廊庑之间矣。"（钟嵘著，曹旭集注：《诗品集注》，上海古籍出版社，2011年，第118页。）

⑥ 对于扬雄原话，颜师古解释："言孔氏之门既不用赋，不可如何。谓贾谊、相如无所施也。"参见班固著，颜师古注：《汉书》（第6册），中华书局，1962年，第1756页。

文',回避'小文'")之外,还可以调整构件A的相关表述,使其与构件B、C尽量的协调融洽。

处理构件A"大文"观与构件B、C之间的关系,其实也就是处理构件A"大文"观与集主创作实际之间关系。集主的诗文作品乃不可更改的客观存在,因此就像《驸马都尉乔君集序》所表现出来的那样,集序模式平衡的重新建立会以调整构件A的文学价值观表述为代价。如此一来,以下问题也就摆在了序作者面前:如何处理"大文"与"小文"的价值关系?在"大文"观框架中如何给予"小文"一定程度的认可?

"大文"观关注的是超脱于文辞形式及个人情感之上的道德伦理、世用价值,但从创作过程来说,它终究离不开形式层面的安排和个人性的表达。也就是说,"大文"需要通过文辞及个人性表达来反映社会现实,而文辞及个人性表达也是滋生"小文"的基础平台。这一点正成为缓和"大文"与"小文"矛盾的切入口。前一部分提到的张说《中宗上官昭容集序》即是如此。作者在构件A中标举"文之辞义大矣哉"的同时,指出"文"若要有"经天地,究人神,阐寂寞,鉴幽昧"的功能,离不开"巧辞""工文"。这无疑认可了文辞形式存在的正当性和合理性。再如,权德舆《唐故通议大夫梓州诸军事梓州刺史上柱国权公文集序》首段云:

> 叙曰:三代之理,曰忠敬文。文之为也,上以端教化,下以通讽谕,其大则扬鸿烈而章缉熙,其细则咏情性以舒愤懑。自孔门偃商之后,荀况、孟轲,宪章六籍。汉兴,刘向、贾谊论时政,相如、子云著赋颂,或闳侈巨丽,或博厚道雅。历代文章,与时升降,其或伯仲之间,齐名善价。以德行世其业,以文学大其门,则又鲜焉。①

以上文字不仅强调了"文"在"端教化""扬鸿烈""章缉熙"方面的大用,还提及"文"在"咏情性""舒愤懑"方面小用,这为抒发个人性情的"小文"争取了一定的意义空间。权德舆将"文之大"与"文之细"并举,应当是出于别集序书写方面的考虑。因为后文介绍集主的诗文时(即构件C),除了体现风人丽则、绩用行实的作品之外,序作者还专门提到集主"以文艺自任"与"缘情遣词,写境物而谐律吕"②之作。

---

① 权德舆:《唐故通议大夫梓州诸军事梓州刺史上柱国权公文集序》,董诰等编:《全唐文》(第3册),上海古籍出版社,1990年,第2230页。

② 权德舆:《唐故通议大夫梓州诸军事梓州刺史上柱国权公文集序》,董诰等编:《全唐文》(第3册),上海古籍出版社,1990年,第2231页。

拉近"大文"与"小文"之间的距离,将二者并举,使集序在逻辑上达成新的平衡成为可能。然而,这种缓和的表述方式有其限度,不能从根本上解决集序模式的结构性问题。因为外部世界的诗文创作情形与文章观念的走势完全不受叙述策略下序文内部平衡要求的左右,"小文"只是被某种理论或语言包装起来,其负面作用及背后的文章价值观念不但没有消失,甚至还可能越演越烈。因此,内部结构的失衡在中唐集序中也能见到。与权德舆同时代的武元衡所作的《刘商郎中集序》是一个比较特别的例子,与该文首段云:

> 天运地转,刚柔生焉;礼辩乐形,文章出焉。天之文莫丽乎日月,地之文莫秀乎山川。圣人观象立言,用稽述作,发乎情性,形于咏歌:大则明天下政途,弥纶王化;小则舒一时幽愤,刺见《国风》。故子夏云:"在心为志,发言为诗。"声成文谓之音也,固可动天地,感鬼神,则正始之道存焉。①

这段文字对"文"重要性的褒扬不用再论,作者随后笔锋一转,云:"有唐文士彭城刘公讳商字子夏。"②这让人很容易将此"文士"之"文"与前述弥纶王化、刺见《国风》之"文"等同起来。似乎接下来就应当论述集主诗文创作的现实意义与价值。然而,下文却主要叙述集主好山水、善丹青,晚年醉心仙道。论其作品,也只云:"著歌行等篇,皆思入窅冥,势含飞动,滋液琼环之朗润,浚发绮绣之浓华,触境成文,随文变象。是谓折繁音于孤韵,贯清济于洪流者也。"③且不说刘商诗歌作品的具体情况如何,仅从别集序书写的完备性来看,构件A所论的"大文"观在后面没有得到很好的回应。我们即便把"舒一时幽愤"当成序作者为后文介绍集主作品而作的理论铺垫,也不得不承认此种努力并未使集序达到圆融、自洽的理想效果。

以上情况说明,唐代文学创作的多样化与文道观念的推进势必导致集序模式产生内部分化。一方面,面对集主无关政教的个人化写作,序作者完全可以不选择"大文"观理论,从而维护着集主较为纯粹的文人形象,如张说

---

① 武元衡:《刘商郎中集序》,董诰等编:《全唐文》(第3册),上海古籍出版社,1990年,第2386页。

② 武元衡:《刘商郎中集序》,董诰等编:《全唐文》(第3册),上海古籍出版社,1990年,第2386页。

③ 武元衡:《刘商郎中集序》,董诰等编:《全唐文》(第3册),上海古籍出版社,1990年,第2386页。

《洛州张司马集序》的构件A：

> 夫言者，志之所之；文者，物之相杂。然则心不可蕴，故发挥以形容；辞不可陋，故错综以润色。万物鼓舞，入有名之地；五音繁会，出无声之境。非穷神体妙，其孰能与乎！①

再如白居易《故京兆元少尹文集序》的构件A：

> 天地间有粹灵气焉，万类皆得之，而人居多，就人中文人得之又居多。盖是气凝为性，发为志，散为文。粹胜灵者，其文冲以恬；灵胜粹者，其文宣以秀；粹灵均者，其文蔚温雅渊，疏朗丽则，检不扼，达不放，古淡而不鄙，新奇而不怪。②

另一方面，在中唐古文运动、提倡儒家之道的思潮下，强调道德世用，鄙薄文辞的观念广泛传播。受此思潮影响，一些序作者继续推进集序构件A中的诗文价值理论。其中最突出的表现是，将"文"的价值焦点从之前文道合一的"大文"转移至独立的"道""德"等范畴上。李华《赠礼部尚书清河孝公崔沔集序》的构件A没有单方面地强调"文"的价值意义，它指出"文章本乎作者"③，并云："有德之文信，无德之文诈。……屈平、宋玉哀以伤，靡而不返，六经之道遁矣。"④因"文"有好坏，故"文"到底值不值得提倡，关键不在于"文"本身，而在于"道""德"。该文已然预示着集序论述重心的变化，"大文"所具备的价值意义自证能力不再被强调，"道""德"等反映人格修养的要素则得到了更多关注。梁肃《补阙李君前集序》云："文本于道。"⑤李汉《唐吏部侍郎昌黎先生讳愈文集序》云："文者贯道之器。"⑥这些唐代古文运动的标志

---

① 张说：《洛州张司马集序》，张说著，熊飞校注：《张说集校注》（第4册），中华书局，2013年，第1328页。
② 白居易：《故京兆元少尹文集序》，《白居易集》（第4册），中华书局，1979年，第1424-1425页。
③ 李华：《赠礼部尚书清河孝公崔沔集序》，董诰等编：《全唐文》（第2册），上海古籍出版社，1990年，第1413页。
④ 李华：《赠礼部尚书清河孝公崔沔集序》，董诰等编：《全唐文》（第2册），上海古籍出版社，1990年，第1413页。
⑤ 梁肃：《补阙李君前集序》，董诰等编：《全唐文》（第3册），上海古籍出版社，1990年，第2329页。
⑥ 李汉：《唐吏部侍郎昌黎先生讳愈文集序》，董诰等编：《全唐文》（第4册），上海古籍出版社，1990年，第3411页。

性理论都出自集序的构件A,与通过"大文""小文"并举的方式不同,它们无意于调节集序书写的失衡,而是竭力在基本模式的基础上,将构件A的文章价值论推向另一个高度。在此过程中,"文"具有逐步降格,让位于"道"的迹象,而此种集序模式的壁垒也随之变得更加森严。

四、文本舞台的角色映现:宋代别集序书写的变化

由上,别集序书写模式与集主身份、创作实情之间的不匹配,"大文"与"小文"——或曰"文"的道德政治意义与个人性喜好——之间的对立,成为影响集序模式发展的根源。唐代别集序数量不算多,集主身份、作序情况也不够多元,故它触及的问题与发展趋向还没有足够的空间予以展现。宋代别集的编辑、刊刻盛行,求序、作序之风也远盛于唐代。集主身份的多样化使得大量仕途不显而形诸歌咏,沉迷于吟风弄月、苦吟雕琢的人未必适合天文、道文般的宏观论述。士大夫日常文学创作的丰富也会导致集序构件的协调性问题充分暴露出来。对此,宋人也有延续唐人的处理方式者,如徐铉《成氏诗集序》在推崇风雅之道的同时,也不否定诗歌"嘉言丽句""黼藻其身"①的功能。余靖《孙工部诗集序》云:"虽丹素相攻,华实异好,其有乐高古、纵步骤、局声病、拘偶俪,为体不同,同归比兴。"②强调在把握诗歌大义大节的同时,可以允许注重文辞形式的"小文"存在。他们都以缓和的书写掩盖矛盾的核心,但此举终究无法消化数量庞大的宋集序。在儒学(理学)、事功观念的主导下,其矛盾反而会愈发突出。晁补之《海陵集序》就表达了这种矛盾与困惑:他一方面强调文学不足以发身,在安危存亡之际,李白、杜甫这样的诗人可有可无;另一方面也试图去理解沉浸于文学创作而无意仕途的文人,以期对穷而不悔创作的集主许大方作出合理评价。所以,突破书写模式的束缚——也即取消构件A中对诗文价值意义的表述——而走向多样化,是宋代别集序的必然趋势,回避文学价值的集序书写也由此得以大量出现。与处于模式化创作高峰的唐别集序相比,在八百六十一篇宋别集序中,构件A中含诗文价值表述的大约有八十五篇,仅占9.87%。比例的大幅度缩减在一定程度上说明传统书写模式的控制力减弱,"大文"理论也随之降格为别集序创作中使用率较低的一个备选构件。

不过,宋代别集序的多样化是否意味着书写模式的瓦解,这仍是值得讨

---

① 徐铉:《成氏诗集序》,《全宋文》(第2册),上海辞书出版社、安徽教育出版社,2006年,第189页。

② 余靖:《孙工部诗集序》,《全宋文》(第27册),上海辞书出版社、安徽教育出版社,2006年,第17页。

论的问题。在八十五篇宋集序中,有二十余篇或以道德、功业、文学难兼为主旨,或单纯强调"文"的正面意义,或"大文""小文"对举,都采取了唐代别集序较为传统的书写套路,且大部分出自北宋;另有五十余篇阐述了"文"与"道""德(节义)""学""气""理""志"等范畴的关系,且主要出现在北宋后期和南宋。透过这五十余篇序文,我们依然能感受到传统模式的惯性。

前文已述,受中唐儒学思潮和古文运动的影响,集序构件A的价值重心逐渐从"文"向"道""德"等反映集主人格修养的要素转移。宋代学术思想的发展增强了此类人格、道德话语的统摄力,促使构件A的价值表述沿着唐集序的转向继续推进。宋代的序作者不论是推崇性理,还是注重事功,在面对"文"的时候,往往表现出更为谨慎的态度。他们虽然承认"文"存在的正当性与合理性,但并不强调"天文→地文→人文"这套"文"的价值生成逻辑(该逻辑在八十四篇唐代别集序中有七次运用,在八十五篇宋代别集序中仅有两次,并且视角与七篇唐集序完全不同)。在他们看来,"文"本身不具备价值自证能力,"文"的价值来源于创作者的学问和修养(包括道德、气节、品格等)。该观念促使"道""德(节义)""学""气""理""志"成为集序构件A阐述"文"价值时的核心范畴。以"气"为例,李纲《道乡邹公文集序》开篇云:

> 文章以气为主,如山川之有烟云,草木之有英华,非渊源根柢所蓄深厚,岂易致邪?士之养气刚大,塞乎天壤,忘利害而外生死,胸中超然,则发为文章,自其胸襟流出,虽与日月争光可也。孟轲以是著书,屈原以是作《离骚经》。与夫小辨曲说,绮章绘句以祈悦耳目者,固不可同年而语矣。唐韩愈文章号为第一,虽务去陈言,不蹈袭以为工,要之操履坚正,以养气为之本。在德宗朝奏疏论宫市贬山阳令,在宪宗朝上表论佛骨贬潮阳守。进谏陈谋,屡挫不屈。皇皇仁义,至老不衰。宜乎高文大笔,佐佑六经,粹然一出于正,使学者仰之如泰山北斗也。①

在构件A中调用类似"文气"理论的还有王十朋《蔡忠惠集序》、赵鼎《苏轼文集序》、曾噩《卢川归来集序》等。这四篇集序承接和发挥了孟子、韩愈的"养气"主张,把诗文作品的价值建立在集主因"养气"而具备的精神品格上。从写作策略上讲,它们选择"文气"理论很可能是为了呼应集主邹浩、蔡襄、苏轼、张元干刚直的品性和言行,但这绝非唯一原因。"读其诗书而知其人"才

---

① 李纲:《道乡邹公文集序》,《全宋文》(第172册),上海辞书出版社、安徽教育出版社,2006年,第22页。

是序作者希望重申和强化的阅读理念,也是上述集序的写法得以成立并广为接受的理论基础。对此,有的别集序说得非常直接,如吴愈《义丰集序》云:"观士大夫言行,当于其大节,不颛于文艺也。"①王应麟《阆风集序》云:"论诗者,观其大节而已。"②他们都在引导读者将关注点从"集主其文"转移到"集主其人"上。

构件A中诗文价值重心的转移很大程度上得力于理学的推动,在宋人为理学家(或受理学影响的学者)诗文集所作的序文当中,我们能明显地感受到"道""理"等范畴的存在感和重要性远高于"文"。如刘敞《公是先生集序》(集主为北宋刘敞)把"原性命之统,贯诚明之本""学圣人而得道真"③作为构件A论述的重点。沈度《默堂先生文集序》(集主为两宋之际的陈渊)的构件A重在强调"性而不知,其离道而违仁也远矣"④。南宋魏了翁在集序中多次表述文辞产生的根源,如《攻媿楼宣献公文集序》(集主为楼钥)云:"辞根于气,气命于志,志立于学。"⑤《游诚之默斋集序》(集主为游九言)云:"(文)根诸气,命于志,成于学。"⑥《杨少逸不欺集序》(集主为杨虞仲)云:"(辞)根于性,命于气,发于情,止于道。"⑦所言大同小异,都是主张将"文"的意义建立在"气""志""学""性""道"等要素上。他的另一篇集序《彭忠肃公止堂文集序》(集主为彭龟年)构件A探讨了"文"与"理"的关系,值得留意:

> 某闻之程子曰:"圣贤之言不得已也,有是言则是理明,无是言则天下之理有阙焉。"又曰:"后之人始执卷则以文为先,平生所为多于圣人,然有之无补,无之无阙。"窃尝以是读圣贤之书,如《易》《书》《诗》《春秋》,篇具一体,不相袭沿。至于曾子、子思、孟子,亦皆孔氏不言之意,

---

① 吴愈:《义丰集序》,《全宋文》(第307册),上海辞书出版社、安徽教育出版社,2006年,第311页。
② 王应麟:《阆风集序》,祝尚书编:《宋集序跋汇编》(第5册),中华书局,2010年,第2312页。
③ 刘敞:《公是先生集序》,《全宋文》(第69册),上海辞书出版社、安徽教育出版社,2006年,第160页。
④ 沈度:《默堂先生文集序》,《全宋文》(第210册),上海辞书出版社、安徽教育出版社,2006年,第426页。
⑤ 魏了翁:《攻媿楼宣献公文集序》,《全宋文》(第310册),上海辞书出版社、安徽教育出版社,2006年,第75页。
⑥ 魏了翁:《游诚之默斋集序》,《全宋文》(第310册),上海辞书出版社、安徽教育出版社,2006年,第59页。
⑦ 魏了翁:《杨少逸不欺集序》,《全宋文》(第310册),上海辞书出版社、安徽教育出版社,2006年,第68-69页。

非为是以求闻于世也。不则无以宅天衷、奠民极、障人欲、祛世迷，凡不得已而有言也。自灵均而后，始有文辞之士，或竞相摹拟，或刊落陈言。千七百年，何啻数千百家，然而所谓"无是言则理有阙"者，自汉毛、董而后至近世诸儒宗，盖可屈指，而所谓"有之无补，无之无阙"者，则不知其几千百家矣。①

　　将这段文字与唐卢藏用《陈子昂文集序》的构件A相比，很容易发现论述视角发生了明显变化。卢氏以文章家的立场，对先秦与"道"合一的"大文"给予充分肯定，以《诗》《书》《易》《春秋》为文章粲然的表现，"丧斯道"的过程就是"丧斯文"的过程。魏氏以理学家的视角，推崇先秦圣贤的道德，认为文辞语言只是圣人不得已而用以明理的工具。故先秦粲然的不是文章，而是理道。理道失落也就意味着文章渐兴，文辞之士渐盛。

　　从上段引文还可看出，"理"构成了"文"的价值核心，"大文"的意义不再被提起。既然"文"不具备立足于自身的价值，那集序构件A的价值观表述也就有必要进行调整。宋代别集序至少呈现出两种调整方式，其中一种是将"无意于文"这一宋代流行的理念融入构件A。如汪藻《鲍吏部集序》云："古之作者，无意于文也。"②唐璘《唯室集序》云："予尝谓古之圣贤未始为文，其见于语言者皆以明斯道也。"③汪应辰《徐寿卿集序》云："古之学者，非有意于为文也。"④"天文""地文""人文"这一连串概念原本在唐代别集序中被用来说明"文"存在的必然性和重要性，而胡铨《灞陵文集序》却用它们来论证"凡文皆生于不得已"，并说道："圣贤盖以心传道，而非专取于《诗》《书》之文辞而已也。道苟得于心，书虽不作可也，文何有哉？"⑤

　　另一种方式是直接舍弃掉对"文"的描述，将所有的笔墨都转移到"气""道""理"等范畴上来。这样的宋代别集序我们能找到近二十篇（均不在含有诗文价值表述的八十五篇宋代别集序之内）。如张景《河东先生集序》开

---

①　魏了翁：《彭忠肃公止堂文集序》，《全宋文》（第310册），上海辞书出版社、安徽教育出版社，2006年，第50页。

②　汪藻：《鲍吏部集序》，《全宋文》（第157册），上海辞书出版社、安徽教育出版社，2006年，第229页。

③　唐璘：《唯室集序》，《全宋文》（第225册），上海辞书出版社、安徽教育出版社，2006年，第154页。

④　汪应辰：《徐寿卿集序》，《全宋文》（第215册），上海辞书出版社、安徽教育出版社，2006年，第170页。

⑤　胡铨：《灞陵文集序》，《全宋文》（第195册），上海辞书出版社、安徽教育出版社，2006年，第264页。

篇云：

> 一气为万物母。至于阴阳开阖，嘘吸消长，为昼夜，为寒暑，为变化，为死生，皆一气之动也。庸不知斡之而致其动者，果何物哉？不知其何物，所以为神也。人之道不远是焉。至道无用，用之者有其动也。故为德为教，为慈爱，为威严，为赏罚，为法度，为立功，为立言，亦不知用之而应其动者，又何物也？夫至道潜于至诚，至诚蕴于至明。离潜发蕴，其至而不知所至者，非神乎哉？尧、舜之揖让，汤、武之征伐，周公之制礼乐，孔子之作经典，孟轲之拒杨墨，韩愈之排释老，大小虽殊，皆出于不测，而垂于无穷也。[1]

程端中《伊川先生集序》开篇云：

> 道之在天下，民日用之，圣人虑后世不足以知之，载之六经，丁宁教告，纤悉具备。宜若人人见而知之。然自秦汉以下，泯没无传。[2]

类似的集序还有朱熹《默成文集序》（集主潘良贵）、《南轩集序》（集主张栻），杨万里《默堂先生文集序》（集主陈渊），章颖《斐然集序》（集主胡寅）等。

以上两种情况可被视为别集序书写中"文"的降格与退场。诗集序不论诗，文集序不论文。这类看似难以理解的现象之所以出现，原因就在于不论是从理论主张，还是从实际功用上来说，现代意义上的文学都不是别集的集主和序作者希望呈现和突出的东西。一旦将诗文的价值附着在"道""德""理"等外部因素上，随着相关理论表述的推进，"文"难免会面临自我消解的窘况。[3]

构件A书写的变化没有对模式的稳定性产生多大冲击，因为序作者完全可以调整构件B、C的相关表达，从而让它们之间达成一种新的呼应方式。比如，针对构件A论"道"论"学"而不及"文"的情况，构件B、C便可将论述集中在集主的道德学问上来，对于《伊川先生集序》等理学家集序，此种情况不

---

① 张景：《河东先生集序》，《全宋文》（第13册），上海辞书出版社、安徽教育出版社，2006年，第351-352页。

② 程端中：《伊川先生集序》，祝尚书编：《宋集序跋汇编》（第2册），中华书局，2010年，第558页。

③ 这一类集序的作者虽不会否定"大文"的价值，但他们更关注"文"所具有的"文辞篇章"这层含义及其价值地位。正文所言"'文'的自我消解"即是从"文辞篇章"这个角度来说的。

为少见。从"文"的角度来看,当构件A不再强调"文"(包括"大文"),那构件B、C便可以用"非特区区于诗文而已""岂徒文而已"等语作回应。比如胡铨《瀛陵文集序》在结尾评论集主及其作品(即构件B、C)时,直言:"予然后又知公所得,非特区区于诗文而已也。"①这就与构件A"文生于不得已"之论形成了较好的呼应。再如魏了翁《彭忠肃公止堂文集序》构件A以"理"为文章价值的核心,后文则用"(集主)言未有不根诸理,而理未有不求诸近,非若异端之诬民,文士之哗世也"②等语作回应。

上述书写的调整背后潜藏的是宋人对"文"工具性质的深刻认识。文章乃读者观察作者意志与行事的窗口与舞台。根深蒂固的"知人论世"观念默认了作者的言行在"台前""台后"的无缝连接。这为儒家价值观介入文学批评提供了渠道,也使得"作者在文章这个舞台上展现怎样的角色形象"成为文学传播与接受中至关重要的问题,这当然也是序作者推介别集时必然面临和回应的问题。其实,早在中唐,刘禹锡《唐故中书侍郎平章事韦公集纪》总结韦处厚的文章创作时已经有明确的展示:

> 谨按公未为近臣已前,所著词赋、赞论、记述、铭志,皆文士之词也,以才丽为主;自入为学士至宰相以往,所执笔皆经纶制置财成润色之词也,以识度为宗。③

文章可以通过个人才情的表达与辞藻的雕饰呈现作者的文士角色,也可以通过个人的言行识度与内在精神呈现作者的士大夫官员角色。与士大夫官员角色相比,文士角色(非文儒角色)以雕琢文辞、吟风弄月为特点,处于政治空间与儒家话语系统的边缘位置,自然得不到高度认同。宋人也有类似的表述,如赵汝谈《水心文集序》云:"以词为经,以藻为纬,文人之文也;以事为经,以法为纬,史氏之文也;以理为经,以言为纬,圣哲之文也。"④读者通过作品感受到的是圣贤、史家形象,还是文人形象,这关乎集主的身份定位与价值认同。受到儒家正统观念的影响,序作者更希望从作品中看到集

---

① 胡铨:《瀛陵文集序》,《全宋文》(第195册),上海辞书出版社、安徽教育出版社,第265页。
② 魏了翁:《彭忠肃公止堂文集序》,《全宋文》(第310册),上海辞书出版社、安徽教育出版社,2006年,第51页。
③ 刘禹锡:《唐故中书侍郎平章事韦公集纪》,刘禹锡著:《刘禹锡集》(上),中华书局,1990年,第228页。
④ 赵汝谈:《水心文集序》,《全宋文》(第304册),上海辞书出版社、安徽教育出版社,2006年,第14页。

主作为官员、士大夫、儒者的言行、品格、学问,而非雕章琢句、吟风弄月的文人形象。文人角色因此难以在文本舞台上获得表演的正当性与较高的认同度,"不要把集主的作品仅仅当作诗文来欣赏""不要把集主仅仅看作文人"也就成为宋代别集序时常表达出来的"阅读提示"。如谢谔《卢溪文集序》:"岂徒文而已哉?"①李心传《九华集序》:"岂独文而已哉?"②李之仪《折渭州文集序》:"不止苟为文词之士。"③喻汝砺《晁具茨先生诗集序》:"岂直以诗人命之哉?"④王炎《韩毅伯诗序》:"文者士之一艺,诗乃文之一端……岂以一诗人期毅伯而已哉?"⑤姚勉《毛霆甫诗集序》:"岂止欲为诗人而已哉?"⑥可以说,突出集主的文章价值,又强调不能将集主仅仅视为文人、诗人,这是宋及以后的别集序中常见的论调。

　　总之,我们与其将宋代别集序的多样化书写当作传统模式瓦解的表征,毋宁视其为传统模式在结构性问题作用下自我演变的结果。作为典型的"副文本",集序必须同时面对作品所展现的文本世界与集主所依靠的现实世界,得考虑集主"为文"与"为人"双重因素。大部分古人对文本角色的期望顺理成章地遵循着现实世界的价值观念与评判标准。这使得"大文"观成为序作者经常调用的理论资源,并随着儒学(包括理学)话语权力的增强而推向极致。不论是重"大文"轻"小文",还是"文"的退场,集序中的理论表述都或隐或显地透露出"以文辞名世的'文人'不被青睐"这一理念,由此观之,别集序对集主文人身份的否认虽然集中出现在宋代,但是在唐代别集序中已经埋下了种子。这是正统观念与创作实情在别集序这个平台上相互作用所带来的必然结果。

---

① 谢谔:《卢溪文集序》,《全宋文》(第220册),上海辞书出版社、安徽教育出版社,2006年,第23页。

② 李心传:《九华集序》,《全宋文》(第301册),上海辞书出版社、安徽教育出版社,2006年,第333页。

③ 李之仪:《折渭州文集序》,《全宋文》(第112册),上海辞书出版社、安徽教育出版社,2006年,第117页。

④ 喻汝砺:《晁具茨先生诗集序》,《全宋文》(第178册),上海辞书出版社、安徽教育出版社,2006年,第6页。

⑤ 王炎:《韩毅伯诗序》,《全宋文》(第270册),上海辞书出版社、安徽教育出版社,2006年,第265页。

⑥ 姚勉:《毛霆甫诗集序》,《全宋文》(第351册),上海辞书出版社、安徽教育出版社,2006年,第451页。按,这几篇序文虽然没有采用标准的集序书写模式,但这并不影响我们从模式化角度来分析序作者对"文""文人"的认同问题。因为书写模式所蕴含的其实是序作者作序时的思维结构,它具有某种"先天性"和"潜在性",那些缺少部分构件的集序也应当拥有着完整的思维结构,只是未必全部呈现到纸面上而已。

须附带一说的是,舍弃正统价值表述当然能够使集序获得更大的容量,诗文鉴赏、审美情趣等个人化的表达也能够以较为轻松的姿态出现,但这同样不代表自唐代而来的A+B+C的集序模式就此被打破。唐代张说《洛州张司马集序》、白居易《故京兆元少尹文集序》就是典型例子,再如宋释道璨《潜仲刚诗集序》云:"诗,天地间清气,非胸中清气者不足与论诗。"①黄公绍《沧浪吟卷序》云:"文者,造物之甚秘,不以轻示于与人。……乾坤清气,散在诗人,千万人而一人。"②以上两篇序文的构件A对"气"的阐释与孟子等儒者的"养气说"完全不是一回事,重在强调文人、诗人源自天地清气的、与众不同的才性与禀赋,而构件B、C也对此作了较好的回应。这样的论述在别集序中不多见,也未形成与"大文""道德""功业"书写相对立的浩大声势,但它至少呈现出了与儒者(理学家)不同的,"文"真正在场的,隶属于文学家的集序,同时也说明在某些人那里,或者某些语境与场合下,吟风弄月、字斟句酌的文人、诗人照样拥有被认同的空间,其角色也有被正视,甚至被放大的可能。

第三节　空间与身份的互动:诗中"诗""诗人"的
生成逻辑与理论内涵

儒家价值观念主导下的别集序模式化书写让我们清楚地看到序作者对集主形象的塑造。那在什么情况下,作品所呈现出来的文人、诗人角色能被强调并认可呢?对此,诗歌是一个很好的研究对象。作为抒情言志的重要载体,诗歌自然有理由展示出各种各样的角色,如"致君尧舜上"③的士大夫,"排斥异端尊孔孟"④的儒者,"沙场秋点兵"⑤的将领,"捐躯赴国难"⑥的义士,

---

① 道璨:《潜仲刚诗集序》,《全宋文》(第349册),上海辞书出版社、安徽教育出版社,2006年,第301页。

② 黄公绍:《沧浪吟卷序》,祝尚书编:《宋集序跋汇编》(第5册),中华书局,2010年,第2004页。

③ 杜甫:《奉赠韦左丞丈二十二韵》,杜甫著,仇兆鳌注:《杜诗详注》(第1册),中华书局,1979年,第74页。

④ 徐钧:《韩愈》,《全宋诗》(第68册),北京大学出版社,1998年,第42861页。

⑤ 辛弃疾:《破阵子·为陈同甫赋壮词以寄之》,辛弃疾著,邓广铭笺注:《稼轩词编年笺注》,上海古籍出版社,2007年,第250页。

⑥ 曹植:《白马篇》,萧统编,李善等注:《六臣注文选》,中华书局,2012年,第516页。

以至于"驱车策驽马"①的游子,"空床难独守"②的思妇等。每类角色都可以融合到各自的政治社会背景与人际关系网络当中,获得相应的道德评价,并引起古今论者的反复讨论。相比而言,在诗歌舞台上,诗人角色如何凸显,这个问题尚未得到深入考察。"诗"是诗人的道具,"作诗"是诗人角色成立的主要标志,因此探究诗歌中的"诗人",须先从诗歌中的"诗"切入。

我们可引一首宋诗以进入话题,陈与义《春日》诗云:

> 朝来庭树有鸣禽,红绿扶春上远林。忽有好诗生眼底,安排句法已难寻。③

对于该诗的后两句,小川环树认为是诗人"将自己客观化起来""把自己由作诗之中分离开来思考"④。这种说法虽合理,但较为抽象。浅见洋二的解释则相对具体:"(诗)成为诗人的表现对象,好像具有可以把握的实体对象一样出现在诗人的视野之中。"⑤也就是说,对于《春日》这首诗,诗人不仅将风景外物纳入诗歌,甚至将自己,以及自己作诗时的状态也一并纳入诗歌。后两句对作诗状态的描述生动地点出了作者的诗人形象。如果我们能欣赏这首诗的美妙之处,那不禁要问:生于眼底的"诗"到底指向何物?为什么最终难寻的、未能呈现出来的"诗"能够带给人美感?

浅见洋二讨论的重心不在于"诗"作为诗歌书写的对象带来美感这一问题上。他把"诗句自来寻老夫"⑥"白玉壶中有新句"⑦等诗中"诗"看作诗歌、外物、创作主体三者关系及其基础上所形成的诗学观念的例证,以此探究"诗来源于创作主体,还是来源于外物"这个诗学话题,并考察文学作品归属

---

① 《古诗十九首》,萧统编,李善等注:《六臣注文选》,中华书局,2012年,第538页。

② 《古诗十九首》,萧统编,李善等注:《六臣注文选》,中华书局,2012年,第538页。

③ 陈与义:《春日二首》(其一),《陈与义集》(上),中华书局,2007年,第159页。

④ [日]小川环树:《宋诗研究序说》,[日]小川环树著,谭汝谦编:《论中国诗》,谭汝谦、陈志诚、梁国豪译,贵州人民出版社,2009年,第159页。原题《宋代的诗人与作品概说》,参见《宋诗选》,筑摩书房,1968年。

⑤ [日]浅见洋二:《距离与想象:中国诗学的唐宋转型》,金程宇、冈田千穗译,上海古籍出版社,2013年,第437页。

⑥ 杨万里:《晚寒题水仙花并湖山》(其三),杨万里著,辛更儒笺校:《杨万里集笺校》(第3册),中华书局,2007年,第1484页。

⑦ 杨万里:《题永丰刘伯英双清亭》,杨万里著,辛更儒笺校:《杨万里集笺校》(第4册),中华书局,2007年,第2073页。

与著作权问题。①相对而言,从意象角度来分析"忽有好诗生眼底"等诗句中"诗"的美感生成与凝定,当是切合本节主题的可行做法。谢琰《诗中"诗"的历史源流与诗学意义》将诗中"诗"作为独特的意象进行审视,挖掘其发展源流和诗学内涵,其中对"诗"与造物(自然)关系的论述富有深意。②他的另一文《谁是"诗人"?》直接指出:"唐宋士大夫谈论起'诗人',也不仅是在说'写诗的人',而是在讨论一种特殊的身份与人格。"③该文简略地勾勒出唐宋时期"诗人命穷"与"诗人高贵"两种发展路向,然尚未充分重视诗歌这个展现诗人角色的舞台的独特意义。谢文把作为抽象概念而非具体指称的"诗"当作研究对象,其关注点自然落到了中唐至南宋这一时段上,唐前及初唐诗歌中的"诗"因不能称之为意象而被排除在研究范围之外。其实,任何审美意象首先都是作为具体的概念、指称而存在的,诗中的"诗"意象也有着更深远的历史源流与逻辑起点,这与诗中"诗人"身份的展现密切相关。因此,本节将以诗中"诗"的存在形式与基本功能、"诗"意象的生成前提等为切入点,探究诗歌舞台上诗人身份形成的理论路径和独特意蕴。

一、抒写生活与进入日常:诗中"诗"形成的前提及其功能流衍

为了解决上述问题,我们首先需要考虑的是:诗中"诗"是如何形成的?这包含了历史源头与逻辑起点两重含义。因此我们必须作一番回溯,以探究诗中"诗"形成的前提及其功能。把"诗"与作诗的状态、过程等纳入诗歌创作的视野,这样的情况在《诗经》《楚辞》中就已出现。

《诗经》中讲作诗、作歌(诵)的句子,主要有以下十三例:

1. 维是褊心,是以为刺。(《魏风·葛屦》)
2. 夫也不良,歌以讯之。(《陈风·墓门》)
3. 是用作歌,将母来谂。(《小雅·四牡》)
4. 家父作诵,以究王讻。式讹尔心,以畜万邦。(《小雅·节南山》)
5. 作此好歌,以极反侧。(《小雅·何人斯》)

---

① 参见[日]浅见洋二:《诗来自何处?为谁所有?——关于宋代诗学中的"内"与"外"、"己"与"他"以及"钱"、"货"、"资本"概念的讨论》《关于"梦中得句"——中国诗学中的"内"与"外"、"己"与"他"》《论"拾得"诗歌现象以及"诗本"、"诗材"、"诗料"问题——以杨万里、陆游为中心》,[日]浅见洋二:《距离与想象:中国诗学的唐宋转型》,金程宇、冈田千穗译,上海古籍出版社,2013年,第390-464页。
② 参见谢琰:《诗中"诗"的历史源流与诗学意义》,《文学遗产》,2015年第1期,第90-99页。
③ 谢琰:《谁是"诗人"》,《文史知识》,2015年第5期,第57-60页。

6.寺人孟子,作为此诗。凡百君子,敬而听之。(《小雅·巷伯》)

7.君子作歌,维以告哀。(《小雅·四月》)

8.矢诗不多,维以遂歌。(《大雅·卷阿》)

9.王欲玉女,是用大谏。(《大雅·民劳》)

10.虽曰匪予,既作尔歌。(《大雅·桑柔》)

11.吉甫作诵,其诗孔硕。其风肆好,以赠申伯。(《大雅·崧高》)

12.吉甫作诵,穆如清风。仲山甫永怀,以慰其心。(《大雅·烝民》)

13.奚斯所作,孔曼且硕,万民是若。(《鲁颂·閟宫》)①

依据原诗的内容、主题,以及上述诗句的表达,我们可以将这十三个例子分为三类:《四牡》《四月》为一类,作诗以表达内心的愁怨;《葛屦》《墓门》《节南山》《何人斯》《巷伯》《民劳》《桑柔》为一类,作诗以批评、讽谏对方;《卷阿》《崧高》《烝民》《閟宫》为一类,作诗以歌颂、赞美对方。概言之,这十三例诗中"诗"指向原诗本身(即自我指涉),直接表露出所属诗歌的写作或吟诵意图(即作诗者对相关生活经历、见闻的抒发与美刺)。

除了《陈风·墓门》外,上述十二句诗均处于原诗的结尾部分。也就是说,它们都是在一番抒情或美刺之后,以简短的一两句诗来点名作诗、作歌的情由。如此统一的表达方式颇显程式化迹象,柯马丁就认为以上诗歌的自我指涉现象(或者说自我身份的宣称)"是高度形式化、仪式化的表达"②。与中国早期的铭文一样,自我指涉与自我陈述本身被纳入礼仪活动及其文本记录之中。③然而我们很容易发现,将尾句与其他部分割裂开来,几乎不会影响全诗内容与主题的表达。仅从诗歌结构和内容的完整性来看,它们只是诗歌的一个"尾巴",并未真正进入作品内部。

《楚辞》中讲作诗、作颂的句子主要有以下六例:

1.翾飞兮翠曾,展诗兮会舞。(《九歌·东君》)

2.道思作颂,聊以自救兮。忧心不遂,斯言谁告兮?(《九章·抽思》)

3.介眇志之所惑兮,窃赋诗之所明。(《九章·悲回风》)

---

①　孔颖达:《毛诗正义》,阮元校刻:《十三经注疏》(清嘉庆刊本)(第1册),中华书局,2009年,第757、804、868、946-947、977-978、979、993-994、1180、1182、1208、1223、1227、1333页。

②　[美]柯马丁:《作为记忆的诗:〈诗〉及其早期诠释》,袁行霈主编:《国学研究》(第16卷),北京大学出版社,2005年,第333页。

③　参见[美]柯马丁:《秦始皇石刻:早期中国的文本与仪式》,刘倩译,上海古籍出版社,2015年,第127-133页。

4.志憾恨而不逞兮,杼中情而属诗。(《哀时命》)

5.悲九州兮靡君,抚轼叹兮作诗。(《九怀·陶壅》)

6.舒情陈诗,冀以自免兮。颓流下陨,身日远兮。(《九叹·远逝》)①

除了第1例外,其余五例叙述作诗情由的方式与《诗经》并无二致,其诗中"诗"也同样指涉原诗本身。不同之处有两点:第一,这五句诗在原诗中的位置有了些许变化——第2、5、6例位于原诗的尾部,而第3、4例则位于原诗的前端。第二,这五句诗简练地描摹出作者作诗时的情状,而不像"某某作诗""某某作歌"那般粗率直白。特别是"抚轼叹兮作诗"这样的句子,使得一个抚轼而叹的诗人形象映现在读者眼前。作诗情态的细化既能呈现出一种富有诗意(感伤、慨叹)的创作景象,又能够将此景象恰如其分地融入原诗的内容与主题中,与原诗所营造的氛围合为一体。由此,"抚轼叹兮作诗"的"诗"既可以指涉原诗,也可以被当成具有意象内涵的概念来理解。它是《九怀·陶壅》主人公展现自我的"道具",是烘托主体角色与形象的"抒情物"。②这恰可与上引《楚辞》诗句的第1例相比较。该例与其他五例不同,"翾飞兮翠曾,展诗兮会舞"位于《九歌·东君》中部,是对迎祭东君场面的描述。故"展诗会舞"被当作迎祭场景的一部分纳入诗歌,体现楚巫之歌的原始功用,与作者本身无直接关系。

《诗经》《楚辞》中的上述例子乃诗中"诗"的历史源头。由此看出,早期的诗中"诗"基本上都指涉原诗,且大多数位于原诗尾部,形成一种模式化书写方式,我们将称其为诗中"诗"的原初模式。原初模式可能出现两种变式:一是诗中"诗"由诗末移动到诗歌前端或中部,此即从结构上走入诗歌内部;二是诗中"诗"附带少量的动作与场景,试图将作诗(包括吟诗)时的状态与情景融入诗歌营造的整体氛围当中,并成为诗歌书写和观照的对象。

原初模式及其变式在魏晋南北朝的诗歌创作中得到了继承。检视含有"作诗""作歌"等相关词语的七十六首魏晋南北朝诗,有二十五首采取了《诗经》的表达方式——即诗中"诗"位于原诗末尾,内涵指向原诗本身。其中部分诗歌表达了"诗"的抒情作用,兹列举几例如下:

1.诗之作矣,情以告哀。(王粲)③

---

① 洪兴祖:《楚辞补注》,中华书局,1983年,第75、141、157、259、279、295页。

② 一般说来,情的囊括面很广,可包括欣喜之情与悲哀之情,本节所云"诗"的抒情性主要偏向于诗歌对悲怨哀愁情绪的表达。下文也基本秉持这一界定。

③ 王粲:《思亲为潘文则作》,王粲著,俞绍初点校:《王粲集》,中华书局,1980年,第4页。

2.赋诗以写怀,伏轼泪沾缨。(曹睿)①

3.今我作歌咏高风,激扬壮发悲且清。(傅玄)②

4.于以表情,爰著斯诗。(张华)③

5.瞻彼江介,惟用作诗。(陆机)④

上述诗例都在不同程度上展现了"诗"的抒情性,如第4例直接点明诗中"诗"的重要目的和功用——抒写生活与抒发个人情志。第2例与《九怀·陶壅》"抚轼叹兮作诗"意蕴极其相像。第5例与前面几例稍微不一样,它没有直接表明"诗"的抒情性,而将情感潜藏在诗人"瞻彼江介"与作诗的行为上,产生情景交融的效果。这五例都是由原初模式所生发的第二种变式,与第一种变式相比较,它更具有丰富与深化"诗"意涵的作用,能够展现"诗"的抒情功效。

然而对原初模式及其变式来讲,"指涉原诗"的这一功能属性注定它与原诗必然存在一定的间隔与距离。不论从诗歌的结构还是内容上说,它都没有完全融入到诗歌内部。所以在探究诗中"诗"的演进过程时,必然要面临"诗"入诗的问题。所谓"诗"入诗,就是超越了诗中"诗"的原初模式,把"诗"当作诗歌所抒写的生活的一个构件或环节,让它真正地融入诗歌当中。这种情况下的"诗"不可能指涉原诗,否则就会带来叙述逻辑上的结构性矛盾,用简单的话来说就是:诗歌A都还没有创作结束,就已经被自己引用了。这是无论如何都不应该出现的情况,同时也有力地证明了《诗经》《楚辞》中指涉原诗的"诗"并未真正进入诗歌。

创作者将"诗"作为外在于自己的"客观物"来看待,这是"诗"入诗的首要要求。如前所述,《九歌·东君》"展诗兮会舞"正符合了这样的要求。魏晋南北朝承续了这一路向并有所发展。如曹丕《燕歌行》写思妇之愁,第一首讲到妇人援琴短歌以抒发忧愁,第二首讲到妇人展卷吟诗以自我宽慰。"短歌微吟不能长""展诗清歌聊自宽"⑤两句呈现出来的就是思妇用诗歌来表达

---

① 曹睿:《苦寒行》,郭茂倩编:《乐府诗集》(第2册),中华书局,1979年,第497页。

② 傅玄:《秦女休行》,张溥编:《汉魏六朝百三名家集》(第2册),江苏古籍出版社,2002年,第402页。

③ 张华:《太康六年三月三日后园会诗》(其四),张溥编:《汉魏六朝百三名家集》(第2册),江苏古籍出版社,2002年,第432页。

④ 陆机:《赠武昌太守夏少明》,陆机著,杨明校笺:《陆机集校笺》(下),上海古籍出版社,2016年,第884页。

⑤ 曹丕:《乐府燕歌行二首》,徐陵编,吴兆宜注,程琰删补:《玉台新咏笺注》(下),中华书局,1985年,第397、398页。

自己愁怨的情景。《燕歌行》中的"诗（歌）"不指涉原诗，它在原诗中作为思妇的"抒情物"而存在。"诗"可以抒发、排遣忧愁，也能与满怀离愁的妇人达成情感上的共鸣。可以说，在《燕歌行》这个诗歌的舞台上，"诗"展现了它作为独特道具的抒情意蕴。曹丕以男子作闺音，不乏想象的成分，但"短歌微吟""展诗清歌"必定来源于自己的现实生活与抒情体验。现实中不乏诗人文士吟诗抒情的场景，诗歌只是将现实生活经过调整变形后搬上文本舞台。从这个角度来说，"诗"以怎样的形态与方式走上诗歌舞台，取决于现实中的诗歌以怎样的形态与方式进入人们的生活。

　　魏晋南北朝时期赠答诗盛行，诗歌时常作为人们文字交往的重要载体。如嵇康"二子赠嘉诗，馥如幽兰馨"①，傅咸"人之好我，赠我清诗"②，潘尼"俊德贻妙诗，敷藻发清徽"③。这几例诗中"诗"体现了诗歌抒写生活与交流赠答的双重功用，它们虽然谈不上具有多大的美感与内在意涵，但昭示着诗歌创作的日常化性质逐渐凸显，并被诗歌本身所捕捉。诗中"诗"内涵的丰富，以及意象的形成与诗歌的日常化密切相关。我们以陶渊明为例进行分析，陶渊明有不少诗赋抒写了他日常的田园生活，《归去来兮辞》《移居诗二首》是其中的代表。《归去来兮辞》云："登东皋以舒啸，临清流而赋诗。"④《移居诗二首》（其二）云："春秋多佳日，登高赋新诗。"⑤可以看出，"赋诗"乃陶渊明所抒写的日常生活的一部分。"临清流而赋诗"的"诗"与"登高赋新诗"的"诗"都是泛指，非特指某首诗，更不指涉原诗。它们在原诗中就是作为"闲雅物""日常物"而存在，目的在于展现诗人的闲情雅趣。

　　在陶渊明之前，嵇康就有"弹琴咏诗，聊以忘忧""琴诗自乐，远游可珍"⑥等语；在陶渊明之后，谢朓也有"安得同携手，酌酒赋新诗"⑦。它们同陶渊明《归去来兮辞》《移居诗二首》的句子一样，都体现出作诗者对弹琴、饮酒、赋

①　嵇康：《答二郭三首》（其一），嵇康著，戴明扬校注：《嵇康集校注》，人民文学出版社，1962年，第62页。

②　傅咸：《赠崔伏二郎诗》，张溥编：《汉魏六朝百三名家集》（第2册），江苏古籍出版社，2002年，第599页。

③　潘尼：《答杨士安》，张溥编：《汉魏六朝百三名家集》（第2册），江苏古籍出版社，2002年，第620页。

④　陶渊明：《归去来兮辞》，陶渊明著，逯钦立校注：《陶渊明集》，中华书局，1979年，第162页。

⑤　陶渊明：《移居二首》（其二），陶渊明著，逯钦立校注：《陶渊明集》，中华书局，1979年，第57页。

⑥　嵇康：《兄秀才公穆入军赠诗十九首》，嵇康著，戴明扬校注：《嵇康集校注》，人民文学出版社，1962年，第18、19页。

⑦　谢朓：《怀故人》，谢朓著，曹融南校注：《谢宣城集校注》，上海古籍出版社，1991年，第272页。

诗等闲雅生活的美好想象，"诗"的日常闲雅属性就此显露无遗。通过这几个例子，我们还能认识到，诗歌的日常化应当包含诗歌书写题材、内容的日常化与诗歌创作行为的日常化两个层面，即诗歌书写日常与诗歌成为日常。①日常生活的表现之一是可重复性，"赋诗"作为日常事件也应当具有可重复性。"临清流""登高"明显是可重复的，人与人之间的赠答也是不断重复的。因而诗歌日常化的另一个重要表现在于诗歌创作行为的可重复性。由此反观《诗经》《楚辞》里面的诗中"诗"，它们基本上都表明为某个特定事件而作，规定了事件的特定性（不可或难以重复），也就等同于隔离了诗歌创作的日常性。

　　总的来说，魏晋南北朝时期反映日常化的诗中"诗"不是很多，但具有不可忽视的开创性意义。彼时很多诗中"诗"摆脱了"指涉原诗"这一限制，成为诗歌所书写的"日常物"，从而表现出特定的抒情属性和闲雅属性。

　　唐代诗歌数量远超前代，其诗中"诗"也就有着更为丰富多样的表现。我们所说的日常，其实是指诗歌创作者的日常。所以诗歌的日常化必然随着创作者身份地位、个人经历以及所处环境的不同而有具体多样的展现。在含有"诗"的三千余首唐诗中，我们就能够看到诗中"诗"向生活的各个方面渗透。上到应制奉和，如宋之问"宴酣诗布泽，节改令行春"②，张说"圣主赋新诗，令若听薰琴"③。下到送别友人、自诉境况，如孟郊"诗句临离袂，酒花薰别颜"④，姚合"展书寻古事，翻卷改新诗"⑤。对于诗中"诗"来说，多样化的日常书写体现了创作者的双重身份及其作用：创作者的政治社会身份不同程度地影响（甚至制约）着他们的日常书写；创作者的诗人身份——或者说是文学爱好者身份——又时时诱导他们观照自己的文雅生活。由此可概

---

① 张剑在探讨"情境诗学"时指出诗歌日常化、世俗化的三重取向：题材、语言、功能。[参见张剑：《情境诗学：理解近世诗歌的另一种路径》，《上海大学学报》（社会科学版），2015年第1期，第92-102页。]本节暂不考虑世俗化问题，就诗歌日常化来说，题材与语言是诗歌书写日常的表征，而功能则是诗歌成为日常的表征。虽说日常化是近世诗歌的典型表现，但是诗歌日常化的路向在宋以前就已经展开。

② 宋之问：《奉和幸神皋亭应制》，宋之问等著，陶敏等校注：《沈佺期宋之问集校注》（下），中华书局，2001年，第415页。

③ 张说：《奉和赐诸州刺史（以题座右）应制》，张说著，熊飞校注：《张说集校注》（第1册），中华书局，2013年，第64页。

④ 孟郊：《送殷秀才南游》，孟郊著，华忱之等校注：《孟郊诗集校注》，人民文学出版社，1995年，第380页。

⑤ 姚合：《闲居遣怀十首》（其三），姚合著，吴河清校注：《姚合诗集校注》（上），上海古籍出版社，2012年，第236页。

言,诗歌所书写的日常,包含官员士大夫的日常和诗人文人的日常两个层面。事实上我们面对具体的诗歌,难以在官员士大夫与诗人文人间做明确的区分,但是作为诗人身份标识和"日常物"的"诗"主要从诗人而非官员的日常中衍生出来,这是毫无异议的。有两千二百多首唐诗都在不同程度上表现了"诗"的日常化形态和闲雅属性。作为闲雅物的"诗"与"酒""花""茶""琴"、亭台楼阁、自然山川等一样,都是文人雅士身份的直接体现。在诗歌创作过程中,"诗"也就理所当然地得到与"酒""花""茶""琴"等同一等级的观照。唐诗中不乏将"诗"与"花""茶""琴"等并举的诗句,而同时提及"诗"与"酒"的唐诗就有七百多首。

如果说魏晋南北朝时期诗中"诗"的日常化书写还比较零星的话,唐代,特别是中唐以后,诗中"诗"的日常化书写大大地拓展了。体量的增长是一个明显的指标,另一个指标则是诗中"诗"表达的多样与功能的丰富。

首先,诗歌在文人生活中的存在感越来越强。唐代诗赋取士、以诗行卷等外在政治社会因素当然起到了重要的推动作用,此外,文人群体的文学喜好与文化生活的形成也不可忽视。在此背景下,"诗"在诗歌中的存在感也越来越强。魏晋南北朝诗中"诗"的表达主要就赋诗、咏诗、赠答诗三类,且只是作为一个很小的部件存在于诗歌当中,"诗"在全诗当中的统摄力并不大。唐代的诗中"诗"则不然,在作诗、题诗、读诗、改诗、吟诗、赠答诗等多个方面都有所体现。兹各举一例如下:

1. 近来爱作诗,新奇颇烦委。(卢仝)①
2. 竹间驻马题诗去,物外何人识醉游。(赵嘏)②
3. 把君诗句高声读,想得天高也合闻。(杜荀鹤)③
4. 到晓改诗句,四邻嫌苦吟。(刘得仁)④
5. 谁伴临清景,吟诗上郡楼。(李频)⑤
6. 赠答诗成才思敌,病夫欲和几朝愁。(姚合)⑥

① 卢仝:《寄赠含曦上人》,《全唐诗》(第12册),中华书局,1960年,第4388页。
② 赵嘏:《经汉武泉》,《全唐诗》(第17册),中华书局,1960年,第6348页。
③ 杜荀鹤:《哭山友》,《全唐诗》(第20册),中华书局,1960年,第7960页。
④ 刘得仁:《夏日即事》,《全唐诗》(第16册),中华书局,1960年,第6285页。
⑤ 李频:《送侯郎中任新定二首》(其二),《全唐诗》(第18册),中华书局,1960年,第6839页。
⑥ 姚合:《和卢给事酬裴员外》,姚合著,吴河清校注:《姚合诗集校注》(下),上海古籍出版社,2012年,第446页。

更为重要的是,随着诗歌成为文人生活的必备环节与重要主题,"诗"也完全可以成为诗歌书写的主要内容与话题,诗中"诗"的统摄力也就从一句诗扩展到了整首诗。用诗歌的形式来抒写以诗歌为主的相关活动,这在唐代不乏其例。因读他人的诗歌而作诗者,如白居易《开元九诗书卷》《舟中读元九诗》《读僧灵彻诗》《读李杜诗集,因题卷后》《读谢灵运诗》《读邓鲂诗》《读张籍古乐府》,姚合《喜览泾州卢侍御诗卷》《喜览裴中丞诗卷》,元稹《酬乐天舟泊夜读微之诗》,杜牧《读韩杜集》,贯休《读〈杜工部集〉二首》《览李秀才卷》,杜荀鹤《读友人诗》《读友人诗卷》《读诸家诗》等。诗集、诗卷作为诗歌的物质载体,促进了诗歌的记录与传播,在诗歌的日常化进程中起到了关键性作用。读诗乃日常闲暇之事,将读诗写入诗歌也就是诗中"诗"闲暇属性不断丰富的表征。具体的诗句如寒山诗云:

家有寒山诗,胜汝看经卷。书放屏风上,时时看一遍。①

又云:

下愚读我诗,不解却嗤诮。中庸读我诗,思量云甚要。上贤读我诗,把著满面笑。杨修见幼妇,一览便知妙。②

诗歌虽然简单直白,却把轻松自然的读诗状态勾勒出来。白居易是中唐诗人中日常化诗歌书写最突出的代表,他有很多诗歌描述了自己的诗歌活动。他会因自编诗集而在卷末题诗一首,也会因吟诵自己的诗歌有感而作诗。他把琴、酒、诗称为北窗三友,为"无日不相随"③之物,其《爱咏诗》云:

辞章讽咏成千首,心行归依向一乘。坐倚绳床闲自念,前生应是一诗僧。④

可见,"诗"作为"闲雅物"在唐诗当中得到了丰富多样的呈现。

其次,诗歌的抒情性与闲雅性并不矛盾,日常闲暇同样可以有抒情性表达。下面我们将说明,唐代的诗中"诗"不但丰富了"诗"的闲雅属性,还增加了"诗"的抒情功能。前面我们所提到的"诗"作为"抒情物",其抒情性是诗

---

① 钱学烈校评:《寒山拾得诗校评》,天津古籍出版社,1998年,第457页。
② 钱学烈校评:《寒山拾得诗校评》,天津古籍出版社,1998年,第264页。
③ 白居易:《北窗三友》,《白居易集》(第2册),中华书局,1979年,第666页。
④ 白居易:《爱咏诗》,《白居易集》(第2册),中华书局,1979年,第517页。

歌的内容赋予的。人们因情有所动而作诗,诗歌包含情感内容,"诗"这一概念也就滋生了情感属性。唐诗依然延续着这种表达走向,如杜甫"种药扶衰病,吟诗解叹嗟"①,韩翃"感物吟诗对暮天,怀人倚杖临秋水"②,韩愈"吟君诗罢看双鬓,斗觉霜毛一半加"③。吟诗所带来的情愁感慨都源于诗歌内容的抒情性,故除了表达的方式更加多样化以外,上述例子在诗中"诗"抒情性产生的内在机制上,与唐前的诗歌没有差异。需要注意的是,当诗歌成为文人日常生活的必备品之后,也就记录并见证着文人的生命历程,从而与文人产生了奇妙复杂的联系。将诗歌传播空间的广大性、时间的长久性与文人生命的有限性,当下时间的转瞬即逝、不可把握性相比较,二者的张力与差异突显无遗,"诗"作为"抒情物"的第二个层面的功用由此而衍生。卢藏用为亡友作诗云:"故人琴与诗,可存不可识。识心尚可亲,琴诗非故人。"④琴与诗尚在,人已亡故。作者虽说能通过琴与诗来感知故人的痕迹,然而人事不再,存世的琴诗只能徒增伤感。在这里,"诗"完全是作为见证故人生命历程的物件而存在的。唐人多有题诗之习,载体的固化使得诗歌本身具有持续的生命力,正如李颀所云:"石上题诗处,千年留至今。"⑤迹在人亡,让人生发白云苍狗之叹。李端云:"同时献赋人皆尽,共壁题诗君独在。"⑥韦应物云:"中有故人诗,凄凉在高壁。"⑦元稹第三次经过褒城驿,目睹亡人窦群的题诗,有感而作:"容州诗句在褒城,几度经过眼暂明。今日重看满衫泪,可怜名字已前生。"⑧在第七次经过褒城驿时又有"寻觅诗章在,思量岁月惊"⑨之叹。题诗凝固了曾经的某一时刻,欧阳詹《睹亡友题诗处》就说得很清楚:"旧友亲题壁上诗,伤看缘迹不缘词。"⑩给读者带来感伤情绪的,不是诗歌的内容,而是题诗一事所凝固的永不复还的韶光。

---

① 杜甫:《远游》,杜甫著,仇兆鳌注:《杜诗详注》(第2册),中华书局,1979年,第969页。

② 韩翃:《寄雍丘窦明府》,《全唐诗》(第8册),中华书局,1960年,第2733页。

③ 韩愈:《答张十一功曹》,韩愈著,方世举笺注:《韩昌黎诗集编年笺注》(上),中华书局,2012年,第139页。

④ 卢藏用:《宋主簿鸣皋梦赵六予未及报而陈子云亡今追为此诗答宋兼贻平昔游旧》,《全唐诗》(第3册),中华书局,1960年,第1002页。

⑤ 李颀:《宴陈十六楼(楼枕金谷)》,李颀著,隋秀玲校注:《李颀集校注》,河南人民出版社,2007年,第122页。

⑥ 李端:《赠康洽》,《全唐诗》(第9册),中华书局,1960年,第3238页。

⑦ 韦应物:《东林精舍见故殿中郑侍御题诗追旧书情涕泗横集因寄呈阎沣州冯少府》,韦应物著,陶敏等校注:《韦应物集校注》,上海古籍出版社,1998年,第412页。

⑧ 元稹:《褒城驿二首》(其一),元稹著,冀勤点校:《元稹集》(上),中华书局,1982年,第94页。

⑨ 元稹:《遣行十首》(其七),元稹著,冀勤点校:《元稹集》(上),中华书局,1982年,第172页。

⑩ 欧阳詹:《睹亡友题诗处》,《全唐诗》(第11册),中华书局,1960年,第3910页。

当然,诗歌持久性的传播未必一定需要石壁或题诗板,纸质载体使得诗歌能够得到长期保存,这在很大程度上保证了诗歌在当时和后世的流传。个人诗歌的不断保存与积累使得作诗抒情这一传统模式不断延续的同时,读诗(吟诗)抒情的情形也越来越多。作诗之"诗"乃新诗,读诗之"诗"为旧诗。与题诗相同,旧诗连接着创作者曾经的生活。白居易《感旧诗卷》云:

> 夜深吟罢一长吁,老泪灯前湿白须。二十年前旧诗卷,十人酬和九人无。①

所谓的旧诗生发出来的,是诗人的怀旧之情和时光流逝之感。他在写给元稹的诗歌中,就说到自己曾"灯前读尽十年诗"②,不管此言是否确切,实可说明读旧诗是阅读往事、抒发情愁的一种途径。再如白居易《对镜吟》云:

> 白头老人照镜时,掩镜沉吟吟旧诗。二十年前一茎白,如今变作满头丝。吟罢回头索杯酒,醉来屈指数亲知。③

僧齐己也说:"新事向人堪结舌,旧诗开卷但伤心。"④伤心未必是因为旧诗的内容伤感,曾经悠游自在的吟诗场景更能反衬出当下的离合悲欢,如吴融《忆事》:

> 去年花下把金卮,曾赋杨花数句诗。回首朱门闭荒草,如今愁到牡丹时。⑤

如果说"诗"传统的抒情功能是通过与诗歌内容以及作诗时的人生境况来实现,那么,"诗"新增的抒情功能就是通过诗歌与文人血脉相连的生命属性来达成的。对于后者来说,诗歌是文人生命的参照尺度,短暂与永恒通通嵌刻在里面。白居易在令狐楚亡故后作诗哀叹:"前月使来犹理命,今朝诗到是

---

① 白居易:《感旧诗卷》,《白居易集》(第2册),中华书局,1979年,第697页。
② 白居易:《岁暮寄微之三首》(其二),《白居易集》(第2册),中华书局,1979年,第540页。
③ 白居易:《对镜吟》,《白居易集》(第2册),中华书局,1979年,第473页。
④ 齐己:《酬庐山张处士》,《全唐诗》(第24册),中华书局,1979年,第9575页。
⑤ 吴融:《忆事》,《全唐诗》(第20册),中华书局,1979年,第7856页。

遗文。"①可以感受到,这样的诗中"诗"所抒写的情感厚重程度丝毫不亚于前者,其感伤的诗意也胜于很多具有闲雅属性的"诗"意象。总之,在唐代,诗中"诗"的抒情性得到了全新的拓展,这样的拓展与诗进入文人的日常生活直接相关。

二、文化记忆与审美经验:"诗""诗人"意涵的自我增殖

由上一部分的分析,我们总结出诗中"诗"的两个基本功能——抒发感情与表达闲雅,它们与诗歌日常化有着密切关系。现在要考虑的是,诗中"诗"为何具有这样的功能?诗中"诗"的所有功能及其表达都源于当下创作的实际情况吗?如果把"诗"当成意象来考察,横向地看,"诗"的意象化运用,必然要以大量非意象的运用为前提与基础,诗歌日常化提供了这一基础;纵向地看,"诗"能成为意象,说明在一代又一代的诗歌创作中,"诗"本身累积了深刻丰富的文化内涵,文化记忆与审美经验则在其中发挥了重要作用。本节不只以成为意象的"诗"为研究对象,但当我们以最广阔的视野来审视诗中"诗"时,文化记忆与审美经验的作用同样不可忽视。

一般来说,人们使用某一词汇的前提是头脑中对该词汇形成了一定的认识。这种认识可能是使用者刻意的积累,也可能来源于使用者日常阅读与交流过程中无意的吸收。这两方面共同构成了使用者对该词汇内涵和使用的记忆。对于"诗",我们也可以用这样的方式来看待。只不过"诗"的内涵牵涉到诗学观念与创作形态,因而具有了文化记忆的性质。文化记忆有两个基本要素,一是记忆的对象,二是记忆的媒介。通常情况下,记忆的媒介往往不会是记忆的对象本身。如关于屈原的文化记忆,对象是屈原,而媒介是诗歌、节日、祠堂等。那么,对于"诗"的记忆又是怎样的情况呢?文化记忆理论学者阿莱达·阿斯曼在论述英雄的声望时说道:"文字不仅对于被歌颂的英雄来说,而且对于作者来说,都是一种达到永生的媒介。"②诗歌不仅能够使它歌颂的对象获得不朽的声誉,也能使诗人自己不朽,由此类推,诗歌本身也因此而不朽。所以,诗歌、诗人只要借助自己就能被别人记住。阿莱达·阿斯曼的论述虽然讲的是具体的诗歌,但是对于作为概念的"诗""诗人",其见解依然具有适用性。记忆诗人的媒介主要是诗歌,而诗歌又专

---

① 白居易:《令狐相公与梦得交情素深眷,予分亦不浅,一闻薨逝,相顾泫然。旋有使来,得前月未殁之前数日书及诗寄赠。梦得哀吟悲叹,寄情于诗;诗成示予,感而继和》,《白居易集》(第2册),中华书局,1979年,第768页。

② [德]阿莱达·阿斯曼:《回忆空间:文化记忆的形式和变迁》,潘璐译,北京大学出版社,2016年,第42页。

属于诗人。诗与诗人本来就密不可分，故讨论文化记忆时，我们不妨将二者作为一体来看待。下面将以具体的事例说明：人们对"诗"的文化记忆主要依附于诗歌本身（包括通过诗歌或相关文本感知到的诗歌创作活动）来进行。在这个过程中，"诗"既是记忆的媒介，又是记忆的对象。

我们知道，早期的"诗"大多指《诗经》，早期的"诗人"也基本指《诗经》的创作者，这说明《诗经》长时期统摄了"诗"与"诗人"两个概念。在被历代学者不断阐释与发扬的《诗经》文化的导向下，《诗经》成为创作者重要的参考依据和样本。其主旨、内容、书写方式等都通过各种媒介扩大其影响，成为根植于古人内心的文化记忆。就本节关注的对象而言，魏晋南北朝的诗中"诗"尽管大都不再指涉《诗经》，但是有将近一半的比例沿用了《诗经》中"诗"的原初模式。依循《诗经》的书写典范，也就意味着《诗经》的文化记忆对诗歌创作产生了深远影响。对于这一点，诗中"诗人"一词的运用表现得更为明显。魏晋南北朝诗歌中的"诗人"词例仅有九例，且全部指向《诗经》的创作者。①如秦嘉"诗人感木瓜，乃欲答瑶琼"②，王粲"常闻诗人语，不醉且无归"③，谢灵运"诗人陈条柯，亦有美攘剔"④。可见，《诗经》就是一个庞大的背景性诗歌文本，古人对诗歌的很多记忆都从这一背景性文本生发出来。所以他们表达感情时，会想起《诗经》中的诗人"投我以木瓜，报之以琼琚"⑤（《卫风·木瓜》），宴饮时会想起《诗经》中的诗人"不醉无归"⑥（《小雅·湛露》），修剪桑枝时，会想起《诗经》中的诗人"取彼斧斨"⑦（《豳风·七月》），"攘之剔之"⑧（《大雅·皇矣》），如此等等。从魏晋到唐代，"诗""诗人"概念逐渐脱离《诗经》束缚。但这并不标志着两个概念的更新，而是意味着可以有（或

---

① 依照目前所见的文献，唐前"诗人"表示普通意义上的诗歌创作者，只有钟嵘《诗品》"隐逸诗人"一例，其余皆指涉《诗经》的创作者。

② 秦嘉：《赠妇诗三首》（其三），徐陵编，吴兆宜注，程琰删补：《玉台新咏笺注》（上），中华书局，1985年，第31页。

③ 王粲：《公宴诗》，王粲著，俞绍初点校：《王粲集》，中华书局，1980年，第8页。

④ 谢灵运：《种桑》，谢灵运著，顾绍柏校注：《谢灵运集校注》，中州古籍出版社，1987年，第70页。

⑤ 孔颖达：《毛诗正义》，阮元校刻：《十三经注疏》（清嘉庆刊本）（第1册），中华书局，2009年，第691页。

⑥ 孔颖达：《毛诗正义》，阮元校刻：《十三经注疏》（清嘉庆刊本）（第1册），中华书局，2009年，第900页。

⑦ 孔颖达：《毛诗正义》，阮元校刻：《十三经注疏》（清嘉庆刊本）（第1册），中华书局，2009年，第832页。

⑧ 孔颖达：《毛诗正义》，阮元校刻：《十三经注疏》（清嘉庆刊本）（第1册），中华书局，2009年，第1118页。

者说已经有)新的内涵注入"诗""诗人"概念当中,人们对二者的文化记忆由此不断丰富。在延续《诗经》中"诗"的书写模式与"诗人"内涵的同时,魏晋南北朝人的诗歌创作与相关活动为"诗"与"诗人"内涵注入了新的信息,并成为后人创作诗歌,书写诗中"诗""诗人"时重要的背景性文本。不少唐代的诗歌创作者就以南北朝诗歌为阅读、参考与借鉴的对象,从而涌现出大量的诗例,如李白"昨梦见惠连,朝吟谢公诗"①,杜甫"赋诗何必多,往往凌鲍谢"②,韩翃"酒客逢山简,诗人得谢公"③,孟郊"清诗既名朓,金菊亦姓陶"④,权德舆"诗轻沈隐侯,赋拟王仲宣"⑤。同时,唐人的诗歌创作与相关活动又为"诗"与"诗人"注入新的内涵,且成为后人创作诗歌,书写诗中"诗""诗人"时重要的背景性文本。宋诗中提及唐代诗人、诗歌的诗句比比皆是,这里不再赘引。

随着文本、知识的增加,典故、事例得到不断的积累和丰富,并越来越多地被运用,这本不是什么新鲜的论调。然而,我们通过上面的论述可以说明:人们对"诗""诗人"的记忆建立在前人的诗歌创作活动与诗歌内容的基础上。随着创作活动的丰富,人们对二者的文化记忆越来越多,二者的内涵也就随之而扩充。用更完整的话说就是,记忆引导着诗歌创作,诗歌创作又形成新的记忆,进而引导新的诗歌创作,再形成对诗歌更新的记忆。在此不断循环的过程中,"诗""诗人"的内涵与诗歌作品不断增殖。可以看出,基于兼具记忆对象与记忆媒介双重属性,"诗"与"诗人"内涵是以一种自我增殖的方式不断扩充的。

创作者在认识"诗""诗人"概念,或使用"诗""诗人"的时候,此前所有诗人的诗歌创作活动与诗歌内容都成为可供参考、调用的巨大文本库。这个文本库并非杂乱无章,它有着稳定的结构,并随着诗歌发展而显示出主次分明的脉络形态。它通过三个角度为古人提供关于"诗""诗人"的记忆。A. 理念性的表述与知识性的呈现。如"杼中情而属诗"这样直白的诗句就直接传达了"诗缘情"的诗学理念。关于诗歌的典故也应当归属于这一类,因为它

---

① 李白:《书情寄从弟邠州长史昭》,李白著,王琦注:《李太白全集》(中),中华书局,1977年,第682页。
② 杜甫:《遣兴五首》(其五),杜甫著,仇兆鳌注:《杜诗详注》(第2册),中华书局,1979年,第565页。
③ 韩翃:《华亭夜宴庾侍御宅》,《全唐诗》(第8册),中华书局,1979年,第2742页。
④ 孟郊:《秋怀十五首》(其十二),孟郊著,华忱之等校注:《孟郊诗集校注》,人民文学出版社,1995年,第161页。
⑤ 权德舆:《酬穆七侍郎早登使院西楼感怀》,权德舆著,郭广伟校点:《权德舆诗文集》(上),上海古籍出版社,2008年,第45页。

就是诗歌创作活动(包括诗歌内容)给予后人的一种知识性记忆。B. 创作形式与内容所传达的客观信息。如诗歌的题材、体式(包括句式、格律)、主旨等。这些信息让读者知道具备什么样的内容与形式才是"诗",创作什么样作品的人才是"诗人"。C. 诗意性的创作与书写。它带来的是读者对"诗""诗人"的感受性、审美性认知。综合来看,这三个层面所带来的关于"诗""诗人"的记忆可分为两类:a. 理念性、知识性记忆。b. 感受性、审美性记忆。它们之间的关系如图6:

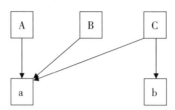

图6 古人对"诗""诗人"的记忆类型及其关系

C诗意的书写能够达成一种理念性记忆,比如,对于"诗缘情"的诗学理念,我们既可以从"杼中情而属诗"这样的A类诗句中获取(即A→a),也可以从诸多感伤的诗句中直接感知诗歌的抒情功能,形成并加固对"诗缘情"理念的记忆(C→a)。对本节来说,最重要的是C→b的记忆形式。因为诗中"诗""诗人"最具价值的方面只能从这一记忆形式中衍生。对诗歌而言,创作与阅读是传承文化记忆的主要方式,不仅如此,创作与阅读还能将文化记忆转化成个人的经验记忆[①],而审美经验是经验记忆中最不可忽视的部分。C→b恰好是审美经验充分产生作用的记忆形式。

将C→b记忆形式用文字进行表述,即人们通过诗歌阅读与创作的审美体验,对"诗"与"诗人"形成一种直观的认知。这种认知直接影响到诗中"诗""诗人"的运用。

"诗"的抒情和闲雅功能都来源于创作者以往的审美经验。如前所述,曹丕《燕歌行》所选取的"短歌微吟""展诗清歌"场景来源于创作者在诗歌阅读(吟诵)和创作中的抒情感受。再如杜甫"去远留诗别,愁多任酒醺"[②],创作者选取"留诗别"的场景,是因为他具有作诗赠别的抒情体验。创作者此前的多次赠别留诗活动,对赠别诗歌的阅读审美都可能是该抒情体验的源

---

① 严格地说,创作者对"诗"的记忆除了包括他人的诗歌创作活动外,还包括自己的诗歌创作与阅读经验。

② 杜甫:《留别贾严二阁老两院补阙》,杜甫著,仇兆鳌注:《杜诗详注》(第1册),中华书局,1979年,第382页。

头。杜甫另一诗"愁极本凭诗遣兴,诗成吟咏转凄凉"①更是直接抒发了自己吟诗时内心的情感变化。同样,诗歌中"诗人"的情感特征也是在以往审美经验的基础上确立的。李端云:"露下晚蝉愁,诗人旧怨秋。"②历代诗歌创作者对秋怨的书写自然成为这句诗的注脚。顾非熊直接以一整首诗总结"诗人"的情感表现,《落第后赠同居友人》云:

> 有情天地内,多感是诗人。见月长怜夜,看花又惜春。愁为终日客,闲过少年身。寂寞正相对,笙歌满四邻。③

该诗中的"诗人"可以指向人们知道的绝大多数诗歌创作者,故"诗人"的"诗"也就指向此前所有诗人见花、月而抒情,感慨寂寞的诗歌。总之,上述诗中"诗""诗人"的抒情性表达都必须立足于创作者过往诗歌阅读与创作所获得的审美经验。

类似的思路照样适合分析"诗"的闲雅功能。对于前文所举的陶渊明《移居诗二首》(其二)"春秋多佳日,登高赋新诗"一句,之所以选择登高赋诗的场景,就是因为创作者已经具有诗歌抒发闲雅的审美体验,而这样的体验必定也是通过之前的阅读或创作活动获得的。可以说,此处诗中"诗"的闲雅属性非创作者所能赋予,而是由之前大量表达闲雅的诗歌所赋予。在诗歌书写日常与成为日常的过程中,人们逐步积累了关于"诗"闲雅的审美认知。诗歌创作体量越大,人们对"诗""诗人"闲雅属性的认识也就越丰富、深刻。唐宋以来,有大量的诗歌运用"诗""诗人"来表现日常生活的闲雅形态,如钱起"诗思竹间得,道心松下生"④,皎然"宿简邀诗伴,余花在酒瓶"⑤,薛能"娇黄新嫩欲题诗,尽日含毫有所思"⑥,徐铉"黄菊后期香未减,新诗捧得眼还开"⑦。这些诗句虽然看起来只是描绘了作诗的日常状态,却蕴藏着一个深层的逻辑,即当下任何诗中"诗"闲雅属性的呈现,都暗含"作诗行为和诗歌内容能够表达闲雅"的认知前提,而这个认知前提必然要从以往的作诗行

---

① 杜甫:《至后》,杜甫著,仇兆鳌注:《杜诗详注》(第3册),中华书局,1979年,第1199页。
② 李端:《送客赴江陵寄鄂州郎士元》,《全唐诗》(第9册),中华书局,1979年,第3251页。
③ 顾非熊:《落第后赠同居友人》,《全唐诗》(第15册),中华书局,1979年,第5786页。
④ 钱起:《题精舍寺》,钱起著,王定璋校注:《钱起诗集校注》,浙江古籍出版社,1992年,第109页。
⑤ 皎然:《九月十日》,《全唐诗》(第23册),中华书局,1979年,第9178页。
⑥ 薛能:《黄蜀葵》,《全唐诗》(第17册),中华书局,1979年,第6515页。
⑦ 徐铉:《十日和张少监》,《全宋诗》(第1册),北京大学出版社,1998年,第113页。

为和诗歌内容中获得。也正是由于"诗""诗人"不断汇聚人们对诗歌创作和阅读的审美性认知，它们才可能被提升到意象的层面予以运用和解读。由此，我们便可理解陈与义《春日》"忽有好诗生眼底，安排句法已难寻"这句诗。作者以形象的笔法描绘出诗歌创作时灵感突发，却又不可捉摸的奇妙感受。这种感受基于作者自己的创作（审美）体验而得以呈现，也基于读者的阅读创作经验而得以传播。这里的"诗"压根儿没有出现，更不可能指涉原诗。那么，稍纵即逝、不可捉摸的"诗"为什么会被认为是"好诗"呢？关键不在于作者在"诗"前面加了一个限定词"好"，而在于前人创作的诸多精妙诗句给后人造成一种审美经验，即在外物的感发下，创作者头脑中是可以萌生很多精妙诗句的。于是，创作时灵感的萌发和诗句的内容通通成为后人观照、审美的对象。对于"忽有好诗生眼底"的"诗"，从内容上看，它似乎指向一个缥缈虚幻的东西——创作主体稍纵即逝的灵感，但从"诗"意象的生成来看，它的指向却有了明确的定位——此前诗歌创作与阅读经验所给予人们的关于"诗"的美好印象。宋诗里面描述梦中得句、拾得诗句、外物为诗的例子很多，诸如"好诗排闼来寻我"①"疑此江头有佳句"②等。这些诗中"诗"基本没有具体指涉，无论如何，它们都不可能脱离人们通过创作、阅读诗歌所获得的对"诗"的审美体验而存在。

　　总而言之，"诗"内涵具有自我增殖的特性，自我增殖导致的一个结果就是自我指涉与自我解释。诗中的"诗"指涉此前创作的更多的诗歌，也只有了解之前诗歌的创作及其积累的内涵，才能更好地理解诗中"诗"。由此形成不断吸收外物，却又自我循环的"诗的世界"。比起"诗缘情""诗言志"这样教条式的理念，用诗歌本身来解释"诗"是什么，才是最为生动和深刻的方式。

三、情景审美与身份塑造：诗中"诗""诗人"与外物的内在关联

　　"诗"意象的形成必须以诗歌的日常化和审美经验的积累为前提，对于"诗"意象的发展过程与具体表现，谢琰《诗中"诗"的历史源流与诗学意义》一文已经有精到的论述。该文将"诗"与自然的关系作为"诗"意象的主要标尺，归纳出"诗写自然""诗生自然""诗即自然"逐次上升的意象成熟模式。需要注意的是，当人们沿着该路径认识"诗"的同时，他们对"诗人"——"诗"

---

① 杨万里：《晓行东园》，杨万里著，辛更儒笺校：《杨万里集笺校》（第4册），中华书局，2007年，第1922页。

② 唐庚：《春日郊外》，《全宋诗》（第23册），北京大学出版社，1998年，第15050页。

的创作者——也会产生一种认知上的固定走向。更确切地说,"诗""诗人"、自然(外物)之间存在着诗学上的相互作用,"诗即自然"观念由此而生发,"诗""诗人"的审美性(甚至是赞美性)认知也由此而突显。

正如本章第一节所述,在诗歌阅读过程中,我们可以不考虑创作者及其创作背景,只对诗歌的内容进行审美;也可以将诗歌及创作情景都纳入观照视野,在整个情景的审美过程中来感受这首诗的韵味。这两种审美(即内容审美与情景审美)在古代诗歌审美里面占有相当大的分量,对诗歌的阅读与创作都起到了重要作用。以"月"为例,古人关于"月"的诗句多如牛毛,如"海上生明月,天涯共此时""野旷天低树,江清月近人""举头望明月,低头思故乡""露从今夜白,月是故乡明"等。这些早已耳熟能详的诗句要么描摹出月之美感,要么流露出睹月怀人的思绪。我们可以置身于诗景之中,进入一场无我(忘我)的审美——即内容审美,忘掉自己的外在环境,以作者的视角切入,或想象自己看到明月而思念家乡,或沉浸于月光之下的静谧景致。我们也可以进入一场有我的审美——即情景审美,将张九龄对故人的牵挂,李白、杜甫对故乡的怀念,孟浩然宿建德江的情景都纳入观照的视野。再如赵嘏《江楼旧感》:

> 独上江楼思渺然,月光如水水如天。同来望月人何处,风景依稀似去年。①

读诗之人可以从诗歌内容中获得与赵嘏同样的审美享受与情感体验,也可以想象一个诗人登上江楼,面对如此风月,感叹人事不再,徐徐吟诗的落寞图景。在内容审美主导下,月(与其他外物)单独成为景致;在情景审美主导下,月(与其他外物)、诗人、诗共同组成了一幅审美图景。人们对关于"月"的诗句的审美很大程度上受到情景审美的影响,是以诗、诗人、月是能够给人们带来丰富审美记忆的组合图景。而这幅组合图景又成了诗歌很好的书写对象。兹举几例如下:

1. 诗成一夜月中题,便卧松风到曙鸡。(贾岛)②

---

① 赵嘏:《江楼旧感》,《全唐诗》(第17册),中华书局,1979年,第6372页。
② 贾岛:《夏夜上谷宿开元寺》,贾岛著,齐文榜校注:《贾岛集校注》,人民文学出版社,2001年,第467页。

2．诗人月下吟，月堕吟不休。(姚合)①

3．吟诗好向月中宿，一叫水天沙鹤孤。(雍陶)②

4．后夜郁孤台上月，更从何处照诗人。(李华)③

5．不应淡薄梅花月，偏照诗人白发生。(陈杰)④

6．梅花悬影书窗上，应待诗人带月看。(黄庚)⑤

可以说，诗歌中的"诗""诗人""月"构成了富有韵味的意象组合，它们能够在句意的帮衬下达成理想的审美效果。与月类似的意象(或物象)有很多，包括花、酒、茶、琴、亭台楼阁、自然山川等。在情景审美主导下，它们都可以与诗、诗人构成一幅幅美好的、可以入诗的图景。

以上分析似乎又绕回到诗歌日常化的问题上来了。在诗歌书写日常与成为日常的双重作用下，诗歌记录作诗、赏花、饮酒、品茗、游园等诸多文人日常，不是理所当然的事情么？然而必须考虑到的是，诗歌一般不会死板地、像写日记一样记载文人日常。尽管某些诗歌在描绘文人日常生活时过于直白无趣，但直白无趣的表达并非诗歌追求的目标和希望达到的效果。所以，诗歌的日常化必然包含着日常的审美化。或者说，诗歌的日常化也就是日常的诗歌化。审美化也罢，诗歌化也罢，都是说文人日常之物具备诗的质性。唐人就有"诗兴""诗思"等语，如严维"只应宵梦里，诗兴属池塘"⑥，权德舆"湖月供诗兴，风岚费酒钱"⑦，孟郊"石根百尺杉，山眼一片泉。倚之道气高，饮之诗思鲜"⑧，刘禹锡"一时风景添诗思"⑨。宋人又有"诗料""诗本"之说。这些诗例说明古人关注到了外物所具备的诗的质性，而这个质性正是诗歌与外物的共通之处。由此看来，诗歌的日常化使得诗获得与花、酒、

① 姚合：《杏溪十首·渚上竹》，姚合著，吴河清校注：《姚合诗集校注》(下)，上海古籍出版社，2012年，第358页。

② 雍陶：《送人归吴》，《全唐诗》(第15册)，中华书局，1979年，第5921页。

③ 李华：《句》，《全宋诗》(第56册)，北京大学出版社，1998年，第35247页。

④ 陈杰：《元宵》，《全宋诗》(第65册)，北京大学出版社，1998年，第41139页。

⑤ 黄庚：《夜窗》，《全宋诗》(第69册)，北京大学出版社，1998年，第43614页。

⑥ 严维：《送舍弟》，《全唐诗》(第8册)，中华书局，1979年，第2923-2924页。

⑦ 权德舆：《送张周二秀才谒宣州薛侍郎》，权德舆著，郭广伟校点：《权德舆诗文集》(上)，上海古籍出版社，2008年，第81页。

⑧ 孟郊：《山中送从叔简赴举》，孟郊著，华忱之等校：《孟郊诗集校注》，人民文学出版社，1995年，第342页。

⑨ 刘禹锡：《广宣上人寄在蜀与韦令公唱和诗卷因以令公手札答诗示之》，《刘禹锡集》(下)，中华书局，1990年，第390页。

茶、琴、亭台楼阁、自然山川等同等级的日常观照,日常的审美化使得花、酒、茶、琴、亭台楼阁、自然山川等外物获得与诗共通的诗意质性。"诗即自然"观念之所以能形成,原因正在于此。我们非但可以说"诗即自然"——诗有自然属性,也可以说"自然即诗"——自然有诗的属性。张继"诗句乱随青草落,酒肠俱逐洞庭宽"①,"落"或作"发",不论是哪个字,都呈现出诗句如自然外物般可观可感的形象状态。王十朋"系舟杨柳岸,诗句落僧窗"②。"诗"被描述成落于僧窗的自然物,是谓"诗即自然"。杜甫《酬郭十五受判官》云:"药里关心诗总废,花枝照眼句还成。"③花枝入眼而成诗句,明显省略了创作者的主观作用。陆游《巢山》云:"何曾畜笔砚,景物自成诗。"④自然与诗直接画上等号,是谓"自然即诗"。

将"诗"客观化,并等同于外物,导致人们对"诗"的感知方式发生变化。一般说来,人们对诗歌的常用感知方式是读(吟诵)和听(闻),诉诸口和耳。即便是用眼观看有纸质载体的诗作,观者也是将诗歌文字转换成语言(有语音效果)来接收的。然而,一旦诗歌被视为客观化的外物,人们就能对"诗"进行全面感知,如诗有声音,有味道等,其中最为突出的是诉诸视角的感知方式。如"诗句乱随青草落",此"落"字必定是诉诸视觉的。郭祥正《送许秀才二首》其一云:"皓雪飘诗句。"⑤飘既可描述雪花,也可描述诗句,在此灵活的句式里面,诗句如雪花般的轻灵状态被一个"飘"字勾勒出来,这也必须诉诸视觉。再如苏轼"春江有佳句,我醉堕渺莽"⑥,唐庚"疑此江头有佳句,为君寻取却茫茫"⑦,杨万里"病酒春眠不知晓,开门拾得一篇诗"⑧。宋代还有不少拾得诗句的诗例。它们都表明,"诗"存在于自然当中,于自然风景中寻诗句,所依靠的似乎就是创作者的眼力。有的诗歌索性直接表达出"诗"需

---

① 张继:《重经巴丘》,《全唐诗》(第8册),中华书局,1979年,第2723页。按,此诗作者或为李群玉。

② 王十朋:《二十一日至福田院留建圣节》,《全宋诗》(第36册),北京大学出版社,1998年,第22812页。

③ 杜甫:《酬郭十五判官》,杜甫著,仇兆鳌注:《杜诗详注》(第5册),中华书局,1979年,第1982页。

④ 陆游:《巢山》(其二),陆游著,钱仲联校注:《剑南诗稿校注》(第4册),上海古籍出版社,1985年,第2158页。

⑤ 郭祥正:《送许秀才二首》(其一),郭祥正著,孔凡礼点校:《郭祥正集》,黄山书社,1995年,第337页。

⑥ 苏轼:《和陶归园田居六首》(其二),《苏轼诗集》(第7册),中华书局,1982年,第2105页。

⑦ 唐庚:《春日郊外》,《全宋诗》(第23册),北京大学出版社,1998年,第15050页。

⑧ 杨万里:《船过灵洲》,杨万里著,辛更儒笺校:《杨万里集笺校》(第2册),中华书局,2007年,第921页。

要用眼看,如陈著"不用寻梅霜月底,只将诗句作梅看"①,郭印"独与幽人臭味同,细看诗句酒杯中"②,陆游"眼边好句等闲过,梦里故人时一来"③。诗中"诗"若不指涉具体诗歌,那它就很容易变成某种诗歌理念和某种审美经验的标签,并由此变得抽象化,谢琰之文就将抽象内涵作为"诗"意象的两个必备要素之一。然而,一旦"诗"成了客观化的、可视的外物,这个具有抽象内涵的概念便会走上形象化之路。从抽象到形象,这本身就印证着古人对"诗"本质的认识。

"诗人"的情形与"诗"既有相似的地方,也有不同之处。相似的地方在于,与"诗"一样,"诗人"成为情景审美图景中的必备要素。前面已引过不少诗例,再如李洞"看待诗人无别物,半潭秋水一房山"④,黄庶"邻家争插红紫归,诗人独行嗅芳草"⑤,杨齐"一宵老兔不成魄,几处诗人却下楼"⑥,黄庭坚"城南一段春如锦,唤取诗人到酒边"⑦,张明中"试登楼上凭阑看,花与诗人忽为伴。"⑧更宽泛地说,"诗"是"诗人"的身份标签,诗歌中若提到"诗"——特别是提及"作诗""吟诗"等语,其实就等于呈现出了诗人角色。

不同之处在于,"诗人"具有主体性,在情景审美图景里面的地位与"诗"、外物都不一样。在现实世界里面,"诗人"是"诗"的创作者与所有者,他操控着"诗"的所有表现;在诗歌当中,"诗人"与"诗"的关系亦是如此。需要注意的是,就像"皓雪飘诗句"所表现的那样,在"诗即自然"的观念下,"诗"似乎已经是外物,不再属于诗人。为解决这个问题,我们先看以下几句诗:

1. 酌酒呈丹桂,思诗赠白云。(卢照邻)⑨

---

① 陈著:《次前韵二首》(其二),《全宋诗》(第64册),北京大学出版社,1998年,第40105页。

② 郭印:《次韵邵公济寻梅三首》(其二),《全宋诗》(第29册),北京大学出版社,1998年,第18741页。

③ 陆游:《入省》,陆游著,钱仲联校注:《剑南诗稿校注》(第3册),上海古籍出版社,1985年,第1585页。

④ 李洞:《山居喜友人见访》,《全唐诗》(第21册),中华书局,1979年,第8301页。

⑤ 黄庶:《和柳子玉官舍十首·茴香》,《全宋诗》(第8册),北京大学出版社,1998年,第5503页。

⑥ 杨齐:《中秋不见月》,《全宋诗》(第12册),北京大学出版社,1998年,第7898页。

⑦ 黄庭坚:《戏和舍弟船场探春二首》(其二),黄庭坚著,任渊等注:《黄庭坚诗集注》(第4册),中华书局,2003年,第1344页。

⑧ 张明中:《斋楼之西有木花》,《全宋诗》(第58册),北京大学出版社,1998年,第36789页。

⑨ 卢照邻:《赤谷安禅师塔》,卢照邻著,祝尚书笺注:《卢照邻集笺注》,上海古籍出版社,1994年,第67页。

2. 柳色供诗用,莺声送酒须。(岑参)①
3. 白云供诗用,清吹生座右。(皎然)②
4. 天怜诗人穷,乞与供诗本。(苏轼)③
5. 诗人长怨没诗材,天遣斜风细雨来。(杨万里)④

上述诗句体现出一种观念,即自然外物是诗人作诗的素材。此论有一定的道理,浅见洋二就从诗歌"拾得"现象以及"诗本""诗材""诗料"等问题入手,阐释了自然外物与诗人、诗歌的关系。我们可沿这一思路继续推导下去,诗人以外物为作诗的素材,那么诗人就可以在诗歌中安排腾挪各种外物。就像导演拥有对舞台的绝对操控权那样,诗人创造并操控着诗歌中的世界。日本学者山本和义、川合康三、浅见洋二等都从这个角度详论了诗人(诗歌)与造物的关系问题。⑤不可否认,这是诗人身份得到认定的一个重要方面。然而,诗人与外物之间的关系绝没有停留在诗人观摩、吸收外物以创作诗歌这个维度上。不论是"供诗用",还是"与诗本(诗材、诗料)",它们都昭示着"外物是拿来给诗人作诗用的"这一价值归属。在某些诗歌里面,外物的这一功能被绝对化,似乎外物就是为诗歌而生,为诗人而存在。范仲淹《南楼》云:"天会诗人情,遗此高高月。"⑥月亮是上天给予诗人的馈赠,它的功用就是帮助诗人抒发感情。陈与义"豺虎不能宽远俗,山川终要识诗人"⑦,邵彪

① 岑参:《送卢郎中除杭州赴任》,岑参著,廖立笺注:《岑嘉州诗笺注》(下),中华书局,2004年,第680页。
② 皎然:《答裴集阳伯明二贤各垂赠二十韵今以一章用酬两作》,《全唐诗》(第23册),中华书局,1979年,第9188页。
③ 苏轼:《僧清顺新作垂云亭》,《苏轼诗集》(第2册),中华书局,1982年,第452页。
④ 杨万里:《瓦店雨作》(其三),杨万里著,辛更儒笺校:《杨万里集笺校》(第3册),中华书局,2007年,第1505页。
⑤ 参见[日]山本和义:《诗人与造物》,[日]山本和义:《诗人与造物:苏轼论考》,张剑译,中国社会科学出版社,2013年,第37-59页;[日]川合康三:《诗创造世界吗?——中唐诗与造物》,[日]川合康三:《终南山的变容:中唐文学论集》,刘维治、张剑、蒋寅译,上海古籍出版社,2013年,第26-48页;[日]浅见洋二:《论"拾得"诗歌现象以及"诗本"、"诗材"、"诗料"问题——以杨万里、陆游为中心》,[日]浅见洋二:《距离与想象:中国诗学的唐宋转型》,金程宇、冈田千穗译,上海古籍出版社,2013年,第434-464页。
⑥ 范仲淹:《南楼》,范仲淹著,李勇先等校:《范仲淹全集》(上),四川大学出版社,2007年,第470页。
⑦ 陈与义:《赠傅子文》,《陈与义集》(下),中华书局,2007年,第335页。

"故里诗人去,湖山最寂寥"①,洪适"梅花颇惜诗人去,草色正牵行客愁"②,杨万里"胆样银瓶玉样梅,北枝折得未全开。为怜落莫空山里,唤入诗人几案来"③。诗人离不开外物,外物也同样离不开诗人。在拟人化的描述中,外物与诗人的关系得到丰富有趣的表达。再如杨万里"江天万景无拘管,乞与诗人塞满船"④,张镃"层云特为诗人喜,添起山头四五峰"⑤,真山民"花逢酒侣容先醉,柳见诗人眼剩青"⑥,陆文圭"无诗山不喜,无楼犹自可。楼上著诗人,青山皆属我"⑦。由此,诗人所掌控的,不仅仅是诗歌里面的风物,在诗人眼里,现实生活中的外物也因诗人和诗歌的出现而具有了意义。小到一枝梅花,如方岳"君其非诗人,不能识梅花"⑧;大到世间风月,如周紫芝"天将此段付诗人,世间那有闲风月"⑨。

　　宋诗中有很多关于诗人(诗歌)与外物关系的描述,用陈渊的诗来总结,就是"江山似为诗人设"⑩。这一断语超出了"诗歌得江山之助"的层面,而使诗人在与外物的互动中获得了某种主动性。我们不应当将上面的诗例仅仅视为创作者为翻新诗意而做出的写作技巧上的改变。因为其中蕴含了传统士人多重身份结构下独特的诗人认同方式。层云、绿柳、风月、江山等外物需要诗人来彰显其存在意义与诗性价值。对于这些外物而言,诗人的力量与魅力显露无遗,诗人身份也随之被高度地认同和赞美。回到之前那个问题,在"诗即自然"的观念下,"诗"确实可以被当成外物,然而,那些所谓的外物,却早已统属在诗人身份之下,"诗"自然不可能逃离。

① 邵彪:《丹阳怀古》,《全宋诗》(第31册),北京大学出版社,1998年,第19974页。
② 洪适:《送范子芬赴浙东机幕》,《全宋诗》(第37册),北京大学出版社,1998年,第23442页。
③ 杨万里:《昌英知县叔作岁赋瓶里梅花时坐上九人七首》(其二),杨万里著,辛更儒笺校:《杨万里集笺校》(第1册),中华书局,2007年,第263页。
④ 杨万里:《江雨》(其三),杨万里著,辛更儒笺校:《杨万里集笺校》(第4册),中华书局,2007年,第1823页。
⑤ 张镃:《四月上澣日同寮约游西湖十绝》(其二),《全宋诗》(第50册),北京大学出版社,1998年,第31651页。
⑥ 真山民:《次李林居春晓游园》,《全宋诗》(第65册),北京大学出版社,1998年,第40880页。
⑦ 陆文圭:《皆山楼分韵得坐字》,《全宋诗》(第71册),北京大学出版社,1998年,第44529页。
⑧ 方岳:《山居十六咏·雪林》,方岳著,秦效成校注:《秋崖诗词校注》,黄山书社,1998年,第2页。
⑨ 周紫芝:《雪后步至江亭》,《全宋诗》(第26册),北京大学出版社,1998年,第17419页。
⑩ 陈渊:《和司录行县道中偶风雨有感之作六首》(其六),《全宋诗》(第28册),北京大学出版社,1998年,第18372页。

四、空间、身份的互动与诗人身份的诗意体认

与诗中"诗""诗人"相关的书写不可能涉及所有外物,但风月、山川、花、酒、茶、琴都应该包含其中。换个角度来看,花、酒、茶、琴、亭台楼阁、自然山川等外物搭建了一个空间,我们可以称之为诗人(文人)空间,身处其中的"诗人"拥有最大的话语权。当然,诗人空间不是上天赋予的,也不是凭空冒出的,而是与士大夫文人身份结构密切相关的。从空间与身份的角度出发,我们对诗中"诗""诗人"的特质能有更为全面的认识。

自汉代以来,受儒家事功观念影响,文人、辞赋家如司马相如、班固之流屡受诟病。"诗人"概念在脱离《诗经》束缚,进入更广阔的文学世界的同时,也在一定程度上失去了儒家诗教赋予的身份保障。唐代的诗赋取士在相当时间内维持着诗人的自我认同,但这种外力支撑的方式难以稳定和持久。中晚唐时期"诗人命穷"言论的出现就充分说明了这一点。那诗人如何确立自己的身份价值呢?我们可以从古代士人的多重身份角度予以思考。兼具官员、诗人(文人)身份,实乃古代士人的常态。身份不能凭空塑造,它必待一定的场合和空间赋予其角色意义。因此官员、诗人身份的融合也就意味着政治空间和诗人空间各自完善并互相拼合。诗歌不可能在官员身份所属的政治空间占据核心位置,不论是创作行为还是书写内容,转向日常必然是诗歌发展的重要路向。诗歌对诗人化(文人化)日常生活的大量书写促进了诗人空间的完善与丰富。我们翻检唐宋诗歌,就会发现诗中"诗"绝大多数展现的都是诗人(文人)的日常,这是诗歌创作大量走向诗人空间的现实情况在诗歌中的反映。诗人的诗歌创作与相关行为扩大了诗人空间的版图与容量,而在诗人自己构建的这个空间下,诗人身份便可以得到充分,甚至较为夸张的认同。

"江山似为诗人设"就是诗人空间内对诗人身份最为典型的推扬。我们与其说这是超越现实的、孤芳自赏般的审美,毋宁说它体现了诗人对自身与诗人空间的深切体悟。以花、酒、茶、琴、亭台楼阁、自然山川等外物搭建的诗人空间是存在于现实中的场景,这个场景完全按照诗人(文人)的方式来进行审视与调度。李之仪《次韵李方叔宋镇立秋五绝》其一云:

渡口人归月上钩,萧萧风叶荻花秋。因君指出诗人语,便向庭前欲

买舟。①

尽管我们不可得知"诗人语"所指为何,但它依然能够说明诗人与诗歌所造成的文化记忆能够影响人们的认知与行为。因此,在面临亭台楼阁、自然山川时,就应当饮酒品茶、赋诗赏花,这些行为无疑是诗人身份——扩而言之,是文人身份——的直接体现。从这个角度来说,诗人(文人)具有文化身份的性质,它主导着古代士人的文化生活。诗歌中诗人身份的推扬和彰显,其实就是"诗人(文人)应当主导文化生活"观念的诗意表达。

前文已述,"诗"具有自我指涉与自我解释的特性。诗中"诗""诗人"所蕴含的文化记忆与审美经验主要来源于诗人空间下的诗歌创作。诗歌就像反映现实的一面镜子,诗中的"诗""诗人"映照着诗人空间下的诗歌与诗人。同时,这些书写"诗""诗人"的作品又是诗人空间中诗歌的有机组成部分。如此一来,诗歌这面镜子照见了诗歌自身,诗歌中对"诗"与"诗人"的书写也就完成了一次自照行为。就像两面镜子互照一样,镜子以及镜子内的物象能够无限地重复出现,诗中"诗""诗人"也因不断地自我照见、自我增殖而越发丰富。更重要的是,诗歌不会像平面镜那样对现实进行如实的反映,在反复自照的过程中,不断过滤外在干扰,诗人空间变得越来越纯粹,"诗"的存在感越来越强,"诗人"的身份价值也越来越突出。

这种自照行为源于空间与身份的良性互动。一方面,诗人空间给予创作者充分展现诗人身份的机会;另一方面,诗人身份主导下的诗歌创作——包括诗中"诗""诗人"的书写——及其所形成的文化记忆又不断带动和巩固着诗人空间。空间与身份就在这样的互动模式下不断延续,诗中"诗""诗人"则完全融入这一互动过程之中,并获得了政治空间所不能赋予的正向价值。如果说诗歌作品映照着诗人空间,诗歌中的"诗人"对应着诗人空间下的诗人,那么空间与身份的互动,其实也就是诗歌与诗人的互相成全。诗歌是展示诗人身份最有诗意的一种方式,诗人在自己专属的场合与空间下,怎么会放弃这种最为便捷的自我宣扬的方式呢?

最后还须指出,诗歌中的"诗人"不是一味地高贵,白居易《李白墓》云:"但是诗人多薄命,就中沦落不过君。"②关于诗人清苦、命穷的认识在中唐之后广泛流传。首要的原因当然是诗人在政治空间中的不幸遭遇,这可归结

---

① 李之仪:《次韵李方叔宋镇立秋五绝》(其一),《全宋诗》(第17册),北京大学出版社,1998年,第11278页。

② 白居易:《李白墓》,《白居易集》(第2册),中华书局,1979年,第363页。

为诗人身份与政治空间的恶性互动。理想情况下，官员与诗人（文人）身份在各自的空间发挥各自的功能，共塑一个完整的士人人格。可是，士人一旦仕途受挫，官员身份遭到质疑和否定，其身心遭受的打压和负面评论就会转接到诗人身份上。因此从事功角度出发，"沦落""命穷"已然表明了对"诗人"身份价值的否定。对此，须追问的是，诗歌中出现的"诗人多薄命""诗人命穷"等论调就一定标志着创作者对诗人身份的否定吗？回归诗人身份是否被认为是士大夫们仕途受挫后自我安慰般的无奈之举？我们从白居易《李白墓》一诗就能看出端倪。薄命、沦落的评价并没有导向对李白的全然否定，因为"李白"这个符号已然包含了太多的信息——诗才绝代，"曾有惊天动地文"①。在"有才"和"薄命"的相互交织作用下，《李白墓》导向了一种兼具赞叹和哀婉的复杂情绪。同样，"诗人命穷"也不是一个简单的，否定诗人身份的判断句。我们讲"张三命穷""李四命穷"与讲"诗人命穷"的效果是完全不一样的。张三、李四只是一个名字代号，它们不会引发读者的多层次想象。"诗人"不同，在讲到"诗人命穷"的时候，关于"诗人"的文化记忆——富有才情、诗艺卓绝等——都可以被调动起来，从而形成一种复杂的身份认知。诗人穷瘦、失意等内涵统统进入文化记忆中，这既切合自古以来诗人苦吟般的抒情形象，又塑造了诗人喜忧兼半的身份属性。

抒发欣喜与忧愁是诗歌的两个基本情感维度，也理所当然地成为诗人身份的两个基本属性。喜忧之间的共融与张力促成了诗人身份的诗学意味。这可以通过与"诗""诗人"密切相关的物象"花"得到更深的体认。孟郊《招文士饮》云："文士莫辞酒，诗人命属花。退之如放逐，李白自矜夸。"②用花来比喻诗人之命，说明花具备了既相对又共融的二维属性——艳丽却短暂。刘辰翁也云："诗人工挦藻，吾命属渠花。"③这句诗当作互文理解，诗人的挦藻如花般艳丽，但诗人之命也如花般短暂。史文卿咏枯梅："总为古今吟不尽，十分清瘦似诗人。"④枯梅虽枯，却寒香扑鼻，与"诗人"相似的，岂止是清瘦之态？再如竹，杨万里云："诗人与竹一样瘦，诗句与竹一样秀。"⑤瘦与秀也是既相对又共融的存在。再如酒，酒可尽兴，也可添忧。李白"举杯

① 白居易：《李白墓》，《白居易集》（第2册），中华书局，1979年，第363页。
② 孟郊：《招文士饮》，孟郊著，华忱之等校注：《孟郊诗集校注》，人民文学出版社，1995年，第175页。
③ 刘辰翁：《春景·诗人命属花》，《全宋诗》（第67册），北京大学出版社，1998年，第42468页。
④ 史文卿：《枯梅》，《全宋诗》（第35册），北京大学出版社，1998年，第22210页。
⑤ 杨万里：《题太和主簿赵昌父思隐堂》，杨万里著，辛更儒笺校：《杨万里集笺校》（第4册），中华书局，2007年，第747页。

消愁愁更愁",与杜甫"愁极本凭诗遣兴,诗成吟咏转凄凉"①何其相像。我们可以将上述例子视为二柄诗学的具体运用②,有才与命穷、困苦与高贵、喜悦与悲愁相互交织,带来了根植于现实体验的审美感觉。人们不会以花之短暂而否定花,同样也不会因诗人命穷而全然否定诗人。陆游《剑门道中遇微雨》云:

> 衣上征尘杂酒痕,远游无处不消魂。此身合是诗人未?细雨骑驴入剑门。③

末句既是作者自况,也是诗人形象的诗意呈现。以诗见长的陆游不会对如此诗意化的"诗人"完全无动于衷,由此,诗中包含着他对诗人身份的不甘与借助"诗人""诗"来自我慰藉的心态,二者互相对立又互相融合,形成值得体味的复杂情绪。④总而言之,诗人本就是一个富有诗意的角色形象,这个形象通过诗歌,以及诗歌中的"诗""诗人"呈现出来,引导着人们对诗人身份进行一场诗意的、非理性的体认。

第四节 空间与身份的错位:"余事作诗人"的接受和误读

欧阳修《六一诗话》云:"退之笔力,无施不可,而尝以诗为文章末事,故其诗曰'多情怀酒伴,余事作诗人'也。"⑤这句话常被韩愈诗歌的笺释、集注者引用,作为"余事作诗人"一语的注解。韩愈于诗歌用力甚深,影响颇大,似非以诗歌为余事者所能比。欧阳修认为这是韩愈"雄文大手",笔力非凡,以余事作诗,也能有此成就。其实,欧阳修此论实成问题。已有研究者从韩

---

① 杜甫:《至后》,杜甫著,仇兆鳌注:《杜诗详注》(第3册),中华书局,1979年,第1199页。

② 关于"二柄诗学"的内涵和运用,参见胡晓明:《蓝蛇之首尾与诗学之古今》,《学术研究》,2015年第10期,第127-135+144+2页。

③ 陆游:《剑门道中遇微雨》,陆游著,钱仲联校注:《剑南诗稿校注》(第1册),上海古籍出版社,1985年,第269页。

④ 已有不少学者对这首诗进行详细解读,参见黄奕珍:《以"诗人"身份力图恢复——论陆游〈剑门道中遇微雨〉一诗之精蕴》,《汉学研究》,2015年第4期,第247-263页。

⑤ 欧阳修:《六一诗话》,何文焕:《历代诗话》(上),中华书局,2004年,第272页。

愈文学创作的实际情况着手,解释"余事作诗人"的本来意义①,但尚未深入探究原诗本身的结构与内涵,以及其中所反映的身份格局;对误读产生的原因,诗句接受的维度与演变,也未留意。与"不平则鸣""气盛言宜"不同,"余事作诗人"在韩愈口中,仅仅是一句诗。我们能从这句诗得到的信息,是韩愈间接、无意的表达,而非刻意提出的理论主张与话题。然而,在后世的解读中,这句诗具有上升为理论话题的倾向,并生发出不同的接受维度。从中我们能看到根深蒂固的传统思想作用下的解读惯性,以及由此而导致的对诗歌原意的忽视与误读,诗歌中"诗人"一词也因被置于正统价值空间而带来了一种"错位"的理解。所以,本节将在厘清诗歌原意的基础上,从接受史角度考察"余事作诗人",以深化我们对身份与空间关系的认识。

一、官员、文人身份格局的映现:韩愈原诗解读

古代的士大夫多兼有官员与文人双重身份。按照日本学者村上哲见的归纳,成为文人的条件是人文素养与尚雅精神,如果在这基础上做了官,有"治国平天下"的使命感,那就成了官僚文人。②由此观之,韩愈乃典型的文人。然而,这是我们站在旁观者的角度所进行的客观分析。古人对官僚、文人这两种身份的认识未必像我们那样清楚与理性,在突显官员身份的同时,如何看待自己的文人身份,这与创作者的诗文观念密切相关。韩愈曾强调自己的"儒服者"身份,而在《和席八十二韵》中,我们能看到他对官员、文人身份较为全面的表达,原诗如下:

> 绛阙银河曙,东风右掖春。官随名共美,花与思俱新。
> 绮陌朝游闲,绫衾夜直频。横门开日月,高阁切星辰。
> 庭变寒前草,天销霁后尘。沟声通苑急,柳色压城匀。
> 纶綍谋猷盛,丹青步武亲。芳菲含斧藻,光景畅形神。
> 傍砌看红药,巡池咏白苹。多情怀酒伴,余事作诗人。

---

① 关于韩愈"余事作诗人"的本意与误读问题,陈怡《韩愈"余事作诗人"解读》、林锦婷《韩愈"余事作诗人"之意探究》均从韩愈的文学创作及理论主张等角度予以阐发,其中,林文也指出了今人学者对此语的一些误读现象,但尚未着意于分析误读的形成与内在原因[参见陈怡:《韩愈"余事作诗人"解读》,《考试周刊》,2010年第5期,第30-31页;林锦婷:《韩愈"余事作诗人"之意探究》,《中文学术前沿》(第九辑),浙江大学出版社,2014年,第63-76页。]。

② 参见[日]村上哲见:《文人·士大夫·读书人》,[日]村上哲见:《中国文人论》,汲古书院,1994年,第46-47页。

倚玉难藏拙,吹竽久混真。坐惭空自老,江海未还身。①

依据诸家考证,此诗作于元和十一年(816),彼时韩愈与席夔同知制诰。对于此诗的结构,朱彝尊之言极当:"起二韵拈大意,次四韵叙景,又四韵赞席,末二韵道和意。"②就中间八韵而言,前四韵所写的基本是宫廷馆阁的景致,目的是突出席夔中书舍人的官职与身份。后四韵中,第一韵言中书舍人的职能,第二韵盛赞席夔的文辞与形神。对于第三韵,历来的笺释者都着重分析"红药"与"白苹"的出处、典故。但从诗意的表达上讲,"看"与"咏"更为重要,它们反映出席夔的闲情逸致。并且,"咏"所体现的就是诗人歌咏的状态。第四韵"多情怀酒伴,余事作诗人"完全承接上一韵而来。此二韵中的几个意象——花(草)、诗、酒——其实就是塑造文人雅士的必备元素,这与前面描摹的官员形象恰成映照。官员与文人的身份重叠在古代实属常态,对于中书舍人、翰林学士这样的文职,二者的重叠则具有内在的必然性。作为官员,仕进功名是第一目标,也是其首要的价值体现。而在日常生活中,文人的风貌必定通过赏花弹琴、饮酒作诗等行为展现出来。所以我们可以说,赏花弹琴、饮酒作诗等是形成文人身份的必备"附属品"。借助不同场景、空间,以及角色的合理转换与表演,官员与文人能够以被人认同的方式融于一体。韩愈没有以官员身份来否定文人身份,更没有将文人身份凌驾于官员身份之上。因此我们可以说,韩愈对席夔的赞扬包括两方面:在朝廷上,能够运用文辞,尽人臣之能;在日常生活中,又能饮酒作诗,凸显雅士之风。两种身份各得其所而相得益彰。这在中唐文人官员那里,是一种生活常态。《和席八十二韵》正是对这一常态的诗意性表达。"诗人"在属于他自己的闲暇空间之内,是完全可以被承认、被赞扬的;同时,对诗人身份的赞扬也只能在政事之外的空间内进行。③由此言之,"余事作诗人"实乃韩愈对席夔的赞许,原诗也无任何贬抑色彩。"余事"乃政事之余,也就是闲暇时刻,若解为"末事",意虽相近,然不免滋生贬抑的态度。

二、从诗句到话题:由误读生发的一条支脉

由上可知,欧阳修之论不是对原诗的注释,而是脱离了原诗的语境,凭

---

① 韩愈:《和席八十二韵》,韩愈著、方世举笺注:《韩昌黎诗集编年笺注》(下),中华书局,2012年,第618-619页。

② 朱彝尊:《批韩诗》,韩愈著,顾嗣立删补:《昌黎先生诗集注》,道光十六年膺德堂重刊本。

③ 这里的"诗人"等同于一般意义上的"文人",而非延续《诗经》传统,强调诗教世用观念的"诗人"。

主观感觉所阐发的意见。后世不少论者就沿着这条思路,借"余事作诗人"这句话阐述一己之见。在此过程中,原诗的语境全然消失了,"余事作诗人"不再是一句赞扬别人的诗句,而转化为一个诗学话题。换言之,在韩愈那里,"余事作诗人"只是一句诗;自欧阳修始,"余事作诗人"成了一个理论话题。"余事""诗"等字眼牵动了论者的神经,诱导他们借此思考并提出关于诗歌地位的论调。宋苏籀《栾城遗言》载苏辙之语曰:"读书须学为文,余事作诗人耳。"①因是后人的节录,苏辙原话是否如此,有无提及韩愈,均不可知。只从这句话来看,苏辙借用韩愈之诗,以表达"写诗乃是读书作文的末事",强调的重点是"为文",与韩诗的原意已然不同。宋费衮云:"作诗当以学,不当以才。诗非文比,若不曾学,则终不近诗。古人或以文名一世而诗不工者,皆以才为诗故也。退之一出'余事作诗人'之语,后人至谓其诗为押韵之文。"②这是将"余事作诗人"从原语境中抽离出来,与时人所论的韩愈"以文为诗"的论点相联系。费衮论诗重学,故认为当以学为诗,而不应以学之外的"余事"(文才)为诗。每个人的立场不同,见解也会有所不同,这无可厚非。但循此思路,将"余事作诗人"与韩愈的为诗为文强行联系起来,肯定是不合理的。

如果说宋代的几条材料集中反映了"以诗为文章之余事"这一解读路数,那么到了清代,"余事作诗人"这句话获得了更多的解释维度。有的论者接续宋人之论,以诗为文章之余事,如清王源云:"昌黎诗不及李杜,而文起八代之衰,则其文终有过于其诗也,其诗曰:'余事作诗人。'"③有的论者以诗为道学之余事,如李伍汉云:"管生约三方专力于朱程之学,而旁及于李杜之吟,所谓以余事作诗人也。"④还有论者以诗为经济、事功之余事,如杨礼祥云:"(汪新)平生讲求经济,以余事作诗人,温厚和平,不失性情之正。"⑤尽管诗歌时常因被赋予雅正讽谏、反映民生等主旨而得到重视,但在儒家事功的价值导向下,抒发个人情怀的诗歌必定被视为小道。于是古人极易对诗人身份产生否定性认同,即便擅长诗歌者,也常常不希望自己仅仅以"诗人"名世。陈瑚云:"诗歌小道,亦其兴会偶及,所谓'余事作诗人'耳,而岂足以尽

---

① 苏籀:《栾城遗言》,《景印文渊阁四库全书》(第864册),台湾商务印书馆,2008年,第175页。
② 费衮著,金圆校点:《梁溪漫志》,上海古籍出版社,1985年,第75页。
③ 王源:《朱字绿诗序》,《续修四库全书》(第1418册),上海古籍出版社,2002年,第212页。
④ 李伍汉:《再书寄轩诗锒》,《四库禁毁书丛刊》(集部第187册),北京出版社,1997年,第470页。
⑤ 阮元、杨秉初辑:《两浙輶轩录》(第9册),浙江古籍出版社,2012年,第2449页。

吾乾一哉。"①此处"余事作诗人"的言下之意就是,不要仅仅将乾一看成诗人。这与韩愈《和席八十二韵》中对诗人的态度相比,产生了微妙的变化。韩愈将"诗人"作为士人必备的风貌来赞扬,而陈瑚却刻意回避诗人这一身份,强调诗人身份不宜独立存在。对此,杨凤苞说得更为明确:"后来之领袖,当勉之以实学。所谓余事作诗人,可耳,不当使仅以风雅名家。"②

由上可知,在一些论者笔下,"余事作诗人"完全成为一个独立的诗学论题。尽管他们运用此语时免不了提到韩愈,但其关键却在于借用这个话头来发表一己之见。

三、解读与还原的错位:后人误读的延续

将"余事作诗人"与韩愈的主张以及原诗语境割裂开,作为独立的论题,任由人们阐述、发挥,这不失为一条可行的批评路径。然而问题在于,一些论者在脱离原诗语境的同时,又忘不掉这句诗是韩愈所写。于是,他们秉持知人论世的主张,将已经脱离本意的论点再附会到作者韩愈身上,由此,误读不断。韩愈原作既非论诗,也没有申发议论,而宋朱弁云:"韩退之云:'余事作诗人。'未可以为笃论也。"③在清代,类似的情况更多。阎若璩云:"韩昌黎诗'多情怀酒伴,余事作诗人',昌黎以古文为根柢,诗为雕虫小技,不比老杜以生平全副精神注于诗,故诗云'诗是吾家事'。韩杜之言如此,故曰:诗可以观。"④阎若璩竟以此为"诗可以观"的事例,说明他非但断章取义,并且将所取之义当成韩诗原意。此外,也有人将"余事作诗人"与古人重道轻文的言论并举,如袁文典在强调为文要重视六艺,不能"徒骋风云月露之词"⑤时,便列举扬雄"雕虫篆刻,壮夫不为"与韩愈"余事作诗人"之语,以为警句。陶澍所言更可注意:"然余闻韩子之言曰:'文章一小技,于道未为尊。'又曰:'余事作诗人。'则知古之所谓立言不朽者,正自有在,扬子云所由耻雕虫而不为也。"⑥"文章一小技,于道未为尊"本为杜诗,陶澍却将其归在韩愈名下,可见他只是凭借印象引用。故前一句非韩愈之言,后一句虽出自韩愈,却非

① 陈瑚:《邹乾一诗序》,《四库禁毁书丛刊》(集部第184册),北京出版社,1997年,第333页。
② 杨凤苞:《与族弟拙园书》,《续修四库全书》(第1476册),上海古籍出版社,2002年,第50页。
③ 朱弁:《风月堂诗话》,惠洪、朱弁、吴沆:《冷斋夜话 风月堂诗话 环溪诗话》,中华书局,1988年,第101页。
④ 阎若璩:《与敬存书》,《景印文渊阁四库全书》(第859册),台湾商务印书馆,2008年,第552页。
⑤ 袁文典:《明滇南诗略序》,《丛书集成续编》(第130册),上海书店,1994年,第420页。
⑥ 陶澍:《弹峰诗文集序》,《续修四库全书》(第1503册),上海古籍出版社,2002年,第398页。

原诗本意,其误读误用甚为明显。

我们再回到韩愈诗歌的注释上来。其实,在宋代就有人注意到这个问题。北宋文谠在《经进详注昌黎先生文集》中引用了王立之(直方)之语"退之于诗,其实大用功,所以云然,谓不能望李杜者,非也"①,指出韩愈是着力于诗的,然未加详论。王俦在补注该诗时,对欧阳修的论点提出了异议:"予观此两句,本为席八,非以诗为文章末事也,以诗为文章末事,乃欧公意,非退之意也。"②这称得上是符合原诗主题的贴切之言。

然而,宋代大多数校注本如祝充《音注韩文公文集》,魏仲举《新刊五百家注音辩昌黎先生文集》,朱熹、王留耕《朱文公校昌黎先生集》,廖莹中《世綵堂昌黎先生集注》,以及明蒋之翘《唐韩昌黎集辑注》,清顾嗣立《昌黎先生诗集注》等均未对"余事作诗人"作注。大概他们认为这句诗无须过多解读,因未留下文字证据,故未可详论。清方世举在《韩昌黎诗集编年笺注》中,就径直将欧阳修之论与杜诗"文章一小技,于道未为尊"作为"余事作诗人"的注解,并云:"即此余事之谓也。"③这是典型的脱离原诗语境,按照前述思路来解读这句诗的做法。如此笺注不但对理解原意毫无助益,且会加深误解。文谠、王俦的韩集注本一直以来流传不广,影响很小。《韩昌黎诗集编年笺注》没有引用文谠、王俦的注释,应是方世举未见到这一注本,故他也无从参考王俦对《和席八十二韵》的补注。方世举之后,程学恂《韩诗臆说》也引用了欧阳修之语。④在韩愈集的主要注本中,钱仲联《韩昌黎诗系年集释》引用的是欧阳修、何焯、方世举等人的解释,屈守元、常思春《韩愈全集校注》引用的是王立之、欧阳修、何焯的解释。注重材料的搜罗、典故的累积,是诗文注释中的习惯性做法。集注、集释的优点在于吸纳诸家见解,有助于深入理解原诗。但是,在对待"余事作诗人"的问题上,集注、集释却暴露出它的弱点。过分注重材料的搜罗、典故的累积,势必产生一种超越了原文语意的解读,不利于梳理诗文本身的意脉。受此种思路影响,朱自清便认为"(韩愈)虽

---

① 文谠注,王俦补注:《新刊经进详注昌黎先生文集》,《续修四库全书》(第1309册),上海古籍出版社,2002年,第540页。

② 文谠注,王俦补注:《新刊经进详注昌黎先生文集》,《续修四库全书》(第1309册),上海古籍出版社,2002年,第539-540页。

③ 韩愈著,方世举笺注:《韩昌黎诗集编年笺注》(下),中华书局,2012年,第620页。

④ 据郭隽杰、李福标考证,程学恂《韩诗臆说》乃抄袭李宪乔对方世举《韩昌黎诗集编年笺注》所作的批语。故在引用欧阳修之言上,三者当是一以贯之的。参见郭隽杰:《〈韩诗臆说〉的真正作者为李宪乔》,《首都师范大学学报》(社会科学版),1995年第3期,第54-57页;李福标:《〈韩昌黎诗集编年笺注〉李宪乔批校在粤地的流传》,《文献》,2012年第2期,第127-135页。

'以诗为文章末事',可是狮子搏兔,还是用全力的"①。一些研究者在论述中,认为韩愈所言"余事作诗人"是"与他所倡导的古文传道比较而言"②的。类似的例子还不少,这些当是失于查证之故。柯万成在《韩愈诗研究》中,独辟"余事作诗人"一节,引班固《宾戏》"著作,前列之余事"为据,认为"余事作诗人,当依三不朽次序而瞭解,不是轻视(诗歌)"③。虽然扭转了以往轻视诗歌的论调,但以三不朽来解释"余事作诗人",并以此切入分析韩愈的创作,未免求之过深。其问题不在于其分析的过程,而在于找错了切入点。④总之,作为话题的"余事作诗人"可以有多种解读,但作为诗句的"余事作诗人"只能有一个答案。混淆二者的界限,不免会导致各种误读。

四、文学观念与价值判断:误读产生的内在机理

如果我们将古人对"余事作诗人"的解释归类,大致有以下两类:一是以诗歌为文章末事,二是以诗歌为儒家道德、政治事功之末事。

第一类以欧阳修为代表。我们撇开韩愈原诗,将焦点转移到欧阳修身上,就会发现问题。欧阳修虽耽于吟咏,但在对待文章与诗歌的态度上,却时常表现出重文轻诗的倾向。其《酬学诗僧惟晤》云:"维诗于文章,太山一浮尘。"⑤《梅圣俞墓志铭》云:"至于他文章皆可喜,非如唐诸子号诗人者僻固而狭陋也。"⑥将诗排在文章之后,是欧阳修一贯的主张。由此来看《六一诗话》中的这段话,可知欧阳修是根据自己的见解对韩愈及"余事作诗人"提出的一种"想当然"的解读。我们再扩大一下视野,类似重文轻诗的言论不只出现在欧阳修笔下,这应是当时盛行的观念。⑦梅尧臣专力为诗,却遭友朋后辈的批评。苏东坡评价文与可:"与可之文,其德之糟粕;与可之诗,其文

---

① 朱自清:《诗言志辨》,《朱自清古典文学论集》(上),上海古籍出版社,2009年,第343页。

② 卞孝萱、张清华、阎琦:《韩愈评传》,南京大学出版社,1998年,第316页。

③ 柯万成:《韩愈诗研究》,《古典诗歌研究汇刊》(第8辑)(第12册),花木兰文化出版社,2010年,第22页。

④ 另,张慧莲《韩愈诗观及其诗》大加发挥这"余事作诗人"一语,并结合其他材料,试图说明韩愈不是单纯致力于诗歌写作的人。这不仅违背的原诗本意,连论证的过程也颇成问题。参见张慧莲:《韩愈诗观及其诗》,《古典诗歌研究汇刊》(第5辑)(第8册),花木兰文化出版社,2009年。

⑤ 欧阳修:《酬学诗僧惟晤》,欧阳修著,李逸安点校:《欧阳修全集》(第1册),中华书局,2001年,第61页。

⑥ 欧阳修:《梅圣俞墓志铭》,欧阳修著,李逸安点校:《欧阳修全集》(第2册),中华书局,2001年,第497页。

⑦ 详见成玮:《制度、思想与文学的互动——北宋前期诗坛研究》,复旦大学出版社,2013年,第228-247页。

之毫末。"①当诗歌不体现讽喻、雅正，不反映国事民生，而转向对文人士大夫日常生活的抒写时，则失去了保证其较高地位的凭据。韩愈原诗第九、十两韵，与欧阳修所云"（韩愈）资谈笑，助谐谑，叙人情，状物态，一寓于诗"都偏向于文人的闲暇生活与日常状态。抒写文人士大夫日常生活的诗歌，与具有正式的政治社会功能的文章相比，不论在场合还是重要性上，都成了闲余之事。需注意的是，欧阳修的解读还有一个不可忽视的文学背景。自韩愈以来的古文运动，"以文为诗"的创作实践，都极大地影响了宋代的文学创作与诗文观念。也就是说，韩愈与欧阳修等人面临的是同一性质的诗文变革的问题。尽管欧阳修的解读颇为随意，但他提出的"诗歌为文章末事"是从当时的文学大背景所生发出来的话题，所以也就具有了言说的合理性与可能性。韩愈诗歌之所以会被如此解读，原因之一就在于韩愈正处在这个文学背景下。因而，韩愈的文学创作给后人带来的印象与欧阳修的解读具有一定的耦合度。这种耦合与唐宋古文运动，以及"以文为诗"的创作实践与观念都有着密切联系。

第二类则与古人的价值判断及传统注释习惯有关。众所周知，对于任何一段文字，我们都有两个解释维度：一是将其放入原始语境，通过上下文脉而观其意；一是将其纳入与之互文的文本系统中，把语源、典故，以及别人的解释、发挥都当作理解这段文字的媒介。然而，后者尽管重要，但并不一定切合原意，"余事作诗人"就是如此。何焯《义门读书记》指出韩愈这句话本于班固《宾戏》："著作者，前列之余事耳。"②其实，"××之余事"是一种较为固定的判断句，余事也有"末事（不重要的事）"之意，如《庄子·让王》云："帝王之功，圣人之余事也。"③在讨论到诗歌文章与德行政事的相互关系时，"余事"一词成为特定的言说和判断方式。班固《宾戏》所言实为一例，此外，葛洪《抱朴子外篇·尚博》云："或曰：德行者，本也；文章者，末也。故四科之序，文不居上。然则著纸者，糟粕之余事；可传者，祭毕之刍狗。"④又云："且文章之与德行，犹十尺之与一丈，谓之余事，未之前闻……文章虽为德行之弟，未可呼为余事也。"⑤葛洪虽反对称文为"余事"，但毕竟在一定程度上表明了时人具有这样的看法。李商隐《上韦舍人状》云："赞助嘉猷，裨成睿化，

---

① 苏轼：《文与可画墨竹屏风赞》，《苏轼文集》（第2册），中华书局，1986年，第614页。

② 班固著，颜师古注：《汉书》（第12册），中华书局，1962年，第4225页。

③ 陈鼓应注译：《庄子今注今译》（下），中华书局，1983年，第751页。

④ 杨明照：《抱朴子外篇校笺》（下），中华书局，1997年，第108页。

⑤ 杨明照：《抱朴子外篇校笺》（下），中华书局，1997年，第113页。

则书辞典册,乃纶阁之余事也。"①与出谋划策的行为相比,仅体现在文辞层面的书辞典册就是末事,故该论的根本还是在于"实行"与"文章"之间价值高下的判断。宋晁补之亦云:"文学,古人之余事,不足以发身……至于诗,又文学之余事。"②那么,"余事"同"小道""(雕虫)小技"等词一样,成为判断诗文价值的言说方式。功业高于诗文,这在古代是再正常不过的价值判断。故上述诸家都是在不同的层面继续发挥着这样的言说传统而已。由此观之,反倒是韩愈的诗句"余事作诗人"跳出了这种言说方式。而后来的论者却还沿着一贯的套路来解读,如俞樾云:"余惟班孟坚有言:'著作者,前烈之余事。'韩昌黎因之而云:'余事作诗人。'"③正因为古人这一根深蒂固的价值判断,以及传统注释方式注重典故、评论的汇集,才导致了误读现象的产生。

五、原意的接续:"诗人"身份的诗性表达

作为引语,"余事作诗人"在诗歌中的化用、表达与前面提到的例子有着较大的差异。囿于创作者不同的身份与立场,"余事作诗人"在诗歌中的化用呈现出各自不同的意涵。比如,有的诗歌仍旧通过这句诗来表达重道轻诗的态度,如南宋著名理学家真德秀《送王子文宰昭武》其四前五韵述节义,最后一韵云:"余事作诗人,毋颛锼句工。"④也有人以之论诗,如清王昶《题沈秀才安成靖琢诗图》云:"自愧词场老斫轮,只将余事作诗人。天风海水凭君记,肯与西江作后尘。"⑤但受体制所限,议论空间不大。抒情乃诗歌之长,由此"余事作诗人"也带上了抒情色彩。清金甡《质孚姪埕进斋遗集题词十二首》(其七)云:"艰危饱历仅全身,报主捐糜志未伸。经济总因蹉跌废,只凭余事作诗人。"⑥壮志未酬,虽不甘心却只能作诗人,又因这是遗集题词,其感慨就显得更加深沉。

① 李商隐:《上韦舍人状》,刘学锴、余恕诚:《李商隐文编年校注》(第3册),中华书局,2002年,第1139页。
② 晁补之:《海陵集序》,《景印文渊阁四库全书》(第1118册),台湾商务印书馆,2008年,第662-663页。
③ 俞樾:《彭刚直公诗集序》,《续修四库全书》(第1550册),上海古籍出版社,2002年,第580页。
④ 真德秀:《送王子文宰昭武》(其四),《全宋诗》(第56册),北京大学出版社,1998年,第34842页。
⑤ 王昶:《题沈秀才安成靖琢诗图》,王昶著,朱惠国点校:《春融堂集》(上),上海文化出版社,2013年,第460页。
⑥ 金甡:《质孚姪埕进斋遗集题词十二首》(其七),《续修四库全书》(第1440册),上海古籍出版社,2002年,第613页。

相比而言，另一种情况更值得重视。创作者接续韩愈原诗余意，借用此语以点染诗人韵致。宋王安中《直舍有书》（其四）云：“年来方寸湛如水，照见霜空无一尘。写出禅家有眼句，不妨余事作诗人。”①宋喻良能《鉴湖道中口占》云：“犹及残春追胜赏，不妨余事作诗人。”②“不妨”二字显得通达自在，“诗人”一词与诗歌意蕴自然融合。类似的诗句再如清陈苌《赠练江刘毅可即用其七十自寿韵二首》（其一）：“剩有酒狂冲剑气，未妨余事作诗人。”③陈文述《沈西雍载酒访诗图》（其一）：“同是诂经精舍客，羡君余事作诗人。”④在这里，将“余事”解读为“闲余之事”更为恰当，“闲”本身就能体现出诗人的闲情逸致。于是，剥除了外在的功利价值，这样的诗句反倒使诗人形象更加独特、纯粹。究其原因，首先与创作者的身份立场有关。重道轻文的理学家不太会在诗歌中表达自己对诗人身份的追求。其次，这也与一定的文体、场合有关。功名仕进始终是古人首要的人生目标，他们不太可能在较为正式的文章、书信中以诗人自任（或者说以诗人为自己最主要的身份）。换个角度来看，如前所述，韩愈“余事作诗人”的原意是：在闲暇（政事之余）的空间内认同并赞赏诗人身份。与实用性文章及政治空间下的作品相比，诗歌更多隶属于闲暇空间。那么，用诗歌这种闲暇空间内的文字载体来表达对诗人的赞许，则是理所当然的了。除非创作者对诗人身份带有悲观的情感认同，否则用诗歌来贬低诗人身份，就是一种自我矛盾的言说方式。因此，对“余事作诗人”的解读，不仅主体有别，文体也有别。诗歌是最能充分展现诗人身份的文体，诗歌中的“诗人”以诗化、意象化的方式出现，在全诗的烘托下，成为古人所追求的美好身份形象。现实中，作诗可能真的是闲暇之余事，但诗歌却能够放大闲暇时刻的美感，使创作者能够超脱现实的藩篱，在精神和审美层面趋近于诗歌中的“诗人”。

综上所述，“余事作诗人”经历了三个传播、接受路径。古人或引用此语以表达一己之见，或将此语当作韩愈的主张，进行解读。这两方面是相互渗透、相互影响的。对诗文价值高下的判断与自古而来的以诗文为道德、政事

---

① 王安中：《直舍有书》（其四），《景印文渊阁四库全书》（第1127册），台湾商务印书馆，2008年，第36页。

② 喻良能：《鉴湖道中口占》，《景印文渊阁四库全书》（第1151册），台湾商务印书馆，2008年，第701页。

③ 陈苌：《赠练江刘毅可即用其七十自寿韵二首》（其一），《四库未收书辑刊》（第8辑）（第19册），北京大学出版社，2000年，第734页。

④ 陈文述：《沈西雍载酒访诗图》（其一），《续修四库全书》（第1505册），上海古籍出版社，2002年，第529页。

之余事的观念密切相关,它们成为解读、发挥"余事作诗人"话题的内在原因。后世诗歌对"余事作诗人"的借用与化用呈现了与前者大为不同的接受方式,"诗人"作为抽象化的身份在诗歌中获得了闲雅的审美属性,这反倒契合韩愈原诗的语境。无论如何,我们可以将这句话视为欧阳修等人的诗学主张,但不宜将其与韩愈直接挂钩。即关于韩愈对待诗歌态度的问题,我们完全可以探讨,但是不能以"余事作诗人"作为切入点和重要证据。否则在这种解读与还原相互错位的接受方式下,我们得到的要么是不合实际的假象,要么是放诸大多数古人皆准的泛泛之论。①

从本章前面几节的论述中,我们能得到一个基本认识,即在正统价值观念的空间下,文人(诗人)身份会被打压,甚至被否定;在闲暇的、私人的空间下,文人(诗人)会被突显出来,甚至被放大。对于"余事作诗人"这句诗,将其放入闲暇的空间之中来理解,我们对它的认识就会契合韩愈的原意。正如本节第五部分所论述的那样,后世的一些诗歌对"余事作诗人"的化用延续着原诗本意,这是因为诗歌在很多情况下就代表着闲暇空间,如此,闲暇空间与诗人身份相得益彰。倘若将"余事作诗人"放到正统价值的空间来审视与判断,势必对这句诗中的"诗人"有所贬低,甚至形成否定性的认同。这其实也就是将本属于闲暇空间的诗人身份置于正统空间之中进行价值审判。所以说,后人对"余事作诗人"的接受,不仅体现了解读与还原之间的错位,更重要的是体现了诗人身份与解释空间的错位。

还可附带一说的是,今人分析《和席八十二韵》时也会指出以"'余事作诗人'为韩愈自谓"的解读方式不可取。②但是被误解的过程正是一种值得关注的现象,它所折射出来的问题,诸如解读与还原之间的错位、诗人身份与解释空间的错位、传统观念下的思维惯性等,都是值得深入思考的。我们相信,这样误读的例子肯定不止"余事作诗人"一处,其中,古人对以往诗句的随意性运用、发挥而造成的误读,自不可避免。但更重要的问题是:经过长时间的发展,传统的笺释学已经形成了较为固定的范式。在强调"知人论世"的同时,笺注者注重文本的出处与典故,力图寻求诗人的言外之意。这与从诗歌本身的意脉来进行解读的方式,并不一定契合,甚至会产生矛盾。清屈复在《玉溪生诗意·凡例》中云:"旧注有一事而引数典者,不论诗意,惟

---

① 对大多数古人来说,儒家道德、政治功名都是高于诗文的。由此言之,以诗歌为儒家道德、政治功名之余事,放在大多数人身上都合适。对于韩愈来说,也大致不会错。但这种错位的解读对我们了解韩愈并无助益。

② 王仲镛主编:《韩愈诗文名篇欣赏》,巴蜀书社,1999年,第173页。

看字句相同耳。"又言自己"就诗论诗,不敢附会牵扯"①。此语确实可照见诗歌笺释中存在的问题。所以,在诗歌本意与典故出处、诸家评论之间找到契合点,审慎地梳理古代诗歌笺释中的问题,当是极为必要之举。

---

① 朱鹤龄、屈复注:《玉溪生诗意》,乾隆四年扬州艺古堂刻本。

第五章　文人身份批评的文本逻辑与书写传统

在探讨文人身份认同与批评的过程中,文本的作用主要有二:一是搭建了作者抒发自我、塑造角色的舞台,让我们清楚地看到特定场合、空间下的身份表达机制。二是提供了表达、传播文人身份批评观念的渠道。对于第一点,本书第四章已有详细论述。而第二点几乎贯穿本书所有章节,因为我们对古代文人身份观念的把握、分析全都立足于相应的原始文本。文人身份认同在很多古人眼中极具重要性,所以才留下了如此丰富的批评材料。这一判断粗看起来非常合理,实则忽视了观念与文本(材料)的互动性。文本不只是被动地记录批评观念,还能起到助推观念发展、流行的作用。比如,集序中经常出现文人命穷的话题,如果缺少集序这一文体,古人对文人命穷话题的阐释会变得非常单薄。更重要的是,集序的书写策略和书写传统的形成对批评观念的表达与传播意义重大。诗话、类书等著述形式也在各自书写传统的推动下,提供了各有特点的文人身份批评渠道,形成文本逻辑与观念表达互为表里的联动效果。因此我们在从文本中提取文人身份批评观念的同时,也当意识到,文本的书写传统是与观念的表达传统并行,且同样重要的一条分析线索。从中我们能够看到文人身份批评的文本特性、传播渠道,相关话题的本意与特质也能得到新的认识。本章将焦点集中于两个典型文本,韩愈《荆潭唱和诗序》、王世贞《文章九命》,以点带面,揭示文人身份批评的文本逻辑与书写传统。

第一节　诗学名篇与文章典范:韩愈《荆潭唱和诗序》的两种读法及启示

我们探讨"诗人(文人)命穷""穷而后工"这类古老话题,基本绕不开韩愈的《荆潭唱和诗序》。尽管时有论者给予该文较高评价,如茅坤称其"隽永"①，刘大櫆称其"雄直之气郁勃行间"②，但此类笼统的赞语掩盖不了一个基本事实，即在韩愈的诗文作品中，《荆潭唱和诗序》并不出众。何焯就直言《荆潭唱和诗序》"非公文之至者"③。可以说，《荆潭唱和诗序》之所以得到广泛传播，主要原因不在文章创作层面，而在于它提出了"欢愉之辞难工，穷苦之言易好"的重要诗学命题。自宋代以来，人们对这几句名言的大量摘录、引用就充分说明《荆潭唱和诗序》侧重于诗学观念的接受路向。对此，今人的鉴赏、评论文章表达得更为直接。④我们在承认这一传播事实的同时，也当注意，任何作品的阐释空间都是多维度的，如何理解作品，取决于读者持什么样的立场与视角。倒过来说，特定的立场与视角可能带来某一侧面的洞见，同时也不免忽视、遮蔽某些要素，甚至使自己的解读走入误区。《荆潭唱和诗序》的诗学接受路向一旦确立，那读者对这一"诗学名篇"的解读便会沿着既定的方向展开：全面考察《荆潭唱和诗序》中的诗学观念，以此印证韩愈的诗学思想，并试图在相似观念的发展脉络中给予其价值定位。本节不打算全方位探讨人们对《荆潭唱和诗序》诗学意涵的分析，而重在依循这条偏重诗学的"读法"，梳理其逻辑进路，揭示其中存在的问题，并尝试进行立足于文体性质和行文章法的文章解读，寻求诗人（文）命运话题背后的文本特质，以期为中国文学批评话题的研究带来一些启示。

一、文人穷工之论的提取与解读弊端

宋代已有不少学者对韩愈诗文集进行整理、校对和笺注，异文、字词音义、典故、史实自然是其中最重要的几个方面，宋人对《荆潭唱和诗序》的校注也基本如此。但有一条材料不同，值得留意，魏仲举《五百家注韩昌黎集》在《荆潭唱和诗序》"是故文章之作，恒发于羁旅草野"之后引用了樊汝霖的一条评注：

> 欧阳文忠《序宛陵诗集》云："世谓诗人少达而多穷，夫岂然哉？凡

---

① 茅坤：《唐宋八大家文钞》，《景印文渊阁四库全书》（第1383册），台湾商务印书馆，2008年，第93页。

② 韩愈著，马其昶校注：《韩昌黎文集校注》，上海古籍出版社，1986年，第262页。

③ 何焯：《义门读书记》，中华书局，1987年，第569页。

④ 如罗斌主编的《唐宋八大家散文鉴赏》就指出韩愈《荆潭唱和诗序》"因为深刻揭示了文学创作的一条重要规律而永放光彩"（罗斌主编：《唐宋八大家散文鉴赏》，吉林出版集团有限责任公司，2015年，第121页）；吴振华编著的《唐宋散文品读》直言《荆潭唱和诗序》"具有重大的诗学价值，因为他提出了一个重要的命题"（吴振华编著：《唐宋散文品读》，安徽师范大学出版社，2016年，第65页）。

士之蕴其所有而不得施于世者，多喜自放于山巅水涯外。见虫鱼、草木、风云、鸟兽之状类，往往探其奇怪。内有忧思愤懑之郁积，其兴于怨刺，以道羁臣、寡妇之所叹，而写人情之难言。盖愈穷则愈工，然则非诗之穷人，殆穷者而后工。"文忠此论，盖亦公之意云。①

"穷而后工"之论经欧阳修《梅圣俞诗集序》的提出和阐发，流布渐广。它与韩愈"穷苦之言易好"等言论的共通性很容易被读者抓住，成为探讨此类话题的主要话语资源。生活于南宋中后期的樊汝霖将欧阳修《梅圣俞诗集序》中的表述作为韩愈"穷苦之言易好"的有力注脚，此举一方面展现出同一观念之下相通话语的互释功能，另一方面也表明对于《荆潭唱和诗序》这样的作品来说，聚焦于观点的表达，是笺注、评论过程中极易发生的行为。然而，樊汝霖仅仅是开了个头，"文忠此论，盖亦公之意"的断语也因缺乏细致的学理辨析而显得笼统、粗率。若对《荆潭唱和诗序》蕴含的诗学观念作一审察，不难发现，韩愈所表达的意思与欧阳修《梅圣俞诗集序》不尽相同。"穷苦之言易好"的原因大约有两个：一是愤懑郁积的穷愁之语足有打动人心的力量；二是穷苦之人能专一于创作。对于这两个原因，《荆潭唱和诗序》偏向于哪一个，有待分析。原文除了"愁思""穷苦""羁旅草野"等语之外，韩愈并未像欧阳修那样明确且集中阐发"发愤之作、穷愁之语更加动人"这层意思，反而在后文强调"搜奇抉怪，雕镂文字""较其毫厘分寸"是"韦布里闾憔悴专一之士"②之所擅。清林云铭《韩文起》据此立论，专门批驳了将"穷苦之言易好"与欧阳修"穷而后工"论等同起来的常规看法：

> 唐以诗赋取士，故韦布里闾憔悴之士，则专一而为之，以其求工之难也。王公贵人，气满志得，无所觊于进取之途，即偶一为之，亦犹今日居官者，作八股制菽官稿耳。虽有佳构，若较其毫厘分寸之间，自不能无渗漏走作之病。是篇赞裴、杨二公倡和之佳，全在此处着眼，非平日从毫厘分寸间，苦心揣摩过来，不能道也。与欧阳公所谓"诗能穷人"等语了不相涉，世人辄把"欢愉之辞难工"二语以为旧话置之，可谓真正俗眼。③

---

① 韩愈著，魏仲举集注：《五百家注韩昌黎集》（第3册），中华书局，2019年，第999页。
② 韩愈著，马其昶校注：《韩昌黎文集校注》，上海古籍出版社，1986年，第263页。
③ 林云铭：《韩文起》，华东师范大学出版社，2015年，第160页。

在林云铭看来，《荆潭唱和诗序》所传达的"穷苦之言易好"观念，重心不在于穷困之人感愤而作，而在于穷困之人能专一于文章之毫厘分寸。经此阐发，韩愈《荆潭唱和诗序》与欧阳修《梅圣俞诗集序》观念的差异得到揭示。然而，这一区分并未打断二者的关联，在观念史研究中，同一话题的差异性阐述恰是探析观念演进脉络的重要切口。从韩愈《荆潭唱和诗序》侧重穷苦之人能专一于创作，到欧阳修《梅圣俞诗集序》指出穷苦之人悲愤郁积之后能"写人情之难言"①，我们似乎能看到古人对"穷苦如何有助于创作"这一问题认识的推进与完善。再将司马迁"发愤著书"说、刘勰"蚌病成珠"说拉到一起，便可构建一条"穷而后工"观念的演进历史，甚或指出"从司马迁的发愤著书之说，到韩愈的志存诗书、搜奇抉怪和不平之鸣的议论，再到欧阳修的诗'穷而后工'的观点，人们对问题的认识无疑更近了一步"②。在文学批评史研究论著中，时常能见到此类表述。在承认其具有合理成分的同时，我们不免心存疑虑。从学理上分析，"穷而后工"话题的阐释空间有限，阐释难度也不大，从韩愈到欧阳修，这么一点点理论的推进，居然需要两百多年的时间。虽然可以用"不是每个人都会对此予以思考"为理由来搪塞，但这显然不是问题的关键，根源还需从研究视角和方法上去寻找。这里暂且按下不表，留待后文展开。

不可否认，在《荆潭唱和诗序》的接受史中，从"专一于创作"的角度来理解韩愈"穷苦之言易好"等言论的情况不多，更为普遍的还是强调穷困、愁苦对诗人情志的激发作用，以及其感动人心的文学效果。朱自清就说过："唐宋以来，论诗及诗人的，多用'穷而后工'的话。这都是从情性上说……悲剧的情调易感人。"③中国古代"诗可以怨"的传统源远流长，经过一代代文人的创作体验和理论阐发，业已形成一种根深蒂固的集体意识。由此带来的思维惯性引导读者对《荆潭唱和诗序》文本及其观念表达进行选择性理解。④其典型的表现便是促使读者强化"穷苦之言易好"在原文中的价值意义，进

---

① 欧阳修：《梅圣俞诗集序》，欧阳修著，李逸安点校：《欧阳修全集》（第2册），中华书局，2001年，第612页。

② 巩本栋：《"诗穷而后工"的历史考察》，《中山大学学报》（社会科学版），2008年第4期，第19-27+201页。

③ 朱自清：《朱自清中国文学批评研究讲义》，天津古籍出版社，2004年，第48页。

④ 吴承学就曾指出，读者在"欢愉之辞"与"穷苦之言"之间，侧重从"穷苦之言"的角度来对韩愈原作进行解读，这隶属于一种选择性的集体认同心理（参见吴承学：《中国古代文体学研究》，人民出版社，2011年，第105页。）。此处借鉴吴先生的观点，并进一步认为，在面对"穷者如何能工"这个问题时，比之于"专一于创作"，读者更侧重于"怨愤真挚的情感抒发"，这依然是集体认同心理和选择性解读的延续。

而将接受视角下《荆潭唱和诗序》的重心理解为韩愈创作《荆潭唱和诗序》的重心。甚至有读者指出韩愈是在"借他人之酒杯,浇自己之块垒"①,借机表达自己的诗学主张,认为推崇"穷苦之言"才是韩愈创作该文的主要意图。如此一来,韩愈《荆潭唱和诗序》的创作动机就值得推敲。因为在传统观念下,对于"穷苦之言,怨愤之作"与"搜奇抉怪,雕镂文字"的价值排序,前者往往高于后者。据此似乎可以推测,韩愈碍于情面所创作的这篇序文,蕴含着他对《荆潭唱和诗集》明褒实贬的态度。②尽管没有充分证据以完全否认这种解读的合理性,但我们依然可以根据文本信息提出疑问。首先,韩愈即便推崇穷苦之言、不平之鸣,也不能说明他轻视文辞的锻炼,我们能够找到证据说明"搜奇抉怪,雕镂文字"是韩愈本人的诗学宗尚,也确有鉴赏者从"搜奇抉怪"的角度阐发《荆潭唱和诗序》中的诗学理念。③其次,从行文上看,韩愈是用《荆潭唱和诗集》的案例推翻了"穷苦之言易好""文章之作,恒发于羁旅草野"的论调,清孙琮就赞其使"千古确论,遂成翻案"④,这一行文逻辑与前文所推测的创作意图间的矛盾显而易见,且不易弥合。

之所以会出现上述相互对立的解读,不是某一方的理论推演不够缜密,而是分析的视角和方法出了问题。此处须重申,本节无意于评骘上述各种解读的合理性与准确性,实际上,在作者未明确告知的前提下,纠结于"韩愈表达了怎样的诗学观念"这个问题,可能收效甚微。不论是依据传统观念史研究方法,推演出颇为理想化的演进线索,还是因集体意识、惯性思维介入文本解读而带来的先入之见,上述读法都延续着一个基本思路,即将《荆潭唱和诗序》视为承载韩愈诗学观念的"容器"。随之带来的问题是,过于重视观念的逻辑而在不同程度上轻忽了文章的逻辑。有鉴于此,我们必须考虑到另一种读法,即把《荆潭唱和诗序》当作一篇普通的文章来看待,并将着眼点集中于文体性质、作者的写法和行文策略。

二、集序开篇的典范性与理论表达渠道的形成

如果说宋人对韩愈作品创作背景、典故、史实、字词音义的笺注目的在

---

① 楼沪光、孙琇主编:《中国序跋鉴赏辞典》,河北教育出版社,2003年,第160页。
② 比如刘传新主编的《古代小品文鉴赏辞典》、罗斌主编的《唐宋八大家散文鉴赏》基本体现出这一种解读方式。(参见刘传新主编:《古代小品文鉴赏辞典》,山东文艺出版社,1991年,第207页;罗斌主编:《唐宋八大家散文鉴赏》,吉林出版集团有限责任公司,2015年,第121页。)
③ 参见陈伯海主编:《唐诗学文献集粹》,上海古籍出版社,2016年,第138-139页。
④ 孙琮选评:《山晓阁选古文全集》,哈佛燕京图书馆藏本,第31b页。

于把握文意，那宋代兴起的文章评点才真正将焦点聚集到文章作法上来。明清以来，古文选集的编撰和评点之风颇为盛行。就《荆潭唱和诗序》而言，唐顺之《文编》、茅坤《唐宋八大家文钞》、孙琮《山晓阁选古文全集》、林云铭《韩文起》、沈德潜《唐宋八大家文读本》、高树然《韩文故》、钱基博《韩愈文读》等著作均对其文章章法作过评点。《荆潭唱和诗序》"言议甚简"（刘大櫆语）①，指出其章法结构实非难事，诸家的点评也大多是只言片语。然而，它毕竟呈现出不同于纯粹聚焦、提取观念的解读方向，或可避免集体意识和思维惯性下的先入之见，前述林云铭、孙琮对两种惯常性认识的反驳即立足于他们对行文章法的分析。今人的鉴赏也或多或少关注到行文层面的因素，但往往受到"观念为主"思想的左右，时常落入前一种读法的窠臼。而接下来我们要做的，便是在借鉴前人分析的基础上，把韩愈的诗学观念放到《荆潭唱和诗序》的行文逻辑中审察，以期得到一些新的认识。

　　唐顺之对《荆潭唱和诗序》的点评是："此文与《盛山诗序》本叙事，只略用数句议论引起。"②在唐代，为他人的作品（集）作序的情形较为普遍，且容易形成模式化的书写方式。其常规结构是：先借助某个话题，通过一番议论开篇，然后再介绍集主，评介作品。以别集序为例，据笔者统计，唐代别集序中的他序有八十四篇，其中以议论开篇的就有六十多篇，作于韩愈《荆潭唱和诗序》之前的，不下二十篇。可见唐顺之所指出的不是韩愈行文上的独创，而是唐代惯常的序文写作思路。序文开篇引入的话题必然与作者自身的人生经历、文学经验相关，同时还受到写作对象及行文策略的引导与制约。就前者来说，我们须分清观念与话语之差别。任何文学批评话语都是文学观念的语言呈现，文学观念源于相应的文学现象和文学传统，同时又与社会背景、士人心态有直接关联。我们虽然不得不通过落实到纸面的话语来逆推观念的形成与发展，但不能轻易将某些看似独特的话语当作观念史的节点，因为由文学传统引导的观念往往是持久性的，由社会因素激发的观念时常是群体性的，但我们看到的只是落实到文字且经历历史长河淘洗之后留存甚少的零星记载。就话语形式而言，"穷苦之言易好"等语简练醒目，实发前人之所未发，不过，类似的观念却早已有之，如桓谭《新论》"贾谊不左迁失志，则文彩不发"③，钟嵘《诗品·汉都尉李陵诗》"其源出于《楚辞》，文多凄怆，怨者之流……使陵不遭辛苦，其文亦何能至此"④，刘勰《文心雕龙·

① 韩愈著，马其昶校注：《韩昌黎文集校注》，上海古籍出版社，1986年，第262页。
② 唐顺之等选批：《文编》，哈佛燕京图书馆藏明嘉靖间胡帛刻本，第2b页。
③ 马总：《意林》，《续修四库全书》（第1188册），上海古籍出版社，2002年，第47页。
④ 钟嵘著，曹旭集注：《诗品集注》，上海古籍出版社，2011年，第106页。

才略》评冯衍"雅好辞说,而坎壈盛世;《显志》《自序》,亦蚌病成珠矣"①。所言虽都是个例,但内中实已包含"困顿穷愁能为文章增色"的普遍性认识。

中唐以来以穷达言诗(更准确地说是"以穷言诗")现象的出现,还少不了制度因素和外在环境的作用。林云铭将"穷苦之言易好"与"唐以诗赋取士"的科举制度联系起来解读,不无道理。诗赋一旦成为进身的工具,那它与士人穷达之间的关联必然会更加紧密。如果人们未能通过科举入仕,或者因贬谪而导致官员身份受损,诗人(文人)身份就会突显,进而造成"穷曰文士(诗人),达曰文臣(官员)"②的身份认知。这种认知会激发人们挖掘古今事例,促进"以穷达言诗"这一公共话语的形成。杜甫、孟郊、韩愈、柳宗元、白居易都有过相关表达。其中白居易《序洛诗》云:"世所谓'文士多数奇,诗人尤薄命'。"③"世所谓"三字已透露出该话题的公共性。进而言之,我们若承认以穷达言诗现象的产生与唐代的政治制度,以及中唐以来的士人遭遇和心态相关④,那就能推出此种现象具有群体性,不会只在韩愈一个人身上表现出来。因此,我们大可把"穷苦之言易好"视为韩愈的独得之语,以及诗人穷达观念的典型表现,但这实非他的独得之见。对于欧阳修的"穷而后工",我们也可以用同样的眼光看待。⑤所以把韩愈、欧阳修的言论作为观念发展的节点,来架构"穷而后工"理论的历史走势,是一种比较危险的研究行为。

对于开篇的这段议论,孙琮评道:"欢愉难工,愁苦易好,此是千古衡文确论。今昌黎借来翻一议论……善作文者,只借古人旧话,翻成新案。"⑥孙琮之论虽有把《荆潭唱和诗序》当成翻案文章的嫌疑,但这句话颇为精到,一方面指出"愁苦易好"之观念非韩愈首创,另一方面也点明借"愁苦易好"之论发端,本属一种行文策略。不论韩愈如何强烈地想宣传"穷苦之言易好"的思想,他都必须使自己的言论与《荆潭唱和诗集》联系起来,以保证序文的融通自洽。也就是说,韩愈在接到为《荆潭唱和诗集》作序这个任务后,首先考虑的应该是序文从何处落笔这个问题。本书第四章第二节对别集序的书

① 刘勰著,范文澜注:《文心雕龙注》(下),人民文学出版社,1958年,第699页。

② 薛冈:《天爵堂文集笔余》,《原国立北平图书馆甲库善本丛书》(第894册),国家图书馆出版社,2013年,第438页。

③ 白居易:《序洛诗》,《白居易集》(第4册),中华书局,1979年,第1474页。

④ 相关论述还可参见吴承学:《中国古代文体学研究》,人民出版社,2011年,第91页。

⑤ 吴楚材、吴调侯评《梅圣俞诗集序》:"'穷而后工'四字,是欧公独创之言,实为千古不易之论。""独创之言"四字可谓精当。参见吴楚材、吴调侯选:《古文观止》,中华书局,1959年,第437页。

⑥ 孙琮选评:《山晓阁选古文全集》,哈佛燕京图书馆藏本,第31b页。

写模式作了详细论述,这里为了论证逻辑的顺畅,不避重复,作简要梳理。

别集序作者开篇时常从阐发文学观念入手,其观念表述往往强调文之内涵与价值意义。此举既能给作品集安上显耀堂皇的"门面语",又为下文正面评价集主及其作品埋下伏笔。如杨炯《王勃集序》开篇便言:"大矣哉,文之时义也。"①后文对王勃文章著述的评价也正好回应了开篇对"文"之价值的强调。这种赞扬集主的书写思路很好理解,首先在理论上构建出"文"之大义,强调"文"的意义很重大。其次指出集主的文就是内含大义的"文"。因此,对于序作者来说,落笔前须考虑到开篇的理论阐发与集主及其作品的耦合度(即集主及其作品能够体现"文"的正面价值,能够戴上"文之时义大矣"这顶帽子),体现在行文上,就是开篇与后文须形成良好的呼应。实际情况也大致如此,除了王勃、陈子昂这样在唐代文学史上占据重要位置的文人外,相当数量的唐别集——如张说《中宗上官昭容集序》、韩休《唐金紫光禄大夫礼部尚书上柱国赠尚书右丞相许国文宪公苏颋文集序》、贾至《工部侍郎李公集序》、权德舆《徐泗濠节度使赠司徒张公文集序》等——的集主都是有一定身份地位的人。给这么一批上层人士的作品集作序、采取前述"门面语"的落笔方式可以说是最为常规的选择。

唐代唱和诗(集)序中的他序很少,以议论落笔的写法颇为显眼。如《华阳属和集序》乃于邵为西川节度使崔宁幕府唱和集所作,首段谈六艺文教之盛,即云:"然则游夏登科于孔门,独擅文学,虽风流万古而不易者,文乎哉!"②《唐使君盛山唱和集序》乃权德舆为开州刺史唐次的唱和集所作,开篇便用"古者采诗成声,以观风俗。士君子以文会友,缘情放言。言必类而思无邪,悼《谷风》而嘉《伐木》。同其声气,则有唱和,乐在名教,而相博约"③几句话阐发唱和的内涵与意义。可见这两篇序文依旧采用了前述别集序"门面语"的开篇方式。由此反观《荆潭唱和诗序》,其写作对象是荆南节度使裴均、湖南观察使杨凭领头的唱和诗。韩愈完全可以依据前人已运用熟练的集序开篇方式,敷衍出一篇四平八稳的序文。但他没有这样做,而是对着达官贵人的作品说了一堆"穷苦之言易好"的言论,这充分说明韩愈行文的不拘格套和匠心独运,也意味着后文的措辞要谨慎、有分寸。王士禛曾言唐人集序千篇一律的毛病"至昌黎始一洗之"④,从《荆潭唱和诗序》的写作来看,

---

① 杨炯:《王勃集序》,杨炯等著,徐明霞点校:《卢照邻集 杨炯集》,中华书局,1980年,第34页。

② 于邵:《华阳属和集序》,董诰等编:《全唐文》(第2册),上海古籍出版社,1990年,第1924页。

③ 权德舆:《唐使君盛山唱和集序》,权德舆著,郭广伟校点:《权德舆诗文集》(下),上海古籍出版社,2008年,第810页。

④ 王士禛著,湛之点校:《香祖笔记》,上海古籍出版社,1982年,第106页。

此语应不为过。

当然，从宏观的层面来说，某种文学观念一旦滋生，必定向各类文本渗透。在中唐，除了《荆潭唱和诗序》外，关于"文人（诗人）穷达"的议论在柳宗元《娄二十四秀才花下对酒唱和诗序》、韩愈《开州韦处厚侍讲盛山十二诗序》、白居易《序洛诗》中均有所涉及。《娄二十四秀才花下对酒唱和诗序》因参与者都是太平不遇之人，故开篇从"达则效于当世，穷则歌咏"的论调讲起，直言"形于文字，伸于歌咏，是有其具而未得行其道者之为之也"①。《开州韦处厚侍讲盛山十二诗序》以儒者处穷之论切入，以引出后文对作品闲雅之风的赞述。《序洛诗》开篇用一定篇幅阐述"文士多数奇，诗人尤命薄"，是为了反衬自己"闲居泰适"，突出自己作品中的"理世安乐之音"②。《荆潭唱和诗序》的写作时间早于以上诸序③，且从立论和受序者身份等角度来看，《荆潭唱和诗序》与它们都有很大不同，两相比较，尤见其行文开篇之独特。

元黄溍《蕙山愁吟后序》云："古之为诗者，未始以辞之工拙验夫人之穷达。以穷达言诗，自昌黎韩子、庐陵欧阳子始。"④此语若从观念产生的角度而言，或未为的论；若从集序引入议论的角度来说，则颇为准确。巧的是，黄溍这一论断也是通过集序表述出来的。综合以上分析，我们可以说，韩愈虽未提出什么独得之见，但将诗人穷达的议论引入集序，形成了一种以往没有的集序开篇方式。此种开篇方式受到中唐以来"诗人命穷""穷而后工"观念的助推，逐步拓展为集序书写模式下的一个重要分支，在宋代至清代的集序作品中反复出现。明晰了这条脉络，《荆潭唱和诗序》与《梅圣俞诗集序》对后人集序创作的典范意义和示范性作用便显而易见了。还需附带申说的是，宋代以来，为他人作品（集）作序的情况愈发普遍，一旦"以穷达言诗（文）"成为作序的一个备选项，一个可随时调用的理论资源，那此种写作模式的赓续必定会不断带动文人士大夫对"诗人命穷""穷而后工"等问题进行阐释，集序也就随之成为此类话题主要的论争场域。从这个意义上说，"诗人命穷""穷而后工"等话题之所以长时间盛行且维持热度，与集序这个持

---

① 柳宗元：《娄二十四秀才花下对酒唱和诗序》，《柳宗元集》（第2册），中华书局，1979年，第644页。

② 白居易：《序洛诗》，《白居易集》（第4册），中华书局，1979年，第1475页。

③ 《荆潭唱和诗序》约作于永贞元年（805），柳宗元《娄二十四秀才花下对酒唱和诗序》约作于元和三年（808），韩愈《开州韦处厚侍讲盛山十二诗序》约作于长庆二年（822），白居易《序洛诗》作于大和八年（834）。

④ 黄溍：《蕙山愁吟后序》，《续修四库全书》（第1323册），上海古籍出版社，2002年，第265页。

续、稳定的表达场域和渠道有莫大关系。

三、理论阐述的被选择与文本逻辑

回到《荆潭唱和诗序》的行文上来，序文开头的章法正如钱基博所说："欲叙王公大人之诗，偏说穷苦易好，于题前翻腾作势。"[①]开篇的翻腾之势要承接到裴均、杨凭等人的唱和诗上，必须经过一层话语转换。"至若王公贵人气满志得，非性能而好之，则不暇以为"[②]，这一承上启下的转换句表面上看，解释了"王公贵人为何难有好作品"这个问题，实则暗中转移了重点。如前所述，如果把穷困之士的优势（即"穷而后工"的内涵）划分为"专一于创作"和"郁积忧思的激愤之作具有打动人心的力量"两方面，我们就能清楚地看到，气满志得的王公贵人能勉力做到的也就是专一于创作，对于郁积忧思而感激发愤，他们实所未能，这在《荆潭唱和集》这样的酬唱作品中表现得尤为明显。职是之故，韩愈的论说重点不得不偏向于"非性能而好之，则不暇以为"，后文也只能从"性能好之"的角度出发，叙述裴均、杨凭于政事之暇雅好诗文，能在"搜奇抉怪，雕镂文字"方面与憔悴之士一较高下，进而赞扬他们"材全而能巨"，而对于"激愤而作"这个层面，则只字不提了。可以这样说，由"穷苦之言易好"引发的两层内涵，后文只接住了一层，不免有"帽大头小"的感觉。"愁思""穷苦"等语在后文没有，也不可能得到回应，这是《荆潭唱和诗序》如此落笔必然带来的逻辑漏洞。林纾《韩文研究法》曾指出韩愈《送孟东野序》内部转换衔接中的弊病[③]，将其与《荆潭唱和诗序》相联系，对于此类文章行文细密之处，读者自可会心。

上一段的分析可引发我们对以下两个问题的反思。首先，序文中的态度表达即便有作者个人思想、心态的作用，但依旧要从属于特定的言说身份、立场和行文策略。韩愈用"搜奇抉怪，雕镂文字"等语来评述《荆潭唱和诗集》未必意味着他对《荆潭唱和诗集》的贬抑态度。一方面，"搜奇抉怪"和"发愤而作"不是非此即彼，水火不容的关系，推崇"发愤而作"不意味着反对

---

① 钱基博：《韩愈文读》，华中师范大学出版社，2012年，第183页。

② 韩愈著，马其昶校注：《韩昌黎文集校注》，上海古籍出版社，1986年，第263页。

③ 韩愈为了在"不平则鸣"的论述中突出孟郊的独特性，用"东野始以其诗鸣"一语衔接前后文，然前文所举陈子昂、李白等人正是"以诗鸣"者，故林纾认为"说到东野，不应用一'始'字。韩愈为了避免这一行文逻辑上的矛盾，在列举陈子昂、李白诸人时，称"皆以其所能鸣"，而回避了"诗"这个字，同时在"东野始以其诗鸣"之前加一句"其存而在下者孟郊"。这样的"急救"之法使得行文逻辑"敷衍得去"。参见林纾：《韩柳文研究法》，王水照主编：《历代文话》（第7册），复旦大学出版社，2007年，第6454-6455页。

"搜奇抉怪";另一方面,正如韩愈《和席八十二韵》所展现的那样,"外有功业,内有文章"实为文人士大夫所向往的状态,赞扬对方能兼常人之所难兼,以突显作品之难得,也是集序的常见套路。故而,与其说是贬抑,毋宁说是极有分寸的赞扬。沈德潜认为"序长官诗如此立论,乃为得体"①,林云铭也说:"以幕官为长官作序文,如此措辞方得体。"②《荆潭唱和诗序》的"得体"之处正当从"性能好之"这一用语的分寸上考量。对此,钱锺书说:"推崇'王公贵人'也正是抬高'憔悴之士'。恭维而没有一味拍捧,世故而不是十足势利,应酬大官僚的文章很难这样有分寸。"③此论极为精到。为王公贵人的作品作序,施语赞扬是必然的,如何把握措辞的分寸,使文章不显得过分谄媚,这是写作者须面临的挑战。就此而论,《荆潭唱和诗序》可以说提供了一种值得借鉴的文章写作典范。

其次,序文中的理论阐述同样受制于《荆潭唱和诗》的内容及序文的行文要求。韩愈将"穷苦之言易好"引向"存志乎《诗》《书》""专一于文辞"这方面,并不意味着他不清楚、不重视穷苦悲愤之词的感人力量,如前所述,悲怨之词感人,这层意思前人已有涉及。且韩愈"和平之音淡薄,而愁思之声要妙"④一语也在一定程度上表达出了"悲怨之词感人"之意。所以,是这篇序文的性质和行文策略要求韩愈对自己的诗学思想进行选择性阐述,以达成《荆潭唱和诗序》整体上的逻辑自洽和完备。我们甚至可以说,凭韩愈的见识和如椽大笔,要全面阐发"穷苦之言易好"的内涵绝非难事,只是《荆潭唱和诗序》没有全面阐发这一思想的要求和必要。这再次说明,仅根据表面文意就判断韩愈对"穷苦之言易好"的认识侧重于"专一于文辞",并将其与欧阳修《梅圣俞诗集序》相比较而推演出"穷而后工"思想的完善和演进路径,所得出的无疑是凿空之论。把《荆潭唱和诗序》当作提取观念的容器,难免会带来这样的误读。更深的一层因素在于,序文不同于专论,大多没有刘勰所说的"研精一理"⑤之目的,更不可能做到今人学术论文那样周密完备,是以不宜用剖析专论的眼光和方法来剖析序文。否则,聚焦于理论阐释的文本细读看似走出了提取观念的传统模式,实则又进入了无视文体特性的方法误区。序文论说中显见的疏漏与偏见被轻易归结为作者认知的缺失,可

---

① 沈德潜选评,[日]川上广树纂评,鲁林华点校:《点注唐宋八大家文读本》,江苏人民出版社,2018年,第93页。
② 林云铭:《韩文起》,华东师范大学出版社,2015年,第160页。
③ 钱锺书:《诗可以怨》,钱锺书:《七缀集》,生活·读书·新知三联书店,2002年,第125页。
④ 韩愈著,马其昶校注:《韩昌黎文集校注》,上海古籍出版社,1986年,第262页。
⑤ 刘勰著,范文澜注:《文心雕龙注》(上),人民文学出版社,1958年,第327页。

能意味着研究者忽视了作者行文的用心。

　　众所周知，中国古代少有专门的批评家，大多数文学理论与思想依托序跋、书信等文本而得以流传。《荆潭唱和诗序》虽为其中一个极小的个案，但上文归纳的两种读法正体现出我们分析此类文本的两条典型的思路，且蕴含着古代文学批评话题研究的三层逻辑。学理层面的逻辑集中体现在对话题的内涵阐发、理论推演和正误判断等方面，构成一种纯理论的分析路数。语境逻辑则重视批评话题与言说语境（大到文化背景、思想氛围，小到作者身份、写作对象与场合等）的关联，构成一种立足于"情景化诗学"的分析路数。①而本节最终所要强调的是《荆潭唱和诗序》集中呈现的文本逻辑。尽管前人对此已有着墨，但对其价值意义的认识尚未饱和。首先，文学思想与具体语境之间的关联只有通过文本才能落到实处，故作者通过具体行文为读者了解其情景化立论提供了切实依据。对于这一点，《荆潭唱和诗序》体现得很明显。再如，韩愈《送孟东野序》"不平则鸣"中的"不平"之所以不专指"穷愁困苦"，欧阳修《梅圣俞诗集序》之所以否定"诗能穷人"，从论说语境而言，得用于朝廷，实现自我价值，是韩、孟、欧、梅等士人所期待的，故作者再怎么强调穷愁，都不会把这条向上之路堵死。从行文逻辑来说，前述韩、欧的观念表述分别呼应着《送孟东野序》"抑不知天将和其声，而使鸣国家之盛邪？抑将穷饿其身，思愁其心肠，而使自鸣其不幸邪？"②《梅圣俞诗集序》"若使其幸得用于朝廷，作为雅颂，以歌咏大宋之功德，荐之清庙，而追商、周、鲁《颂》之作者，岂不伟欤！"③这两段话。通过这样的行文呼应，作者便将观念和立场落到实处，使其成为读者考察其思想的文本证据。其次，观念的生成机制不同于话语的表达机制。一般认为，"说什么"是由个人观念所支撑，"怎么说"是由话语表达所控制。然此种泾渭分明的二分法显得简单粗率，实际上"说什么""不说什么"都时常会受到文章体式和行文策略的深刻影响，进而使得纯粹的学理推演和是非判断站不住脚。可以说，诗学名篇不是盛放观念的容器，而是我们观测文学思想的透镜，明晰了其透射的原理，才能准确还原背后的思想。最后，每一种文体、语体都有自身的写作和表达传统，骈文与散文，文言与口语，以及赋、诗、序、书信等各类文章体裁对文学

---

① 以"穷而后工"为例，管琴《宋代"穷而后工"论之异说考》就分析了宋人根据不同诗学情景立论的情况（参见管琴：《宋代"穷而后工"论之异说考》，《文艺研究》，2016年第12期，第73-82页）。

② 韩愈著、马其昶校注：《韩昌黎文集校注》，上海古籍出版社，1986年，第235页。

③ 欧阳修：《梅圣俞诗集序》，欧阳修著，李逸安点校：《欧阳修全集》（第2册），中华书局，2001年，第612页。

观念表达机制的作用,对观念传播的助推效果各有差别,且值得持续、深入地关注。观念史上看似独创的行为,在写作传统中,可能就是一个常规操作;反之,观念史上的常规表达,可能在写作传统中意义重大。总而言之,唯有充分考虑文本内部逻辑及其背靠的写作传统,古代文学批评的文化特质和内在机制才能得到更为全面的认识。

第二节　依事立言:《文章九命》的文本流动及意义转向

"文人命穷""诗能穷人""穷而后工"等涉及文人命运的话题早已成为文学批评领域的老生常谈。随着相关论著的增多,此类话题蕴含的思想观念得到广泛深入的解析,剩余的探讨空间愈发狭小。这固然是学术研究不断推进的结果,但也不能否认,此类话题从思想观念的角度来说,本没有太多延展的余地。主要的观点、态度表达和学理阐述在宋人那里已基本完备,后人不论如何发挥,实难有超越之论。有研究者通过结合具体历史语境和论者立场,为话题的分析带来新内容①,但整体上依然延续观念史的方法和视角,上述局面没有因此而改观。在此背景下,王世贞《文章九命》被视为传统"文人命穷"观念的又一次展演,它虽因与王世贞个人经历相联而具有一定独特性,但未能带来观念上的新鲜感,故得不到特别的关注。②宇文所安早已指出"观念史"的研究方法"容易忽视观念在具体文本中是如何运作的"③,将焦点转向文本,便能拓展研究视域,加深我们对批评话题和观念的理解。循此思路,文本如何在话题的制造和传延中发挥作用,则是一个更为宏阔的重要问题。《文章九命》具有一个包含大量事例的文本,同时从属于《艺苑卮言》这个更大的文本,文本的制作、修订、传播、改编,以及文本语境的转换不断影响着"文章九命"话题的表达与接受,进而使文学观念与文本背后的文化氛围、思想脉络产生密切关联。是以文本才是揭示《文章九命》内涵的关

---

① 如王宏芹:《不独穷人亦瘦人——晚年陆游"诗""穷"关系论》,《古代文学理论研究》(第四十七辑),华东师范大学出版社,2018年,第248-261页;张德建:《明代"穷而后工"意义向度的展开》,《文化与诗学》(2015年第1辑),生活·读书·新知·三联书店,2017年,第352-380页;王力坚:《清代文学跨域研究》,文津出版社有限公司,2013年,第33-59页。

② 以往的研究大多将《文章九命》作为"文人命穷"话题下的一个常规案例,或王世贞《艺苑卮言》研究的一部分内容来进行分析的。

③ [美]宇文所安:《中国文学思想读本:原典·英译·解说》,王柏华、陶庆梅译,生活·读书·新知三联书店,2019年,第3页。

键,《文章九命》在批评史上的独特价值由此能得到充分认识。甚至对于"如何把握观念与文本的互动机制""如何评估诗话中事例型材料的批评史价值"等问题,《文章九命》也能给我们带来一定的启发。故本节将以《文章九命》的文本为核心,在梳理其制作、改编等流程的基础上,探讨其思想内涵和批评史意义。

一、《文章九命》两个版本辨析

目前能看到的《文章九命》主要有两种版本,一是《艺苑卮言》本,包括一段引言以及贫困、嫌忌、玷缺、偃蹇、流窜、刑辱、夭折、无终、无后九个部分。二是晚明丛书本,晚明华淑《闲情小品》、陶珽《说郛续》、佚名《锦囊小史》均辑录《文章九命》,内容完全一致:没有引言,正文包含知遇、传诵、证仙、贫困、偃蹇、嫌忌、刑辱、夭折、无后九个部分。对于这两种版本的关系,研究者们有不同的看法。李燕青认为丛书本《文章九命》撰于《艺苑卮言》之前,是文章九命的早期版本,后被王世贞加以修改,置于《艺苑卮言》当中,并指出这一修改过程与王世贞自身遭遇有关。①吕蒙认为《文章九命》是《艺苑卮言》的摘编本,成书年代在《艺苑卮言》之后,"为后人对《四部稿》中《艺苑卮言》的摘录,属于八卷本体系衍生下的作品"②。两种说法均未细核文本,结论欠妥当。

《闲情小品》《说郛续》《锦囊小史》中的《文章九命》应是同一个来源,稍有不同的地方在于:第一,《闲情小品》本《文章九命》前有《题〈文章九命〉后》,文中说道:"余纂《文章九命》,中间遭时、遇主,十仅一二。"③末署"闻道

---

① 参见李燕青:《〈艺苑卮言〉研究》,中国文史出版社,2013年,第55、63—64页。
② 参见吕蒙:《〈艺苑卮言〉版本考》,上海交通大学硕士学位论文,2014年,第4页。需要注意的是,这里所说的八卷本指《弇州四部稿》本《艺苑卮言》(实包括《艺苑卮言》八卷和《艺苑卮言附录》四卷)。另外,魏宏远也认为丛书本《文章九命》是从《弇州四部稿》本《艺苑卮言》辑出单行的。参见魏宏远:《王世贞〈艺苑卮言〉实物印本考覈》,《兰州大学学报》(社会科学版),2018年第6期,第60—71页。
③ 华淑辑:《闲情小品》(第3册),国家图书馆藏明刻本,第13a页。需要指出的是,国内外多个图书馆藏有《闲情小品》,所收著作的数量及内容不尽相同,就笔者所见,国家图书馆藏《闲情小品》收录著作二十八种(包括附录一种),哈佛大学燕京图书馆藏《闲情小品》收录著作二十一种,美国国会图书馆藏《闲情小品》收录著作二十六种。三者均收录《文章九命》,内容完全一样。不同的是,国家图书馆藏本、哈佛大学燕京图书馆藏本有《题〈文章九命〉后》,美国国会图书馆藏本则无此一文。但美国国会图书馆藏《闲情小品》目录上明确注有"文章九命有引"字样,可知《闲情小品》本《文章九命》应附有《题〈文章九命〉后》一文,美国国会图书馆藏本或因某种原因漏载。

人题于癖书庵"①。第二,《闲情小品》本《文章九命》卷首题"武陵华淑辑,云间叶有声订"②,未署王世贞之名。《说郛续》本《文章九命》卷首题"吴郡王世贞"③,《锦囊小史》本《文章九命》卷首题"吴郡王世贞辑"④。可见在丛书本当中,《闲情小品》本具有特殊性。对于"该版本的《文章九命》如何形成"这一问题,须先弄清"闻道人"是谁。

徐乾学《传是楼书目》著录:"《癖颠小史》,闻道人。一本,硃批。"⑤《八千卷楼书目》著录:"《癖史》一卷,明闻道人撰,明刊本,袁石公评点本。"⑥经查,晚明闵于忱《枕函小史》收录《癖史》一卷,但其卷首和版心却题作"癖颠小史",署"闻道人撰,袁石公评"。可知《癖颠小史》应有《癖史》和《颠史》两部分,此本是编者把《癖颠小史》的《癖史》部分抽出来稍作调整而形成。吴兴闵氏是明代家族刻书的代表,多刻彩色套印和评点著作,《枕函小史》即为闵氏所刻的朱墨套印评点本。国图藏有明刻朱墨套印本《癖颠小史》,但内容只有《癖史》,版式、署名和具体内容与《枕函小史》本《癖史》完全一样,或许是从《枕函小史》中抽出来单行的。由此可推测,《传是楼书目》《八千卷楼书目》载录的也是这个版本,只不过前者是按篇首和版心的题署来著录书名,后者是根据实际内容来著录书名。闵于忱在凡例中说:"近华闻修(即华淑)集《癖史》行世,亦有批本,而评语间出,今得柳浪馆石公品评,可与屠长卿并驱中原,遂集癖史第二。"⑦《枕函小史》中《癖史》的署名("闻道人")非闵于忱所加,他明知《癖史》作者是华淑,还依旧维持"闻道人"的署名,最可能的解

① 华淑辑:《闲情小品》(第3册),国家图书馆藏明刻本,第13b页。

② 华淑辑:《闲情小品》(第3册),国家图书馆藏明刻本,第14a页。

③ 陶珽:《说郛续》,《续修四库全书》(第1191册),上海古籍出版社,2002年,第532页。

④ 《锦囊小史》,国家图书馆藏明末刻本,第1a页。

⑤ 徐乾学:《传是楼书目》,《续修四库全书》(第920册),上海古籍出版社,2002年,第783页。

⑥ 丁立中编著:《八千卷楼书目》,《续修四库全书》(第921册),上海古籍出版社,2002年,第278页。

⑦ 闵于忱:《枕函小史》,《四库全书存目丛书》(子部第149册),齐鲁书社,1997年,第252-253页。

释就一个:闻道人就是华淑。①

《题〈文章九命〉后》所言的"纂"性质跟"辑"一样,不是独立的撰写,而是辑录前人的材料,加以修改、调整。《闲情小品》中题为"华淑辑"的著作,均是华淑摘引前人言论,修改、调整、组合而成。比如《品茶八要》就是在《煎茶七类》的基础上修改少量词句,并增加"茶器"一则而成。②那《闲情小品》本《文章九命》所依据的是否就是《弇州四部稿》中的《艺苑卮言》呢?

《艺苑卮言》的成书过程比较复杂,自嘉靖三十六年(1557)始,至万历四年(1576)《弇州四部稿》编定刊刻,其间《艺苑卮言》不断修改、调整。目前所能见到的主要有明刻六卷本(陕西省图书馆藏)、明刻八卷本(柏克莱加州大学东亚图书馆藏)、《弇州四部稿》十二卷本、万历十七年(1589)刻《增补艺苑

---

① 龚宗杰就以此确认"闻道人"即为华淑,参见龚宗杰:《明代文话研究》,中华书局,2019年,第109页。另外,我们还可以从以下三方面坐实这一结论:第一,目前所见更完整的《癖颠小史》出自华淑《清睡阁快书》和《闲情小品》(均为美国国会图书馆藏明刻本),内容包括《癖史》和《颠史》两部分,卷首题"武陵华淑撰"。大概是华淑在编完《癖颠小史》后,以"闻道人"之名刊行,后将其收入《清睡阁快书》和《闲情小品》,则统一体例,把题名改为"华淑"。第二,明陆云龙《翠娱阁评选明文奇艳》卷十二收录《题〈文章九命〉后》,署名即为"华淑"。(参见陆云龙辑:《翠娱阁评选明文奇艳》,明崇祯九年陆氏翠娱阁刻本。)第三,国家图书馆藏明刻本《闲情小品》共收著作二十八种,其中九种有题跋类文字。除了《题〈文章九命〉后》之外,《扬州梦》前的跋语也署名"闻道人"。闻道人在《题〈文章九命〉后》说到自己纂《文章九命》,而卷首题"武陵华淑辑"。《扬州梦》的跋末尾署"闻道人自记",这明显是自序,卷首题"武陵华淑辑"。另外,美国国会图书馆藏华淑辑《清睡阁快书》《闲情小品》均收录《文字禅》,前有《文字禅题语》,末署"闻道人记于西泠之不系舟",从内容来看应该也是一篇自序,卷首题"武陵华淑闻修选"。若论定闻道人是华淑,那序文署名和篇首题名就能够一致,整个文本的题署就能够自洽,不至于产生矛盾。而《闲情小品》中其他著作的序和题署都是不矛盾的,如《书绅要语》中华淑自序末尾题"丁巳夏日自识于南郭之禅寮",卷首题"武陵华淑辑"。另外,华淑在《闲情小品》序跋中的署名方式本不统一,《闲情小品》自序署"闲道人华淑写于适庵之小阁",《花寮序》署"武陵渔人华淑写于梅寮",《迷仙志序》署"遹庵道人华淑书于吴门花坊"。《癖颠小史跋》署"闻修居士华淑",美国国会图书馆藏、哈佛燕京图书馆藏《闲情小品》均有《闲情小品跋》,末署"闻修道人华淑写于梦香阁"。"闻道人"应当也是华淑的众多自号之一,可推测华淑辑完一种书之后,若有未尽之言,则随即题序,故题序时间、署名方式不尽相同。

② 依目前所见文献,《煎茶七类》有两种文本形态,一是作为独立的内容收录于各种丛书,但署名各有不同。《说郛续》《居家必备》中署名徐渭,《锦囊小史》《水边林下》《重订欣赏编》《八公游戏丛谈》等均署高叔嗣。二是附在陆树声《茶寮记》之后,作为陆树声的作品而流传。如陆树声《适园杂著》有《茶寮记》一篇,其后附《煎茶七类》。《茶书》《宝颜堂秘籍》《夷门广牍》《程氏丛刻》《枕中秘》等丛书也将《煎茶七类》附于陆树声《茶寮记》之后。晚明丛书托名的情况极为常见,也不乏同一个作品署名不同的情况,这里不细论。《闲情小品》在参照《煎茶七类》的同时,也收录了《茶寮记》,可知华淑参考的当是署名陆树声的版本。

卮言》十六卷本。六卷本是目前所见较早的版本，或刻于嘉靖四十四年（1565）；八卷本在六卷本的基础上修补而成；十六卷本刊刻时间虽晚于《弇州四部稿》本，但其内容应是在八卷本基础上修改、扩编而成。①《文章九命》载于六卷本的卷五、八卷本的卷六、十六卷本的卷六，《弇州四部稿》本的卷八。从结构上说，这四个版本的《文章九命》完全一样，都是一段引言加上贫困、嫌忌、玷缺等九个部分；从内容上说，前三个版本没有差别，但《弇州四部稿》本在字句上有很大的不同。将《闲情小品》本《文章九命》、六卷本《艺苑卮言》的《文章九命》、《弇州四部稿》本《艺苑卮言》的《文章九命》所共有的六个条目（贫困、嫌忌、偃蹇、刑辱、夭折、无后）作一对比，则会发现，虽然《闲情小品》本在字句上与六卷本、《弇州四部稿》本均有差别，但每遇到六卷本与《弇州四部稿》本有差异的地方，《闲情小品》本一定与六卷本相同，无一例外。

首先，六卷本比《弇州四部稿》本缺少的事例和词句，《闲情小品》本照缺。如"贫困"一则，《弇州四部稿》本有"庄周贷粟监河，枯鱼自拟；黔娄被不覆形；东方朔苦饥欲死，愿比侏儒"一段，六卷本缺"枯鱼自拟""愿比侏儒"两句，《闲情小品》与六卷本完全相同。"无后"一则，《弇州四部稿》本云："刘敲、刘旰、何胤、何点先虚伉俪。"六卷本无刘敲、刘旰，《闲情小品》本从之。

其次，六卷本比《弇州四部稿》本多出的句子，《闲情小品》本照多。如"无后"一则，六卷本在"崔曙一女名星，白公一侄曰龟"之后多出"系绝清时，贻文莫读"一句，《闲情小品》本从之。

最后，六卷本与《弇州四部稿》本不同的事例、词句，《闲情小品》均随六卷本。如"贫困"一则，《弇州四部稿》本云："孙晨有槁一束，暮卧旦卷。"六卷本作"孙晨织箕为业"。"嫌忌"一则，《弇州四部稿》本云："曹植见忌文帝。"六卷本作"曹植见忌兄文"。"偃蹇"一则，《弇州四部稿》本云："贾岛、温飞卿皆以龙鳞鱼服。"六卷本作"贾岛、温飞卿皆犯颜龙服"。"夭折"一则，《弇州四部稿》本云："陶丘洪、阮瞻、到镜、到伉、刘苞、欧阳建俱三十。"六卷本作"阮瞻、到镜、孔熙先、刘旰、欧阳建俱三十"。这些有差异的地方，《闲情小品》与六卷本完全相同。

① 关于《艺苑卮言》的版本源流，参见吕蒙：《〈艺苑卮言〉版本考》，上海交通大学硕士学位论文，2014年；贾飞：《〈艺苑卮言〉成书考释》，《文献》，2016年第6期，第140—151页；贾飞：《王世贞〈艺苑卮言〉版本流变及其经典化》，《文献》，2023年第4期，第56—71页；过琪文：《〈艺苑卮言〉版本学研究》，兰州大学硕士学位论文，2023年。另外，魏宏远指出十六卷本是在六卷本的基础上拼合《弇州四部稿》本等多个文本而成，参见魏宏远：《王世贞〈艺苑卮言〉实物印本考覈》，《兰州大学学报》（社会科学版），2018年第6期，第60—71页。

对于《闲情小品》本《文章九命》中的知遇、传诵、证仙三则中的内容,情况也大致如此。如"证仙"一则,六卷本的卷五有相应记载(未置于《文章九命》当中),后来王世贞将其从《艺苑卮言》中移出,置于《宛委余编》当中,见于《弇州四部稿》本《宛委余编》卷十七。六卷本《艺苑卮言》云:"东方朔西入瑶池。"《宛委余编》作:"东方朔为华阳洞主。"《闲情小品》从六卷本。另外,《闲情小品》中"李长吉召赋玉楼记。白居易为海山院主。韩退之为真官。寇莱公为阎浮提王。石曼卿为芙蓉城主。苏子瞻为奎宿。刘景文为雷部掌事。沈文通为地下曹司"一段与六卷本一字不差,而《宛委余编》则在这段文字中加入了杜佑、马总、蔡忠惠、庞籍等例。

因此能够判断,《闲情小品》本《文章九命》不是从《弇州四部稿》本中摘录出来的,而与六卷本《艺苑卮言》有承接关系。接下来要说明的是,这两个版本谁先谁后。在六卷本《艺苑卮言》中,王世贞说:"曩与同人戏为文章九命,一曰贫困,二曰嫌忌,三曰玷缺,四曰偃蹇,五曰流窜,六曰刑辱,七曰夭折,八曰无终,九曰无后。"究其意,九命的内容应该是一开始便确定下来的,不太可能在此版本之前,另有一个"知遇、传诵、证仙、贫困、偃蹇、嫌忌、刑辱、夭折、无后"的版本,然证据不足,未敢遽断。不过能够确定的是,《闲情小品》本《文章九命》的内容不会早于六卷本,而是在六卷本基础上修改的。六卷本卷五中有"证仙"一则,此后王世贞又补了不少例子,另为一则。①这两则后来被收入《宛委余编》。而《闲情小品》本"证仙"比六卷本卷五多出来的部分,恰好在补录的这一则当中能够找到。从中便能看到编者在编辑的时候将两部分"证仙"材料相拼凑的痕迹。再如,《艺苑卮言》本《文章九命》引言第一句云:"古人云:'诗能穷人。'究其情质,诚有合者。"接着王世贞从两个方面解释了"诚有合者",这段文字意脉通畅,是一个非常自然的论述思路。但在《闲情小品》中,这一句却被安到了"贫困"一则的开头。其后所接的"庄周贷粟监河"等事例在叙述逻辑上与"究其情质,诚有合者"完全不搭。这里也能够看出编者不高明的剪切和拼凑。另外,像"知遇"一则中韩翃的事例在《宛委余编》卷七中只有非常简略的记载,永丰柳的事例中,所引白居易《杨柳枝》词与《艺苑卮言》也不同。②这些地方都显露出明显的编改痕迹。

通过以上分析,我们可以说,《闲情小品》本《文章九命》是以《弇州四部

---

① 增补的这一则也见于十六卷本《新刻增补艺苑卮言》卷十四,起首云:"第六卷所载文章之士列仙籍者似尚未尽。"

② 《闲情小品》本《文章九命》记载:"唐宣宗见伶官歌白傅《杨柳枝》词曰:'永丰东角荒园里,不见杨花扑面飞。'因命取永丰柳两株植禁中。"《艺苑卮言》记载:"宣宗因见伶官歌白《杨柳枝》词:'永丰坊里千条柳。'趣令取永丰柳两株,栽之禁中。"

稿》本之外的版本(可能是六卷本、八卷本,也可能是十六卷本)为基础修改、调整而成。尽管这些修改是否全部出自华淑,尚未可知①,但华淑在《闲情小品》本《文章九命》纂辑、成型和流传过程中起到的作用是不容置疑的。

二、《艺苑卮言》"文人命运卷"文本制作及《文章九命》语境生成

前文之所以详述《闲情小品》本"文章九命"的来源问题,一是为了解开以往的误解,二是为了便于审察"文章九命"文本的流动。表面上看,王世贞归纳的九种命运全为厄运,容易遭受片面、偏激之议②,而《闲情小品》本《文章九命》因以"知遇""传诵""证仙"替代"玷缺""流窜(贬)""无终",似乎有纠正王世贞"文章九命"立论偏颇之效。但若把这一变化视为批评观念的进步,明显过于草率。首要的问题在于,脱离《艺苑卮言》这个文本,独立地看待《文章九命》是否合理?古人立论时常有情景、语境的限制,与序跋、书信不同,诗文评类著作多为即目散评,文学思想所借助的这一自由零散的文体形式,往往会以丢失相应的语境为代价。不过,下面将会看到,在《艺苑卮言》看似不严谨的材料排列当中,我们依然能够勾勒王世贞为《文章九命》构筑的文本语境,这或许能为我们重新审视近世诗文评著作带来有利视角。

通过不同版本的比较,我们能发现王世贞在《艺苑卮言》结构方面的用心之处。《艺苑卮言》各版本的结构总体上是比较清晰的,如表3所示:

---

① 比如,夏树芳《词林海错》中"润笔"一则与华淑《闲情小品》本《文章九命》"知遇"的第三则"王岐公珪为学士"基本相同。"禁柳"一则与"知遇"的第五则完全一样,均把《杨柳枝词》错引为"永丰东角荒园里,不见杨花扑面飞"。"仙证"一则自言出自《文章九命》,核其内容,则与《闲情小品》本《文章九命》的"证仙"更为简略。《词林海错》刻于万历四十五、四十六年,与《闲情小品》刊刻时间差不多。故不能判断《词林海错》与《闲情小品》本《文章九命》的内容孰先孰后。参见夏树芳辑:《词林海错》,《四库未收书辑刊》(第4辑)(第30册),北京大学出版社,2000年,第363、364页。

② 比如罗立刚《〈文章九命〉提要》就指出"(王世贞)认为古今文士皆运蹇命舛……持论难免有偏激之处",参见王水照主编:《历代文话》(第2册),复旦大学出版社,2007年,第2195页。巩本栋认为王世贞《文章九命》"更是把诗能穷人的看法夸张到了极点,未免偏颇"。参见巩本栋:《"诗穷而后工"的历史考察》,《中山大学学报》(社会科学版),2008年第4期,第19-27+201页。

表3 《艺苑卮言》各版本的结构

版本	内容结构				
	先秦至明的作品、作家评论	文人命运	论词曲	论书画	各种文史记载和考证
六卷本	卷一到卷四	卷五			卷六
八卷本	卷一到卷五	卷六			卷七、卷八
十六卷本	卷一到卷五	卷六(另,卷七卷八是对前六卷的补充)	卷九	卷十到卷十二	卷十三到卷十六
《弇州四部稿》本	卷一到卷七	卷八	附录卷一	附录卷二到卷四	

可见,从六卷本《艺苑卮言》开始,王世贞就把文人命运作为一个必谈的话题,专辟一卷来阐述。①该卷一直被置于先秦至明的作品、作家评论之后,形成"4+1""5+1""7+1"的结构。这样的安排在古代诗文评著作中是极少见的。同是探讨文人命运,六卷本卷五、八卷本卷六、十六卷本卷六均为四十则,内容也完全相同,而《弇州四部稿》本的卷八共四十六则,内容与前三者有较大差别。将六卷本的卷五与《弇州四部稿》本的卷八作一比较,则会发现以下两点:

首先,六卷本卷五中,不贴合该卷主题的内容被移出。如第十、十一、十二则共同反映了"武将能文"这一主题,其中第十则云:"自昔倚马占檄,横槊赋诗,曹孟德、李少卿、桓灵宝、杨处道之外,能复有几。"之后列举梁曹景宗、刘宋沈庆之、北齐斛律金、南宋韩世忠等名将目不知书,然所作诗词颇受好评的例子。第十一则前半部分论汉代名将卫青、霍去病的诗文。这两部分被移出,分别置于《弇州四部稿》本的卷三、卷二。第十一则后半部分言博陆侯霍光不学无术,却又能说出该博老儒所说的话。此内容与艺文无关,或是王世贞所说的"书史中浮语"②,遂被移置于《宛委余编》。第十二则"张飞手书《刁斗铭》,书法妙绝,又甚奇。薛仁贵亦有《周易解》行世。"非评论诗文,故也被移出。③此外,第十三、十四、十七、二十二则分别被移置于《弇州四部稿》本的卷四、卷四、卷三、卷三当中。第十八则、第十九则后半部分("然人

---

① 这并不意味着王世贞只在这一卷涉及"文人命运",事实上,在前面几卷(即对先秦至明的作品、作家的评论)中,也有一些反映文人命运的内容。我们只是说,王世贞是有意地在这一卷当中集中探讨"文人命运"问题。

② 王世贞:《宛委余编序》,《四库提要著录丛书》(集部第119册),北京出版社,2015年,第455页。

③ 这一则不见于《弇州四部稿》,或被王世贞删除。

谓希夷为延清所杀"至"令延清受此长诬耳")、第二十则、第二十一则后半部分("又慕容德登高燕群臣"至"尤可怪耳")①、第二十三则，第二十八则基本是书史考证之语，均被移置于《宛委余编》。总计有十二则内容被完全移出。

其次，《弇州四部稿》本卷八又在六卷本卷五的基础上增加了十七则。其中，第二十四则(言李昌符、路德延②均有诗作，然二人命运迥别)见于八卷本的卷三③，词句上有所增改。另外十六则见于十六卷本的卷七，其内容和顺序完全一致。增补的内容都起到了丰富该卷主题的作用，如在谈论人主文章之美和重视文艺、推崇文才方面增补了七则，在文人习性方面增补了五则。文章的第十命"恶疾"，"古今贵而寿者"等内容也是后来增补的。另外，第十七则(言古今文人及作品受到域外人士的重视)、第十八则(言文学世家及名望)、二十六则(言文才的巧拙迟速)都在六卷本的基础上补充了相关事例。

总之，王世贞在六卷本卷五共四十则的基础上，删除十二则，增加十七则，另外六卷本卷五第八则在《弇州四部稿》本中被分为两则，由此形成《弇州四部稿》本四十六则的篇幅。更为重要的是，这个增删的过程体现出王世贞在有意识地突显、强化该卷的主题，并在该主题之下填充大量材料，使其内容更为丰富。增补的部分不是生硬地接在原有的内容后面，而是根据具体主题嵌插到了原卷的各个位置当中。尽管在条目顺序上没有做得非常严谨、精细，但大体符合以类相从的原则。并且，细绎《弇州四部稿》本卷八的所有条目，很容易发现其中潜藏的叙述逻辑。

《弇州四部稿》本卷八的前十六则集中表达了一个主题——文人知遇④，严格地说，是君王对文人的知遇。第一则列举"三代而后，人主文章之美"者，如此开篇，起势颇高，客观上起到了光大该卷门楣的效果。第二则切入正题，云"自古文章于人主未必遇，遇者政不必佳耳"。往下至第十六则，依次列举从汉代至明代人主知遇文人的事例。接着，第十七、十八则延续前十六则的余脉，列举文人及作品在域外得到重视，文学世家显耀的事例。第十

---

① 第二十一则前半部分("晋氏以降"至"乐志论全篇")不见于《弇州四部稿》，或被王世贞删除。

② 原文作路敬延，误。

③ 因未见到六卷本卷三的内容，无法判断这一则是否在六卷本当中。但我们清楚的是，八卷本的卷三、十六卷本卷三都有这一则。

④ 其中第十三则稍有不同，该则主要讲伶工女子传诵文人诗文的事例，其中有两例(唐玄宗称李峤为才子，唐宣宗听《杨柳枝词》后，令人栽永丰柳于禁中)涉及人主知遇与重视，故将其置于"知遇"主题下，大体也合适。

九到二十七则将话题转到了文人才性层面,所讨论的内容除了文才,更多的是文人习气,包括文人自负、文人相轻等。第二十八则谈知音。第二十九到三十二则主题虽不完全统一,但已言及文人的蹇运,接下来的第三十三到四十二则就是《文章九命》,第四十三则是文章的第十命。①

通过一番梳理,我们能清楚地看到,该卷的内容主要包括三块,一是文人知遇,二是文人才性,三是文人蹇运。进而言之,以上三部分围绕文人命运这个核心论题,形成相互关联、有机结合的关系。表面上看,知遇部分通过一系列事例来呈现古今文人的好运,具有矫正《文章九命》之偏的效果。但王世贞的目的应不止于此,他想通过知遇来传达的观念是:君王(执政者)对文艺、文人的态度直接关乎文人的命运。这是影响文人命运非常重要的外部因素。对于人主对文人的宠遇,王世贞不时流露艳羡之语,称其"是人主快事,为词林佳话"②。比如谈及明宣宗与蹇义、夏元吉、三杨、黄淮等文臣的赓歌赞咏,王世贞就称其"为一时盛事,有光前古"③。同时,他又对文人被人主嫉妒、罪责的情况予以喟叹。如第五则云:"永乐中之罪朱季支,嘉靖中之罪林希元,弘治中之罪荐董文玉者,似亦未尽右文之意也。"这些言论充分说明王世贞作为人臣的思想与立场。文人的命运、遭遇很大程度上依托于人主的喜好、朝廷的政策。换言之,王世贞罗列人主知遇的事例,是出于对现实中文人境遇的观照,同时也蕴含人主宠遇下,文人用世的美好愿望。

与知遇相比,才性属于影响文人命运的内部因素。一方面,文人的才情及高傲自信的姿态、超凡的风采为人所欣赏,如第十九则言王摘凭借才情夺取王俭赏给何宪的五花簟、白团扇,王世贞称其为"一时佳事"。另一方面,文人矜夸、自负的心态,偏激的言行也容易招致批评,甚至惨罹祸患。虽然王世贞在文人自负、矜夸的方面主要是列举事例,没有太多评论,但从中能看到他对文人习气与蹇运关系的认识。如第二十四则云:"李昌符《婢仆》诗五十韵,路德延《稚子》诗一百韵,皆可鄙笑者,然曲尽形容,颇见才致。昌符至以取上第,而德延触怒沉河而死,幸不幸乃如此。"《太平广记》云:"(朱)友谦初颇礼待之,然德延性浮薄骄慢,动多忤物,友谦稍解体,德延乃作《孩儿诗》五十韵以刺友谦,友谦闻而大怒,有以掇祸,乃因醉沉之黄河。"④路德延的事例正是"文人习气与蹇运关系"的一个注脚。第四十五则更直接引用颜

---

① 第四十四则谈自古以来的贵而寿者,第四十五则谈文人神厉志凌之病,第四十六则谈文章名世的方式。这几则之间似乎没有既定的叙述逻辑,故附记于此。

② 王世贞:《艺苑卮言》,《四库提要著录丛书》(集部第119册),北京出版社,2015年,第401页。

③ 王世贞:《艺苑卮言》,《四库提要著录丛书》(集部第119册),北京出版社,2015年,第402页。

④ 李昉等编:《太平广记》(第4册),中华书局,1961年,第1305页。

之推《颜氏家训》中的论述:"文章之体,标举兴会,发引性灵,使人矜伐,故忽于持操,果于进取。今世文士,此患弥切。一事惬当,一句清巧,神厉九霄,志凌千载,自吟自赏,不觉更有傍人。加以砂砾所伤,惨于矛戟,讽刺之祸,速于风尘。深宜防虑,以保元吉。"①对于文人习气与蹇运之关系,王世贞已然表达得非常清楚了。

由上可知,在《弇州四部稿》本《艺苑卮言》中,王世贞通过知遇、才性、蹇运三方面搭建了他对文人命运的思考框架。将《文章九命》置于这一语境中审视,自然能纠正我们对《文章九命》的固有看法,王世贞对文人命运思考的心理线索也得以呈现。除了前文的分析之外,再如《弇州四部稿》本《艺苑卮言》卷八列举的事例有不少涉及明朝的君主和文人。一旦与当朝人事相关,话题的现实感就明显增强。特别是《文章九命》每一则末尾均列举明代的人物和事例,以展现明代文人的蹇运,体例非常统一,其中提到的谢榛、俞允文、卢柟、宗臣、梁有誉等均为王世贞的友人。友人的命运与自己息息相关,王世贞在语及文人蹇运时所言"肃然以恐"②也就有了心理依据。再如第四十五则引用颜之推对文人轻薄原因的分析,之后说道:"吾生平无进取念,少年时神厉志凌之病亦或有之,今老矣,追思往事,可为扪舌。"③这也是非常实在的切身之论。它们成为构筑《文章九命》语境的支撑性材料。然而,笔者想强调的还不是这种还原语境的"静态"研究方法,而是注意到材料的去取本身是一个动态过程。扩而言之,从话题的制造到《文章九命》文本的制作,再到《艺苑卮言》内容的调整与修订,此过程充分说明《文章九命》与《艺苑卮言》的变动性,二者的关系也不像《弇州四部稿》本《艺苑卮言》所展现的那样稳定。《弇州四部稿》本《艺苑卮言》再完善,也只能被当作《文章九命》文本流动序列中的一环,这一被王世贞视为定本的文本环节不免会缺失原生语境下的某些信息。比如,第三十则列举古代文人面对死亡时的心态,第三十三则(即《文章九命》的引言)分析文人命穷的原因,这两则的部分语句也见于王世贞《挽歌序》。《挽歌序》作于嘉靖三十六年(1557),彼时王氏父子与严嵩

① 王世贞:《艺苑卮言》,《四库提要著录丛书》(集部第119册),北京出版社,2015年,第410页。颜之推原文参见颜之推著,王利器集解:《颜氏家训集解》,上海古籍出版社,1980年,第222页。
② 王世贞:《艺苑卮言》,《四库提要著录丛书》(集部第119册),北京出版社,2015年,第405页。
③ 王世贞:《艺苑卮言》,《四库提要著录丛书》(集部第119册),北京出版社,2015年,第410页。

矛盾加剧,政治上受到打压。又逢战事,王世贞进退维谷,心神不宁。①对于《艺苑卮言》中这两段文字与《挽歌序》孰先孰后的问题,未可遽断②,但之间的关联足以坐实王世贞对文人命运的思考与个人遭遇的血脉联系,也凸显了《艺苑卮言》从原生语境中提取素材的文本性质。总之,上述信息可以组合出一个动态的文本流动图景,从中能够看到王世贞如何受到现实触动,激发出相关的思考和表达,接着如何调整内容,组合材料,形成他所认可的"终极版本"。在此过程中,新语境的建立与旧语境的丢失同步进行,而王世贞作为话题制造者和个人作品整理者的不同立场和心态也显露无遗。

三、明末清初《文章九命》的文本重组与思想转迁

《文章九命》在明末清初引起较大反响,成为人们讨论文人命运时的常用话语。态度表达(即赞同或反对王世贞《文章九命》)自然是其中最显眼的表征,但它容易将研究者引向判断话题是非对错的分析路径,甚至遮蔽同一种态度背后不同的思想动机。若聚焦于文本,则能注意到人们对《文章九命》内容的评价和处理透露着比态度表达更为丰富、深刻的接受史内涵。《文章九命》脱离《艺苑卮言》后,不论是被改编、摘引批评,还是针对性写作,其次生作品必定以新的方式融入接受者为之构建的文本"小语境",进而统属于特定思想风气这个"大语境"。因此《文章九命》与明末清初时代风气和士人心态的内在关联便能通过文本的流动、语境的转换得到细密的考察。在《文章九命》的接受过程中,有三个文本极具典型性,下文分而论之。

第一个文本即华淑《闲情小品》本《文章九命》。它可以说是王世贞《文章九命》的改编本,其改编看似更为全面,实则不乏拼凑、粗糙之处。更重要的是,一经改编,原有的语境随之而丢失。前文已论证,华淑依据的是六卷本系统下的《艺苑卮言》,该版本在"文人命运"方面远没有《弇州四部稿》本《艺苑卮言》那么连贯和统一,华淑也就无从把握王世贞对文人命运的完整思考。在这一层客观限制之外,大概为了凸显自己的编辑者角色,华淑有意掩盖王世贞的作者身份,并力图摆脱王世贞依凭自己体验和思考建立起来的语境。在《闲情小品》本《文章九命》内部,几乎找不到与王世贞相关的线索。而原本每一则末尾所列举的明代事例也都被删掉,与《艺苑卮言》本相

---

① 王世贞《幽忧集序》云:"王子守尚书郎,与争臣之中法者有素,没而颇为之经纪其丧,用是忤权相意,以青多盗,故困之于青州,盗一切平,则又谋置之绝徼,俾狼籍一亭障间。王子业以不免矣,乃有《续九辩》及《挽歌》三章。"参见王世贞:《弇州山人四部稿》,《四库提要著录丛书》(集部第118册),北京出版社,2015年,第200页。

② 据王世贞《艺苑卮言序》,《艺苑卮言》始作于嘉靖三十六年(1557)夏。

比，现实关联大为减弱。

《文章九命》经修改后进入华淑建立的新语境。仅从"闲情小品"这个题目就能看出该丛书的编辑目的和思想导向。华淑《题〈闲情小品〉》言及取名缘由："长夏草庐，随兴抽捡，得古人佳言韵事，复随意摘录，适意而止，聊以伴我闲日，命曰《闲情》。"①中晚明大量书籍无关功名仕进，主要为了满足时人闲适的生活需求。"闲情"二字提炼了丛书的编纂主旨，丛书中的作品如《书绅要语》《睡方书》《花间碎事》《品茶八要》等确实具备闲适的阅读功能，《文章九命》当然也服从这一主旨。其中蕴含的知识化的阅读风气留待后文展开，这里要指出的是此种书籍编辑和阅读倾向与中晚明地方、山林文人的生活态度若合符契。华淑乃无锡人，据《闻修府君宗谱传》，他"赋性静穆，介而能恬，名利事不入胸臆，独以娱亲，故犹颟首名场。某岁省试，以母疾不就。知己援引，去若脱屣"②，是典型的无意仕进的江南文人。与王世贞相比，华淑缺少政治热情，以及身处官场所带来的文人身份压抑感，而更多地受到晚明文化风气、思想潮流的熏染。吴承学指出："在晚明许多文人笔下，人生的价值就在于追求物质和精神的享乐。传统知识分子那种对于修身、齐家、治国、平天下的政治功业和道德理想的追求已经不怎么吸引人了。"③人生的适意、快意成为华淑所强调的内容，他将自己编的另外一部丛书题名"快书"，其主旨与"闲情"可谓异曲同工。此种思想往往不掩饰，甚至欣赏个人的癖病与玷缺，华淑就说过"癖有至性，不受人损，颠有真色，不被世法"④。《闲情小品》本《文章九命》没有收入"玷缺"一则，正与华淑这一心态相吻合。可见此类作品折射出华淑等晚明文人身处仕进之外，自适、自信，甚至自傲的生活姿态。其文人身份认同在业已开拓的闲适空间内得到确立，同时，华淑对《文章九命》的态度必然往重视闲雅才情的方向推进。他在《题〈文章九命〉后》中说道：

> 贫贱愁苦，天地之清气也，清与清合，故文士往往辄逢之；富贵荣显，天地之浊气也，浊与清别，故文士往往辄违之。余纂《文章九命》，中间遭时、遇主，十仅一二，而又多流离贬窜，不得其终，展卷三复为怆焉，以悲凄焉，而恐天乎，人乎，何忌之深耶？解者曰：天道甚平，予之以福泽者，靳之以文章；予之以文章者，靳之以福泽。少陵云："名岂文章

① 华淑辑：《闲情小品》(第1册)，国家图书馆藏明刻本，第2b页。
② 华孳亨辑：《[乾隆]华氏传芳集》，《无锡文库》(第三辑)，凤凰出版社，2012年，第482页。
③ 吴承学：《晚明小品研究》，江苏古籍出版社，1999年，第383—384页。
④ 华淑：《癖颠小史跋》，华淑辑：《闲情小品》，美国国会图书馆藏本。

著。"悲哉乎其自解也。余尝上下千载,彼肥皮厚肉,坐拥富贵者,类皆声销气沉,寒烟衰草其归灭没。独文人诗士,其流风余韵,尚与山川花月相映不已。天又未尝不厚偿之矣。①

这段文字在理论上没有什么独创性,但却是晚明时代风气下文人所发出的极具代表性的声音。它把颇为沉重的文人蹇运的话题转移到文人才情、山川花月等方面,从而能够与《闲情小品》的主题相辉映,《文章九命》也就在华淑构筑的这个新语境中找到了恰当的融合方式。

第二个文本是袁黄晚年编撰的举业用书《游艺塾续文规》。该书卷三至卷五(即"了凡袁先生论文")多次摘引《艺苑卮言》中的语句②,其中有两处用大段文字对王世贞《文章九命》进行摘引批评。袁黄的经历并不顺遂,十八岁中秀才,之后多次参加乡试、会试,直到五十四岁才成为进士。历任宝坻知县、兵部职方司主事,六十一岁时遭弹劾罢归。他编过很多举业用书,重视儒家经典,但贬低朱注,作《四书删正》,"大删朱注而略存其可通者"③,受到批评和攻击。基于这些遭遇,袁黄对《文章九命》"嫌忌"一则便有了切身体会:

> 自古文章之士,多遭忌嫉谗毁。屈原见忌上官,韩非见忌李斯,毋论已,他如张九龄、萧颖士之见忌于李林甫,颜真卿之见忌于元载,韩愈之见忌于李逢吉,李商隐之见忌于令狐绚,韩偓之见忌于崔胤,杨亿之见忌于丁谓,苏轼之见忌于舒亶、李定,若近代之李献吉、薛君采辈亦遭谗阻,坎坷终身。或以材高起妒,或以词藻惭工,百懿不录,一眚见疑,含沙射影,信耳吠声,无所不至,是则宜然矣。予孤寒下士,铅椠未工,身非蛾眉,浪窃文人之号。人或有言,甘之如饴,然立朝之日,宜遭摈弃。今养拙东皋,杜门诵古,又以著述之谬,挂名弹章,当自反自责,勤

---

① 华淑辑:《闲情小品》(第3册),国家图书馆藏明刻本,第13a-13b页。
② 以《弇州四部稿》本《艺苑卮言》为参照,日本内阁文库《游艺塾续文规》卷三引用《艺苑卮言》卷八第五则"孝成读《尚书》百篇,博士莫晓"一段内容(六卷本无),卷四引用《艺苑卮言》卷八第二十五则"宝月盗东阳柴廓之什"一段、第二十六则"《鹦鹉》一挥,《子虚》百日,《煮豆》七步,《三都》十年"一句,第三十一则"左太冲、谢灵运、邢子才篇赋一出"一段内容,卷五《骚坛漫语》引用《艺苑卮言》卷一第四十八则"四言诗须本《风雅》一段"、第四十九则"拟古乐府,如《郊祀》《房中》"一段内容。分别参见袁黄:《〈游艺塾文规〉正续编》,武汉大学出版社,2009年,第456、461、461、472、491页。
③ 袁黄:《〈游艺塾文规〉正续编》,武汉大学出版社,2009年,第207页。

勤改过,而增修其德,庶不负哲人玉成之意耳。①

袁黄将上述文字置于《游艺塾续文规》中,目的除了展示自己的人生体悟外,更在于为士子树立反躬自省、增修德业的品格典范。一方面,举业用书需迎合世俗需求,考虑下层士人的前途与命运。屡困场屋,且致力举业书编撰的袁黄深谙其中道理。他立足自身经验,认为功名富贵"得之固有命,而求之亦有道"②,其道有三:正心术、积阴德、务谦虚,即把反躬自省、增修德业作为指导自己人生和教示士子的纲领。就世俗层面而言,袁黄所重视的道德修持以积累功德、获取现世福报的宗教信仰为支撑,并落实到"功过格"的具体形式上,确实为晚明中下层士人指出了一条"立命"的路径。③另一方面,袁黄的此种主张又围绕和回应着官方的人才培养、选拔目标及儒学正统话语,体现出举业用书应当具有的品格。尽管袁黄在思想上近阳明而远程朱,《游艺塾文规》《游艺塾续文规》也被视为冲击程朱理学一统地位,在科举场域拓展心学影响力的著作④,但他的心学话语还是以儒学正统价值观为理论骨架。以德行为重的人才观符合官方人才培养要求。以"心"为文章之根本,"人之文字,靡不由心生"⑤,将"正心"视为作文的首要法则,强调道德品性的"涵养"等文学主张也与"道本文末""先德器而后文章"的传统观念一脉相承,从中不难看出这些主张与理学有着共同的思想底色。

不论是借助功德积累信仰以求得福报,还是强调儒学道德修持以争取功名,袁黄此番论说的思想背景、社会语境都与王世贞《文章九命》迥异。在《游艺塾续文规》卷三中,他摘引《文章九命》引言部分,并附上一大段评论。首先明确表示"不敢谓然"⑥,其次通过"相马"之喻,对王世贞《文章九命》列举的文人提出批评:"人之贫穷富达,顺逆寿夭,皆神之所谓……如近世桑民

① 袁黄:《〈游艺塾文规〉正续编》,武汉大学出版社,2009年,第453页。在目前所见《游艺塾续文规》版本中,国家图书馆、安徽图书馆藏本为同一版本,而日本内阁文库藏本在内容上有所不同,正文中的这段文字为国图藏本所无。关于《游艺塾续文规》的版本问题,参见袁黄:《〈游艺塾文规〉正续编》,武汉大学出版社,2009年,第2-5页。

② 袁黄:《〈游艺塾文规〉正续编》,武汉大学出版社,2009年,第203页。

③ 参见[美]包筠雅:《功过格:明清社会的道德秩序》,林正贞、张林译,浙江人民出版社,1999年。

④ 参见张献忠:《道统、文统与政统——明中后期科举考试中主流意识形态的分化》,《学术研究》,2013年第9期,第98-105页;龚宗杰:《明代文话研究》,中华书局,2019年,第280-302页。

⑤ 袁黄:《〈游艺塾文规〉正续编》,武汉大学出版社,2009年,第216页。

⑥ 袁黄:《〈游艺塾文规〉正续编》,武汉大学出版社,2009年,第201页。

怿、唐伯虎、王稚钦辈,读其文,或浮而躁,或肆而狂,其佳者或促如急管,或凄若繁弦。其神固飏飏不附体矣。安得不穷?安得不缺?又安得不夭也哉?"①桑悦、唐寅、王廷陈三人集中出现于《文章九命》"玷缺"一则,在该则末尾,王世贞通过"宁为有瑕璧,勿作无瑕石"一语表达出对才情的重视和欣赏,而这正是袁黄不以为然之处。在科举这一通过文章来判断士子才能、品格,决定士子前途的领域,"人文合一""文如其人"的主张显得尤为必要,"观文知命"随之成为常见话语。武之望《举业卮言》就明言:"文章虽小技,亦精神心术所寄也。故观其文,可以知其人,即贵贱寿夭,皆可悬断。"②信奉功德积累的袁黄认定个人品行与日后命运的必然联系,"观文知命"说因得到世俗信仰支撑,愈发深入人心。袁黄也说过:"文字断续者多不寿,气歉而不克者多不寿,词有余而神不足者多不寿。浑厚者必贵,温雅者必贵,正大者必贵。条达而气易尽者,贵而不久;意深而词踬者,多主偃蹇。"③职是之故,为文不可不谨慎,举业之文更"不可骋才情"④。

可见袁黄的立论处处透露着对士子功名仕进的现实考量。晚明商品经济的发展、士商的结合、个性解放思潮的兴盛极大地威胁着传统的阶层秩序和社会结构,科举作为士人地位上升的主要渠道,自然也受到了冲击,因此许多文人未必愿意走科举入仕之路。此外,科举内部已经显露出诸多弊端,如士人久困场屋,上升渠道受阻。面临该境况,袁黄将"取得功名与道德进步联系起来"⑤,将道德修持、功德积累作为士人地位上升的主要推动因素,如此便有了恢复以道德为衡量标准的社会格局的意味。同时,道德也随之成为肃清文坛风气的良药。在一番"观文知命"的言论后,袁黄建议"文章之士广其胸襟,平其意气,勿骋其所有余,而务养其所未至,一毫乖戾勿着于心,使其词气所出,铿然如金,温然如玉,俨然如端人正士之立于朝端,此所谓台阁之文也"⑥。一旦将对文章品格的要求、对士子前途的期待融为一体,

---

① 袁黄:《〈游艺塾文规〉正续编》,武汉大学出版社,2009年,第201页。

② 武之望著,陆翀之辑:《新刻官板举业卮言》,陈广宏、龚宗杰编校:《稀见明人文话二十种》(上),上海古籍出版社,2016年,第482页。

③ 袁黄:《〈游艺塾文规〉正续编》,武汉大学出版社,2009年,第217页。

④ 袁黄:《〈游艺塾文规〉正续编》,武汉大学出版社,2009年,第15页。

⑤ [美]包筠雅:《功过格:明清社会的道德秩序》,林正贞、张林译,浙江人民出版社,1999年,第110页。

⑥ 袁黄:《〈游艺塾文规〉正续编》,武汉大学出版社,2009年,第201页。按,今所见中国科学院图书馆藏清钞本袁黄《举业觳率》也有这一段,参见陈广宏、龚宗杰编校:《稀见明人文话二十种》(上),上海古籍出版社,2016年,第152页。《举业觳率》原书当成于万历五年(1577),但这一段文字是原本就有,还是重梓时所加,未可遽断。

"文要台阁"口号的号召力必然凸显出来。对以袁黄为代表的中下层士人来说,强调以台阁为标杆、为核心的文坛格局正是他们通过科举实现人生价值的一大前提。

由上可断定,在举业用书的语境下,袁黄对王世贞《文章九命》的摘录和批评隐藏着台阁文学与郎署地方文学两种观念的对抗。同时也说明《文章九命》在积极仕进的士人眼中没有多大价值,反倒在华淑这类无意仕进的文人那里具有更高的接受度。不过下层文人的姿态得益于晚明政治社会环境的塑造,一旦环境发生变化,《文章九命》的遭遇也将随之而变。这便涉及第三个文本:王晫《更定文章九命》。

《更定文章九命》是由王世贞《文章九命》直接激发出来的作品。关于《更定文章九命》的写作缘由,据王晫自己说,是他担心王世贞《文章九命》负面影响过大:"天下后世尽泥斯言,岂不群视文章为不祥之莫大者,谁复更有力学好问者哉?"①此种针对《文章九命》反其意而为之的意识渗透到了类目的安排上,即《更定文章九命》基本依照《文章九命》类目次序逐一反驳。如第一则针对《文章九命》"贫困"而作"通显",末云:"文学之士,富贵皆所自有,正不必搔首问青天耳。"②第二则针对《文章九命》"嫌忌"而作"荐引",结尾"或以材名见重,或以词藻倾心"③正与王世贞"或以材高畏逼,或以词藻惭工"之意针锋相对。第三则针对《文章九命》"玷缺"而作"纯全"。第四则针对《文章九命》"偃蹇"而作"宠遇"。第五则针对《文章九命》"流贬"而作"安乐"。第六则针对《文章九命》"刑辱"而作"荣名"。第七则针对《文章九命》"夭折"而作"寿考"。第八则针对《文章九命》"无终"而作"神仙"。第九则针对《文章九命》"无后"而作"昌后"。该文作成后,先是收入王晫《霞举堂集》之《木庵外编》,钱塘人陆堦曾为之作序。④之后张潮将其载入《昭代丛书》甲集,并作小引和跋文各一篇。而《昭代丛书》甲集的收录颇值得留意。

王晫与张潮在编辑《檀几丛书》初集时,就署名和篇目问题进行过讨论。王晫希望将自己的《看花述异记》《鸟官记》载入集中,张潮未应允。后来张潮独立编辑《檀几丛书》二集(后改为《昭代丛书》甲集),便主动收入王晫的

---

① 王晫:《更定文章九命》,《清代诗文集汇编》(第144册),上海古籍出版社,2011年,第253页。

② 王晫:《更定文章九命》,《清代诗文集汇编》(第144册),上海古籍出版社,2011年,第254页。

③ 王晫:《更定文章九命》,《清代诗文集汇编》(第144册),上海古籍出版社,2011年,第254页。

④ 参见王晫:《更定文章九命》,《清代诗文集汇编》(第144册),上海古籍出版社,2011年,第251-252页。

多篇作品①,《更定文章九命》即为其中之一。他致信王晫,明确表示要"借光大著《更定文章九命》一篇压卷"②。今查《昭代丛书》甲集分为礼、乐、射、御、书、数六帙,共有王晫作品五篇,《更定文章九命》位于第一帙第一卷。丛书中篇章的编次通常会以经学类文章居首,《檀几丛书》初集、二集,《昭代丛书》乙集、丙集均是如此。③《昭代丛书》甲集没有经学类文章,但《更定文章九命》并不因此而有居于首卷的理由,将其与第一帙其他作品(《天官考异》《五行问》《学历说》《改元考同》等)合而观之,更容易发现这一点。质言之,《昭代丛书》甲集以《更定文章九命》压卷,不是出于目录分类上的要求,甚至也不是出于对友人王晫的重视④,而是另有目的。

王晫自己并不通显,终身未仕,也称不上富贵荣名,这样看来,他创作《更定文章九命》似乎少了一层切身体会。实则不然,王晫在四十多岁时曾作过一篇《责书文》,序云:"予年踰四十,益复困顿,或曰是为书误也。于是将尽焚素所读书,而为文以责之。"⑤正文却通过问答的方式表达出坐拥万卷典籍,贵踰仕宦的乐观心态。与王世贞、华淑强调文学才情的作家立场稍有不同,王晫体现得更多的是发扬刻书事业的文化人立场,他对书籍的价值意义带有充分的热情和自信。依靠书籍的编写、刊刻、交流、阅读而建立起来的文化圈也就成为王晫等人追求声名的主要场域。在此背景下,《更定文章九命》恰可被视为助推书籍编刻,促进文化繁荣的正面宣言。张潮在《檀几丛书序》中所宣称:"天下非无书可读之为难,而聚书为难。非徒聚书之为难,而聚而传之之为难。聚之者,所以供我之读,传之者,所以供天下万世人之读也……初非为吾与丹麓两人之计,而实所以为天下万世读书者之计也。"⑥这完全符合《更定文章九命》引言中"读书种子或不至于绝"⑦的要求。故以之压卷,可起到激励读书人、光大丛书门楣的宣传效用。

更深的一层含义在于,王晫、张潮等人借以求名的文化圈子,已不再拥

---

① 关于《檀几丛书》初集、二集的编辑过程及王晫、张潮之间的交流,参见戴廷杰:《雅俗共融,瑕瑜互见——康熙年间徽州商籍扬州文士和选家张潮其人其事》,许明龙译,米盖拉、朱万曙主编:《徽州:书业与地域文化》,中华书局,2010年,第595-604页。

② 张潮编:《尺牍友声集》,黄山书社,2020年,第376页。

③ 《檀几丛书》初集、二集,《昭代丛书》乙集、丙集的首卷分别为《三百篇鸟兽草木记》《逸亭易论》《毛朱诗说》《汉魏石经考》。

④ 张潮选择用王晫的作品压卷,可以说是表达对王晫的重视,但《昭代丛书》有五篇王晫的作品,选择哪一篇来压卷,则蕴含着编辑者的深意。

⑤ 王晫:《责书文》,《清代诗文集汇编》(第144册),上海古籍出版社,2011年,第53页。

⑥ 王晫、张潮编纂:《檀几丛书》,上海古籍出版社,1992年,第1页。

⑦ 王晫:《更定文章九命》,《清代诗文集汇编》(第144册),上海古籍出版社,2011年,第253页。

有晚明那样的时代氛围。清初的政治环境及文化政策导致晚明以来士人狂放自肆之风大为收敛,地方文化的思想形态也逐步向官方和正统意识回归。王晫有名士之风,却不逾越儒家道德规范,文学观上也主张"文章者,人之枝叶也;道德者,人之根本也"①,这俨然是持正统文学观的儒者的口吻。如果说王晫的这一言行是时风熏染下风流、道学相结合的自然呈现,那么他与张潮借以扬名清初文化圈的丛书编刻行为则是有意识地回应、迎合正统意识和官方话语。《檀几丛书》的序言和凡例时有"维风化""裨世道"之语,《昭代丛书》在这方面的表现则更为突出。风雅自适之文冠以经济用世之旨,此举有着推动作品传播(特别是向上层传播)的现实考量。在此过程中,王晫、张潮等一批游离于官僚系统之外,颇具文化影响力的下层文人除了面临思想意识向正统靠拢的问题之外,还须面临在"崇儒右文"的昭代以何种心态看待自己身份的问题。而《更定文章九命》标明了一种德行纯全,进能荣耀显赫,退能自适其身、无怨尤的文人心态,这正是张潮所推许之处。所以张潮在《更定文章九命小引》中称赞未获功名,但"无几微不平之意介于其中"②的王晫为有道之士。在确定以《更定文章九命》压卷之后,张潮因"闻侍卫中有欲进呈者"③,将丛书名改为《昭代丛书》,由此走上"鼓吹休隆"的丛书编撰之路。《昭代丛书》甲集虽有名实不副之嫌④,但以《更定文章九命》压卷,无疑从身份立场和心态角度契合了"有裨世道"之旨,暗示张潮已经在思想上做好了"鼓吹休隆"的准备。

总而言之,在文学思想多元交错的晚明,小品文丛书、举业用书代表了两个截然不同的场域。《文章九命》进入这两个场域所激发的,不只是批评者个人的态度,更是以华淑、袁黄为代表的中下层士人对自己立身方式和生存姿态的表达。同样,对于晚明尚未有功名的下层文人,"文要山林"与"文要台阁"超越了文风上的追求,而具有了人生路向方面的指导意义。清初,王晫、张潮的丛书编纂昭示着彼时未获功名的下层文人在面临"昭代风雅"时的新姿态,原本针对《文章九命》而作的《更定文章九命》也就被赋予了时代内涵。通过这三个文本所勾勒出的思想线索,我们还可看到,对王世贞《文章九命》赞同与否终属表面态度,《文章九命》的文本变貌,与相关文本和文

---

① 王晫:《松溪子》,《清代诗文集汇编》(第144册),上海古籍出版社,2011年,第212页。
② 张潮:《更定文章九命小引》,张潮等编纂:《昭代丛书》(第1册),上海古籍出版社,1990年,第5页。
③ 张潮编:《尺牍友声集》,黄山书社,2020年,第386页。
④ 参见刘仁:《从匡赞风雅到鼓吹休隆:丛书与明清文化转型——以〈檀几丛书〉〈昭代丛书〉为例》,《文献》,2020年第4期,第128-141页。

本群的融合及其语境转换，才是该文学批评话题根植时代土壤，进入批评史过程的切实证据。

四、知识聚合与态度表达：《文章九命》的批评史定位

《文章九命》以"话题+文本（由大量事例组合而成，且相对稳定）"的形态产生并传播。这一属性为我们提供了超出态度审视、正误判断的分析路径。同时也带来如下启示，对于《文章九命》的批评史意义，我们不应只在观念史的脉络中呈现，还应从文本形制的传统中去寻求。例证作为重要的论证方法，在古代文章中的运用极为广泛。事例排比与对仗句式的融合带来的富有感染力的论说效果为古人所看重。是以多例并举不只是重历史经验观念下的论证需求，还是一种增加感染力和接受度的行文策略。文学批评话题及其文本的产生、传播很大程度上受到此种论证和行文方式的影响。比如，司马迁"发愤著书"说聚合八个同类事例，使之占据这一经典文本的主体，对该话题传播的助推作用毋庸置疑。刘勰《文心雕龙·程器》论文人之疵，充分发挥骈文优势，十六例并举，占据不少篇幅。颜之推《颜氏家训·文章》论文人轻薄，更是一口气罗列三十六例，事例部分占论说文字的一半以上。"发愤著书""文人无行"均涉及创作主体的品性、遭遇，可见多例并举乃论证此类话题的常规做法，甚至成为话题传播的"必备附件"。对论者来说，列举事例必须从属于论证目的，以推出论点为宗旨，这是它作为"附件"的天然属性。然而，当所列事例的篇幅、比例过大时，论述者或难以凭借自己的记忆轻松成文，于是超出论证目的之外的纂辑动机和文本效果便可能显露出来。与《文心雕龙·程器》《颜氏家训·文章》相比，王世贞《文章九命》例证的篇幅、比例远逾前者，呈现出"捃拾大量文史素材，按主题分类聚合"的面貌，这应当是我们全面把握《文章九命》纂辑动机，给予其准确批评史定位的切入点。

采掇、组合故事以成书、成文的纂辑模式古已有之。战国秦汉时期，《韩非子·储说》、刘向《新序》《说苑》《列女传》便呈现（或部分呈现）出汇聚众说，并从言行品德角度进行主题分类、材料编排的文本形态。[①]类书、笔记小说延续了此种纂辑模式。不论是呈给帝王参阅，还是用作读书人创作诗文的参考，类书都体现出对纷繁复杂的思想与知识世界以结构化、秩序化的处

---

① "说"包括说理、故事、谚语三种基本类型（参见徐建委：《〈说苑〉研究：以战国秦汉之间的文献积累与学术史为中心》，北京大学出版社，2011年，第70页。），像《韩非子·储说》中有说理和故事，刘向《说苑》则兼采说理、故事、谚语。但并不能由此否认故事在上述文本中占据极大分量。

理,带有明显的知识主义倾向。①对于"古人如何在知识框架中安置、汇聚文人命运类事例"这个问题,类书正是一个有效的观测窗口。综合性类书时常对"文章""文学"相关知识单置一大部类,如《北堂书钞》置"艺文部",《艺文类聚》置"杂文部",《初学记》《太平御览》置"文部",《海录碎事》置"文学部"。核其内容不难发现,品行、命运问题没有与文人身份和文章创作直接关联,并集中呈现于唐至北宋综合性类书的"文学部"中,而是被视作社会生活的基本内容,在关于"人"的知识框架中占据一席之地。如《艺文类聚》《初学记》均置"人部",前者有"忠""孝""德""贫"等细目,后者有"忠""孝""恭敬""贵""富""贫"等细目。《太平御览》改称"人事部",有"寿老""知人""嘲戏""贵盛""富""贫""穷""冻""饿""简傲"等细目。《册府元龟》"总录部"包含与前述"人部""人事部"大致相同的内容,但类目更为细致,有"寿考""富""知人""达命""运命""知亡命""贫""安贫""穷愁""忧惧""偏执""傲慢""狂横""短命""患难""佻薄""忌害""不遇""困辱"等。另如《白氏六帖》《晏元献公类要》《锦绣万花谷》虽未置大的部类,但对品行、命运材料的分类、聚合与前述类书一脉相通,均是作为社会生活的基本内容来展示的。

文人的际遇、命运乃宋人时常讨论的话题,很多笔记、诗话都会摘录相关事例以资谈助,由此带动此类知识的聚合,北宋后期两部颇具类书性质的诗话总集《唐宋分门名贤诗话》《诗话总龟(前集)》便分别置"知遇""不遇"和"知遇""诗进"门类,汇集诸多事例。受此风气影响,综合性类书中命运与文人不直接关联的情况在南宋中后期成书的《记纂渊海》《古今事文类聚》中发生了变化。潘自牧《记纂渊海》除了部类设置与以往有所不同外②,"论议部"有"因文致穷"一类,"著述部·评文"节录《颜氏家训·文章》,其中包括论证"文人轻薄"的一大段事例。祝穆《古今事文类聚·别集》"文章部"之下置"文章"类,其中"古今事实"部分围绕"为文敏钝""题品""瑕疵""文人相推""文人相轻""文人自负""因人而重""鬻文自售""润笔""因文致穷""文有神助""年老才尽""年老益奇"等主题聚合相应事例。如"因文致穷"便摘录孙樵《与贾希逸书》中的部分事例。"诗"类"古今事实"部分"诗能穷人"小题下列

① 对此可参见葛兆光:《中国思想史》(第1卷),复旦大学出版社,2013年,第411-415页。
② 据中华书局1988年影印宋本《记纂渊海》,其部类设置主要限定在"人""人事"的范围内。其中,"人事部"集中罗列际遇、命运类话题,有"寿考""夭折""康乐""疾病""贵显""早达""骤贵""晚发""微贱""穷困""富盛""贫窭""际会""不遇""得时""失时""得势""失势""得意""失意""得助""失助""满望""失望""过望""绝望"等。品行方面的内容则由"性行部""识见部"等承担,如"性行部"有"节操""躁急""轻薄""妄诞""妄自尊大"等类目。

"贾岛不遇""嗽喉触讳(孟贯)""有词无行(柳永)""进词忤旨"(柳永)等例；"诗能达人"小题下列"因诗召见(王钦若)""诗写御屏(杨徽之)"等例。"古今文集"部分更是汇聚了"诗能穷人""诗能达人"的相关文章，如"诗能穷人"小题下汇聚韩愈《荆潭唱和诗序》、白居易《与元九书》、张耒《评郊岛诗》、陆龟蒙《书李贺小传后》、欧阳修《梅圣俞诗集序》的相关内容，"诗能达人"小题下全篇摘录葛胜仲《陈去非诗集序》。

明晰了以上情况，我们才能对文人命运话题予以通盘考量。中唐以来，社会环境及现实遭遇等因素触发"文人(诗人)命穷""穷而后工"论调的兴起，内中寄托着古人对文人命运的态度和情感。随之带来对文人命运现象及话题的持续讨论，并发展为古人广见闻、资谈助的一项内容。此类事例以聚合的形态进入诗话及类书"文学部类"的框架当中，被当作读书人需要了解的文学知识的一个方面，这即是它由"态度情感表达"转化为"记问之学"的主要表征。进而言之，在宋代，该话题主要沿着"记问之学"和"情感态度表达"两条脉络传播，二者无明确界限，相辅相成，但又各有偏向。前者重在汇聚众说、广其见闻；后者重在表明立场、阐述学理。前者主要以类书、诗话为载体①，后者主要以诗歌、书信、序跋为载体。对于后者，此处稍作申说。自韩愈《荆潭唱和诗序》起，诗歌、书信、序跋中出现大量涉及文人命运的文字，并得到研究者充分的关注。然须注意，诗歌长于抒情，一般不适合长篇铺陈事例②；书信注重双方情感、信息和观点的交流，事例的列举须以态度表达和意见交流为目的，书信作者一般也不宜在这方面耗费太多笔墨③；序跋中关于"文人命穷""穷而后工"的言论颇多，但此类话题因服从于评价受序者这一行文要求，故常被当作话头使用。就笔者所见，胡次焱《赠从弟东宇东行序》用例最为丰富，该文一反"诗能穷人"之论，从以诗擢科第、转官职、

---

① 诗话虽不回避作者个人态度和情感表达，但在采掇故事以资闲谈、增见闻方面的表现更为突出。

② 当然也有例外，像敦煌文献中所见唐五代时期的诗歌《古贤集》以诗体聚合大量典故，是具有类书体式的童蒙读物，不能与一般情况下表情达意的诗歌等量齐观。相关分析参见刘全波：《类书研究通论》，甘肃文化出版社，2018年，第238-240页。

③ 如孙樵《与贾希逸书》论文章穷人，列举了十二例："六经作，孔子削迹不粒矣；《孟子》述，子居坎坷齐鲁矣。马迁以《史记》祸；班固以《西汉》祸。扬雄以《法言》《太玄》穷；元结以《浯溪碣》穷；陈拾遗以《感遇》穷；王勃以《宣尼庙碑》穷；玉川子以《月蚀诗》穷。杜甫、李白、王江宁皆相望于穷者也。"(参见孙樵：《孙可之文集》，《中华再造善本》，北京图书馆出版社，2003年，第4a-b页。)同司马迁《报任安书》一样，列举事例的目的均在于表达态度和交流意见。

蒙宠赉、完眷属、躅忿恚、行患难等方面分类列举二十二例①，然寻其语脉，仍可感受到事例的存在空间受到了序文论说要求的规训和限制。质言之，诗歌、书信、序跋的文体属性很大程度上制约着批评话题的传播方式和接受路径。由"文人命穷"引发的情感态度表达、道理阐述在此类文章中得到充分发挥，进而容易被读者抓住，成为"文人命穷""穷而后工"话题研究的热点。相比而言，由类书、诗话所承载的"记问之学"的传播路径则被轻忽了。

由此来看《文章九命》。不否认王世贞通过《文章九命》表达了自己的思想态度，但主观的身份情感似不足以支撑《文章九命》的文本制作。从六卷本《文章九命》内容的完成，到《弇州四部稿》本对其中事例作出的补充和修订（特别是"夭折"一则），这一文本制作流程需要纂辑者在积累、采掇故实方面抱有持续的兴趣。王世贞炫博的心理不用赘言，他在《弇州四部稿》中设立"说部"，即是为了通过"读书笔记、史料纂辑、诗文评、名物考证等"著作体现自己的"博学和识见"②。如果说《艺苑卮言》偏向于"识见"的话，那《宛委余编》则是博学（也即记问之学）的代表。《文章九命》虽被置于《艺苑卮言》之中，但文本面貌与《宛委余编》极其相似。③王世贞将与《文章九命》主题、结构相近的"证仙"一则挪到《宛委余编》，也暗中透露出《文章九命》与《宛委余编》的近缘关系。这意味着《文章九命》当有着与《宛委余编》一样的纂辑动机。

可以说《文章九命》兼具了博学与识见。若仅从识见的角度，将《文章九命》置于以"情感态度表达"为主的观念史脉络中来观察，很容易判断出王世贞对"诗能穷人"的见解不出宋人之范围，带有旧调重弹的味道。此举也未充分考虑到批评文体的差异，故而带来错置和偏视的弊端。但若从"记问之学"的视角出发则能注意到，《文章九命》本就隶属于以类书、诗话、笔记为代表的知识主义的文本纂辑传统，并且与以往类书、诗话相比，不论是对"文人命穷"的分类，还是事例聚合的规模，《文章九命》都做了前所未有的拓展。

《文章九命》文本的制作少不了中晚明博学思潮下文人知识化纂辑兴趣的推动，《文章九命》在明末清初之所以能快速传播，也得益于彼时知识化阅读风气的助力。此种风气具有激发事例型文本活力的作用，使事例型文本受到的关注不亚于单一的批评话语和论述性文字。通过以下现象，更能清楚地看到这一点。华淑编辑《文章九命》时淡化其与王世贞经历和思想的关联，突显了事例部分作为该"小品文"的主体所具有的趣味阅读功能。《说郛

---

① 胡次焱：《赠从弟东宇东行序》，《景印文渊阁四库全书》（第1188册），台湾商务印书馆，2008年，第549页。

② 何诗海：《〈弇州四部稿〉"说部"发微》，《文学遗产》，2015年第5期，第162-171页。

③ 《宛委余编》以各种话题和历史现象为纲，以提炼、聚合大量事例为基本形态。

续》本《文章九命》没有了像《题〈文章九命〉后》那样表达思想情感和态度的前言后序，进一步突出了事例部分的主体地位。此本传到日本后，日本读者的关注点不在于"文人命穷"的批评观念，而在于《文章九命》"其事可惊可怪，可悲可喜"①"古人读书不草草"②"摘奇捡异，事实不泄"③。这一传播链条从表面上看，是事例的接受占据了上风。实际上，"文人命穷"的观念不会随论说性文字的取消而缺失，在事例型文本的带动下，反倒具有了论说性文字不具备的渗透力和传播力。因此，《文章九命》的价值不仅在于填补前人在"文人命穷"事例分类和聚合上的空白与缺漏，更折射出中晚明以来知识化纂辑、阅读风气与文学批评的交合、互动。这奠定了它在"文人命穷"的话题史上的独特性，同时或许能为我们重新审视诗话中事例型文本的批评史价值提供有利的视角。

中晚明诗学著作存在着历史化、体系化走向，胡应麟《诗薮》、许学夷《诗源辨体》对"文学"知识体系的建构性意义已为学界所关注。④其中有两点须留意：第一，明人对文学知识体系的建构是多方位的，它既有文体、章法、修辞等文学内部知识的完善，也包括作家经历、背景、身份等外围知识的延展。第二，如果承认博学思潮及知识主义对文学知识的体系化具有促进作用，那么也须承认诗学著作的体系建构不是一蹴而就的，应当遵循一条萌发、演变、趋于成熟的发展脉络。比之于以往的诗文评著作，《艺苑卮言》在结构上已经有了较为清晰的规划，他把"文人命运"单列一卷，即是将其视为文学体系内一项重要的外围知识来看待。一方面，王世贞从知遇、才性、蹇运三个主题来划分素材，体现出他作为文论家的识见；另一方面，如果《艺苑卮言》中蕴含的学问家立场继续得到激发，那记问、考订之学便会引导论者把这一文学知识视为历史问题进行还原性的探究，进而将"文人作家的穷达"落实为呈现一代文学面貌和发展规律的观照维度，学问家或文学史家的识见由此得以产生。胡应麟《诗薮》便展示了这一路向。该书被认为是"羽翼《卮

① [日]道超：《〈文章九命〉叙》，王水照主编：《历代文话》（第2册），复旦大学出版社，2007年，第2196页。

② [日]高志养浩：《〈文章九命〉跋》，王水照主编：《历代文话》（第2册），复旦大学出版社，2007年，第2197页。

③ [日]懋绩：《〈文章九命〉卷尾》，王水照主编：《历代文话》（第2册），复旦大学出版社，2007年，第2204页。

④ 参见王明辉：《试论〈诗薮〉体例对文学史写作的意义》，《阴山学刊》，2004年第6期，第15-17+60页；陈广宏：《诗论史的出现——〈诗源辨体〉关于"言诗"传统之省察》，《文学遗产》，2018年第4期，第134-147页；许建业：《援史学入诗学：胡应麟〈诗薮〉的诗学历史化》，《文学遗产》，2020年第4期，第153-165页。

言》"①之作。除了文学观念和内部知识的承续外,《诗薮》外围知识框架的搭建或许也受到《艺苑卮言》影响。在《诗薮》中,文人作家的穷达被胡应麟正式纳入文学知识的版图,且不再像王世贞那样进行主题归类,而代之以时段的划分和文学史现象的客观总结。如《诗薮》外编卷三列举唐代文人穷达的例子前,总结道:"开元以前,词人鲜弗达者。天宝以后,才士鲜弗穷者。即见有之,然弗数见也。"②杂编卷五列举宋代文人穷达的例子前,说道:"古今诗人穷者莫过于唐,而达者亡甚于宋。"③援引部分例证之后又作一总述:"大抵熙、丰前词人多达,景德前达者弥众,绍述后艺士多穷,淳熙后穷者愈繁。"④"史论"的色彩非常明显。胡震亨《唐音癸签》卷二十七"谈丛三"在总结各种文学现象以梳理"有唐吟业之盛"⑤的原因后,卷二十八"谈丛四"全篇摘录《诗薮》关于唐代诸家穷达的内容。接着又摘录并补充修订王世贞《文章九命》唐代部分。⑥此举必定含有从作家层面展现唐代文学面貌的意图。陈国球曾梳理明代复古派诗论中文学史意识的萌芽和发展历程⑦,这主要是就文学内部知识来说的,对文人穷达进行"史"的观照,同样经历了萌芽发展的过程,也当属于文学史意识的一个侧面。总之,在知识主义的介入下,"文人命运"话题延伸出一条通向文学史的学术路向,在胡应麟、胡震亨那里形成文学史家或文学研究者立场和识见。明晰了这一条发展脉络,王世贞《文章九命》承前启后的枢纽地位和独特价值也就显而易见了。

　　从中国古代各类作品中提取概念、范畴、命题,以编织文学理论发展脉络和思想框架,乃文学批评研究的常见方法。对于该方法的弊端,学界已有所关注,并呈现出重心向语境和文本转移的研究进路。本节对《文章九命》的解读便是在这一学术路向下展开的。在揭示《文章九命》自身的意涵,厘清文人命运论的传播方式的同时,本节的分析或可引起我们对文学批评文本性质的进一步关注。

　　中国古代文学批评文体的多样性不用赘言,文体的差异极可能影响观念的产生和传播,是以"强化文体意识"也就被视为"文学思想研究精细化的

---

① 胡应麟:《报长公》,《景印文渊阁四库全书》(第1290册),台湾商务印书馆,2008年,第810页。
② 胡应麟:《诗薮》,中华书局,1958年,第167页。
③ 胡应麟:《诗薮》,中华书局,1958年,第296页。
④ 胡应麟:《诗薮》,中华书局,1958年,第297页。
⑤ 胡震亨:《唐音癸签》,上海古籍出版社,1981年,第281页。
⑥ 参见胡震亨:《唐音癸签》,上海古籍出版社,1981年,第292-297页。
⑦ 参见陈国球:《明代复古派唐诗论研究》,北京大学出版社,2007年,第285-301页。

重要途径之一"①。比之于文本内部信息的解读,对文本外部信息(语境)的处理更能体现精细化研究的要义。对诗话类著作而言,其丛残小语般自由零散的纂辑方式构置了一种不同于序跋、书信的特殊语境,体现出宋代以来文学批评日常化的形态,理论的严肃性、完备性被削弱,知识性、趣味性得以介入,事例型材料的传播效用得以充分发挥。然也须留意,从创作机制上说,诗话中不少内容是从各自的原生语境下摘取而来的,脱离了原生语境,读者无法得知论者在何种立场、情景下立论,其论点和表述在多大程度上反映论者的意思,便值得考虑。语境还原的工作有助于探究诗话中某些观念的生成机理,但更重要的是,摘取的行为并不意味着观念具有超出语境的独立性。在脱离原生语境后,它势必进入编辑者或接受者为之设立的新语境,材料的提取、改动、重组随之参与到文学观念的建构与传播中来。因此,在对批评文本内部异变进行动态观照的同时,必须兼顾文本外部环境的变动,比如诗话等著作所呈现的材料群、文本群的秩序就应得到更为审慎的考察。把握了文本内外环境同时变动且又相互融合的图景,当能更新我们对古代文学观念传播机制的认识。

毫无差别地对批评文本进行观念提取,除了违背"不同文体应当运用不同信息处理方式"的原则外,对于其背后潜藏的以观念剖析为导向的思维定势,我们也须警觉。一方面,基于"比较相似观念的优长与不足"这一方法层面的常规要求,批评文本很容易被当作全面观测论者主张的窗口。然而,论者观念的表达往往受到创作立场和语境限制,因而没有全面阐述的必要和义务。作品中未言说的意见未必代表论者认知的缺失,因此依靠相似观念的比较而建构起来的文学观念发展脉络就成了昆廷·斯金纳所批评的"学说神话"②,其可靠性让人怀疑。文本中论者那些闭而未言的主张,那些沉默的声音随即遭受了缺席审判。另一方面,提取观念、分析观念的思路天然地带有轻忽文本的倾向,偏重观念的相似性而忽略文本(文体)的相似性,如此一来,依循各自文体发展的内在脉理(创作体式、行文要求、纂辑传统等)而形成的文学批评意涵或因此而被掩盖。此类情况在《文章九命》及其他文学批评话题研究中是不难见到的。总而言之,文学观念不宜被视为一个封闭自足的系统,知识、事例、文体、文本的多极互动促使我们不断调整和推进研究视角和方法,而这正是重审中国古代文学批评史的一大关锁。

---

① 左东岭:《中国文学思想史研究的文体意识》,《文学评论》,2018年第2期,第175-184页。
② [英]昆廷·斯金纳:《观念史中的意涵与理解》,任军锋译,丁耘主编:《什么是思想史》,上海人民出版社,2006年,第99页。

余　论　洛如花与凤毛荔:对文人身份认同向度的思考

后唐冯贽《云仙散录》有这么一段文字:

> 张宝《就印录》曰:吴兴山中有一树,类竹而实似豆荚状。乡人见之,以问陆澄。澄曰:"名洛如花,郡有文士则生。"①

《云仙散录》或为伪作,体例上漏洞颇多,所记载的语段和出处也未必可信。故这段文字是否实录,不可得知。就语意而言,用洛如花来比喻文士,褒奖意味甚明。清陈鼎《荔枝谱》记载:

> 凤毛荔,产丹霞屿中,其色五彩,陆离可观,土人呼为落得看,以其味涩而酸,不堪咀嚼,止落得看也。嗟乎,文人无行者,类此荔矣。②

虽然陈氏所言凤毛荔专指文士中的无行之人,但综观整个古代,将"止落得看"这样的帽子扣在文人头上的情况不胜枚举。

洛如花与凤毛荔恰可牵出我们对文人身份认同向度的思考。首先,二者代表了古代文人身份认同的基本态度——褒与贬,对这两种态度的考察当然重要,但过分纠结于此种非此即彼的价值判断是否会忽视古人心态的复杂性?其次,用植物来形容文人,跟用身份词语描述创作者及作品一样,都属于一种外在的贴标签行为,该行为的普遍存在说明标签背后有着一套完整的值得留意的结构性思维。面对贴标签的行为,文人内在的精神空间如何拓展,以促成可见之于外(就像洛如花那样)的言行和空间标识,进而抗衡那些负面的评价?最后,凤毛荔的比喻具有溯源于曹丕的批评视角,而洛

---

① 冯贽编,张力伟点校:《云仙散录》,中华书局,2008年,第138页。
② 陈鼎:《荔枝谱》,《丛书集成续编》(第86册),台湾新文丰出版公司,1989年,第568页。

如花一词又得到后人的借鉴与沿用。①二者都在各自的维度上发生着断断续续却又跨越时空的关联。由此引申，我们应当如何看待文人身份批评中的历史关联？以下围绕褒贬、内外、古今三个向度，对文人身份批评的相关问题进行总结与补充。

一、褒与贬：文人身份认同的基本态度及其超越

古人对文人身份的态度无外乎褒与贬。就贬的方面而言，古人或认为文人只擅长文章创作，不通儒家之道，无政治识见和才干；或指责文人品性不佳，自负而轻薄；或批评文人之作偏重形式而忽视内在，记录历史则常含虚言，表达思想则难避浮语。这些负面的声音充分展现了以儒家为核心的正统话语的强大影响力，文人的污名及刻板印象因为此类社会舆论推动而被强化。创作者否定自己的文人（诗人）身份也就代表着选择了更为"高级"的人生目标和价值取向。在此情形下，文人如何博得好感，获取正面认同呢？

通过本书正文的分析，我们能够看到这些负面的评价非但否定了文人的价值，甚至还规定着对立者对文人进行正面认同的路径与方式。既然附着上"无用""无行""虚言浮词"等污点，那文人便必须在正统观念所设立的评价标准下来洗清污点，为自己"正名"。比如，王充对文人的正面褒扬即建立在东汉人批评文人浮华无用的时代语境之下，他的反驳以强调文人品德和效力为基础，形成了德、力并举的文人观。汉代的赋家在面临"为赋乃俳，见视如倡"②"文丽用寡"③等指责时，主张通过凸显辞赋的讽谏意义（即在创作精神上向《诗经》靠拢）来提升该文体及创作者的地位。刘勰得出"品德上的污点非文人所独有"这一结论后，也是从"摛文必在纬军国，负重必在任栋梁。穷则独善以垂文，达则奉时以骋绩"④等方面树立文人的身份价值。总之，绝大部分持文人立场者都不可能舍弃正统评价标准，像王充、刘勰等人还非常看重这一标准。他们唯一能做的就是挖掘"文"的治世效用和道德意义，让创作者的言行向正统观念靠拢，进而塑造文人的正面形象。唐代前中

---

① 如明薄瀹有《洛如集》，清周学洙有《洛如花室诗草》，清何仁镜有《洛如花廊诗册》。另外，清代出现了洛如诗会、续洛如吟社、洛如嗣音社等诗社集会活动，并有《洛如诗钞》《洛如嗣音集》等集流传。以洛如为名，表明这些诗集和诗会的命名者接受了对文士的褒义性认同。
② 班固著，颜师古注：《汉书》（第8册），中华书局，1962年，第2367页。
③ 汪荣宝：《法言义疏》（下），中华书局，1987年，第507页。
④ 刘勰著，范文澜注：《文心雕龙注》（下），人民文学出版社，1958年，第720页。

期时常出现的"文儒"概念亦是如此。用儒学价值观来规训文人的言行,成为重塑文人身份内涵、提升文人身份地位的重要方式。

宋明时期,由于理学及事功观念的盛行,文人的标签化特质愈发明显。在正统评价标准下洗清污点仍旧是持文人立场者常规的"正名"思路。王世贞面对"文人无用"的强势舆论时,没有舍弃"世用"这一条评价标准(即为无用之文人寻求另外的价值根源),而是力图从理论和实践层面证明文人可以具有政治才干。可是当面临强大的政治压力和难以回避的"文人失德"事件时,王世贞的正面宣言显得极其微弱。这说明文人即便采取了积极靠拢的姿态,在价值观的论争中始终占据不了上风。

从批评态度上讲,王世贞的意义不仅仅在于集中表达了对文人身份的认可。历来的批判者往往冷眼旁观,赞同者有时也只是空喊口号。相比而言,王世贞身处的尴尬境地和无奈心态却凸显了文人身份认同的另一层意蕴,即超越"要么褒奖,要么贬抑"单一判断,带来了颇有温度的表达,以及切身的理解与同情。由此可以引发一个问题,在政治环境下,人们对文人的认同是否可以超越褒贬,获得一种更为深切的,更具温度的意蕴。这里可以通过古代一种非常特别的身份认同方式——诗人之墓——来予以说明。

在墓碑上题名可谓盖棺定论式的身份认同方式。一般说来,针对入世者,可署官爵;针对隐逸者,可题"处士";也有直书名讳(或字号)而无身份称谓的。镌曰"诗人某某之墓"是其中比较特别的一类。此类题名大概唐代便已出现①,宋代之后,相关记载逐渐增多。被冠以"诗人"之名的墓主可分为以下三类:

第一,不乐仕进,专力吟咏。如南宋欧阳鈇(字伯威),友人周必大"数欲官之"②,均被欧阳鈇拒绝。欧阳守道《送欧阳行甫序》云:"旁城之西原山有墓焉,曰:'有宋诗人欧阳伯威之墓。'益国文忠周公(周必大)葬其友人所书也。"③李龏为南宋江湖诗人,不乐仕进,死后,赵德符题其碣曰:"宋诗人雪林李君之墓。"④类似墓主再如南宋贾逸祖、张弋,元徐舫,明惠沐、莫叔明,清尚

---

① 晚唐吕从庆好游山水,嗜吟,属其子曰:"勿请撰志铭,书'唐诗人丰溪渔叟之墓'足矣。"[参见储大文:《丰溪存稿序》,《清代诗文集汇编》(第216册),上海古籍出版社,2011年,第125页。]然这一记载清代才出现,真实性难以保证。

② 周必大:《欧阳伯威墓志铭》,周必大著,王瑞来校证:《周必大集校证》(第3册),上海古籍出版社,2020年,第1081页。

③ 欧阳守道:《送欧阳行甫序》,《景印文渊阁四库全书》(第1183册),台湾商务印书馆,2008年,第606页。

④ 戚辅之:《佩楚轩客谈》,查洪德主编,王海燕编校:《全辽金元笔记》(第一辑)(第3册),大象出版社,2022年,第332页。

学孔、朱卉等①。

第二，仕进无门，寄意于诗。如谢震，清乾隆间人，锐意功名，然终不得志，曾对友人陈寿祺说："使仆身后得题墓碣'清诗人谢甸男之墓'，于愿足矣。"②

第三，弃官致仕，徜徉山水。如李奎，明嘉靖间"由布政使司吏再考从事锦衣"③，曾与锦衣卫经历沈炼一同维护因疏劾严嵩而下狱的官员，后又尽力庇护因弹劾严氏父子而下狱的沈炼。在严世蕃的打压下，李奎脱身归去，遨游湖山。友人茅坤题其墓曰"诗人李珠山先生墓"④。

以上三类墓主虽然情况各异，但共通之处也颇为明显。与诉诸口耳笔墨的日常化身份批评相比，勒铭上石更具有"盖棺定论""声名不朽"的意味。通过这场最后的人生仪式，墓主必定希望展现自己最值得、最应该被后人记住的身份与形象。在此目的下的生平回顾就不会只是纯理性的总结，它往往带有主观、感性的生命体验。石碑虽然冰冷，勒于石上的"诗人"二字却因与墓主生命历程血脉相连而具有了情感温度。对于不乐仕进者，"诗"是其安身、安心之物。尚学孔殁之日将诗集交付给友人，曰："此即吾嗣也。"⑤诗人身份与尚氏可谓精神一贯、血脉一体。对于仕进无门者，"诗"承载了他们的憾愤与无奈，陈寿祺评谢震："岂欲以诗人终者哉，味其言，乃至深痛无穷也。"⑥这里的"诗人"二字饱含了非常复杂的人生情绪。对于弃官致仕者，"诗"可摆脱政教束缚，寄托轻盈的生活。茅坤指出李奎没有按"天子之赐玺书而爵"⑦，即是希望其"诗歌之好"与日月俱远。对李奎来说，"诗人"代表着经历宦海沉浮后永久的安雅与平淡。总之，不论墓主生前选择了怎样的人生道路，诗人身份都融入他们的精神意趣和生命情感之中，引发强烈的共

---

① 这几人的记载分别见宋徐元杰《梅野集》卷十一《汲古贾先生赞》；宋张端义《贵耳集》卷上；明宋濂《芝园前集》卷九《故诗人徐方舟墓铭》；明朱孟震《河上楮谈》卷二《惠逸人》，明王世贞《弇州续稿》卷一百一十三《明诗人莫公远墓志铭》；清张九钺《紫岘山人诗集》卷二十三《吊诗人尚无尚墓》；清袁枚《随园诗话》卷九。

② 陈寿祺：《谢震传》，《续修四库全书》（第1496册），上海古籍出版社，2002年，第347页。

③ 茅坤：《明诗人李珠山先生墓志铭》，《茅坤集》（第3册），浙江古籍出版社，2012年，第692页。

④ 茅坤：《明诗人李珠山先生墓志铭》，《茅坤集》（第3册），浙江古籍出版社，2012年，第695页。

⑤ 张九钺：《吊诗人尚无尚墓》，《续修四库全书》（第1444册），上海古籍出版社，2002年，第103页。

⑥ 陈寿祺：《谢震传》，《续修四库全书》（第1496册），上海古籍出版社，2002年，第347页。

⑦ 茅坤：《明诗人李珠山先生墓志铭》，《茅坤集》（第3册），浙江古籍出版社，2012年，第695页。

情。在这类墓碑面前,简单的是非褒贬难免显得苍白和单薄。

值得一提的是,墓碑上题写"诗人",最醒目的例子出现在易代之际。比如,由宋入元的白珽虽然接受了元朝官职,但尚有思念旧朝的遗老情结,死后,"其子遵治命,题曰'西湖诗人白君之墓'"①。该题名无疑揭去了易代之际的人生负重,如果说"西湖"二字代表他对长期生活及终老之地的文化认同,那"诗人"二字则意味着墓主回避朝代归属和政治语境之后的精神皈依。由金入元的元好问生前告诉弟子:"某身死之日,不愿有碑志也,墓头树三尺石,书曰'诗人元遗山之墓',足矣。"②对此,清汪本直的评论颇为精到:"先生仕于金,秩显矣,不书,乃书'诗人',想见先生以斯文自任者重,而身食周粟,心系殷墟,并不欲冠以时代,其用意尤深且悲也。"③诗人身份当然意味着元好问对自己诗歌地位的期许,但不可否认的是,这两个字也蕴含了元好问因国破之后于金于元两无所依而引发的悲绪。

元明之际"诗人之墓"的书写表现不是很突出,有两个例子。张昱曾在元朝任职,张士诚欲招致之,辞不赴,入明后,朱元璋征之,悯其老,厚赐遣还。尝曰:"吾死,埋骨西湖,题曰'诗人张员外墓',足矣。"④刘绍于洪武年间曾入职翰林,致仕归,自治坵垄,题其碑曰"诗人刘绍墓"⑤。因文献不足,我们难以判断此二人的题墓行为是否受到易代情绪的激发,但也应该承认,元末明初的复杂时局难免会影响他们的自我身份认定,并因此加深他们对"诗人"意涵的理解。

相比而言,明清之际的情况更值得关注。最典型的例子是吴伟业,顾湄《吴梅村先生行状》记载了他的临终遗言:"吾死后,敛以僧装,葬吾于邓尉、灵岩相近,墓前立一圆石,题曰'诗人吴梅村之墓',勿作祠堂,勿乞铭于人。"⑥短短几句话表露出吴伟业对入仕清朝这一失节行为的悔恨,以及在朝

① 宋濂:《元故湛渊先生白公墓铭》,《宋濂全集》(第4册),浙江古籍出版社,2014年,第1211页。

② 魏初:《书元遗山墓石后》,《景印文渊阁四库全书》(第1198册),台湾商务印书馆,2008年,第784页。

③ 汪本直:《重修元遗山先生墓记》,汪本直辑:《诗人元遗山先生墓图》,国家图书馆藏清刻本,第7a页。

④ 瞿佑:《归田诗话》,陈广宏、侯荣川编校:《明人诗话要籍汇编》(第1册),复旦大学出版社,2017年,第57页。

⑤ 夏良胜纂修:《(正德)建昌府志》,明正德十二年刻本,卷十七,第2b页。

⑥ 顾湄:《吴梅村先生行状》,吴伟业:《吴梅村全集》(下),上海古籍出版社,1990年,第1406页。

代、政治身份认同困境下的无奈选择。①倘若吴伟业是受元好问启发而有此言论，那就说明，"诗人之墓"可以成为解决易代困境的一种方法。此外，由明入清的士人若拒绝入仕清廷，也能用诗人身份安放自身。毛雷龙"鼎革以后，绝意进取，以山水诗酒自娱"②，黄宗羲为其作墓志铭，铭曰："诗人毛雷龙之墓。"③王之蓍"甲申以后，志淡进取。……尝语从子会图曰：我矢志贫贱，他日得题墓曰'故诗人王某之墓'，足矣。"④黄宗羲在考虑到给自己做生圹时，也作诗说道："三尺短碑书带草，诗人之墓特标题。"⑤一般情况下，修身立德、经世致用乃绝大部分读书人的理想，官员（官职）可以说是他们最希望向后人展示的角色，诗人往往成为他们不愿强调的身份。但是，易代风云却打乱了他们的这一理想，使得有遗民情结的人要么不再追求世用理想，要么因陷入认同困境而希望摘掉已有的政治身份。当摘掉外在的政治"面具"后，显露出来的不就是本来面目吗？那个在儒家价值体系中并不占据高位的"诗人"，最终收纳并安放了这批士人不得意的人生情绪。正如清王汝玉《读元遗山集》所言："七字墓门亡国泪。"⑥通过标举此种盖棺论定的诗人身份，易代之士寄托了相似的情感，进而在互相之间形成一种群体认同。因此，我们不宜用简单的评价标准来褒贬墓碑上的"诗人"，墓主大概也希望后人面对碑上的寥寥数语时，能够报以深切的理解与同情。

二、外与内：身份批评的结构特质和文人精神空间的开拓

身份是人类在社会分工和交流过程中形成的一种类群化标识。一个身份代表着一类群体，群体在言行、习性上的趋同性导致刻板印象的产生，身份词语也随之被标签化。从本书正文的分析可以看到，用身份词语来评论作家及其作品，类似于给试剂瓶贴上各种标签，其弊端显而易见。

首先，身份词语不能概括主体所有的个性表现，古人多重身份的现实情

---

① 相关分析参见叶君远：《吴伟业评传》，首都师范大学出版社，1999年，第268-273页；朱则杰：《清诗考证》，人民文学出版社，2012年，第794-801页。

② 黄宗羲：《淇仙毛君墓志铭》，黄宗羲著，沈善洪等编校：《黄宗羲全集》（第10册），浙江古籍出版社，2005年，第461页。

③ 黄宗羲：《淇仙毛君墓志铭》，黄宗羲著，沈善洪等编校：《黄宗羲全集》（第10册），浙江古籍出版社，2005年，第462页。

④ 周郁滨：《珠里小志》，《中国地方志集成·乡镇志专辑》（第2册），上海书店，1992年，第559页。

⑤ 黄宗羲：《第四女欲作生圹于化安山》，黄宗羲著，沈善洪等编校：《黄宗羲全集》（第11册），浙江古籍出版社，2005年，第329页。

⑥ 王汝玉：《读元遗山集》，《清代稿抄本》（第41册），广东人民出版社，2007年，第225页。

形也不会被单一的身份标签所框定。韩愈、宋濂都曾努力打造自己的儒者形象，但在他们所宣称的儒者身份之下，又有着个人性格所驱使的异样言行和相对自由的表达空间。用单一的身份标签去框定此二人，势必造成某种偏见，进而对全面认识作家作品制造了障碍。用形象的话来说，中国古代的读书人大都希望摘取一个儒者、官员的面具戴在脸上，形成自己满意、大众认可的外部表情，但是我们却不宜把这个面具等同于读书人的真实容貌，否则我们的判断会因目光的短浅而偏离事实。

其次，文人身份的标签化和刻板化还会带来一种忽视实情的传播效果。古人对文人的批评时常通过"无行""无用""轻薄""浮华"等标志性词语表现出来。甚至会出现如下情况：提及"无行""无用""轻薄""浮华"等词语时，会自动联想到文人；提及文人，也会自动联想到"无行""无用""轻薄""浮华"等词语。这两方面很容易达成相互的映射，于是古人对文人身份的认知也就完全可以在标志性词语与身份标签之间循环指涉，而不涉及具体的对象和内容。这类似于后结构主义中能指到能指的运动。正是这种从标签到标签的运动，导致古人对文人身份的态度在罔顾部分事实的情况下还能不断蔓延。"文人无行""文人轻薄""文人无用"等话题一旦传播开来就很容易失实和失控，这除了受到古人论述随意的影响之外，上述标签化运动也是不可忽视的原因。

"表皮并非心脏，这一点并不是对表皮的否定"[①]，桑塔耶那曾用这句话来说明面具的重要性。同理，我们即便注意到身份词语作为外在的标签介入文学批评时会出现各种问题，但也不能因此而否定其价值和意义。众所周知，将对象结构化、有序化，是人类认识外在世界、建构内在知识体系的必经之路。身份词语是在社会分工、群体分化的过程中形成的，它本就代表着人们对人类社会的秩序化和结构化认知。因此，由一系列身份词语搭建的结构模式恰好为古人理解其他知识体系提供了有利的隐喻或参照。就文学而言，古人对文体的划分与辨析促进了文学知识的有序化；生命化批评也带来了一套有助于理解文学作品结构的身体术语。身份词语进入文学批评后，同样发挥着结构化效用，但也表现出与文体术语、身体术语不一样的特质。文学作品的风格与作者习性、气质密切相关，而习性、气质又受到作者生活经历的影响。这些主体性因素都可以汇聚成相应的身份词语，并被用来描述或评价文学作品。一旦将作品与身份挂钩，那么由海量作品构成的

---

① ［美］欧文·戈夫曼：《日常生活中的自我呈现》，黄爱华、冯钢译，浙江人民出版社，1989年，第13页。

庞大的文学世界也就等同于亟待区分和定位的人类社会。这为儒家等级观念介入文学批评提供了渠道。如唐尚衡《文道元龟并序》云："君子之文为上等,其德全;志士之文为中等,其义全;词士之文为下等,其思全。"①进而言之,"圣贤、君子、诗人(《诗经》的创作者)""志士、儒者、学人""诗人(一般的诗歌创作者)、文人、辞人""优伶、伧夫"等词语构造了具有高下之别的身份格局,它们之间的"以高行卑"原则反映的即是正统观念主导下的等级秩序和言行规矩。

正统价值观的介入与评价虽然是文学领域社会结构化的重要表现,但它并未占据身份化文学批评的所有空间。在世用和道德判断之外,根据体式、风格对纷繁复杂的文学作品进行分类,并运用相应的身份词语予以描述,同样能实现文学内部的结构化与有序化。比如,"诗人""文人""词人"作为各自文体特质的人格术语,具有划分不同文学创作类型的功用。再如"将领""英雄""女郎""村夫子""帝王""僧人""官员"等身份词语,以及与身份词语密切相关的空间(如"山林""台阁""闺阁""市井")、物品(如"脂粉""蔬笋")等都可以用来形容文学作品,进而构成一个庞大且富有秩序的言说体系。明袁黄《游艺塾文规》列出文有十忌:"一忌头巾气,二忌学堂气,三忌训诂气,四忌婆子气,五忌闺阁气,六忌乞儿气,七忌武夫气,八忌市井气,九忌隶胥气,十忌野狐气。"②这段文字可以说是古代身份化文学批评的一次集中呈现,说明用社会身份来描述作品,确实有助于给纷繁复杂的文学世界划定格局。与"强调客观形制的文体分类"相比,"用身份来区分文学作品"更多地立足于读者对作品风格的整体感知。可以说,它在反映深刻、庞大的社会结构观念的同时,也导向了与文体分类不同的,一种值得关注的非规范化的文学分类学。

回到身份批评的局限性上面来,身份词语可以被用来描述文学作品,但却未能控制创作者的所有心态和言行。无论儒者还是官员,在特定情形下都可能萌发超出世用功利之外的情感体验和排除了公共世界干扰的审美感受。这里所说的情感体验和审美感受当然是在外在事物的感染、激发下产生的,不过,就像刘勰所说的"神与物游"③一样,所谓的"外在事物"最终还是以一种"物象""事象"的形态内化到创作者的头脑当中。这使得创作者能够营造出一个对应于客观事物但又不轻易受到外在环境干扰的精神空间。从

---

① 尚衡:《文道元龟并序》,董诰等编:《全唐文》(第2册),上海古籍出版社,1990年,第1776页。
② 袁黄:《〈游艺塾文规〉正续编》,武汉大学出版社,2009年,第15-16页。
③ 刘勰著,范文澜注:《文心雕龙注》(下),人民文学出版社,1958年,第493页。

这个角度来说,精神空间的存在才使得文人、诗人身份真正地成立。唐宋诗歌中的"诗人"形象之所以能够得到极大的彰显,原因就在于这些诗歌较好地反映了文人所拥有的不受世俗浸染的精神空间。进而言之,创作者的人生际遇、独特个性、审美意趣,以及文学创作过程中的心灵活动等都是精神空间组成部分。由它们烘托出来的文人、诗人身份尽管未必符合主流价值观念,却在世所共趋的面具之下保留了创作者最真实的内心。

精神空间的封闭性不代表它与外界了无交涉,除了会受到客观事物的感染而变得丰富之外,它还能影响创作者的部分言行及其审视外物(如山川风月)的眼光,进而营造彰显文人、诗人身份的外在空间。反过来说,外在空间及相关言行为我们进入文人的精神空间提供了渠道。我们探讨身份,其实是在探讨某种体验。①精神上的体验往往需要以相应的外在空间或具体言行为媒介。比如,创作者只要走进山水,进行赏花饮酒、吟诗作赋的活动,那他就体验并认同了文人、诗人身份。再如,当表达愁绪被当作诗人的特长时,"为赋新词强说愁"就完全可以被当成体验诗人身份的一种手段。中唐之后,"诗人命穷""文人命穷"的观念广为接受,张耒就说:"世之文章多出于穷人,故后之为文者,喜为穷人之辞。"②我们与其将"喜为穷人之辞"视为创作陋习,不如把它看成一种表演。通过表演,创作者感受到自己的文人、诗人形象,并与古代命穷的文人、诗人产生跨越时空的精神连通和身份认同,进而构筑了一个"想象的共同体"。

可以说,某个特定的行为和表达都可能使创作者产生"我是文人""我是诗人"的潜在意识。在文人精神空间和外在空间(言行)的互动过程中,一套与正统价值观念不同的评价标准(比如推重文才、强调雅致等)得以形成。某些情况下,它还会对抗正统观念下的价值评判,起到维护文人、诗人身份的作用。以"穷""达"为例,诗人文士的"穷",原因有很多。唐前论者时常把诗人文士的不幸遭遇归咎于他们在行为和品德上的缺陷,如此一来,"穷"就与"品德有缺"相关联,进而染上负面意涵,成为儒者贬抑文人的一项依

---

① 这里借用了Simon Frith 的说法,参见Simon Frith, "Music and Identity", *Questions of Cultural Identity*, Stuart Hall and Paul Du Gay ed., SAGE Publications,1996,p.110。

② 张耒:《送秦观从苏杭州为学序》,张耒著,李逸安等点校:《张耒集》(下),中华书局,1990年,第752页。

据。①即便抛开品德因素，从普通读书人的视角出发，我们也能看到"达高于穷"实乃中国古代最普遍的观念和最具世俗意义的价值判断。随着文人精神空间的拓展，这一普遍观念遭到挑战，特别是宋代以后，很多论者希望突破上述世俗观念。比如南宋孙应时说道：

> 古今诗人，其学未必皆合于道，其言未必皆当于用，要其风流意度，定自不俗。如幽兰之芳，野鹤之洁，使人一见辄洒然意消。故夫诗人多穷，无他，以其不俗，故穷。②

比之于世俗观念下的"穷""达"，文艺观念下的"雅""俗"才是诗人文士更为关注的东西。再如晚明华淑说道：

> 余尝上下千载，彼肥皮厚肉，坐拥富贵者，类皆声销气沉，寒烟衰草其归灭没。独文人诗士，其流风余韵，尚与山川花月相映不已。③

在以孙应时、华淑为代表的论者那里，称赞达者、惋惜穷者的功利化标准不复存在，取而代之的是重视风流雅致、贬低世俗之气的文艺标准。这无疑是宣称了文人空间和言行的正当性、合理性，也在道德世用之外树立了诗人文士正面的身份形象和独特的价值意涵。就像唐张彦远所说的那样："若复不为无益之事，则安能悦有涯之生。"④正统价值标准下的那些"无益之事"正是诗人文士栖居的地方。

三、古与今：文人身份批评史的离散性与连续性

文人身份认同既是个理论问题，也是个历史问题。我们当然希望对古代文人身份批评进行最完整的脉络梳理，但事实上难以做到这一点。文献的散佚缺失乃原因之一，原因之二则更为重要：古人的身份认同往往以思想的形态存在，而未必被表达和记录下来，即便文献没有缺失，今人也无法把

---

① 吴承学《诗人的宿命——中国古代对于诗与诗人的集体认同》第一部分《从"伐能"到"薄命"》也提到了这一点。参见吴承学：《中国古代文体学研究》，人民出版社，2011年，第88-92页。

② 孙应时：《胡文卿樵隐诗稿序》，《景印文渊阁四库全书》（第1166册），台湾商务印书馆，2008年，第636页。

③ 华淑辑：《闲情小品》（第3册），国家图书馆藏明刻本，第13b页。

④ 张彦远：《历代名画记》，上海人民美术出版社，1964年，第47页。

握古代思想的完整面貌。因此,文人身份的认同史势必存在大量的"断点"和"空白"。面对此种离散的状态,是否有必要寻找其连续性? 如果有必要,所谓的"连续性"研究又如何体现自身的价值呢?

古代文学史和文学批评史的书写时常会出现一种现象,即以大家、名家为点,勾勒出纵向的历史线索。点和点之间的顺序安排主要依据的是时间先后,而非内在的逻辑关联。对古代文人身份批评的研究也可以采取此种方式,如日本学者中嶋隆藏《中国の文人像》以人为单位,从王充开始,一直到钱锺书,逐一介绍他们对文人的评论。本书第三章对韩愈、宋濂、王世贞的分析亦是如此。散点式的论述有助于勾勒古代文人批评的群像,但若不着意挖掘点与点之间的逻辑关联,则会止步于群像描述而难以呈现长时段的演变线索。因此,想要追求因果联系和线性规律,则须将研究重心从个案转移到别的地方。本书的第二章体现了这种思路,即分别从史学、儒学、德行、文艺等侧面切入,择取各自视角下的批评材料,清理出各自发展演变的脉络。通过这种方式,我们确实能看到文人批评的历时性及批评逻辑的连续性。比如,从文史分离到"史家耻为文人",再到"文人不可修史"与"史家能文",一条由汉唐到宋代的、与史家意识强化相伴随的文人批评的粗略线索得以展现。再如,随着中唐儒学的发展、宋代理学的推进,文人身份经历了从"不明道"到"不知道"的意涵升级过程。不过,此种研究方式的问题也是显而易见的。

首先,任何时代的思想都是复杂而多元的,选择从某个侧面切入分析,也就等于回避了因思想的多元交错而带来的文人身份批评的复杂面貌。同时,对那些"断点"和"空白"填补也难免因主观因素的介入而显得片面,即如陈寅恪所说:"其言论愈有条理统系,则去古人学说之真相愈远。"[①]

其次,实际情形下的文人身份批评未必经历"起承转合"般的线性发展历程。中国古代的文人身份批评具有跨越性和重复性。就跨越性而言,文本能够无视时间距离,与读者直接发生反应,读者因此也可以跨越历史长河直接感受和认识文人身份批评的原初命题。比如,清人对"文人无行"话题的意见表达完全可以通过阅读曹丕《与吴质书》及刘勰、颜之推等南北朝论者的相关文字而产生,而不必考虑南北朝以后的话题运用和意涵发展。从这个角度来讲,忽略掉上千年的时间,将清人关于"文人无行"的论述与曹丕《与吴质书》作一共时性的观照考察,并无不妥。相比而言,"根据话题阐释

---

① 陈寅恪:《冯友兰中国哲学史上册审查报告》,《陈寅恪集》(金明馆丛稿二编),生活·读书·新知三联书店,2015年,第280页。

的先后顺序来编织身份批评演进脉络"的研究路数反倒显得不是很可靠。

就重复性而言，文人身份批评看似内容丰富，其实批评维度并不多，整体上不过褒与贬。对于贬抑的一方面，也就无行、无用、浮华、无实、轻薄、相轻这几点，浮华与无实，相轻、轻薄、无行之间都是相通的。古人对文人的批评不论立场如何，总逃不脱上述范围。因而我们看到很多文人身份批评的言论总是重复出现，这打破了单向发展的历史逻辑。比如，批评文人轻薄自傲之习性，颜之推就言之甚详，后人拾其牙慧者不少，清张云璈有《毁文士论》《毁文士后论》各一篇①，《毁文士后论》对文人陋习的分析基本不出颜氏之藩篱。除了因理论空间不足而导致的重复表述之外，相同事件的再现也能刺激文人身份批评的反复表达。比如，"诗人命穷"的话题受诗人命穷现实的触发而萌生，论者一旦遇到诗人或诗人群体困顿、沉沦的情况，就会再次提出或阐释该话题。再如，丧乱或战争的重复出现也能使"文人无用"之语被反复提及。这些情况都迫使我们认识到，文人身份批评不是单向发展这么简单，内中不断重复的情况映现着批评话题的历史性循环。

话题的跨越和重复增强了文人身份批评的离散特质，导致寻求连续性的研究思路不太奏效。已有学者指出："在相似性中找寻连续性，极易忽略历史的丰富性和复杂性以及经典诠释中的多种可能性，极易形成简单化的结论。"②连续性要求我们"同中求异"，即从不同时间点的相同的话题中找出差异，进而建构话题理论的演进史。如果没有差异，那连续性研究的意义就不大了。如此说来，重复性话题就没有研究价值了吗？当然不是。须注意，文人身份认同首先是一种心态而非理论。刺激古人对文人身份发表意见的，往往是时代环境和个人遭遇，而非古书上的寥寥数语。韩愈和宋濂都强调自己是儒者，但是他们的言说语境、个人际遇都不一样，因此，与其将韩愈与宋濂的身份认同思想强行关联，不如把他们放回各自的时代背景中，探讨各自的来龙去脉，寻求真正进入文学史、思想史过程的连续性。正文对《文章九命》的分析也体现了这种进入过程的，中时段的连续性。这又回到了前面提及的散点式研究上来，其实我们并不反对散点式的分析，我们反对的是只停留于现象描述的个案研究。如果每一个散点都能找到它所扎根的历史文化土壤，那它的连续性就有了最真实的呈现。

以上分析不是为了否认理论的连续性，事实上，弄清理论连续性的边

---

① 张云璈：《简松草堂文集》，《续修四库全书》（第1471册），上海古籍出版社，2002年，第223-224页。

② 夏静：《思想的相似性与理论的连续性关系辨正——以曹魏文学研究为例》，《中国社会科学评价》2017年第3期，第100-104页。

界,适当考虑社会环境、个人心态的连续性,更有利于揭示文人身份认同与批评的丰富面貌和深刻内涵。这也为我们审视古今之间文人身份批评的隔阂与连续提供了参照。

古今之间的文化隔阂是无法回避的客观存在。19世纪末20世纪初的历史剧变打破了传统的社会格局,通过圣贤之文、儒者之文、文人之文等身份化词语来建立文学世界等级体系的批评方式也就随之而失去了根基。文学创作体式的变化、文学批评话语方式的转变也大大降低了文人之文、诗人之文这样的身份化描述的适用性。中国古代具有深厚的文章学传统,它囊括了今人所谓的纯文学作品和应用性文章。"文"本身也具有根植于天地自然的逻辑源头和肇始于三代的历史源头。西方文学观念进入中国后,冲击着人们对"文"的传统认识。古人那种通过溯源"天文""地文"、推崇三代之文来强调"大文人"的做法,在今人看来已经是过往之事了。

当然,文化的隔阂阻挡不了文人身份批评思想和话语的延续。一方面,从古到今,文人身份的基本属性("文学创作者""知识拥有者")没有发生变化,文才、风致等依然可以成为彰显文人形象的要素,而对文人社会责任的提倡也是古今绵延不绝的声音。正如李大钊所说:"社会之乐有文人,为其以先觉之明,觉醒斯世也。"[1]这里的文人既包含着近现代知识分子的觉醒意识,也承续了古代士大夫(或曰文士)的责任担当。另一方面,人们对文人浮华、轻薄等负面习性的批判也没有停止,相关话题不断出现。清末以来,站在世用、品德立场批判文人者,大有人在。如高凤谦《论偏重文字之害》云:"特以凡百事业,皆求之于文人,必多废事。"[2]再如,鲁迅在20世纪30年代作有《辩"文人无行"》《"文人相轻"》等短文,对于文人相轻,他又有再论、三论、四论、五论、六论、七论。[3]老舍在50年代发表过《反对文人无行》[4]的文章。从理论的相似性角度出发,我们大可将以上诸人的论调与古代相关的文人身份批评进行关联,构建一条跨越古今文化隔阂的话题发展线索。但如前所述,这种基于理论相似性的长时段的脉络梳理未必能给我们带来

---

① 李大钊:《厌世心与自觉心》,《李大钊文集》(上册),人民出版社,1984年,第152页。原载《甲寅》杂志第1卷第8号(1915年8月10日)。

② 高凤谦:《论偏重文字之害》,《辛亥革命前十年间时论选集》(第三卷),生活·读书·新知三联书店,1977年,第12页。

③ 《辩"文人无行"》,参见《鲁迅全集》(第8册),人民文学出版社,2005年,第393页。《"文人相轻"》及其再论、三论、四论、五论、六论、七论,分别参见《鲁迅全集》(第6册),人民文学出版社,2005年,第308—309、347—348、385—387、389—391、393—396、413—415、417—420页。

④ 参见老舍:《反对文人无行》,《人民日报》1955年2月18日,第3版。

多大启示（甚至会让我们简单地认为以上诸人的论述仅仅是"旧调重弹"）；相反，若注意到以上诸论处于与古代完全不同的社会背景和文化语境，进而寻求一种进入过程的连续性，反倒更能看清古今之间的精神传延，以及"旧调"背后的时代新意。直至今日，立足于文人身份的认同、批评、体验依然在进行，虽然现今的文人在很多方面不能与古代的文人等量齐观，但相信在那些相似评论下面，一定会呈现出以往所没有的色彩。

参考文献

一、基本古籍

1.《白居易集》,中华书局,1979年。

2.《陈与义集》,中华书局,2007年。

3.《丛书集成续编》,台湾新文丰出版公司,1989年。

4.《丛书集成续编》,上海书店,1994年。

5.《二十五别史》,齐鲁书社,2000年。

6.《景印文渊阁四库全书》,台湾商务印书馆,2008年。

7.《李开先集》,中华书局,1959年。

8.《刘禹锡集》,中华书局,1990年。

9.《柳宗元集》,中华书局,1979年。

10.《清代诗文集汇编》,上海古籍出版社,2010年。

11.《全宋笔记》,大象出版社,2012年。

12.《诗经要籍集成》,学苑出版社,2002年。

13.《四库禁毁书丛刊》,北京出版社,1997年。

14.《四库全书存目丛书》,齐鲁书社,1997年。

15.《四库提要著录丛书》,北京出版社,2015年。

16.《四库未收书辑刊》,北京大学出版社,2000年。

17.《宋濂全集》,浙江古籍出版社,2014年。

18.《苏轼诗集》,中华书局,1982年。

19.《苏轼文集》,中华书局,1986年。

20.《王祎集》,浙江古籍出版社,2016年。

21.《王士禛全集》,齐鲁书社,2007年。

22.《王阳明全集》,上海古籍出版社,1992年。

23.《续修四库全书》,上海古籍出版社,2002年。

24.《原国立北平图书馆甲库善本丛书》,国家图书馆出版社,2013年。

25.《朱熹集》,四川教育出版社,1996年。

26. 班固著,颜师古注:《汉书》,中华书局,1962年。

27. 蔡邕著,邓安生校:《蔡邕集编年校注》,河北教育出版社,2002年。

28. 岑参著,廖立笺注:《岑嘉州诗笺注》,中华书局,2004年。

29. 陈广宏,龚宗杰编校:《稀见明人文话二十种》,上海古籍出版社,2016年。

30. 陈建著,钱茂伟点校:《皇明通纪》,中华书局,2008年。

31. 陈寿著,裴松之注:《三国志》,中华书局,1982年。

32. 陈廷焯:《白雨斋词话》,人民文学出版社,1959年。

33. 陈子昂著,彭庆生校注:《陈子昂集校注》,黄山书社,2015年。

34. 程颢、程颐:《二程集》,中华书局,2004年。

35. 程颢、程颐:《二程遗书》,上海古籍出版社,2020年。

36. 笪重光著,吴思雷注:《画筌》,四川人民出版社,1982年。

37. 丁福保:《历代诗话续编》,中华书局,1983年。

38. 董诰等编:《全唐文》,上海古籍出版社,1990年。

39. 董其昌:《画禅室随笔》,浙江人民美术出版社,2016年。

40. 杜甫著,仇兆鳌注:《杜诗详注》,中华书局,1979年。

41. 范晔著,李贤等注:《后汉书》,中华书局,1965年。

42. 方东树:《昭昧詹言》,人民文学出版社,1961年。

43. 方孝孺著,徐光大点校:《方孝孺集》,浙江古籍出版社,2013年。

44. 方薰:《山静居画论》,人民美术出版社,1959年。

45. 费衮著,金圆校点:《梁溪漫志》,上海古籍出版社,1985年。

46. 冯班著,何焯评、李鹏点校:《钝吟杂录》,中华书局,2013年。

47. 封演著,赵贞信校注:《封氏闻见记校注》,中华书局,2005年。

48. 冯贽编,张力伟点校:《云仙散录》,中华书局,2008年。

49. 傅璇琮等主编:《全宋诗》,北京大学出版社,1998年。

50. 郭茂倩编:《乐府诗集》,中华书局,1979年。

51. 郭绍虞主编:《原诗 一瓢诗话 说诗晬语》,人民文学出版社,1979年。

52. 郭绍虞编选:《清诗话续编》,上海古籍出版社,1983年。

53. 韩婴著,许维遹校释:《韩诗外传集释》,中华书局,1980年。

54. 韩愈著,方世举笺注:《韩昌黎诗集编年笺注》,中华书局,2012年。

55. 韩愈著,顾嗣立删补:《昌黎先生诗集注》,道光十六年膺德堂重刊本。

56. 韩愈著,马其昶校注:《韩昌黎文集校注》,上海古籍出版社,

1986 年。

57. 韩愈著, 魏仲举集注:《五百家注韩昌黎集》(第 3 册), 中华书局, 2019 年。

58. 何文焕:《历代诗话》, 中华书局, 2004 年。

59. 何焯:《义门读书记》, 中华书局, 1987 年。

60. 洪亮吉:《北江诗话》, 人民文学出版社, 1983 年。

61. 洪迈著, 穆公校点:《容斋随笔》, 上海古籍出版社, 1996 年。

62. 洪兴祖:《楚辞补注》, 中华书局, 1983 年。

63. 胡应麟:《少室山房笔丛》, 中华书局, 1958 年。

64. 胡应麟:《诗薮》, 中华书局, 1958 年。

65. 胡仔辑:《苕溪渔隐丛话后集》, 人民文学出版社, 1962 年。

66. 胡震亨:《唐音癸签》, 上海古籍出版社, 1981 年。

67. 华淑辑:《闲情小品》, 国家图书馆藏明刻本。

68. 桓谭著, 朱谦之校:《新辑本桓谭新论》, 中华书局, 2009 年。

69. 黄晖:《论衡校释》, 中华书局, 1990 年。

70. 黄景昉:《国史唯疑》, 上海古籍出版社, 2002 年。

71. 黄庭坚著, 刘琳等点校:《黄庭坚全集》, 四川大学出版社, 2001 年。

72. 黄宗羲原著, 全祖望补修:《宋元学案》, 中华书局, 1986 年。

73. 黄宗羲著, 沈善洪等编校:《黄宗羲全集》, 浙江古籍出版社, 2005 年。

74. 惠洪、朱弁、吴沆:《冷斋夜话 风月堂诗话 环溪诗话》, 中华书局, 1988 年。

75. 嵇康著, 戴明扬校注:《嵇康集校注》, 人民文学出版社, 1962 年。

76. 计有功辑著:《唐诗纪事》, 上海古籍出版社, 2008 年。

77. 贾岛著, 齐文榜校注:《贾岛集校注》, 人民文学出版社, 2001 年。

78. 蒋瑞藻编著:《越缦堂诗话 续杜工部诗话》, 浙江古籍出版社, 2014 年。

79. 焦竑著, 李剑雄点校:《澹园集》, 中华书局, 1999 年。

80. 李百药:《北齐书》, 中华书局, 1972 年。

81. 李昉等:《太平御览》, 中华书局, 1960 年。

82. 李光地著, 陈祖武点校:《榕村语录 榕村续语录》, 中华书局, 1995 年。

83. 黎靖德编:《朱子语类》, 中华书局, 1986 年。

84. 李延寿:《南史》, 中华书局, 1975 年。

85. 梁章钜:《三国志旁证》,福建人民出版社,2000年。

86. 刘大櫆等:《论文偶记 初月楼古文绪论 春觉斋论文》,人民文学出版社,1959年。

87. 刘克庄:《后村先生大全集》,四川大学出版社,2008年。

88. 刘劭:《人物志》,红旗出版社,1996年。

89. 刘熙载著,袁津琥校注:《艺概注稿》,中华书局,2009年。

90. 刘勰著,范文澜注:《文心雕龙注》,人民文学出版社,1958年。

91. 刘义庆著,刘孝标注,余嘉锡笺疏:《世说新语笺疏》,中华书局,2007年。

92. 刘知几:《史通》,上海古籍出版社,2008年。

93. 楼钥著,顾大朋点校:《楼钥集》,浙江古籍出版社,2010年。

94. 陆机著,杨明校笺:《陆机集校笺》,上海古籍出版社,2016年。

95. 陆游著,钱仲联校注:《剑南诗稿校注》,上海古籍出版社,1985年。

96. 孟郊著,华忱之等校注:《孟郊诗集校注》,人民文学出版社,1995年。

97. 欧阳修著,李逸安点校:《欧阳修全集》,中华书局,2001年。

98. 秦祖永著,黄亚卓校点:《桐阴论画》,上海古籍出版社,2015年。

99. 钱谦益:《钱牧斋全集》,上海古籍出版社,2003年。

100. 钱学烈校评:《寒山拾得诗校评》,天津古籍出版社,1998年。

101. 权德舆著,郭广伟校点:《权德舆诗文集》,上海古籍出版社,2008年。

102. 阮元校刻:《十三经注疏》(清嘉庆刊本),中华书局,2009年。

103. 阮元、杨秉初辑:《两浙輶轩录》,浙江古籍出版社,2012年。

104. 沈雄:《古今词话》,上海古籍出版社,2009年。

105. 沈约:《宋书》,中华书局,1974年。

106. 石介著,陈植锷点校:《徂徕石先生文集》,中华书局,1984年。

107. 陶渊明著,逯钦立校注:《陶渊明集》,中华书局,1979年。

108. 屠隆,汪超宏主编:《屠隆集》,浙江古籍出版社,2012年。

109. 王粲著,俞绍初点校:《王粲集》,中华书局,1980年。

110. 王昶著,朱惠国点校:《春融堂集》,上海文化出版社,2013年。

111. 王夫之等:《清诗话》,上海古籍出版社,1978年。

112. 王骥德:《曲律》,湖南人民出版社,1983年。

113. 王楙:《野客丛书》,中华书局,1987年。

114. 汪荣宝:《法言义疏》,中华书局,1987年。

115. 王世贞著,罗仲鼎校注:《艺苑卮言校注》,齐鲁书社,1992年。

116. 王水照主编:《历代文话》,复旦大学出版社,2007年。

117. 王嗣奭:《杜臆》,上海古籍出版社,1983年。

118. 王维著,赵殿成笺注:《王右丞集笺注》,上海古籍出版社,1984年。

119. 王晫、张潮编纂:《檀几丛书》,上海古籍出版社,1992年。

120. 魏庆之:《诗人玉屑》,中华书局,2007年。

121. 魏收:《魏书》,中华书局,1974年。

122. 魏泰:《东轩笔录》,中华书局,1983年。

123. 韦应物著,陶敏等校注:《韦应物集校注》,上海古籍出版社,1998年。

124. 魏征等:《隋书》,中华书局,1973年。

125. 吴处厚:《青箱杂记》,中华书局,1985年。

126. 萧统编,李善等注:《六臣注文选》,中华书局,2012年。

127. 萧绎著,许逸民校笺:《金楼子校笺》,中华书局,2011年。

128. 萧子显:《南齐书》,中华书局,1972年。

129. 谢赫、姚最:《古画品录 续画品录》,人民美术出版社,1959年。

130. 谢灵运著,顾绍柏校注:《谢灵运集校注》,中州古籍出版社,1987年。

131. 谢榛、王夫之:《四溟诗话 姜斋诗话》,人民文学出版社,1961年。

132. 徐坚:《初学记》,中华书局,2004年。

133. 徐陵编,吴兆宜注,程琰删补:《玉台新咏笺注》,中华书局,1985年。

134. 徐元诰:《国语集解》,中华书局,2002年。

135. 颜之推著,王利器集解:《颜氏家训集解》,上海古籍出版社,1980年。

136. 杨明照:《抱朴子外篇校笺》(上),中华书局,1991年。

137. 杨明照:《抱朴子外篇校笺》(下),中华书局,1997年。

138. 杨万里著,辛更儒笺校:《杨万里集笺校》,中华书局,2007年。

139. 姚合著,吴河清校注:《姚合诗集校注》,上海古籍出版社,2012年。

140. 姚际恒:《诗经通论》,中华书局,1958年。

141. 姚思廉:《梁书》(第3册),中华书局,1973年。

142. 袁黄:《〈游艺塾文规〉正续编》,武汉大学出版社,2009年。

143. 元稹著,冀勤点校:《元稹集》,中华书局,1982年。

144. 袁中道著,钱伯城点校:《珂雪斋集》,上海古籍出版社,1989年。

145. 曾枣庄、刘琳主编:《全宋文》,上海辞书出版社、安徽教育出版社,

2006年。

146. 查慎行：《查慎行集》，浙江古籍出版社，2014年。

147. 张伯伟：《全唐五代诗格汇考》，凤凰出版社，2002年。

148. 张伯伟编校：《稀见本宋人诗话四种》，江苏古籍出版社，2002年。

149. 张潮编：《尺牍友声集》，黄山书社，2020年。

150. 张潮等编纂：《昭代丛书》，上海古籍出版社，1990年。

151. 张健辑校：《珍本明诗话五种》，北京大学出版社，2008年。

152. 张九龄著，熊飞校注：《张九龄集校注》，中华书局，2008年。

153. 张耒著，李逸安等点校：《张耒集》，中华书局，1990年。

154. 张沛：《中说校注》，中华书局，2013年。

155. 张溥编：《汉魏六朝百三名家集》，江苏古籍出版社，2002年。

156. 章学诚：《文史通义》，古籍出版社，1956年。

157. 张炎等：《词源注 乐府指迷笺释》，人民文学出版社，1963年。

158. 张彦远：《法书要录》，人民美术出版社，1984年。

159. 张说著，熊飞校注：《张说集校注》，中华书局，2013年。

160. 赵宧光：《寒山帚谈》，浙江人民美术出版社，2018年。

161. 赵希鹄、曹昭：《洞天清禄集 格古要论》，广陵书社，2020年。

162. 赵彦卫：《云麓漫钞》，古典文学出版社，1957年。

163. 赵翼：《瓯北诗话》，人民文学出版社，1963年。

164. 郑樵著，吴怀祺校补：《郑樵文集》，书目文献出版社，1992年。

165. 钟嵘著，曹旭集注：《诗品集注》，上海古籍出版社，2011年。

166. 朱鹤龄注，屈复意：《玉溪生诗意》，乾隆四年扬州艺古堂写刻刊本。

167. 祝尚书编：《宋集序跋汇编》，中华书局，2010年。

168. 朱熹注：《诗集传》，中华书局，2011年。

169. 朱熹：《四书章句集注》，中华书局，2012年。

170. 朱熹著，蒋立甫校点：《楚辞集注》，上海古籍出版社、安徽教育出版社，2001年。

171. 诸祖耿编著：《战国策集注汇考》（增补本），凤凰出版社，2008年。

172. 邹一桂著，王其和校：《小山画谱》，山东画报出版社，2009年。

二、研究著作

1.《毛泽东选集》，人民出版社，1966年。

2.《中国文学史讨论集》，中华书局，1959年。

3. 卞孝萱、张清华、阎琦：《韩愈评传》，南京大学出版社，1998年。

4. 曹旭:《诗品研究》,上海古籍出版社,1998年。

5. 陈飞:《文学与文人——论金圣叹及其他》,商务印书馆,2011年。

6. 陈光垚:《民众文艺论集》,启明学社,1933年。

7. 陈国球:《明代复古派唐诗论研究》,北京大学出版社,2007年。

8. 陈国球:《文学史书写形态与文化政治》,北京大学出版社,2004年。

9. 陈平原:《作为学科的文学史》,北京大学出版社,2011年。

10. 陈致主编:《中国诗歌传统及文本研究》,中华书局2013年。

11. 成玮:《制度、思想与文学的互动——北宋前期诗坛研究》,复旦大学出版社,2013年。

12. 楚默:《书法解释学》,百家出版社,2002年。

13. 傅斯年:《中国古代文学史讲义》,上海书店出版社,2008年。

14. 傅璇琮:《唐代科举与文学》,陕西人民出版社,1986年。

15. 葛晓音:《八代诗史》,中华书局,2012年。

16. 龚鹏程:《墨海微澜》,东方出版社,2015年。

17. 龚鹏程:《文化符号学》,台湾学生书局,1992年。

18. 龚鹏程:《中国文人阶层史论》,兰州大学出版社,2004年。

19. 龚宗杰:《明代文话研究》,中华书局,2019年。

20. 龚祖培:《文人相轻的现代阐释》,四川大学出版社,2010年。

21. 顾颉刚:《顾颉刚民俗论文集》,中华书局,2011年。

22. 顾颉刚:《史林杂识初编》,中华书局,1963年。

23. 郭绍虞:《中国文学批评史》,商务印书馆,2010年。

24. 韩晖:《隋及初盛唐赋风研究》,广西师范大学出版社,2002年。

25. 胡适:《白话文学史》,上海古籍出版社,1999年。

26. 黄卓越:《明永乐至嘉靖初诗文观研究》,北京师范大学出版社,2001年。

27. 季镇淮:《来之文录》,北京大学出版社,1992年。

28. 蒋寅:《古典诗学的现代诠释》,中华书局,2003年。

29. 李春青:《趣味的历史:从两周贵族到汉魏文人》,生活·读书·新知三联书店,2014年。

30. 李思涯:《胡应麟文学思想研究》,中国社会科学出版社,2012年。

31. 李伟泰:《汉初学术及王充论衡述论稿》,长安出版社,1985年。

32. 李燕青:《〈艺苑卮言〉研究》,中国文史出版社,2013年。

33. 廖可斌:《诗稗鳞爪》,浙江大学出版社,1999年。

34. 罗根泽:《中国文学批评史》,古典文学出版社,1957年。

35. 罗宗强:《明代文学思想史》,中华书局,2013年。

36. 罗宗强:《隋唐五代文学思想史》,中华书局,2003年。

37. 戚学英:《作家身份认同与中国当代文学的生成(1949—1966)》,华中师范大学出版社,2013年。

38. 钱锺书:《管锥编》,生活·读书·新知三联书店,2007年。

39. 钱锺书:《写在人生边上;人生边上的边上;石语》,生活·读书·新知三联书店,2002年。

40. 秦启文、周永康:《角色学导论》,中国社会科学出版社,2011年。

41. 丁耘主编:《什么是思想史》,上海人民出版社,2006年。

42. 邵毅平:《论衡研究》,复旦大学出版社,2009年。

43. 史伟:《宋元诗学论稿》,上海远东出版社,2012年。

44. 孙蓉蓉:《刘勰与〈文心雕龙〉考论》,中华书局,2008年。

45. 孙卫国:《王世贞史学研究》,人民文学出版社,2006年。

46. 唐长孺等编:《汪籛隋唐史论稿》,中国社会科学出版社,1981年。

47. 汪文学:《汉晋文化思潮变迁研究——以尚通意趣为中心》,贵州人民出版社,2003年。

48. 吴承学:《中国古代文体学研究》,人民出版社,2011年。

49. 吴晗、费孝通等:《皇权与绅权》,上海书店,1949年。

50. 吴廷璆等编:《郑天挺纪念论文集》,中华书局,1990年。

51. 谢保成主编:《中国史学史》,商务印书馆,2006年。

52. 徐复观:《两汉思想史》,华东师范大学出版社,2001年。

53. 徐复观:《中国人性论史·先秦篇》,上海三联书店,2001年。

54. 徐嘉瑞:《中古文学概论》,上海亚东图书馆,1924年。

55. 徐俪成:《汉魏六朝文人身份的变迁与文学演进》,上海人民出版社,2023年。

56. 徐蔚南:《民间文学》,世界书局,1927年。

57. 徐永明:《文臣之首:宋濂传》,浙江人民出版社,2007年。

58. 阎步克:《士大夫政治演生史稿》,北京大学出版社,2015年。

59. 颜昆阳:《李商隐诗笺释方法论——中国古典诠释学例说》,里仁书局,2005年。

60. 杨春时:《现代性与中国文学思潮》,生活·读书·新知三联书店,2009年。

61. 杨向奎:《宗周社会与礼乐文明》,人民出版社,1992年。

62. 杨荫深:《中国民间文学概说》,华通书局,1930年。

63. 于迎春:《秦汉士史》,北京大学出版社,2000年。

64. 余英时:《士与中国文化》,上海人民出版社,2003年。

65. 袁行霈主编:《国学研究》,北京大学出版社,2005年

66. 查洪德:《理学背景下的元代文论与诗文》,中华书局,2005年。

67. 张伯伟:《中国古代文学批评方法研究》,中华书局,2002年。

68. 章太炎著,庞俊等疏证:《国故论衡疏证》,中华书局,2018年。

69. 赵景深:《民间文学丛谈》,湖南人民出版社,1982年。

70. 赵景深:《童话论集》,开明书店,1931年。

71. 赵敏俐主编:《中国诗歌史通论》,人民文学出版社,2013年。

72. 郑开:《德礼之间:前诸子时期的思想史》,生活·读书·新知三联书店,2009年。

73. 郑利华:《前后七子研究》,上海古籍出版社,2015年。

74. 郑振铎:《插图本中国文学史》,北平朴社出版部,1932年。

75. 郑振铎:《中国文学研究》,人民文学出版社,2000年。

76. 钟肇鹏、周桂钿:《桓谭 王充评传》,南京大学出版社,1993年。

77. 周作人:《自己的园地》,北新书局,1929年。

78. 朱自清:《朱自清古典文学论集》,上海古籍出版社,2009年。

79. 左东岭:《王学与中晚明士人心态》,人民文学出版社,2000年。

80. [德]阿莱达·阿斯曼:《回忆空间:文化记忆的形式和变迁》,潘潞译,北京大学出版社,2016年。

81. [美]包弼德:《斯文:唐宋思想的转型》,刘宁译,江苏人民出版社,2001年。

82. [美]欧文·戈夫曼:《日常生活中的自我呈现》,黄爱华、冯钢译,浙江人民出版社,1989年。

83. [美]欧文·戈夫曼:《污名——受损身份管理札记》,宋立宏译,商务印书馆,2009年。

84. [美]柯马丁:《秦始皇石刻:早期中国的文本与仪式》,刘倩译,上海古籍出版社,2015年。

85. [美]梅维恒主编:《哥伦比亚中国文学史》,马小悟、张治、刘文楠译,新星出版社,2016年。

86. [美]倪雅梅:《中正之笔:颜真卿书法与宋代文人政治》,杨简如译,江苏人民出版社,2018年。

87. [美]唐纳德·普雷齐奥西主编:《艺术史的艺术:批评读本》,易英、王春辰、彭筠等译,上海人民出版社,2016年。

88. [美]宇文所安:《中国"中世纪"的终结:中唐文学文化论集》,陈引驰、陈磊译,生活•读书•新知三联书店,2006年。

89. [日]川合康三:《终南山的变容:中唐文学论集》,刘维治、张剑、蒋寅译,上海古籍出版社,2013年。

90. [日]宫崎市定:《九品官人法研究:科举前史》,韩昇、刘建英译,中华书局,2008年。

91. [日]内藤湖南:《中国史学史》,马彪译,上海古籍出版社,2017年。

92. [日]浅见洋二:《距离与想象:中国诗学的唐宋转型》,金程宇、冈田千穗译,上海古籍出版社,2013年。

93. [日]山本和义:《诗人与造物:苏轼论考》,张剑译,中国社会科学出版社,2013年。

94. [日]小川环树著,谭汝谦编:《论中国诗》,谭汝谦、陈志诚、梁国豪译,贵州人民出版社,2009年。

95. [日]村上哲见:《中国文人论》,汲古书院,1994年。

96. [日]中嶋隆藏:《中国の文人像》,研文出版,2006年。

三、期刊论文

1. [美]艾朗诺:《赵明诚远游时为什么不给他的妻子李清照写信?》,《中国文学研究》(第十一辑),中国文联出版社,2008年,第137-150页。

2. 蔡长林:《从"文学"到"文人"——汉代"章"的经学底蕴》,《东华人文学报》,2007年第10期,第51-80页。

3. 曹鹏程:《宋代纪传、编年二体优劣论》,《史学史研究》,2011年第1期,第35-41+123页。

4. 曹融南、傅刚:《论曹丕曹植文学价值观的一致性及其历史背景》,《古代文学理论研究》(第十一辑),上海古籍出版社,1986年,第216-228页。

5. 曾平:《文学革命与"平民文学"的意义重构》,《中华文化论坛》,2009年第2期,第48-58页。

6. 常玉芝:《说文武帝——兼略述商末祭祀制度的变化》,《古文字研究》(第4辑),中华书局,1980年,第205-233页。

7. 陈宝良:《明代文人辨析》,《汉学研究》,2001年第1期,第187-218页。

8. 陈博涵:《期待的落差与角色的错位——论仕明前后宋濂心态的变化》,《江汉大学学报》(人文科学版),2010年第3期,第42-46页。

9. 陈飞:《古"文"原义——"人本"说》,《文学评论》,2007年第5期,第

156-161页。

    10. 陈飞:《在现实中定位——韩愈的政治品格》,《韩愈研究》(第一辑),中州古籍出版社,1996年,第119-129页。

    11. 陈隆予:《〈尚书·文侯之命〉的写作年代与晋文侯评价探析——读〈尚书·文侯之命〉》,《郑州大学学报》(哲学社会科学版),2009年第1期,第152-155页。

    12. 陈怡:《韩愈"余事作诗人"解读》,《考试周刊》,2010年第5期,第30-31页

    13. 陈詠红:《"文人"概念起源考释》,《广州大学学报》(社会科学版),2014年第5期,第81-84页。

    14. 董希平:《论宋儒人格塑造背景下词人的重新定位》,《南京师范大学文学院学报》,2004年第4期,第154-160页。

    15. 杜晓勤:《"吏治与文学之争"对盛唐前期诗坛之影响》,《文史哲》,1997年第4期,第60-64页

    16. 冯珊珊、陶慕宁:《"酸馅"与酸馅气"考释》,《文学与文化》,2016年第1期,第91-98页。

    17. 高华平:《再说儒——先秦儒家与上古的氏族、部落及国家》,《国际儒学》2024年第1期,第33-48+184-185页。

    18. 高慎涛:《僧诗之"蔬笋气"与"酸馅气"》,《古典文学知识》,2008年第1期,第50-57页。

    19. 葛晓音:《盛唐"文儒"的形成和复古思潮的滥觞》,《文学遗产》1998年第6期,第30-44页。

    20. 巩本栋:《〈文心雕龙·程器〉新探》,《南京大学学报》(哲学·人文科学·社会科学版),1998年第2期,第102-111页。

    21. 顾一心:《从"圣门"到"诗家"——"风人"意念的转向与明代诗论》,《中华文史论丛》(总第114期),上海古籍出版社,2014年,第95-117页。

    22. 郭明志:《气盛:韩愈人格心态的文化蕴涵》,《北方论丛》,1993年第6期,第59-65+96页。

    23. 何诗海:《〈弇州四部稿〉"说部"发微》,《文学遗产》,2015年第5期,第162-171页。

    24. 贺国强、魏中林:《论"诗人之诗"与"学人之诗"》,《学术研究》,2009年第9期,第129-136页。

    25. 胡丽娜:《元明之际金华士人的身份认同与文章观——以危素〈金华柳先生文集序〉为中心》,《安徽大学学报》(哲学社会科学版),2021年第4

期，第51-58页。

26. 胡晓明：《蓝蛇之首尾与诗学之古今》，《学术研究》，2015年第10期，第127-135+144+2页。

27. 黄灵庚：《宋濂的学术道统论考》，《中国典籍与文化论丛》（第十七辑），2015年，第69-89页

28. 黄奇逸：《甲金文中王号生称与谥法问题的研究》，《中华文史论丛》（总第25辑），上海古籍出版社，1983年，第27-43页。

29. 黄雅雯：《王充〈论衡〉显现的文人意识》，《淡江中文学报》，2009年第20期，第165-188页。

30. 黄奕珍：《以"诗人"身份力图恢复——论陆游〈剑门道中遇微雨〉一诗之精蕴》，《汉学研究》，2015年第4期。

31. 黄韵静：《欧阳修书序文研究》，《昆山科技大学人文暨社会科学学报》，2009年第1期，第135-158页。

32. 贾飞：《〈艺苑卮言〉成书考释》，《文献》，2016年第6期，第140-151页。

33. 贾飞：《王世贞〈艺苑卮言〉版本流变及其经典化》，《文献》，2023年第4期，第56-71页。

34. 蒋寅：《中国古代文体互参中"以高行卑"的体位定势》，《中国社会科学》，2008年第5期，第149-167+208页。

35. 李春青：《论"周文"——中国古代"文"的历史之奠基》，《北京师范大学学报》（社会科学版），2012年第5期，第66-73页。

36. 李春青：《文人身份的历史生成及其对文论观念之影响》，（《文学评论》，2012年第3期，第200-208页。

37. 李春青：《中国古代"作者"观的生成演变及其文化意味》，《文艺理论研究》，2013年第5期，第87-94+10页。

38. 李洪岩：《中国古代史学文本的理论与实践》，《文史哲》，2006年第5期，第5-18页。

39. 李少雍：《中国古代的文史关系——史传文学概论》，《文学遗产》，1996年第2期，第4-17页。

40. 李宜蓬：《从文德之人到文章之徒：中国古代文人观念的演变》，《理论月刊》2019年第5期，第64-69页。

41. 廖可斌：《论宋濂前后期思想的变化及其他》，《中国文学研究》，1995年第3期，第44-51页。

42. 林锦婷：《韩愈"余事作诗人"之意探究》，《中文学术前沿》（第九辑），

浙江大学出版社,2014年,第63-76页。

43. 刘忆江:《说儒——兼论子夏学派的历史地位》,《中国社会科学季刊》,1993年第2卷,第110-121页。

44. 卢文超:《从物性到事性:论作为事件的艺术》,《澳门理工学报》,2016年第3期,第147-155页。

45. 罗新本:《两晋南朝的秀才、孝廉察举》,《历史研究》,1987年第3期,第116-123页。

46. 吕微:《现代性论争中的民间文学》,《文学评论》,2000年第2期,第124-134页。

47. 潘敏、孙全满:《商王庙号及商代谥法的推测》,《河北学刊》,1995年第1期,第85-91页。

48. 彭玉平:《论"文人相轻"》,《中山大学学报》(社会科学版),2004年第6期,第34-41+261页。

49. 钱志熙:《文人文学的发生与早期文人群体的阶层特征》,《北京大学学报》(哲学社会科学版),2009年第5期,第43-54页。

50. 全华凌:《论金元士人对韩愈接受的特点》,《求索》,2009年第9期,第180-181+184页。

51. 祝尚书:《论宋人的"诗人诗"、"文人诗"与"儒者诗"之辨》,《北京大学学报》(哲学社会科学版),2009年第2期,第57-65页。

52. 沈时蓉:《论韩愈文论观的矛盾与统一》,《北京化工大学学报》(社会科学版),2009年第3期,第61-65+51页。

53. 孙承娟:《亡国之音:本事与宋人对李后主词的阐释》,卞东波译,《文学研究》,2015年第2期,第69-84页。

54. 孙福轩、周军:《"源于诗"与"属于诗"——赋学批评的政治内涵和诗学维度之发覆》,《浙江大学学报》(人文社会科学版),2014年第6期,第153-165页。

55. 孙明君:《曹丕〈典论·论文〉甄微》,《清华大学学报》(哲学社会科学版),1998年第1期,第36-41页。

56. 孙学堂:《论严嵩当国时期后七子的精神状态》,《南开学报》(哲学社会科学版),2016年第5期,第72-80页。

57. 王怀义:《汉诗"缘事而发"的诠释界域与中国诗学传统——对"中国抒情传统"观的一个检讨》,《文学评论》,2016年第4期,第129-138页。

58. 王魁星:《论宋濂入仕明朝前的古文观及仕隐观——当前宋濂研究二热点新探》,《河南社会科学》,2010年第6期,第155-158页

59. 王齐洲:《中国文学观念的符号学探原》,《中国社会科学》,1999年第1期,第134-146页。

60. 王润英:《论王世贞书序文的书写策略》,《文学遗产》,2016年第6期,第115-125页。

61. 王幼华:《文人岂皆无行——刘勰与颜之推的异见》,《联大学报》,2011年第2期。

62. 魏宏远:《王世贞〈艺苑卮言〉实物印本考霯》,《兰州大学学报》(社会科学版),2018年第6期,第60-71页。

63. 吴承学、沙红兵:《身份的焦虑——中国古代对"文人"的认同与期待》,《复旦学报》(社会科学版),2020年第1期,第25-39页。

64. 吴果中:《论象喻批评》,《云梦学刊》,2001年第6期,第65-67页。

65. 夏静:《思想的相似性与理论的连续性关系辨正——以曹魏文学研究为例》,《中国社会科学评价》2017年第3期,第100-104页。

66. 肖占鹏、刘伟:《唐代文论中生命化批评的人文意蕴》,《文学遗产》,2009年第6期,第26-33页。

67. 谢琰:《谁是"诗人"》,《文史知识》,2015年第5期,第57-60页。

68. 谢琰:《诗中"诗"的历史源流与诗学意义》,《文学遗产》,2015年第1期,第90-99页。

69. 徐雁平:《"地域文学传统的建构"成为一种文学叙写方法——以明清集序为研究范围》,《中山大学学报》(社会科学版),2013年第1期,第31-39页。

70. 阎步克:《乐师与"儒"之文化起源》,《北京大学学报》(哲学社会科学版),1995年第5期,第46-54+92+128页。

71. 杨晓蔼:《论韩愈诗文创作中"宗经"与"自嬉"的矛盾》,《西北师大学报》(社会科学版),1994年第2期,第10-15页。

72. 叶晔:《严嵩与明中叶上层文学秩序》,《中华文史论丛》,2018年第3期,第143-174+401-402页。

73. 于迎春:《论汉代"文人"的复合性》,《中国典籍与文化》,2019年第2期,第128-136页。

74. 于迎春:《中国早期历史中文学、文人的形态和观念》,《中国学术》(2001年第1辑),商务印书馆,2001年,第148-179页。

75. 张剑:《情境诗学:理解近世诗歌的另一种路径》,《上海大学学报》(社会科学版),2015年第1期,第92-102页。

76. 张燕:《古代诗歌评论中的取象喻类型》,《安庆师范学院学报》(社会科学版),2012年第3期,第17-21页。

77. 张再兴:《"文""皇"考辨》,《中国文字研究》,2007年第2期,第100-107页。

78. 赵敏俐:《读书仕进与精思著文——论汉代官僚士大夫与文人文学之关系》,《文学遗产》,2013年第3期,第4-16页。

79. 赵强、陈向春:《从群体到个体:"诗人"一词的传统涵义及诗学内蕴》,《广西社会科学》,2008年第10期,第150-153页。

80. 郑国民:《论韩愈的"文以明道"》,《韩愈研究》(第三辑),中国文联出版社,2002年,第152-154页。

81. 郑毓瑜:《刘勰的原道观》,《中外文学》,1985年14卷3期。

82. 周兴陆:《才性与事功:中古"文士"观念的确立》,《中国人民大学学报》,2020年第3期,第13-22页。

83. 周兴陆:《刘勰"文德论"新探》,《文艺理论研究》,2015年第1期,第123-129页。

84. 周雨:《文人画:戾家抑或行家? ——论文人画戾行关系的演变》,《文艺研究》,2006年第9期,第116-123+168页。

85. 周裕锴:《以战喻诗:略论宋诗中的"诗战"之喻及其创作心理》,《文学遗产》2012年第3期,第78-85页。

86. 朱刚:《"日常化"的意义及其局限——以欧阳修为中心》,《文学遗产》,2013年第2期,第51-61页。

87. 左东岭:《〈赠梁建中序〉与宋濂元明之际文学观念的变迁》,《求是学刊》,2020年第3期,第118-138+2页。

88. 左东岭:《元明之际的"气"论与方孝孺的文学思想》,《文艺研究》,2006年第1期,第46-56+159页。

89. 左东岭:《中国文学史研究方法的转化与创新——以"理流而为文"的诠释立场与浙东派的文章观为中心》,《文学遗产》,2021年第5期,第4-15页。

90. 左东岭:《中国文学思想史研究的文体意识》,《文学评论》,2018年第2期,第175-184页。

四、学位论文

1. 邓新华:《中国古代诗学解释学研究》,华中师范大学博士学位论文,2006年。

2. 过琪文:《〈艺苑卮言〉版本学研究》,兰州大学硕士学位论文,

2023年。

　　3. 廖梦云:《唐人所撰诗集序跋研究》,河北师范大学硕士学位论文,2005年。

　　4. 刘娇:《身份意识、作家习气与古代文学批评——以闺秀、理学家和僧人为中心》,江西师范大学硕士学位论文,2013年。

　　5. 吕海龙:《〈史通〉与刘知几文史观研究》,上海大学博士学位论文,2011年。

　　6. 吕蒙:《〈艺苑卮言〉版本考》,上海交通大学硕士学位论文,2014年。

　　7. 刘秋彬:《宋人所撰诗文集序研究》,河北师范大学博士学位论文,2014年。

　　8. 梅华:《宋代文集序跋研究》,西北大学博士学位论文,2014年。

　　9. 咸晓婷:《中唐儒学变革与古文运动嬗递研究》,浙江大学博士学位论文,2011年。

　　10. 殷学明:《中国缘事诗学纂论》,山东师范大学博士学位论文,2013年。

　　11. 赵蕾:《〈文士传〉研究》,河南大学硕士学位论文,2004年。

后　记

　　"文章价贱感难禁,其奈嗜痂癖已深。铁笔有时挥硬论,纵无人读亦开心"。读到叶荣钟这首诗,不禁对最后一句发出戚戚焉之叹。我一直认为,论文写作中自我适意的良好感觉是维持写作状态的主要动力。然而,当我将自己的论文"冷藏"一段时间,再次翻阅时,这样的感觉却荡然无存。可以说,本书就是在这种适意与不满相交替的情绪中打完了最后一个字。

　　本书是在我的博士论文基础上修改、补充而成的,这也是我求学浙大及近几年学术研究的一个小结。自确立选题至今,倏忽十二载;若从2008年进入古代文学专业算起,则将近十七年了。作为"半路出家"的古代文学研习者,我深知自己基础薄弱,跨专业选择这条研究之路,主要还是出于对文学的强烈兴趣与热爱。蒙孙敏强教授不弃,收入门墙,并且提出了一个饶有趣味的硕士论文题目——中国古代"文脉"论。敏强师睿智宏通,在给予各种启发的同时,也时常鼓励学生按照自己的想法去写。这使得我有了较大的发挥空间,甚至能够在论文中大胆地表达某些观点。现在想来,硕士阶段确实是一段让人回忆的适意时光。

　　2012年,我考上敏强师的博士生。之后在"如何选题"这个问题上纠结了很久。本打算延续硕士论文的路数,在文论范畴方面继续拓展,但苦于寻找不到恰当的研究范围与对象,也担心在前人论之已详的情况下,自己难以有出新之论。某日傍晚,我跟随朱则杰老师在植物园散步。聊起此事,朱老师提醒我,既然难以在硕士论文上拓展,那就赶紧更换题目,以免虚耗时间,并鼓励我在日后的论文写作中要有坚持自己研究思路与想法的勇气。这对刚跨进博士生门槛的我来说,真是莫大的帮助。

　　于是我打算另起炉灶,寻找其他有价值的题目。在此过程中,逐渐认识到古代文学研究大约有两种状态:一是将古代作家作品当作冷冰冰的解剖对象,充分施展高超的分析技术。二是将自己在当下社会环境中的体悟融入对古代作家作品的审察与分析当中,从而使自己的论著蕴含一定的现实关怀。二者既无高下,也非截然可分,但后者更能体现学术研究的切身性和温度感,同时也是一个值得探寻的方向。我就在这看似空而无用的思路下,摸索着博士论文的选题方案。其间阅读了一些社会学著作,其中,弗洛里安·兹纳涅茨基《知识人的社会角色》(郏斌祥译)谈到的"知识的实际用途""知识人的价值地位"等问题引人深思;欧文·戈夫曼《日常生活中的自我呈现》(黄爱华、冯钢译)对角色扮演理论的阐发也颇有趣味。此类著作给我带来不少启示,让我不自觉地将焦点聚集在中国古代作家的身份、角色上。"为什么思索上帝与灵魂要比发明一架更快的飞机缺少价值呢""每个人都是通过角色扮演来认识他人、认识自己的",这些言论更使我意识到,身份、角色研究的重点不在于概念界定,而在于认同与体验。

在科学技术突飞猛进、日新月异的当下,文学(甚至整个文科)知识的价值地位受到强烈冲击,文科研究者的身份认同也面临极大挑战。对本科就读于物理专业的我来说,这方面的体会尤其深刻。所以我很想探知中国古代作家在面临价值评判和负面舆论的时候,如何自处,如何展现自我,如何寻找安身立命的根基。古今知识人之间,社会语境虽然大不相同,但应当有着一脉相承的文化精神。经过半年的思考,我以"古代文学作家角色论"为博士论文选题,写出了开题报告。开题答辩时,多位老师指出论文题目过大等问题,并给出了很多切实的建议。当时我并未意识到问题的严重性,在收集资料过程中,才发现研究时段太长,文献过于分散,几乎没法入手。时间紧迫,又不得不硬着头皮往下做,最终推翻了原来的题目与框架,以"文人身份认同"为核心,结合纵向脉络梳理与个案分析来展开研究。工作之后,又在博士学位论文基础上调整章节、增补个案,形成了现在这本著作的模样。

读硕两年、在外两年、读博五年,离不开各位师友的指导与关心。有幸跟随敏强师学习,从本科时期选修老师开设的通识课,到攻读硕士、博士学位,二十年的师生情谊,是我人生中的宝贵财富。每当处于选题和写作的困境之中时,我总能得到老师切实的指导和亲切的鼓励,而老师所给予的,又何止学业与生活上无微不至的关怀和照顾。当初,我将跨专业考研的打算告诉老师,老师在表示欢迎的同时,也劝我再考虑考虑:"这条路并不全然如你所想的那样风景无限。"进入古代文学专业后,渐渐感受到做学问之不易,但曾经心中的无限风景并未因此而消失。还记得读博时,曾随老师赴湖北开会,会后游恩施大峡谷,看千峰竞秀;入住贵阳孔学堂,每晚饭后散步花溪,既谈学问,也聊生活;遍览杭城的山山水水,登高如意尖,闲步西溪谷,时不时聊起东坡、聊起西湖边的文人雅事。博士入学不久,杭州地铁开通,老师兴致勃勃地叫上我,乘地铁至湘湖游玩。那天细雨绵绵,山色空蒙,湖边人两三粒,如行画中。霎时间,古代文人笔下"耳得之而为声,目遇之而成色"的诗意生活竟如此清晰可感。老师寄意于山水间的逸趣与情怀,是作为学生的我非常钦羡和深受感动的。

浙大古代文学老师治学各有特点,读书期间,我从各位老师身上获益良多。没有他们的教导,我恐难顺利完成学业。博一下学期开始,叶晔、林晓光两位老师组织了共三十二期的"友声"读书会,研读论著范围之广泛、话题之丰富,使我大开眼界,深受启迪。在论文写作、答辩、后续修改和申报国社科项目过程中,得到了老师们真诚、耐心的指导。廖可斌老师、韩泉欣老师、周明初老师、徐永明老师、吕双伟老师、孙福轩老师、叶晔老师、林晓光老师,以及国社科后期资助项目匿名评审专家对论文和书稿提出了宝贵的修改意见;贾飞老师、王润英老师、徐俪成老师、翟新明老师对参会论文作了非常中肯的点评;龚宗杰、胡媚媚伉俪、李慈瑶、孙宗英、彭志、闫勖、范晨晓、黄敏雪、黄成蔚、吴慧慧等朋友也为论文的写作提供了不少帮助。众位师友诲谕之厚,我谨致谢忱、铭佩于心。另外,江南大学中文系教师党月瑶、朱云辉阅读了部分章节并提出了修改意见,研究生刘雨衡、刘璐、宋佳怡、罗来胜核校了书稿全文,天津人民出版社岳勇老师费心校改。他们的支持使得本书能够顺利出版,在此深表感谢。

深夜搁笔之时,想起千里之外的小县城,那里有我亲爱的家人。感恩父母和妹妹、妹夫的默默付出,面对我每一次任性的选择,他们都予以无私的帮助和支持。这让我在备感温暖的同时,心生愧意。出版这本小书,一方面希望个人一些不成熟的想法能够得到学界检验,另一方面也是在当今评价体系下作稻粱之谋。但不论如何,在我心中,家人的无言支持远比这些现实需求更值得珍视。

熊湘

2025年1月